L'Échelle

ROBERT L. POLITZER, *Stanford University*
MICHIO P. HAGIWARA, *University of Michigan*
JEAN R. CARDUNER, *University of Michigan*

L'Échelle

STRUCTURES ESSENTIELLES DU FRANÇAIS

GINN AND COMPANY, A XEROX COMPANY, WALTHAM, MASSACHUSETTS · TORONTO

Consulting Editors

Charles N. Staubach, UNIVERSITY OF ARIZONA
André Malécot, UNIVERSITY OF PENNSYLVANIA

ILLUSTRATED BY ELLEN RASKIN

Title page photograph, courtesy of
French Government Tourist Office, New York

Copyright © 1966 by Ginn and Company.
Copyright © 1959 by Robert L. Politzer.
All rights reserved. No part of the material
covered by this copyright may be produced in
any form or by any means of reproduction.
Library of Congress Catalog Card Number: 64-23018.
Printed in the United States of America.

FOREWORD

The present edition of *L'Échelle* is a modification of the 1959 preliminary publication. Professor Jean R. Carduner and Mr. Michio P. Hagiwara of the University of Michigan have joined the author of the preliminary edition in reworking the original material in the light of their experience and that of many instructors who have used *L'Échelle* at the University of Michigan and other institutions throughout the country during the past several years.

As happens so often in the writing of language textbooks, experience has modified theory in many ways. The sequence of learning steps followed in the original text had to be modified, and a new sequence of connected dialogues acquainting the student with certain cultural facets of French life was introduced. The dialogues are not intended to provide a point of departure for subsequent grammar steps; rather they sum up points presented in the preceding steps.

The reorganization of steps and rewriting of exercises have been the work of Mr. Hagiwara. Professor Carduner has supplied materials for the connected dialogues and read the final manuscript.

The authors of this textbook are very grateful to their friends and colleagues who have suggested changes or modifications. Many of these suggestions have been taken into consideration, and we sincerely hope that the long trial period of the preliminary edition has enabled us to produce a more useful, more practical work.

ROBERT L. POLITZER
MICHIO P. HAGIWARA
JEAN R. CARDUNER

Ann Arbor, Michigan

FOREWORD TO THE PRELIMINARY EDITION

The methods and materials used in this book incorporate many pedagogical and linguistic principles which have become widespread in recent years. Just as in the *Active Review of French*, published first in 1958, the author wishes to acknowledge his indebtedness to two specific sources.

First, the technique of teaching French pronunciation by contrasting French and English has recently found its way into various textbooks and manuals; but the author wishes to reiterate that he first became familiar with this technique through the work of Professor Jeanne Varney Pleasants of Columbia University.

Second, some of the pattern practice techniques used in this book, while also found in other recently published texts, have been utilized for many years in the teaching of English as a foreign language at the English Language Institute of the University of Michigan.

The book is dedicated to the memory of Professor Newton S. Bement with whom the author had on a tentative and informal basis discussed the possibility of collaborating in the production of an elementary French text. Professor Bement's sudden death in September 1958 prevented the realization of this plan. Whatever merit this text may have, it could not possibly have that absolute precision and accuracy which Professor Bement's collaboration would have given to it and which, for all of us, will always be associated with his name.

ROBERT L. POLITZER

Ann Arbor, Michigan
September 1959

INTRODUCTION TO THE TEACHER

1. *Purpose of the Text.* The purpose of *L'Échelle* is to teach the basic structures and vocabulary of French to the beginning student. The text is aimed primarily at the college freshman but can also be utilized to good advantage at the high-school level. The amount of time needed to complete the book (in terms of semesters) will, of course, vary according to the number of hours devoted to the elementary course, the amount of outside reading involved, and the availability of a language laboratory. In any case, it is possible to cover the text in one year of college work.

The book can also be utilized by students with some previous knowledge of French, especially those who wish to activate their passive acquaintance with the language. Again, depending on circumstances, such students may cover all the material in one semester of college work.

2. *Organization.* This book is not organized into chapters but rather into 224 lessons or learning *steps*, each one emphasizing one important grammatical principal or construction. In language instruction, the individual problem forms the linguistic as well as the psychological unit of learning.

That the emphasis is placed on one point at a time assures thorough learning and enables the teacher to plan the course in a much more flexible way. Therefore, it is unnecessary to organize materials according to lessons that contain several grammatical points with rules, exceptions, and exceptions to exceptions merely because they belong logically or grammatically (though perhaps not pedagogically) under the same heading.

In planning this book, *Le Français Fondamental, Ier Degré*, published by the French Ministry of Education, has been used as a guide. All the basic grammar specified or implied by *Le Français Fondamental* is presented with particular emphasis on those points offering special difficulties to speakers of English. In addition, since American students are usually preparing not only to speak but also to read French, some features of French grammar not contained in *Le Français Fondamental* have been included, either at a very late point in the body of the text or in the appendices. For example, the expletive **ne**, the possessive pronouns, and the so-called "literary" tenses are presented toward the end of the text.

3. *Teaching Techniques.* The teaching techniques employed in *L'Échelle* are primarily those that have become known as "language teaching in the new key" through National Defense Education Act institutes and recent textbooks on methodology. The text consists of two types of pages which appear opposite each other. On right pages the patterns are presented, and visual diagramming of structures is used throughout. Cross references are made as often as possible, so that the student may review certain features and correlate them with new ones. The pages facing the grammar pages contain oral drills which make use of choral and individual responses. All written drills are found at the end of this book and on detachable pages in the *Laboratory Workbook*.

Some of the oral exercises are available on tapes and form a part of the accompanying *Laboratory Workbook*, which contains additional drills on pronunciation and aural comprehension as well as a series of tests. The teacher should assign the exercises available on tapes as part of the homework to be done in the language laboratory; the laboratory work should not always duplicate the work done in class but rather give parallel drills. In class, he may quickly do some or all of the recorded exercises, to see if students have mastered the basic structure being drilled. But he should concentrate on the exercises that are not on the tape. If at times the amount of drills to be handled in class seems excessive, he should preselect those that he will do in class and those that will be done in the laboratory, and assign the remainder (which should not be too much) to students whose work needs improvement.

Each lesson is taught in the following manner: In each step the teacher presents all new vocabulary items that are preceded by a small circle, giving meanings and letting his students repeat after him several times. Students should be thoroughly familiar with new lexical items so that they know the meaning of every word used in the pattern sentences and the oral drills. Then the teacher reads each sample sentence on the grammar page and lets the students repeat after him. He may give a *brief* explanation of the grammatical point to be treated, although he will often find that no explanation is needed owing to the visual diagramming of structures. Finally, he goes through the oral drills (preselected, if need be), and students respond *with books closed*.

It is recommended that no additional reading material be introduced until certain basic structures have been presented to the student. A reader may be introduced during the second half of the first semester and continued in the second semester with a gradually increased amount of reading. It would perhaps be best if no reader were assigned during the first semester, so that the first 146 steps could be covered thoroughly. The *Laboratory Workbook* takes this approach into consideration and presents all basic features of French phonetics by Step 146, then concentrates on review during the remainder of the book. Even after the introduction of a reader, bilingual comprehension should be discouraged as much as possible. The teacher may, for instance, ask factual questions on each paragraph, paraphrase sentences, explain certain expressions, improvise and give drills, etc., in French. The use of English can thus be limited to the explanation of certain idioms or difficult passages.

The Use of the Charts: This book contains four charts (Appendix D), which are also available as wall charts. They serve different purposes, but it may be well to keep in mind that they do not serve the purpose of teaching vocabulary. They are primarily aids in the teaching of either structures or concepts. Chart IV is used in teaching the concepts of comparison. Charts I, II, and III serve the purpose of teaching morphology and syntax. Chart I, for instance, teaches nouns that may be substituted in different structures and around which noun modifiers (articles, demonstrative and possessive adjectives, etc.) may be learned. Chart II provides a series of simple actions (many involving contrasts between English and French patterns) that form the basis for the presentation of the most important pattern drills. The basic sentences that the student learns on Chart II are used over and over again in many ways. Thus, the student can focus his entire attention on the new pattern being practiced without having his attention diverted by the simultaneous presentation of new vocabulary.

On Choral Response: The majority of oral exercises contained in this book are intended for choral response, but the teacher may also call on individual students in order to add variety. Note, however, that the *written* exercises (found at the end of the book) are to be done first as oral drills only by individual students.

The teacher should not expect his class to sound like a well-trained chorus, but he should see to it that the *entire* class and not just a few students in the front row are participating. He may wish to divide his class into two to four groups and call on each group from time to time. It should always be remembered that good class participation can be accomplished only at the insistence of the *teacher*.

The tempo of pattern drills should be kept fairly fast so that students' responses are given in rapid succession at more or less normal conversational speed. This discourages the tendency on the part of some students to cultivate an "intellectual assembly" of words instead of spontaneous and automatic speech habits.

Mispronunciation, not only of individual sounds but also in terms of general intonation, stress, liaison, juncture, etc., should always be corrected. When the teacher hears wrong responses in grammar and/or pronunciation, he should correct them *immediately* and ask the entire class to repeat again. Correct pronunciation is as much a part of the right response as correct grammar.

Written Exercises: The written exercises should not be assigned as homework until the grammar in one step has been presented and the oral drills have been completed. Even then the written exercises should be used first as part of the oral drills, with individuals responding with their books closed. Each written exercise may be done immediately after completion of the oral drills in one step, or the written exercises from several steps may be combined and given at one time.

Since most of the written exercises contain questions, the teacher should ask each question several times in order to elicit different responses. The students will thus be able to answer most of the questions correctly when the drill is assigned later as a written exercise.

After the introduction of the basic "question words," many written exercises call for individual answers. Although the student has more freedom in answering such questions, he is expected to make use of previously learned lexical items as well as structures and to stress those grammatical points which are being presented in the corresponding steps. The teacher must accept only answers that are correct from the viewpoint of *vocabulary, grammar,* and *content.* He may also use many of the questions as a point of departure for brief conversations, by asking related questions beginning with **pourquoi** . . . ?, **comment** . . . ?, etc.

Note that the written exercise pages in the *Laboratory Workbook* are perforated to enable students to tear them out and hand in their homework to the teacher. These pages should be corrected as soon as possible and returned to the student before new grammar is studied. Incorrect verb endings, lack of agreement, poor choice of words, etc., can be crossed out, underlined, or marked with certain prearranged symbols, so that the student may correct his own mistakes and learn something from them.

4. *Review Lessons. Connected Dialogues:* The dialogues included in the Review Lessons and the exercises based on them give the student opportunity to use the patterns he has learned in the context of a connected story. These dialogues also present new vocabulary items, vocabulary problems, and certain expressions or structures that do not lend themselves to ordinary pattern drills. Some structures, idiomatic expressions, compound nouns (such as **gratte-ciel, papier à lettres**), and false cognates are explained in the notes that follow the dialogues, whereas other vocabulary items are included in the end vocabulary.

Each dialogue is divided into several sections. The teacher should let the student read the entire dialogue after him and have the students enact the conversation with each other. Then the teacher should read one section of the dialogue at a time and ask pertinent questions. All the questions concerning the dialogue are intended primarily as oral drills, although the student should write the answers in the book. Furthermore, it is recommended that the student memorize all the dialogues. As an aid, a translation of the dialogues is appended at the end of the book. The teacher should emphasize the fact that translation is a skill separate from the basic process of language learning, and that the English translations given at the end of the book should serve only as a prompter and not as a basis for translation exercises either from French to English or from English to French.

The content of the dialogues has been chosen in such a way as to highlight some of the basic differences between French and American culture. It was thought appropriate *not* to begin the dialogue sequence in a French environment nor to develop grammar lessons out of the dialogues. The beginning language student needs reinforcement of his classroom experience by continued daily contact with his environment. His French should necessarily be associated with his own day-to-day experiences, and he should be able to describe them in that language. The stories introduced later take the student to France, though briefly, so that he may have more contact with French civilization and may be introduced to French in a milieu in which it normally functions.

Review Exercises: In Section 1, the sentences to be conjugated contain either some of the important idiomatic expressions of the dialogue or items that have been presented in previous steps. The teacher may ask individual students to conjugate the verbs quickly, in the singular and/or plural forms. Section 2 is a constant review of important question words, and the answers should be written out. In Section 3, the students are to write original French sentences, incorporating the given words exactly as they appear. These sentences should all be different. In the last section, students may answer from their own experiences, using words and constructions they have already learned. Many of the individual responses elicited may also serve as topics for short conversations in class. Needless to say, all these review exercises should be given first orally, in the same manner as the written exercises previously described.

5. *Vocabulary.* On the grammar and oral exercise pages all new vocabulary items are preceded by a small circle. This includes even the most obvious cognates, since their pronunciation in French differs from that in English. Before reading the sample sentences and doing the oral drills, the teacher should explain the meanings of such new words and let his students repeat a few times after him.

A French-English vocabulary is included at the back of the book. This vocabulary does *not* contain the common "function words," such as **de, à, mon,** etc., or items which are considered to be part of a *structure* rather than mere lexical items such as **montrer, vrai, facteur,** etc. Often references to grammar steps rather than, or along with, definitions in English are given in order to reinforce the student's learning.

Three pairs of parentheses are provided after each entry, so that a diagonal line may be made *every time* the word or expression is looked up (see the explanations at the beginning of the vocabulary). The student should be encouraged to read periodically the entire vocabulary for review purposes, paying special attention to the words that have been marked more than twice. Some students will insist on writing English equivalents of French words between the lines of the text. We do not think that this practice is particularly helpful. At any rate, we suggest that the student at least not write English words over or under the French word in any portion of the text, but rather in the *margin*. A very useful practice is to require the student to write the French sentence, using the word that has been looked up two or three times, or to copy the sentence in which the word was used in the text.

6. *Structural Drills.* Since translation from English to French is not utilized in this text, the basic technique used to elicit responses from the student must be one that employs a French stimulus. The oral exercises in this book may be classed into three basic types: *substitution, transformation,* and *expansion.* A brief explanation of each type follows.

Substitution Exercise: Substitution exercises appear in different forms. In the simplest form, the student substitutes one word or element of the sentence for another without changing the rest of the sentence:

TEACHER	Répétez la phrase ci-dessous et puis remplacez **important** par les mots suivants: Il est important d'arriver à l'heure.
STUDENT(S)	Il est important d'arriver à l'heure.
TEACHER	essentiel
STUDENT(S)	Il est essentiel d'arriver à l'heure.
TEACHER	nécessaire
STUDENT(S)	Il est nécessaire d'arriver à l'heure.
TEACHER	difficile
STUDENT(S)	Il est difficile d'arriver à l'heure.

TEACHER	facile
STUDENT(S)	Il est facile d'arriver à l'heure.

Another type of substitution exercise may contain two "slots" into which different cue words must be fitted, one at a time. This type of drill is more challenging to the student:

TEACHER	Exercice de substitution: J'ai beaucoup de livres.
STUDENT(S)	J'ai beaucoup de livres.
TEACHER	nous avons
STUDENT(S)	Nous avons beaucoup de livres.
TEACHER	trop
STUDENT(S)	Nous avons trop de livres.
TEACHER	vous perdez
STUDENT(S)	Vous perdez trop de livres.
TEACHER	peu
STUDENT(S)	Vous perdez peu de livres.
TEACHER	j'achète
STUDENT(S)	J'achète peu de livres.

In the more complicated type of substitution exercise the substitution word requires some modification in morphology or syntax in the rest of the sentence:

TEACHER	Répétez la phrase ci-dessous et puis remplacez **livre** par les mots suivants, en faisant chaque fois le changement nécessaire: Ce n'est pas mon livre.
STUDENT(S)	Ce n'est pas mon livre.
TEACHER	montre (*or pointing*)
STUDENT(S)	Ce n'est pas ma montre.
TEACHER	auto (*or pointing*)
STUDENT(S)	Ce n'est pas mon auto.
TEACHER	stylo (*or pointing*)
STUDENT(S)	Ce n'est pas mon stylo.

Another example:

TEACHER	Répétez la phrase ci-dessous et puis remplacez **étudiant** par les mots suivants, en faisant chaque fois le changement nécessaire: Voilà le stylo de l'étudiant.
STUDENT(S)	Voilà le stylo de l'étudiant.
TEACHER	facteur
STUDENT(S)	Voilà le stylo du facteur.
TEACHER	infirmière
STUDENT(S)	Voilà le stylo de l'infirmière.
TEACHER	vendeuse
STUDENT(S)	Voilà le stylo de la vendeuse.

Transformation Exercise: The transformation technique involves the performance of an identical operation on a series of structurally identical or at least similar sentences:

TEACHER	Changez les phrases suivantes d'après le modèle ci-dessous: **Ce professeur est jeune. C'est un jeune professeur.** Cet étudiant est jeune.
STUDENT(S)	C'est un jeune étudiant.
TEACHER	Cet étudiant est paresseux.
STUDENT(S)	C'est un étudiant paresseux.
TEACHER	Cet enfant est beau.
STUDENT(S)	C'est un bel enfant.
TEACHER	Ce livre est mauvais.
STUDENT(S)	C'est un mauvais livre.

The transformation exercise can be effectively utilized to train the student for normal conversations in which the **je** and **vous** forms predominate. In the following example, the student is required to do several operations at once: change the subject, put the verb into the **passé composé**, use a pronoun for the direct object, and add **non**, **déjà**, and **ce matin** to the sentence:

TEACHER	Répondez négativement aux questions suivantes, d'après le modèle ci-dessous: **Allez-vous étudier cette leçon? Non, je l'ai déjà étudiée ce matin.** Allez-vous poser cette question?
STUDENT(S)	Non, je l'ai déjà posée ce matin.
TEACHER	Allez-vous copier cette phrase?
STUDENT(S)	Non, je l'ai déjà copiée ce matin.
TEACHER	Allez-vous chanter cette chanson?
STUDENT(S)	Non, je l'ai déjà chantée ce matin.
TEACHER	Allez-vous aider cette vendeuse?
STUDENT(S)	Non, je l'ai déjà aidée ce matin.

Expansion Exercise: The expansion technique calls for the addition of new elements to a sentence. There are comparatively few expansion exercises in this text. Typically, they involve an element of choice on the part of the student, as in the following example where the position of the adverb varies:

TEACHER	Répétez la phrase ci-dessous et puis ajoutez les adverbes suivants: Nous avons fait notre devoir de français.
STUDENT(S)	Nous avons fait notre devoir de français.
TEACHER	souvent
STUDENT(S)	Nous avons souvent fait notre devoir de français.
TEACHER	lentement
STUDENT(S)	Nous avons fait lentement notre devoir de français.
TEACHER	déjà
STUDENT(S)	Nous avons déjà fait notre devoir de français.
TEACHER	certainement
STUDENT(S)	Nous avons certainement fait notre devoir de français.

7. *Language Laboratory.* This book is organized in such a way that the presentation of the material as well as the oral exercises can be done in the language laboratory. For the exercises on tapes, the technique to be used is one that allows the student to give an answer which is then immediately followed by the correct

response given on the tape. The exercises based on the charts lend themselves particularly well to laboratory work since the charts can be mounted in the laboratory. Tapes for the exercises in this book along with the tapes and script for the accompanying workbook are available from Blaisdell Publishing Company.

It is strongly recommended that if a school has a language laboratory, the majority of the recorded exercises be done in the laboratory as part of the homework. The teacher explains the grammar steps in class, in the manner previously suggested. Then the student does the recorded drills in the laboratory, repeating them as often as necessary until he can do them without mistakes. If he has difficulty in aural comprehension, he may keep his book open when he listens to the drills for the first time. But when he goes through them for the last time, he should keep his book closed. Most students will find that they can master the oral drills without the book, and in doing the laboratory work, the book should indeed be kept closed.

CONTENTS

Pronunciation and Spelling   1

1. The Indefinite Article: *un, une*   21
2. The Plural of Nouns   21
3. The Definite Article: *le, la, l'*   23
4. The Definite Article: *les*   25
5. The Subject Pronouns: *il, elle*   25
6. The Third Person Singular and Plural of First Conjugation Verbs (Present Indicative)   25
7. The Subject Pronouns: *ils, elles*   27
8. The Formation of Questions by Intonation and *est-ce que . . . ?*   29
9. The Negative: *ne . . . pas*   29
10. The Third Person Singular and Plural of Second Conjugation Verbs (Present Indicative)   31
11. The Third Person Singular and Plural of Third Conjugation Verbs (Present Indicative)   31
12. The First Person Plural of Regular Verbs   33
13. The Second Person Plural of Regular Verbs   33
14. The First Person Singular of Regular Verbs   35
15. The Second Person Singular of Regular Verbs   35
16. The Infinitive of First, Second, and Third Conjugation Verbs   37
17. The Present Indicative of Regular Verbs (Summary)   37
18. The Regular Imperatives   39
19. *De* and the Singular Definite Article: *de la, de l', du*   41
20. *De* and the Plural Definite Article: *des*   41
21. The Verb *aller* (Present Indicative)   41
22. À and the Singular Definite Article: *à la, à l', au*   43
23. À and the Plural Definite Article: *aux*   43
24. The Verb *vouloir* (Present Indicative)   45
25. The Partitive Article: *des, de la, de l', du*   45

XVIII L'ÉCHELLE

26. The Use of the Partitive Article *de* after the Negative	47
27. The Verb *avoir* (Present Indicative)	47
28. The Partitive Article *de* after Expressions of Quantity	49
29. The Partitive Article *de* after *combien*	49
30. The Pronoun *en* as Replacement of a Partitive Article	49
31. The Verb *boire* (Present Indicative)	51
32. The Use of the Definite Article to Express Totality	51
33. The Demonstrative Adjectives: *ce, cet, cette*	53
34. The Demonstrative Adjective: *ces*	53
35. The Verb *écrire* (Present Indicative)	53
36. The Possessive Adjectives: *mon, ma, mes*	55
37. The Possessive Adjectives: *votre, vos*	55
38. The Possessive Adjectives: *notre, nos*	57
39. The Possessive Adjectives: *leur, leurs*	57
40. The Possessive Adjectives: *son, sa, ses*	57
41. The Possessive Adjectives: *ton, ta, tes*	59
42. Summary of Possessive Adjectives	59
43. The Verb *lire* (Present Indicative)	61
44. The Interrogative Pronouns (Subject): *qui* and *qu'est-ce qui*	61
45. The Interrogative Pronouns (Direct Object): *qui est-ce que* and *qu'est-ce que*	63
46. The Interrogative Pronouns (Object of a Preposition)	63
47. The Verb *dire* (Present Indicative)	65

REVIEW LESSON I. Un rendez-vous 67

48. The Masculine and Feminine of Adjectives (Singular)	71
49. The Plural of Adjectives	71
50. The Verb *être* (Present Indicative)	73
51. Irregular Adjectives	73
52. Adjectives Used before the Noun	75
53. The Use of Nouns Denoting Profession, Nationality, etc., after *être*: *il est* vs. *c'est un*	77
54. The Verb *prendre* (Present Indicative)	77
55. The Verbs *apprendre* and *comprendre* (Present Indicative)	79

REVIEW LESSON II. Dans la chambre 81

56. The Interrogative Adjectives: *quel, quels, quelle, quelles*	85
57. The Use of the Interrogative Adjective before *être*	85
58. The Direct Object Pronouns: *le, la, les*	87
59. The Indirect Object Pronouns: *lui, leur*	87
60. The Sequence of Pronouns: *le lui, le leur*, etc.	87
61. The Object Pronouns: *me, vous*	89
62. The Sequence of Pronouns: *me le, vous le*, etc.	89
63. The Object Pronouns: *te, nous*	89

64. The Sequence of Pronouns: *te le, nous le*, etc.	91
65. The Verb *faire* (Present Indicative)	91

REVIEW LESSON III.   Le temps — 93

66. The Formation of Questions by Inversion: First and Second Person	97
67. The Formation of Questions by Inversion: Third Person Plural	97
68. The Formation of Questions by Inversion: Third Person Singular	99
69. The Verb *venir* (Present Indicative)	99
70. The Formation of Questions by Inversion: after Question Words	99
71. The Formation of Questions by Inversion: Inversion of Subject Noun and Verb after Question Words	101

REVIEW LESSON IV.   Dans un restaurant — 103

72. The *passé composé*: First Conjugation Verbs *-er*	107
73. The *passé composé*: Second Conjugation Verbs *-ir*	107
74. The *passé composé*: Third Conjugation Verbs *-re*	107
75. The *passé composé*: Negative Construction	109
76. The *passé composé*: Inversion	109
77. The *passé composé*: Irregular Past Participles	111
78. Verbs Conjugated with *être*	111
79. Agreement of the Past Participle with the Subject (*être*)	113

REVIEW LESSON V.   Une impression de New York — 115

80. The Stem Change [ə]–[ɛ] in First Conjugation Verbs	119
81. The Stem Change [e]–[ɛ] in First Conjugation Verbs	121
82. The Change of Vowel in First Conjugation Verbs Ending in *-yer*	121
83. The Verb *dormir*	123
84. Reflexive Verbs: Third Person Singular and Plural	123
85. Reflexive Verbs: First and Second Person Plural	123
86. Reflexive Verbs: First and Second Person Singular	125
87. The Verb *mettre*	125
88. Reflexive Verbs: the *passé composé* (Agreement of the Past Participle with the Reflexive Pronoun)	125
89. Reflexive Verbs: the *passé composé* (Agreement of the Past Participle with *le, la, les*)	127
90. Reflexive Verbs: Inversion	127
91. The Verb *savoir*	129
92. The Verb *connaître*	129

REVIEW LESSON VI.   Une matinée de Jean-Pierre — 131

93. The Imperfect Indicative: All Conjugations	137
94. The Imperfect Indicative: Conjugation of *être*	139
95. The Imperfect Indicative: Denoting Habitual Action	139
96. The Imperfect Indicative: Denoting a State of Affairs (1)	139

97. The Imperfect Indicative: Denoting a State of Affairs (2)	141
98. The Verb *pouvoir*	141
99. The Future Tense: Second and Third Conjugation Verbs	143
100. The Future Tense: First Conjugation Verbs (1)	143
101. The Future Tense: First Conjugation Verbs (2)	145
102. The Future Tense: Irregular Future Stems	145

REVIEW LESSON VII. Au Cercle Français 147

103. The Stressed Personal Pronouns: *lui, elle, eux, elles*	153
104. The Stressed Personal Pronouns: *moi, nous, toi, vous*	153
105. The Replacement of Prepositional Phrase by *en* or *de* + Stressed Pronoun	153
106. The Unstressed Pronominal Adverb *y*	155
107. The Use of *à* + Stressed Personal Pronoun	155
108. The Verb *s'asseoir*	157
109. The Verb *voir*	157
110. The Invariable Pronoun *le*	159
111. The Sequence of Pronouns Including *y*	159
112. The Sequence of Pronouns Including *en*	161
113. The Sequence of Pronouns: Summary and Conclusion	161

REVIEW LESSON VIII. Un cas de grippe 163

114. The Negative Construction: *plus, jamais, rien, personne*	167
115. The Negative Construction: *rien* and *personne* as Subjects	167
116. The Negative Construction: with the Infinitive	169
117. The Negative Construction: Negative Words as Single-Word Answers	169
118. Stressed Personal Pronouns as Single-Word Answers	169
119. The Verbs *partir* and *sortir*	171
120. The Verb *servir*	171
121. The Sequence of Pronouns in the Imperative: Negative	173
122. The Sequence of Pronouns in the Imperative: Affirmative (1)	173
123. The Sequence of Pronouns in the Imperative: Affirmative (2)	175

REVIEW LESSON IX. Voyage en Californie 177

124. The Use of *cela* (*ça*) and *ceci*	183
125. The Construction *ne . . . que*	183
126. The Use of the Stressed Personal Pronoun after *ne . . . que*	185
127. The Verb *devoir*	185
128. The Verb *recevoir*	187
129. The Agreement of the Past Participle with the Preceding Direct Object	187
130. Verbs Followed Directly by a Dependent Infinitive	189
131. Verbs Followed by *à* + Dependent Infinitive (1)	189
132. Verbs Followed by *à* + Dependent Infinitive (2)	189

133.	Verbs Followed by *de* + Dependent Infinitive (1)	191
134.	Verbs Followed by *de* + Dependent Infinitive (2)	191

REVIEW LESSON X. Noël en famille   193

135.	The Relative Pronoun (Subject): *qui*	199
136.	The Relative Pronoun (Direct Object): *que*	199
137.	The Relative Pronoun (after *de*): *dont*	201
138.	The Relative Pronouns (after Other Prepositions)	201
139.	The Relative Pronouns: Summary and Contrast with the Interrogative Pronouns	203
140.	The Use of the Pronoun *on*	205
141.	The Verb *courir*	205
142.	The Verb *croire*	207
143.	The Interrogative Pronouns: *lequel, laquelle*, etc.	207
144.	The Comparative of Adjectives	207
145.	The Superlative of Adjectives	209
146.	The Irregular Comparatives and Superlatives: *meilleur* and *pire*	209

REVIEW LESSON XI. Dans la cafétéria   211

147.	The Formation of Adverbs	217
148.	The Comparative of Adverbs	219
149.	The Superlative of Adverbs	219
150.	The Irregular Comparatives and Superlatives: *mieux* and *pis*	219
151.	The Comparison of Quantity	221
152.	The Use of the Partitive Article in Comparisons of Quantity	221
153.	The Verb *ouvrir* (*couvrir* and *découvrir*)	223
154.	The Verb *offrir* (*souffrir*)	223
155.	The Position of Adverbs in Compound Tenses: *passé composé* (1)	223
156.	The Position of Adverbs in Compound Tenses: *passé composé* (2)	225
157.	The Present Conditional	227

REVIEW LESSON XII. Les examens   229

158.	The Pluperfect Indicative	235
159.	The Past Conditional	235
160.	The Relative Pronouns: *ce qui, ce que, ce dont*, etc.	235
161.	The Use of *-ci* and *-là* after Demonstrative Adjectives	237
162.	The Demonstrative Pronouns: *celui, celle, ceux, celles*	237
163.	The Demonstrative Pronouns Followed by *de* or a Relative Clause	239
164.	The Verb *conduire* (*construire, détruire, produire, traduire*)	239
165.	The Verbs *monter, descendre*, and *sortir* Conjugated with *avoir*	241
166.	The Impersonal Expressions Followed by *de* + Infinitive	241
167.	*Il est* (Impersonal Expression) vs. *c'est*	241
168.	The Impersonal Expressions: *il faut* and *il vaut mieux*	243

REVIEW LESSON XIII. Le tutoiement   245

169. Adjectives Requiring *de* before a Dependent Infinitive	251
170. Adjectives Requiring *à* before a Dependent Infinitive	251
171. The Use of the Future (or Future Perfect) after *quand*, etc.	251
172. The Use of the Present or the Imperfect after *depuis*	253
173. The Verb *suivre*	255
174. The Verb *vivre*	255
175. The Verb *se taire*	257
176. The Verb *plaire*	257
177. The Use of *devoir*, *pouvoir*, and *vouloir* in the Conditional	257
178. The Irregular Imperatives of *être*, *avoir*, and *savoir*	259

REVIEW LESSON XIV.   L'éducation   261

179. The Formation of the Present Subjunctive	267
180. The Use of the Subjunctive after Impersonal Expressions	267
181. The Irregular Subjunctive Stems: *avoir, être, savoir*	269
182. The Irregular Subjunctive Stems: *aller, faire, pouvoir*	271
183. The Irregular Subjunctive Stems: *vouloir, falloir, valoir, pleuvoir*	271
184. The Formation of the Past Subjunctive	271
185. The Use of the Subjunctive after Expressions of Command or Desire	273
186. The Use of the Subjunctive after Expressions of Doubt or Denial	273
187. The Use of the Subjunctive after Expressions of Emotion	275

REVIEW LESSON XV.   Les projets d'été   277

188. The Use of the Subjunctive after Conjunctions	283
189. Conjunctions Not Requiring the Subjunctive	283
190. The Use of the Subjunctive in the Relative Clause (1)	285
191. The Use of the Subjunctive in the Relative Clause (2)	285
192. The Verb *mentir*	285
193. The Verb *sentir*	287
194. The Adjectives *tout, toute, tous, toutes*	287
195. The Pronouns *tout, tous* [tus], *toutes*	289
196. The Emphasis Construction: *c'est . . . qui*	289
197. The Emphasis Construction: *c'est . . . que*	291

REVIEW LESSON XVI.   Après une sortie à quatre   293

198. The Use of *quelque chose* and *rien*	299
199. The Use of *quelqu'un* and *personne*	299
200. The Use of *quelques* and *quelques-un(e)s*	299
201. The Use of *la plupart* and *la plus grande partie*	301
202. The Verb *rire (sourire)*	301
203. The Verb *tenir (obtenir, maintenir)*	303
204. The Verb *mourir*	303
205. The Verb *naître*	305

206. The Use of *chaque* and *chacun(e)*	305
207. The Use of *aucun(e)*	305

REVIEW LESSON XVII.   Du haut de la Tour Eiffel   309

208. The Partitive Construction with *bien* and *encore*	317
209. The Construction *ni . . . ni (pas de . . . ni de)*	317
210. The Construction *l'un et l'autre (les uns et les autres)*	319
211. The Construction *l'un l'autre (les uns les autres)*	319
212. The Verb *craindre (éteindre, peindre)*	321
213. The Verb *plaindre*	321
214. The Use of the Infinitive after *avant* and *après*	323
215. The Use of the Infinitive after *assez* and *trop*	323
216. The Use of the Present Participle	323
217. The Possessive Pronouns: Singular	325
218. The Possessive Pronouns: Plural	325

REVIEW LESSON XVIII.   À la terrasse d'un café   327

219. The Passive Construction (1)	335
220. The Passive Construction (2)	335
221. The Causative Construction: *faire* + Infinitive	337
222. The Use of the Expletive *ne*	339
223. The *passé simple* and Past Anterior	339
224. The Imperfect and Pluperfect Subjunctive	341

REVIEW LESSON XIX.   Après une soirée au théâtre   345

REVIEW LESSON XX.   Lettre de Bill à Barbara   353

APPENDIX A. French Orthographic Symbols	361
APPENDIX B. Verb Tables	365
APPENDIX C. Translation of the Dialogues	377
APPENDIX D. Charts (Tableaux I–IV)	395
WRITTEN EXERCISES	401
FRENCH-ENGLISH VOCABULARY	445
INDEX	479

L'Échelle

PRONUNCIATION AND SPELLING

Since there are often several ways of representing the same French sound, the symbols of the International Phonetic Alphabet are used throughout this text for the purpose of clarifying specific pronunciation problems. While it is useful to recognize these symbols, there is no need to learn to transcribe French words or sentences with phonetic symbols.

Vowels

Vowels are sounds which are produced when part of the air stream used in the production of speech sounds is allowed to pass through the speech organs without meeting any obstruction. The sound of the vowel is influenced by the shape of the mouth cavity which varies according to the position of the TONGUE and LIPS. For a vowel sound like the one in English *food*, the tongue is raised and drawn to the rear. For the vowel sound in *feet*, the tongue is raised and pushed forward. For the vowel sound in *hot*, the tongue drops to the bottom of the mouth. In the production of other vowel sounds, the tongue assumes positions intermediate between those just mentioned.

It is customary to present the vowel sounds of a language on a triangular diagram which indicates roughly the relative positions of the tongue in forming the vowels. The vowel triangle at the top of page 2 presents a scheme of the French vowels, as given in the International Phonetic Alphabet.

[i] *Basic Orthographic Representation: i*. The *i* is a high tense vowel; the tongue is raised as high as possible against the roof of the mouth. French *i* is higher than any *i* sound in English. Note above all that it does not have an upglide like the sound in English *sea* or *knee*. Listen to the following contrasts (French words are in boldface):

                ni/knee,   **si**/sea,   **qui**/key,   **fi**/fee

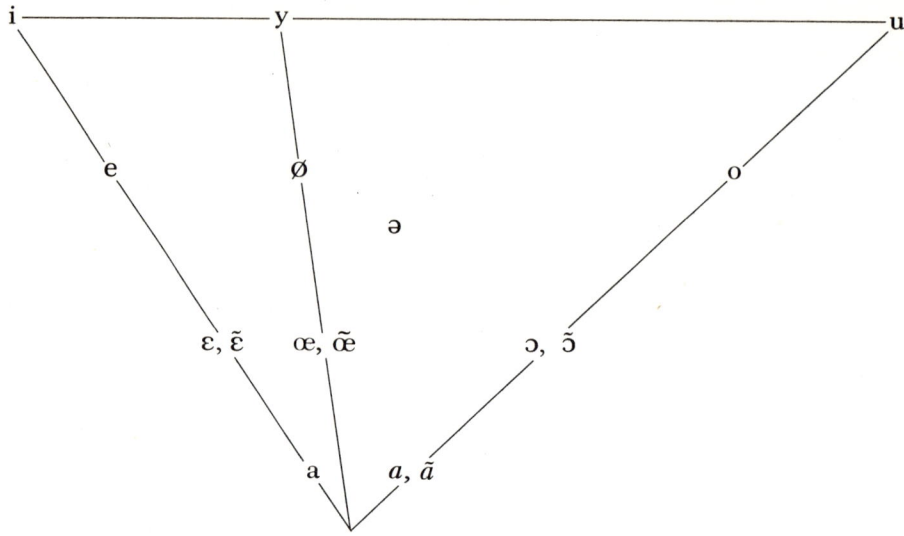

Dictation Exercise: Write the French words **ni, si, qui,** and **fi** whenever your instructor says them; when you hear an English word put an × on your paper.

1. key, key, **qui, si,** sea (Your answer should have been: ×−×−qui−si−×.)
2. **si,** sea, fee, **ni, fi**
3. key, **qui,** fee, sea, **ni**
4. knee, **si, si,** fee, key
5. **fi, qui,** sea, knee, **si**

[e]   *Basic Orthographic Representation: é* or *e* followed by *s* in monosyllabic words. Note that final orthographic consonants are often silent (see the section on orthography, page 11).

                bé/bay,   **ses**/say,   **des**/day,   **mes**/may,   **les**/lay

Dictation Exercise: Again write the French words only; if your instructor says an English word, put a × on your paper.

1. lay, **les, ses,** say, **des**
2. day, day, **des, mes,** lay
3. **mes, mes,** say, *les,* **bé**
4. **ses,** bay, **les,** day, bay
5. may, **mes, des,** lay, **ses**

[ɛ]   *Basic Orthographic Representation: è* or *e* followed by two consonants. This sound is slightly more open than the *e* in English *met*, but resembles it somewhat. In French it occurs primarily when the *e* sound, in pronunciation, is NOT final in the syllable. Contrast the following French and English words:

                dette/debt,   **cette**/set,   **veste**/vest,   **mette**/met

Dictation Exercise (see instructions for preceding exercises):
1. debt, **dette**, vest, **veste**, met
2. **dette**, debt, met, **mette**, **cette**
3. debt, debt, **cette**, set, vest
4. **cette**, **cette**, **dette**, **mette**, vest
5. set, met, vest, **cette**, debt

[a]   *Basic Orthographic Representation:* *a.* This sound is a short *a* sound, pronounced further forward than the comparable *a* sound of English. Compare the following French and English words:

                  lac/lock,   **sac**/sock,   **date**/dot

Dictation Exercise:
1. sock, **sac, sac**, sock, **lac**
2. **date**, dot, dot, **date, sac**
3. sock, dot, **date, sac, lac**
4. lock, **lac, lac**, lock, dot
5. sock, **lac, date, date, sac**

There is another *a* sound which is pronounced farther back in the mouth, as in **bas** and **pas**, and is represented by the symbol [ɑ]. However, the distinction between the two *a* sounds is not essential for beginners.

[ɔ]   *Basic Orthographic Representation:* *o.* [ɔ] is a mid-back, open vowel, to be differentiated from the vowel in English *bought* or *sought*, which is longer and less tense. Much of the difference in French **botte** and **sotte** and English *bought* and *sought* lies in the consonants.

Dictation Exercise:
1. **botte**, bought, bought, **botte**, bought
2. bought, sought, **botte, sotte, botte**
3. sought, **sotte, botte, botte**, sought
4. bought, sought, bought, **sotte**, bought
5. **botte, sotte**, sought, **botte, sotte**

[o]   *Basic Orthographic Representation:* *o.* This vowel must be carefully distinguished from the sound of English *doe* or *so*, which are pronounced like diphthongs. The English vowel ends in a glide sound that is absent in the French vowel. Distinguish the following French and English words:

                  dos/doe,   **nos**/no

Dictation Exercise:
1. doe, **dos, dos**, doe, **dos**
2. no, no, **nos, nos**, doe

3. doe, doe, **nos, nos, dos**
4. **dos**, doe, doe, **nos**, no
5. no, no, doe, **dos, nos**

[u] *Basic Orthographic Representation: ou.* This is a high-back sound. It differs from the English vowel in *shoe, coo, moo,* or *group,* in that the latter is not quite as high and ends in a glide which is absent from the French vowel. Differentiate the following French and English words:

chou/shoe,   cou/coo,   mou/moo

Dictation Exercise:

1. moo, **mou, cou,** coo, shoe
2. shoe, **chou, chou,** moo, **cou**
3. **chou, cou,** moo, shoe, coo
4. moo, **mou,** shoe, **cou,** moo
5. coo, **chou, mou, cou,** shoe

[ə] *Basic Orthographic Representation: e.* This vowel is somewhat similar to the one produced in unaccented English syllables in words such as *mother, brother, support,* etc. However, the French sound is not associated with an unaccented syllable. It is a short, tense, and distinctly pronounced vowel. Repeat the following words after your instructor: **me, ne, te, le, que.** Distinguish this sound from the [e] in words like **mes, tes, les, ses.**

Dictation Exercise (all words are French):

1. **me, mes, ne, ses, les**
2. **le, te, se, ses, me**
3. **me, me, mes, te, les**
4. **les, le, ne, mes, te**
5. **me, tes, se, le, ses**

Unlike the vowels discussed so far, the remaining vowels of French do not have even approximate counterparts in English. These vowels are, of course, rather difficult for speakers of English, and many Americans need a great deal of practice before they can produce them in an acceptable way.

[y] *Basic Orthographic Representation: u.* This front, high, tense vowel has no English counterpart. The position is approximately the one for [i], but the lips are ROUNDED. Repeat the following words after your teacher: **mu, nu, pu, su, tu, vu.** Learn to distinguish this sound from French [u] as in **nous, vous, sous,** etc.

Dictation Exercise:

1. **mou, nu, sou, su, vous**
2. **nu, nu, nous, tou, tu**

3. vu, vous, tu, mou, mu
4. vu, tu, tu, tou, su
5. mou, mu, vu, nous, vu

[ø] *Basic Orthographic Representation: eu.* Again there is no similar sound
[œ] in English. The tongue position is similar to the one in [e] or [ɛ], but the lips are slightly rounded. The sound [ø] is slightly higher than the sound [œ] and is primarily used when the vowel is, in pronunciation, the FINAL sound in its syllable. Listen to the difference between **peu** [pø] and **peur** [pœR], **veut** [vø] and **veuve** [vœv], **meut** [mø] and **meurt** [mœR]. You must learn to distinguish the sound [ø] as in **deux, meut,** or **ceux** from the sound [ə] as in **de, me, se,** or the sound [y] as in **du, mu,** or **su**.

Dictation Exercise:

1. **deux, du, su, meut**
2. **ceux, mu, meut**
3. **deux, mu, su, ceux**
4. **su, meut, mu, ceux**

Remember also to distinguish the sounds [ø], [y], [ə] from the [e] as in **mes, ses, des**.

Dictation Exercise:

1. **mes, me, meut, deux, ceux**
2. **ses, ceux, su, du, mu**
3. **me, ses, ceux, meut, du**
4. **de, des, du, deux, me**
5. **se, ses, su, ceux, du**

The nasal vowels [ã], [õ], [ɛ̃], [œ̃] are produced with approximately the same tongue positions as their non-nasal counterparts, but part of the air stream used in the production of the vowels is expelled through the nose. The vowel receives a distinct nasal resonance. Orthographically, the nasality of a vowel is presented by an *m* or *n* following the vowel. This *m* or *n* must be either final in the word or followed by a consonant other than itself. If the *m* or *n* is followed in orthography by another vowel or another *m* or *n*, the vowel preceding the *m* or *n* is not nasal, and the *m* or *n* itself is pronounced.

[ã] *Basic Orthographic Representation: an* or *en.* Start with the sound [a] as in **bas** [ba]; then nasalize the sound, shifting your pronunciation to [bã]. Distinguish **banc** [bã], **tant** [tã], **cent** [sã] from **bas, ta, sa**.

Dictation Exercise:

1. **banc, tant, cent, sa, sa**
2. **tant, ta, cent, cent, ta**
3. **tant, cent, sa, ta, bas**
4. **tant, bas, banc, bas, banc**

[ɔ̃]   *Basic Orthographic Representation:* **on.** Start with the sound [o] as in **dos** or **sot**; then nasalize as in **don** [dɔ̃] or **son** [sɔ̃]. Distinguish [o] from [ɔ̃] as in **nos/non, vos/vont.**

Dictation Exercise:

1. **dos, don, nos, non, non**
2. **vont, vos, nos, vos, vos**
3. **vont, non, nos, vos, vont**
4. **non, vont, dos, nos, nos**

[ɛ̃]   *Basic Orthographic Representation:* **in** for [ɛ̃] and **un** for [œ̃]. For both
[œ̃]   sounds, start with the non-nasal vowel, then nasalize. Say the vowel in **veste** and change to [ɛ̃] as in **vin** [vɛ̃]. Say the vowel in **leur** [lœR], then change to **l'un** [lœ̃]. Since many native French speakers no longer differentiate between [ɛ̃] and [œ̃], it is not essential that American students learn to distinguish the two. Repeat after your instructor: **lin, fin, vin, pin, un, d'un, l'un**.

Although the difference between the two nasals [ɛ̃] and [œ̃] is not of great importance, it is essential to distinguish [ɔ̃] and [ã]. Many students have difficulty in perceiving this difference. Contrast **son/cent, ton/tant, bon/banc**.

Dictation Exercise:

1. **bon, banc, ton, tant, bon**
2. **banc, cent, ton, bon, son**
3. **bon, banc, ton, cent, cent**
4. **bon, tant, cent, ton, banc**

It is also essential that you learn the distinction between the nasal vowels and the non-nasal vowels followed by [n] or [m]. Distinguish **bon** [bɔ̃] and **bonne** [bɔn], **ton** [tɔ̃] and **tonne** [tɔn], **Jean** [ʒã] and **Jeanne** [ʒan].

Dictation Exercise:

1. **bon, bonne, ton, tonne, bonne**
2. **Jean, Jeanne, bon, bonne, ton**
3. **bonne, Jean, ton, Jean, Jeanne**
4. **Jeanne, bonne, tonne, ton, Jean**

Semiconsonants and Consonants

Consonants are sounds produced when the air stream used in the production of sounds meets an obstacle in passing through the speech organs. If the air stream is stopped completely during the production of the sound, the sound is called a STOP or a PLOSIVE. For instance, when you say the sound *p*, you close your lips and the air stream is stopped for an instant at the lips. Then, as you open your mouth the air stream is released. If the air stream is not stopped completely but rather continues to pass the obstruction throughout the production of the sound, the resultant sound is called a CONTINUANT. *F* and *v* are continuant sounds. Some continuants resemble vowels; there is an extreme narrowing of the passage but no real obstacle to the passing of the air stream. Such consonants are referred to as SEMICONSONANTS or, sometimes, as SEMIVOWELS.

French semiconsonants and consonants will be discussed primarily in connection with the special problems they present for speakers of English. Some will be mentioned in order to familiarize the student with the phonetic symbols that are used later in the book.

French has three semiconsonants: [w], [ɥ] and [j].

[w]   *Basic Orthographic Representation:* *ou* or *o* followed by another vowel. This sound resembles the initial sound in English *water*: **oui** [wi], **ouest** [wɛst], **ouate** [wat], **voir** [vwaʀ].

[ɥ]   *Basic Orthographic Representation:* *u* followed by another vowel. This sound is like the sound [y] already discussed, but it is much shorter and quickly followed by another vowel. Differentiate [w] and [ɥ] clearly by contrasting **Louis** [lwi] and **lui** [lɥi].

Dictation Exercise:

1. **Louis, lui, Louis, Louis**
2. **lui, Louis, lui, lui**
3. **Louis, lui, lui, Louis**
4. **Louis, Louis, lui, lui**

[j]   *Basic Orthographic Representation:* *i* or *y* before a vowel, *il* or *ill* after a vowel. The [j] resembles the initial sound in English *yes*. Say **bien** [bjɛ̃], **payer** [pɛje], **payons** [pɛjɔ̃]. It also resembles the sound produced as the glide in the English vowels of words such as *fee, bee, say, buy* (see the foregoing discussion of [i], [e], and the corresponding sounds of English). The French sound, however, is pronounced much more distinctly and tensely. Contrast French **fille** and English *fee*, French **seille** and English *say*, French **taille** and English *tie*.

Dictation Exercise: Write × for English words.

1. fee, **fille, fille**, fee
2. tie, tie, **taille**, fee
3. say, **seille**, tie, **fille**
4. fee, tie, say, tie
5. fee, **taille, seille**, fee
6. **taille, fille, seille**, tie

As an example of the sound [j] before vowels, remember the French pronunciation of the ending *-ion*: **nation** [nasjɔ̃], **passion** [pasjɔ̃], **fonction** [fɔ̃ksjɔ̃], etc.

[m]
[n]
[f]
[v]
    These sounds present no particular difficulty to speakers of English. The phonetic symbols stand for sounds similar to those represented by the same symbols in English spelling.

[s]   *Basic Orthographic Representation:* s at the beginning of a word, or -ss- between vowels. This is the symbol used for an unvoiced s. UNVOICED means that the s is produced with little or no vibration of the vocal cords.

[z]   *Basic Orthographic Representation:* -s- between vowels, z at the beginning of a word. This symbol is used for a voiced s. VOICED means that the sound is produced with vibration of the vocal cords. Say the following French words:

    raser [ʀaze],   **vase** [vaz],   **rose** [ʀoz],   **pose** [poz],   **zèle** [zɛl]

[ʃ]   *Basic Orthographic Representation: ch.* This symbol is used for the sound that closely resembles the initial sound in English *shoe*. In the French sound the tip of the tongue is raised against the ridge above the upper teeth (called ALVEOLAR ridge). Say the following French words:

    cheval [ʃval],   **chez** [ʃe],   **chat** [ʃa],   **cher** [ʃɛʀ]

[ʒ]   *Basic Orthographic Representation:* g before *e* or *i*, or *j*. This symbol represents the voiced sound corresponding to the [ʃ] just given. It is similar to the continuant in English *leisure*. Say the following French words:

    je [ʒə],   **jaloux** [ʒalu],   **Jean** [ʒā],   **génie** [ʒeni],   **gêner** [ʒɛne]

    English does not have the sound [ʒ] as the initial sound of a word. Be sure NOT to substitute the sound [dʒ], as it occurs in English *genius* or *jealous*, in the French **génie** or **jaloux**.

[ɲ]   *Basic Orthographic Representation: gn.* This symbol is used for an *n* sound produced with the tip of the tongue against the back of the lower teeth, so that the tongue may be raised against the palate. This sound has no exact counterpart in English. Say the following French words:

    bagne [baɲ],   **montagne** [mɔ̃taɲ],   **espagnol** [ɛspaɲɔl],   **agneau** [aɲo]

[l]   *Basic Orthographic Representation: l.* The French *l* is produced with the tip of the tongue against the teeth, whereas the English *l* is produced with the tongue against the alveolar ridge. English *l* undergoes various modifications after vowels; it VOCALIZES (becomes almost like a vowel sound). Listen to the distinction between the following English and French words:

    belle/bell,   **il**/eel,   **lac**/lock,   **calme**/calm

Dictation Exercise:

1. **lac**, lock, **lac, lac**
2. **belle**, bell, eel, eel
3. calm, **calme, calme, il**
4. eel, **lac, il**, calm

[R]   *Basic Orthographic Representation:* r. French *r* and English *r* are quite different. The pronunciation of English *r* varies considerably according to its position in the word. Basically, it is a vowel-type sound produced with the tip of the tongue curled back and raised toward the roof of the mouth, but without making any contact. In the typical French *r* the tip of the tongue does not take part in the production of the sound. You can keep the tip of the tongue pressed against the ridge below your lower teeth. The important thing is to get the BACK of the tongue against the rear of the palate. The friction of the air stream passing between the back of the tongue and the palate produces the *r* sound. Try to produce this vibration by saying [ã] and then raising your tongue against the palate. Keep the tip of your tongue pressed firmly against the lower alveolar ridge. Contrast the following English and French words:

ride/read,   **rose**/rose

English *r* also affects the pronunciation of the following and preceding vowels. The *r* after a vowel, in particular, produces, with that vowel, a diphthong that has no counterpart in French. Contrast the following French and English words:

lire/leer,   **dire**/deer,   **car**/car,   **peur**/purr,   **arme**/arm
parte/part,   **dresse**/dress,   **trou**/true,   **arbre**/arbor,   **lettre**/letter

Dictation Exercise:

1. car, **car, dire, dire**, deer
2. **peur**, purr, **peur, peur**, purr
3. dress, **dresse**, dress, dress, **dresse**
4. **arbre**, arbor, **arbre, lettre**, letter
5. **trou**, true, true, **trou, trou**
6. arm, arm, **arme, arme**, arm
7. **car, lettre**, arbor, true, **dresse**
8. **parte**, true, arm, **parte, arbre**

[p]   *Basic Orthographic Representation:* p

[t]   *Basic Orthographic Representation:* t or th

[k]   *Basic Orthographic Representation:* qu or c (before *a, o, u*)

The three foregoing sounds are the unvoiced stops of French. They are plosives produced without vibration of the vocal cords. The corresponding sounds in English are similar, but they are often followed by a slight puff of air—that is to say, they are ASPIRATED in certain cases. The French sounds are never aspirated. To avoid aspirating the French sounds, try to produce them with tense throat muscles. In producing the French sound it might also help you to know that English *p, t, k* are also unaspirated when they are preceded by *s* (as in *pin* vs. *spin*, *top* vs. *stop*, and *kin* vs. *skin*). Compare the following French and English words:

par/par,   **père**/pair

Dictation Exercise:

1. **père**, pair, **par**, **père**
2. par, **par**, **père**, pair
3. pair, **par**, par, **père**

Compare the following French and English words:

qui/key,   **quitte**/kit,   **cou**/coo,   **cape**/cop

Dictation Exercise:

1. **cape**, cop, key, **qui**, coo
2. kit, **cou**, key, **quitte**, **cape**
3. coo, **cape**, **quitte**, **cou**, key

Compare the following French and English words:

type/tip,   **tic**/tick,   **tout**/too

Note that French *t* is differentiated from English *t* by its point of articulation as well as by the absence of aspiration. In pronouncing the French *t* you must put the tip of your tongue against the teeth, NOT against the alveolar ridge, as you do in English.

Dictation Exercise:

1. **type**, tip, **tic**, **type**, tip
2. **tout**, too, **tic**, tick, tip
3. **type**, too, tick, **tout**, **tic**

A final important difference between English and French stops concerns their pronunciation at the end of a word. English stops at the end of the word are UNEXPLODED. Their pronunciation is not quite complete in that there is no real explosion. The French stops, on the other hand, are always distinctly articulated and fully EXPLODED. Listen to the difference between the following French and English words:

pique/peek,   **patte**/pot,   **claque**/clock,   **pipe**/peep,   **cape**/cop

Dictation Exercise:

1. **pique**, peek, **pipe**, peep, cop
2. **claque**, clock, **pipe**, **cape**, pot
3. clock, **pipe**, **patte**, cop, peek

Some Complications of French Orthography

French orthography, like English orthography, is rather complicated. In our discussion of the French sounds, we have been trying to avoid the complications of French orthography as much as possible. Unfortunately, many French sounds can be represented by more than one orthographic symbol or combination of symbols. It may be of some consolation to know that the situation in French is not quite as bad as in English (where, for example, *u* in *busy* is pronounced like *i* in *fizzy*, and where, as George Bernard Shaw pointed out, *fish* could also be spelled *ghoti*, using the *gh* from *cough*, the *o* from *women*, and the *ti* from *nation*).

In French there is, at least normally, an unambiguous relationship between sound and symbol. A sound may be represented by different symbols or sets of symbols, but there are only comparatively few cases in which a symbol or set of symbols can stand for different sounds.

Pronunciation of Consonants

Normally consonants at the end of a word are NOT pronounced. The only consonants which are usually not affected by this rule are -*c*, -*r*, -*f*, and -*l*. Thus **tic** is read [tik], **sol** is [sɔl], **bref** [bRɛf], and **par** [paR]. With some rare exceptions, which will be pointed out as they appear in the text, the other final consonants of orthography are silent: **les** [le], **dont** [dɔ̃], **amis** [ami], **bon** [bɔ̃]. Remember that the *n* stands for the nasality of the preceding vowel and that the sound [n] is not pronounced. This does not mean that French has no words ending in sounds like [s], [t], [n], etc. There are two distinct categories of such words:

1. *Some Words Always End in the Consonant Sound.* In such words the pronounced final consonant is followed in spelling by an *e*. This is the so-called "mute" *e*. It is not pronounced itself; rather it is an orthographic symbol indicating that the preceding consonant is pronounced: **plat** [pla] but **plate** [plat], **mont** [mɔ̃] but **monte** [mɔ̃t], **étudiant** [etydjã] but **étudiante** [etydjãt], **bon** [bɔ̃] but **bonne** [bɔn], etc.

2. *Most Words Have Two Forms in Speech.* Normally the final consonant of a word (usually -*s* or -*t*) is silent, but under specific conditions (if it stands before another word beginning with a vowel), that consonant is pronounced. The process through which a normally silent final consonant becomes pronounced is called LIAISON. What happens is that the orthographic final consonant of a word is pronounced as if it were a consonant beginning the next word. In the first forty-seven steps of the text, such instances of liaison will usually be marked by

a symbol (‿) linking the consonant to the next word. We say, normally, **les** [le] but **les amis** [lezami]; **sont** [sɔ̃] but **sont-ils** [sɔ̃til], **les livres** [leliv<small>R</small>] but **les oncles** [lezɔ̃kl], **on dit** [ɔ̃di] but **on a** [ɔ̃na], etc.

Pronunciation of the Mute e

It has already been pointed out that the *e* of the orthographic final syllable is usually silent: **lampe** [lɑ̃p], **homme** [ɔm], etc. This means that sometimes the entire syllable is silent even if there may be a consonant after the *e*. Thus **dites** is pronounced [dit], **sommes** is pronounced [sɔm], **parlent** is pronounced [pa<small>R</small>l]. There are, however, exceptions to this rule: *-er* or *-ez* are pronounced [e], as in **parler** [pa<small>R</small>le] and **parlez** [pa<small>R</small>le].

Even within a word (or within a sentence), the *e* may become silent: **petit** is usually pronounced [pti], **tu le dis** is pronounced [tyldi]. The rules for the omission of the *e* in pronunciation in such cases are rather complicated and are reserved for more advanced stages of instruction. The basic rule is that speakers of French avoid, in speech, most combinations of THREE consonants. The word **appartement** is pronounced [apa<small>R</small>təmɑ̃] rather than [apa<small>R</small>tmɑ̃], in order to avoid the combination [<small>R</small>tm]. Likewise **parlerez** is pronounced [pa<small>R</small>lə<small>R</small>e] in order to avoid the combination of three consonants [<small>R</small>l<small>R</small>]. In any case, you should imitate your instructor's pronunciation as closely as possible.

Orthographic Representation of Sounds

The table on page 13 gives the most important orthographic representations of French sounds. If all of the important orthographic equivalents for a sound have been given already, the sound is not included. This table may be used as a reading exercise. A complete table of French sounds and their orthographic equivalents is given in Appendix A.

The letter *h* does not indicate any sound at all. In many cases it is used in spelling because the Latin ancestors of the French words were written with an *h*. In all these cases the *h* is simply ignored in pronunciation, so that the words beginning with such an *h* must be treated as if they began with a vowel: **homme** [ɔm], **les hommes** [lezɔm], **herbe** [ɛ<small>R</small>b], **les herbes** [lezɛ<small>R</small>b], etc. There are some words —usually not of Latin origin—that begin with a so-called ASPIRATE *h* (in French, **hache aspiré**). The French people do not pronounce this *h*, but it counts as a consonant insofar as it does NOT bring about the liaison or elision: **les hautes montagnes** is pronounced [leotmɔ̃taɲ], **les harpes** [lea<small>R</small>p], **les héros** [lee<small>R</small>o], etc. Words beginning with an aspirate *h* will have it underlined in this book.

The Accent Marks

French orthography has THREE accent marks: (′) **accent aigu**; (`) **accent grave**; and (ˆ) **accent circonflexe**. The (′) is used only over *e* and indicates a closed *e* sound [e], as in **parlé, cherché, Amérique**. The (`) over *e* indicates an open *e* [ɛ] as in **mère, père, mène**, etc. The (ˆ) over *e* also indicates open [ɛ], as in **êtes**,

bête, fête, etc. The accents (ˋ) and (ˆ) are also used over other vowels. In such cases they are merely orthographic symbols and do not give any clue to the pronunciation of the word, but correct spelling requires that they be written just the same. The (ˋ) over *a*—that is, *à*—is used to differentiate the preposition **à** from the verb form **a**. The (ˆ) usually indicates that the vowel was once followed by an *s*, which disappeared in pronunciation and orthography some four centuries ago. Compare the following French and English words:

fête/feast,   **bête**/beast,   **forêt**/forest,   **hopîtal**/hospital,   **hôte**/host,   **arrêt**/arrest

Orthographic Representations of French Sounds

Phonetic Symbol	Orthographic Representation	Examples
[i]	*i, y*	si, dit, sire, type, y, lit, vite
[e]	*é, -ai, -ez, -er,* (*-es* in monosyllabic words)	mes, tes, ses, j'ai, chez, parlé, parler, aller, allé, dirai
[ɛ]	*è, -ai-, e* (before a PRONOUNCED consonant)	père, mère, maison, chaise, chef, belle, sel, elle
[o]	*au, eau, o*	maux, chaud, vaut, seau, peau, dos, mot
[ø], [œ]	*eu, œu* ([ø] is used if it is the final sound of a word, or before [z])	peu, nœud, peur, sœur, creuser, heureuse
[ɛ̃]	*in, im, ain, ein, ien, aim*	vin, impôt, impose, fin, faim, saint, sein, plain, bien, vient, sien
[ã]	*an, en, am, em*	banc, dans, dont, sans, emporte, ambre, rend, temps
[wa]	*oi*	noir, lois, bois
[s]	*s, x, c* (before *e, i, y*), *ç* (before *a, o, u*), *-ti-*	si, son, ciel, ces, cycle, ici, français, maçon, nation, patience
[z]	*z, -s-* (*-s, -x* in liaison)	zéro, zèle, maison, raison, mise; six ans [sizã], dix ans [dizã], les ans [lezã]
[ks], [gz]	*x* ([gz] usually occurs between vowels)	excuse [ɛkskyz], exprime [ɛksprim], exercice [ɛgzɛRsis], exemple [ɛgzãpl]
[k]	*qu, c* (before *a, o, u,* or a consonant), *ch* (in a few words not of French origin)	qui [ki], quand [kã], car, comment, chœur, psychologie
[v]	*v, w*	va, vont, vend, wagon (English words used in French are usually pronounced [w-], as in *week-end* [wikɛnd], *whisky* [wiski], etc.)

Word Stress

One of the important differences between French and English lies in the matter of word stress. In any English word of more than one syllable, one of the syllables is stressed more than the others. Compare *import* (stress on the first syllable) and *import* (stress on the second syllable). In French all the syllables of a word receive about the same amount of stress. The LAST syllable of a word (or a phrase) may be pronounced somewhat longer (but should not be more stressed) than the others.

Contrast the following English and French words:

terrace/**terrasse**   classic/**classique**
modern/**moderne**   company/**compagnie**
melody/**mélodie**   animal/**animal**
academy/**académie**   philosophy/**philosophie**
utility/**utilité**   attack/**attaque**
caress/**caresse**   canal/**canal**
important/**important**   domestic/**domestique**
defective/**défective**   president/**président**

Read the following words:

ballet, cognac, cynique, commerce, admirable, arsenal, article, attitude, confortable, liberté, polie, critique, déteste, démocratie [demɔkʀasi], activité, possibilité, électricité, stabilité, amabilité, originalité, impossibilité, responsabilité

SUPPLEMENTARY READING EXERCISES

1. Contrast the following pairs of words:

(a) [o]–[ɔ]: beau–botte, tôt–tonne, gros–grotte, sot–sotte, faut–folle, vôtre–votre, nôtre–notre, hôte–hotte, saute–sotte, saule–sol

(b) [y]–[ø]: bu–bœufs, du–deux, mu–meut, fut–feu, nu–nœud, pu–peu, su–ceux, vu–vœux

(c) [ø]–[œ]: peu–peur, meut–meurt, ceux–sœur, pleut–pleure, queue–cœur, veut–veulent, peut–peuvent, ceux–seul

(d) [ɛn]–[ɛ̃]: peine–pain, mène–main, Seine–sein, pleine–plein, vaine–vain, viennent–vient, tiennent–tient, mienne–mien, américaine–américain, saine–sain, traîne–train, ancienne–ancien

(e) [ã]–[ɛ̃]: lent–lin, vend–vin, penser–pincer, pend–pain, sans–sain, temps–teint, ment–main, tente–tinte, plan–plein, pense–pince, fend–fin

(f) [ã]–[ɔ̃]: dans–dont, sans–sont, pan–pont, ambre–ombre, pente–ponte, mentant–montons, vent–vont, banc–bon, ment–mont, sent–sont, fend–fond, l'an–l'on, rend–rond, tend–ton

(g) [u]–[y]: fou–fut, tout–tu, bout–but, doux–du, loup–lu, mou–mu, nous–nu, pou–pu, roue–rue, sous–su, vous–vu, pour–pur, dessous–dessus

2. Learn the following:

a	[a]	e	[ə]	i	[i]	m	[ɛm]
b	[be]	f	[ɛf]	j	[ʒi]	n	[ɛn]
c	[se]	g	[ʒe]	k	[ka]	o	[o]
d	[de]	h	[aʃ]	l	[ɛl]	p	[pe]

q	[ky]	t	[te]	w	[dubləve]	z	[zɛd]
r	[ɛR]	u	[y]	x	[iks]		
s	[ɛs]	v	[ve]	y	[igRɛk]		

(´)	accent aigu	[aksãtegy]	(ˆ)	accent circonflexe	[aksãsiRkɔ̃flɛks]
(`)	accent grave	[aksãgRav]	(¨)	tréma	[tRema]
(ç)	cé cédille	[sesedij]			

3. Read in French:

1	un	[œ̃] ([ɛ̃])	16	seize	[sɛz]
2	deux	[dø]	17	dix-sept	[dissɛt]
3	trois	[tRwa]	18	dix-huit	[dizɥit]
4	quatre	[katR]	19	dix-neuf	[diznœf]
5	cinq	[sɛ̃k]	20	vingt	[vɛ̃]
6	six	[sis]	21	vingt et un	[vɛ̃teœ̃]
7	sept	[sɛt]	22	vingt-deux	[vɛ̃tdø]
8	huit	[ɥit]	23	vingt-trois	[vɛ̃ttRwa]
9	neuf	[nœf]	24	vingt-quatre	[vɛ̃tkatR]
10	dix	[dis]	25	vingt-cinq	[vɛ̃tsɛ̃k]
11	onze	[ɔ̃z]	26	vingt-six	[vɛ̃tsis]
12	douze	[duz]	27	vingt-sept	[vɛ̃tsɛt]
13	treize	[tRɛz]	28	vingt-huit	[vɛ̃tɥit]
14	quatorze	[katɔRz]	29	vingt-neuf	[vɛ̃tnœf]
15	quinze	[kɛ̃z]	30	trente	[tRãt]

31	trente et un		50	cinquante	[sɛ̃kãt]
32	trente-deux		51	cinquante et un	
33	trente-trois		52	cinquante-deux	
40	quarante	[kaRãt]	60	soixante	[swasãt]
41	quarante et un		61	soixante et un	
42	quarante-deux		62	soixante-deux	
43	quarante-trois		63	soixante-trois	

70	soixante-dix		90	quatre-vingt-dix	
71	soixante et onze		91	quatre-vingt-onze	
72	soixante-douze		92	quatre-vingt-douze	
73	soixante-treize		93	quatre-vingt-treize	
80	quatre-vingts	[katRəvɛ̃]	94	quatre-vingt-quatorze	
81	quatre-vingt-un	[katRəvɛ̃œ̃]	100	cent	
82	quatre-vingt-deux		101	cent un	[sãœ̃]
83	quatre-vingt-trois		102	cent deux	

200	deux cents		1200	douze cents
201	deux cent un		1800	dix-huit cents
1000	mille [mil]		1900	dix-neuf cents
1100	onze cents		2000	deux mille

4. Read in French:

premier [pRəmje], première [pRəmjɛR]		septième	[sɛtjɛm]
deuxième	[døzjɛm]	huitième	[ɥitjɛm]
troisième	[tRwazjɛm]	neuvième	[nœvjɛm]
quatrième	[katRijɛm]	dixième	[dizjɛm]
cinquième	[sɛ̃kjɛm]	onzième	[ɔ̃zjɛm]
sixième	[sizjɛm]	vingtième	[vɛ̃tjɛm]

The ordinal numbers are formed by adding *-ième* to the cardinal number. Note the change of *f* to *v* in **neuvième** (**neuf**), the addition of *u* in **cinquième** (**cinq**). If the cardinal number ends in *-e*, this *e* is dropped before *-ième* is added (**onzième**, **douzième**, etc.). The ordinal numbers may be abbreviated as IIe, IIIe, IVe, etc. **Premier** and **première** are abbreviated as Ier and Ière.

5. Read in French:

(a) janvier, février, mars [mars], avril, mai, juin [ʒɥɛ̃], juillet [ʒɥije], août [u], septembre, octobre, novembre, décembre.

(b) lundi, mardi, mercredi, jeudi, vendredi, samedi, dimanche.

(c) André, Denis, Emile, Albert, Gaston, Henri, Jean, Léon, Jules, Louis, Paul, René, Roger, Charles, Claude, Eugène, François, Georges, Jacques, Maurice, Michel, Pierre, Robert, Victor.

(d) Adèle, Alice, Anne, Charlotte, Hélène, Julie, Jeanne, Louise, Marie, Marianne, Pauline, Suzanne, Thérèse, Denise, Rose, Lucie, Jeannette, Yvonne, Gertrude, Elise, Claire, Jacqueline, Michèle.

6. Learn the following expressions and use them in class:

Bonjour, monsieur (madame, mademoiselle).	Hello.
Bonsoir.	Good evening.
Au revoir.	Good-bye.
A demain.	See you tomorrow.
Comment allez-vous? (Ça va?)	How are you?
Très bien, merci.	Fine, thank you.
Comme ci, comme ça.	So, so.
Parlez plus haut, s'il vous plaît.	Please speak louder.
Répétez la phrase, s'il vous plaît.	Please repeat the sentence.
Je ne vous comprends pas.	I don't understand you.
Parlez plus lentement.	Speak more slowly.
J'ai une question à la page 15.	I have a question on page 15.
C'est en haut de la page 20.	It's at the top of page 20.
C'est au milieu de la page.	It's in the middle of the page.
C'est au bas de la page.	It's at the bottom of the page.
C'est à la ligne 12.	It's in line 12.
Est-ce que vous comprenez?	Do you understand?
Répondez à la question.	Answer the question.
Répétez après moi.	Repeat after me.

Lisez la phrase.	Read the sentence.
Plus haut.	Louder.
Encore une fois.	Once more.
Maintenant.	Now.
Fermez (ouvrez) vos livres.	Close (open) your books.
Merci.	Thank you.
Merci beaucoup.	Thank you very much.
De rien. (Il n'y a pas de quoi.)	You are welcome.

STRUCTURAL STEPS AND ORAL EXERCISES

1. EXERCICES

(a) *Regardez le Tableau I et dites après moi*[1] (le professeur montrera chaque objet du Tableau I et prononcera les phrases suivantes):

Une table; c'est une table.
Une montre; c'est une montre.
Une maison; c'est une maison.
Une fenêtre; c'est une fenêtre.
Une porte; c'est une porte.
Un livre; c'est un livre.
Un crayon; c'est un crayon.
Un stylo; c'est un stylo.
Un disque; c'est un disque.
Un cahier; c'est un cahier.
Une fourchette; c'est une fourchette.
Un couteau; c'est un couteau.
Une cuillère; c'est une cuillère.

Un verre; c'est un verre.
Une fleur; c'est une fleur.
Un peigne; c'est un peigne.
Une brosse; c'est une brosse.
Une chaise; c'est une chaise.
Un tableau; c'est un tableau.
Un journal; c'est un journal.
Une auto; c'est une auto.
Une échelle; c'est une échelle.
Un arbre; c'est un arbre.
Un enfant; c'est un enfant.
Un homme; c'est un homme.

(b) *Répondez aux questions d'après le modèle ci-dessous*[2] (le professeur montrera chaque objet du Tableau I et répètera la question):

Qu'est-ce que c'est? (I.1)   **C'est une table.**

(c) *Exercice écrit (page 401).*[3]

2. EXERCICES

(a) *Regardez le Tableau I et dites après moi:*

Une table; des tables.
Une montre; des montres.
Une maison; des maisons.
Une fenêtre; des fenêtres.
Une porte; des portes.
Un livre; des livres.
Un crayon; des crayons.
Un stylo; des stylos.

Un verre; des verres.
Une fleur; des fleurs.
Un peigne; des peignes.
Une brosse; des brosses.
Une chaise; des chaises.
Un tableau; des tableaux.
Un journal; des journaux.
Une auto; des autos.

[1] Look at Chart I and say after me.
[2] Answer the questions according to the model below.
[3] Written exercise (page 401).

1 The Indefinite Article: *un, une*

Learn the vocabulary of **Tableau I**, page 400.

(*What is this?*)
Qu'est-ce que c'est*?

C'est une table.
C'est une maison.
C'est une fenêtre.
C'est une auto.
C'est une échelle.

Qu'est-ce que c'est?

C'est un livre.
C'est un peigne.
C'est un disque.

C'est un arbre.
C'est un enfant.
C'est un homme.

All French nouns are divided into two genders: FEMININE and MASCULINE. The indefinite article is une [yn] for feminine nouns and un [œ̃] for masculine nouns.

Note that before masculine nouns beginning with a vowel sound, the *n* of un is pronounced by a LIAISON (see Pronunciation and Spelling Lesson, page 11). The liaison will be indicated by a tie (‿) in all the grammar lessons up to Step 47.

Be sure to differentiate clearly une from un in your pronunciation.

2 The Plural of Nouns

C'est une table.   Ce sont* des tables.
C'est une montre.   Ce sont des montres.
C'est une auto.   Ce sont des autos.
C'est une échelle.   Ce sont des échelles.

° French has a number of important irregular verbs. The most important ones will be specifically drilled in this textbook. Occasionally, when certain forms of an irregular verb are introduced before the complete conjugation of that verb is given, such forms will be followed by an asterisk (°).

Un disque; des disques.
Un cahier; des cahiers.
Une fourchette; des fourchettes.
Un couteau; des couteaux.
Une cuillère; des cuillères.

Une échelle; des échelles.
Un arbre; des arbres.
Un enfant; des enfants.
Un homme; des hommes.

(b) *Répondez aux questions d'après le modèle ci-dessous* (le professeur montrera chaque objet du Tableau I et répètera la question):

Qu'est-ce que c'est? (I.1)   **Ce sont des tables.**

(c) *Mettez les phrases suivantes au pluriel*[4]:

C'est une maison.   C'est un disque.
C'est un couteau.   C'est un verre.
C'est une échelle.   C'est une fleur.
C'est un peigne.   C'est une auto.
C'est un arbre.   C'est une brosse.
C'est un journal.   C'est un enfant.
C'est une montre.   C'est un cahier.
C'est une porte.   C'est un crayon.

(d) *Exercice écrit (p. 401).*

3. EXERCICES

(a) *Répondez aux questions d'après le modèle ci-dessous* (le professeur montrera chaque objet du Tableau I et posera les questions):

Où est la table?   **Voici la table.**

(b) *Changez les phrases suivantes d'après le modèle ci-dessous*[5]:

C'est une maison.   **C'est la maison.**

C'est une fenêtre.   C'est un enfant.
C'est un homme.   C'est une brosse.
C'est un journal.   C'est une auto.
C'est une échelle.   C'est une chaise.
C'est une porte.   C'est un livre.
C'est un arbre.   C'est un disque.
C'est un cahier.   C'est une montre.

(c) *Exercice écrit (p. 401).*

---

[4] Put the following sentences into the plural.
[5] Change the following sentences according to the model below.

C'est un verre.   Ce sont des verres.
C'est un cahier.   Ce sont des cahiers.
C'est un arbre.   Ce sont des arbres.
C'est un homme.   Ce sont des hommes.

Note how the construction used in the sentences on the LEFT (singular) appears on the RIGHT (plural). Des [de] (before a vowel sound, [dez]) is used to express indefinite quantity, that is, the plural of une or un. Compare the following French and English structures:

C'est un livre.   Ce sont des livres.
This is a book.   These are --- books.

In orthography the plural of nouns is usually formed by adding -s to the singular. Since this -s is not pronounced in French, it does NOT change the pronunciation of the noun.

The orthographic plural of many nouns ending in -u is formed by adding -x. Many nouns ending in -al [al] form their plural in -aux [o]. Study the following examples:

C'est un couteau.   Ce sont des couteaux.
C'est un °cadeau.   Ce sont des cadeaux.
C'est un °château.   Ce sont des châteaux.

C'est un journal.   Ce sont des journaux.
C'est un °hôpital.   Ce sont des hôpitaux.
C'est un °animal.   Ce sont des animaux.

3 The Definite Article: *le, la, l'*

(Where is the table?)   (Here is the table.)
Où est la table?   Voici la table.
Où est la chaise?   Voici la chaise.
Où est la montre?   Voici la montre.

Où est le tableau?   Voici le tableau.
Où est le crayon?   Voici le crayon.
Où est le journal?   Voici le journal.

Où est l' échelle?   Voici l' échelle.
Où est l' auto?   Voici l' auto.
Où est l' enfant?   Voici l' enfant.
Où est l' homme?   Voici l' homme.

The feminine definite article is la. The masculine definite article is le [lə]. Before nouns beginning with a vowel sound (whether feminine or masculine), the article is l'.

4. EXERCICES

(a) *Mettez les phrases suivantes au pluriel d'après le modèle ci-dessous:*

Voici la montre. **Voici les montres.**

Voici la table. Voici l'homme.
Voici la fleur. Voici le disque.
Voici le crayon. Voici le tableau.
Voici l'auto. Voici l'arbre.
Voici le journal. Voici le cahier.
Voici l'enfant. Voici le livre.

(b) *Mettez les phrases suivantes au pluriel d'après le modèle ci-dessous:*

C'est le verre. **Ce sont les verres.**

C'est la montre. C'est la fenêtre.
C'est l'enfant. C'est l'échelle.
C'est le journal. C'est l'auto.
C'est le livre. C'est la fourchette.
C'est la chaise. C'est le tableau.

(c) *Exercice écrit (p. 402).*

5. EXERCICES

(a) *Regardez le Tableau II et dites après moi* (le professeur montrera le Tableau II et prononcera les phrases 1–11):

(b) *Répondez aux questions d'après le Tableau II, en employant les pronoms appropriés*[6]:

Que fait le facteur? Que fait le client?
Que fait la maîtresse? Que fait l'étudiant?
Que fait le garçon? Que fait la cliente?
Que fait la femme? Que fait l'élève?
Que fait le médecin? Que fait la jeune fille?
Que fait la mère?

(c) *Exercice écrit (p. 402).*

6. EXERCICES

(a) *Mettez le sujet de chaque phrase au pluriel*[7]:

Le facteur apporte les lettres.
La maîtresse cherche le crayon.
Le garçon écoute la radio.

---

[6] Answer the questions according to Chart II, using the appropriate pronouns.
[7] Put the subject of each sentence into the plural.

4 The Definite Article: *les*

Voici	la	table.	Voici	les	tables.
Voici	la	maison.	Voici	les	maisons.
Voici	l'	échelle.	Voici	les	échelles.
Voici	l'	auto.	Voici	les	autos.
Voici	le	couteau.	Voici	les	couteaux.
Voici	le	peigne.	Voici	les	peignes.
Voici	l'	enfant.	Voici	les	enfants.
Voici	l'	homme.	Voici	les	hommes.

The plural definite article for both masculine and feminine nouns is **les** [le] (pronounced [lez] before nouns beginning with a vowel sound). Since the singular and plural of the noun sound alike in most cases, you must rely on the ARTICLE to hear and to express the distinction between the singular and the plural:

la maison : les maisons	[lamɛzɔ̃] : [lemɛzɔ̃]
le tableau : les tableaux	[lətablo] : [letablo]
l'échelle : les échelles	[leʃɛl] : [lezeʃɛl]
l'homme : les hommes	[lɔm] : [lezɔm]

5 The Subject Pronouns: *il, elle*

Learn sentences 1–11 of **Tableau II**, page 400.

(*What does the mailman do?*)

Que fait*	le facteur?	Il	apporte	la lettre.
Que fait	le garçon?	Il	écoute	la radio.
Que fait	le médecin?	Il	parle	à l'infirmière.
Que fait	la maîtresse?	Elle	cherche	le crayon.
Que fait	la femme?	Elle	regarde	la télévision.
Que fait	la mère?	Elle	donne	la poupée à l'enfant.

The subject pronouns for the third person singular are **il** for the masculine and **elle** for the feminine. Be sure to differentiate the two clearly in your pronunciation.

6 The Third Person Singular and Plural of First Conjugation Verbs (Present Indicative)

Listen to the following sentences as your instructor pronounces them. Note that in spoken French the only indication of number is given by the form of

La femme regarde la télévision.
Le médecin parle à l'infirmière.
La mère donne la poupée à l'enfant.
Le client demande l'addition à la serveuse.
L'étudiant paie le disque au vendeur.
La cliente entre dans le magasin.
L'élève arrive à l'école.
La jeune fille monte dans l'autobus.

(b) *Exercice écrit (p. 402).*

7. EXERCICES

(a) *Répondez aux questions d'après le Tableau II, en employant les pronoms appropriés:*

Que font les facteurs?   Que font les clients?
Que font les maîtresses?   Que font les étudiants?
Que font les garçons?   Que font les clientes?
Que font les femmes?   Que font les élèves?
Que font les médecins?   Que font les jeunes filles?
Que font les mères?

(b) *Mettez le sujet de chaque phrase au pluriel:*

Il apporte les livres.   Elle monte dans l'auto.
Elle entre dans la maison.   Il entre dans le magasin.
Elle cherche le cahier.   Il demande l'addition.
Il arrive à l'école.   Il paie le livre.
Il regarde les tableaux.   Elle écoute le médecin.
Il parle à l'infirmière.   Elle paie le journal.
Elle écoute la maîtresse.   Il apporte l'addition.
Elle paie la montre.   Elle regarde la maison.

(c) *Exercice écrit (p. 402).*

the ARTICLE preceding the subject noun; the verb forms are pronounced alike.

Le facteur	apport	e	les lettres.
Le garçon	écout	e	la radio.
La femme	regard	e	la télévision.
Le médecin	parl	e	à l'infirmière.
Les facteurs	apport	ent	les lettres.
Les garçons	écout	ent	la radio.
Les femmes	regard	ent	la télévision.
Les médecins	parl	ent	à l'infirmière.

In orthography the verbs in sentences 1–11 of Tableau II end in -e in the third person singular and in -ent in the third person plural.

7 The Subject Pronouns: *ils, elles*

Que font*	les facteurs?	Ils	apportent les lettres.
Que font	les garçons?	Ils	écoutent la radio.
Que font	les médecins?	Ils	parlent à l'infirmière.
Que font	les femmes?	Elles	regardent la télévision.
Que font	les clientes?	Elles	entrent dans le magasin.
Que font	les jeunes filles?	Elles	montent dans l'autobus.

The subject pronouns for the third person plural are **ils** (masculine) and **elles** (feminine). **Ils** is used when the subject consists of masculine and feminine nouns, as in the examples that follow:

Que font	les garçons et les femmes?	Ils	parlent °français.
Que font	les femmes et les médecins?	Ils	écoutent la radio.
Que font	les mères et les enfants?	Ils	regardent la télévision.

Note below that the difference between the singular and the plural of the third person can be HEARD only if the verb begins with a vowel sound, because of the LIAISON in the plural.

Il cherche le crayon: Ils cherchent le crayon.	[ilʃɛRʃ]:	[ilʃɛRʃ]
Il parle français : Ils parlent français.	[ilpaRl] :	[ilpaRl]
Il écoute la radio : Ils écoutent la radio.	[ilekut] :	[ilzekut]
Elle donne la poupée: Elles donnent la poupée.	[ɛldɔn] :	[ɛldɔn]
Elle parle français : Elles parlent français.	[ɛlpaRl] :	[ɛlpaRl]
Elle apporte la lettre : Elles apportent la lettre.	[ɛlapɔRt]:	[ɛlzapɔRt]

8. EXERCICES

(a) *Mettez chaque phrase à l'interrogatif en changeant l'intonation*[8]:

C'est un cahier.
C'est une auto.
Marie parle français.
Le client demande l'addition.
André regarde la télévision.
Henri écoute la radio.
Elle apporte le disque.

C'est un stylo.
C'est une montre.
Daniel parle anglais.
La femme cherche le magasin.
Paul monte dans l'autobus.
Le garçon écoute le médecin.
Il apporte les lettres.

(b) *Mettez les phrases suivantes à l'interrogatif en employant la locution est-ce que . . . ?*[9]:

Le facteur apporte les lettres.
Le garçon parle à l'infirmière.
Le garçon écoute la femme.
Il parle français.
Elle écoute la °chanson.
L'étudiant arrive à l'école.
Henri apporte le cadeau.

La maîtresse cherche le livre.
André écoute le médecin.
Marie parle anglais.
Henri regarde la télévision.
Il cherche le °bureau de °poste.
Jean demande le disque.
Daniel cherche le peigne.

(c) *Exercice écrit (p. 402).*

9. EXERCICES

(a) *Mettez les phrases 1–11 du Tableau II au négatif d'après le modèle ci-dessous*[10]:

Le facteur apporte les lettres.   **Le facteur n'apporte pas les lettres.**

(b) *Faites de même, mais cette fois mettez chaque phrase à l'interrogatif en même temps d'après le modèle ci-dessous*[11]:

Le facteur apporte les lettres.   **Est-ce que le facteur n'apporte pas les lettres?**

(c) *Exercice écrit (p. 403).*

---

[8] Put each sentence into the interrogative by changing the intonation.
[9] Put the following sentences into the interrogative, using the construction **est-ce que . . . ?**
[10] Put sentences 1–11 of Chart II into the negative according to the model below.
[11] Do the same, but this time put each sentence into the interrogative at the same time according to the model below.

8. The Formation of Questions by Intonation and *est-ce que . . . ?*

Listen to the following sentences as your instructor pronounces them. A statement may be changed to a question by a change in INTONATION alone. Note that the intonation of the statement goes from LOW pitch to HIGH and then to LOW again. The intonation of any question that can be answered `oui` [wi] or `non` [nɔ̃] goes from LOW to HIGH:

Robert parle français.   Robert parle français?
Louise donne un cadeau.   Louise donne un cadeau?
Les enfants écoutent la radio. Les enfants écoutent la radio?
Les femmes regardent le tableau. Les femmes regardent le tableau?

A statement may be changed to a question by prefixing the form `est-ce que`. Note the form `est-ce qu'` used before words beginning with a vowel sound.

Marie °aime le °chat.	`Est-ce que` Marie aime le chat?
Roger écoute la radio.	`Est-ce que` Roger écoute la radio?
Les hommes parlent °anglais.	`Est-ce que` les hommes parlent anglais?
Les femmes paient les fleurs.	`Est-ce que` les femmes paient les fleurs?
Il donne un cadeau.	`Est-ce qu'` il donne un cadeau?
Elles cherchent le livre.	`Est-ce qu'` elles cherchent le livre?
André arrive à l'école.	`Est-ce qu'` André arrive à l'école?

9. The Negative: *ne . . . pas*

C'	`est`	une montre.	Ce	`n'`	est	`pas`	une montre.
C'	`est`	une brosse.	Ce	`n'`	est	`pas`	une brosse.
C'	`est`	un homme.	Ce	`n'`	est	`pas`	un homme.
C'	`est`	un étudiant.	Ce	`n'`	est	`pas`	un étudiant.
Il	`apporte`	la lettre.	Il	`n'`	apporte	`pas`	la lettre.
Il	`écoute`	la radio.	Il	`n'`	écoute	`pas`	la radio.
Il	`arrive`	à l'école.	Il	`n'`	arrive	`pas`	à l'école.
Elle	`cherche`	le crayon.	Elle	`ne`	cherche	`pas`	le crayon.
Elle	`regarde`	la télévision.	Elle	`ne`	regarde	`pas`	la télévision.
Elle	`aime`	le livre.	Elle	`n'`	aime	`pas`	le livre.

Note that the negative construction consists of `ne` before the verb (`n'` if the verb begins with a vowel sound) and `pas` after the verb.

10. EXERCICES

(a) *Regardez le Tableau II et dites après moi* (le professeur lira les phrases 17–20):

(b) *Mettez le sujet de chaque phrase au pluriel:*

Elle finit la °leçon. Il bâtit une maison.
Il punit les enfants Elle choisit les cahiers.
Il remplit les verres. Il obéit à la mère.
Elle finit le °travail. Elle punit les élèves.
Il bâtit un °garage. Il saisit °l'argent.

(c) *Mettez le sujet de chaque phrase au singulier*[12]:

Ils bâtissent une maison. Elles choisissent le livre.
Elles finissent le repas. Ils remplissent les verres.
Elles punissent les enfants. Elles obéissent à la mère.
Ils choisissent la table. Elles finissent la leçon.
Elles obéissent à la maîtresse. Ils guérissent les malades.

(d) *Exercice écrit (p. 403).*

11. EXERCICES

(a) *Regardez le Tableau II et dites après moi* (le professeur lira les phrases 12–16):

(b) *Mettez le sujet de chaque phrase au pluriel:*

Il descend de l'avion. Elle attend le °taxi.
Elle attend le train. Il descend de l'autobus.
Elle vend la maison. Il entend la °nouvelle.
Il répond à la question. Elle répond à l'infirmière.
Il bat les enfants. Il perd l'argent.

(c) *Mettez le sujet de chaque phrase au singulier:*

Ils descendent de l'autobus. Elles répondent à la question.
Elles entendent la nouvelle. Ils perdent l'argent.
Elles vendent des fleurs. Ils battent les enfants.
Ils attendent le taxi. Elles descendent de l'auto.
Ils répondent à la lettre. Elles entendent le bruit.

(d) *Exercice écrit (p. 403).*

---

[12] Put the subject of each sentence into the singular.

The Third Person Singular and Plural of Second Conjugation Verbs (Present Indicative)

Study sentences 17–20 of **Tableau II**, page 400.

Il	**fin**	**it**	le repas.	Ils	**fin**	**issent**	le repas.
Il	**rempl**	**it**	le verre.	Ils	**rempl**	**issent**	les verres.
Il	**obé**	**it**	à la mère.	Ils	**obé**	**issent**	à la mère.
Elle	**chois**	**it**	le chapeau.	Elles	**chois**	**issent**	les chapeaux.
Il	°**guér**	**it**	les °malades.	Ils	**guér**	**issent**	les malades.
Il	°**pun**	**it**	les élèves.	Ils	**pun**	**issent**	les élèves.
Il	°**bât**	**it**	la maison.	Ils	**bât**	**issent**	la maison.
Elle	°**sais**	**it**	le livre.	Elles	**sais**	**issent**	le livre.

Note in the foregoing sentences that the singular form of the verbs ends in -it [i], whereas the plural form ends in -issent [is]. Unlike the verbs of the first conjugation (Step 6), there is an AUDIBLE difference between the singular and plural forms of these verbs.

 **The Third Person Singular and Plural of Third Conjugation Verbs (Present Indicative)**

Study sentences 12–16 of **Tableau II**, page 400.

Il	**descend**		de l'avion.	Ils	**descend**	**ent**	de l'avion.
Il	**attend**		le train.	Ils	**attend**	**ent**	le train.
Il	**répond**		à la question.	Ils	**répond**	**ent**	à la question.
Elle	**perd**		le mouchoir.	Elles	**perd**	**ent**	le mouchoir.
Il	**vend**		les livres.	Ils	**vend**	**ent**	les livres.
Il	**entend**		le °bruit.	Ils	**entend**	**ent**	le bruit.
Elle	°**rend**		l'argent.	Elles	**rend**	**ent**	l'argent.
Il	°**bat**		les enfants.	Ils	**batt**	**ent**	les enfants.

Note in the foregoing sentences that the singular form of the verbs ends in -d or -t (letters not pronounced since they are orthographic final consonants), whereas the plural form ends in -dent [d] or -ttent [t]. Unlike the verbs of the first conjugation (Step 6), there is an AUDIBLE difference between the singular and plural forms of these verbs.

Be sure to pronounce distinctly the final stem consonant [d] or [t] of the plural form of these verbs.

12. EXERCICES

(a) *Regardez le Tableau II et répondez affirmativement d'après le modèle ci-dessous*[13]:

    Est-ce que nous apportons les lettres?   **Oui, nous apportons les lettres.**

(b) *Répétez l'exercice précédent, mais cette fois répondez négativement d'après le modèle ci-dessous*[14]:

Est-ce que nous cherchons le crayon?   **Non, nous ne cherchons pas le crayon.**

(c) *Répondez négativement aux questions suivantes:*

    Est-ce que nous finissons la leçon?
    Est-ce que nous parlons °espagnol?
    Est-ce que nous °travaillons °aujourd'hui?
    Est-ce que nous remplissons les verres?
    Est-ce que nous entrons dans le magasin?
    Est-ce que nous attendons le professeur?
    Est-ce que nous obéissons à °l'agent de °police?

(d) *Exercice écrit (p. 403).*

13. EXERCICES

(a) *Mettez le sujet de chaque phrase à la deuxième personne du pluriel, d'après le modèle ci-dessous*[15] (le professeur montrera le Tableau II et dira toutes les phrases en employant la forme **nous**):

    Nous apportons les lettres.   **Vous apportez les lettres.**

(b) *Répondez aux questions d'après le modèle ci-dessous* (le professeur montrera le Tableau II et répètera la même question):

    Qu'est-ce que je fais? (II.1)   **Vous apportez les lettres.**

(c) *Répondez négativement en employant la forme vous*[16]:

    Est-ce que nous écoutons la °musique?
    Est-ce que nous finissons le travail?
    Est-ce que nous parlons °italien?
    Est-ce que nous vendons le °dictionnaire?
    Est-ce que nous attendons le taxi?
    Est-ce que nous obéissons à l'agent de police?
    Est-ce que nous choisissons le livre?

(d) *Exercice écrit (p. 403).*

---

[13] Look at Chart II and answer affirmatively according to the model below.
[14] Repeat the preceding exercise, but this time answer negatively according to the model below.
[15] Put the subject of each sentence into the second person plural, according to the model below.
[16] Answer negatively, using the **vous** form.

12 The First Person Plural of Regular Verbs

Qu'est-ce que nous faisons*? [fəzɔ̃]	Nous	cherch	ons	la lettre.
	Nous	regard	ons	le tableau.
	Nous	parl	ons	français.

Qu'est-ce que nous faisons?	Nous	rempl	issons	les verres.
	Nous	chois	issons	les livres.
	Nous	fin	issons	la leçon.

Qu'est-ce que nous faisons?	Nous	attend	ons	le train.
	Nous	répond	ons	à la question.
	Nous	vend	ons	la maison.

Compare the ending of the first person plural with that of the third person plural:

Ils	apport	ent	le cadeau.	Nous	apport	ons	le cadeau.
Ils	écout	ent	la radio.	Nous	écout	ons	la radio.
Ils	obé	issent	à la mère.	Nous	obé	issons	à la mère.
Ils	fin	issent	la leçon.	Nous	fin	issons	la leçon.
Ils	perd	ent	l'argent.	Nous	perd	ons	l'argent.
Ils	vend	ent	la maison.	Nous	vend	ons	la maison.

The subject pronoun for the first person plural is **nous** [nu] (pronounced [nuz] before a vowel sound).

13 The Second Person Plural of Regular Verbs

Qu'est-ce que nous faisons? (Qu'est-ce que je fais*?)	Vous	cherch	ez	la lettre.
	Vous	regard	ez	la télévision.
	Vous	parl	ez	anglais.

Qu'est-ce que nous faisons? (Qu'est-ce que je fais?)	Vous	rempl	issez	les °tasses.
	Vous	chois	issez	le °candidat.
	Vous	fin	issez	le travail.

Qu'est-ce que nous faisons? (Qu'est-ce que je fais?)	Vous	attend	ez	l'autobus.
	Vous	répond	ez	à l'infirmière.
	Vous	vend	ez	les livres.

Compare the ending of the second person plural with that of the first person plural, given in the preceding step. The subject pronoun of the second person plural is **vous** [vu] (pronounced [vuz] before a vowel sound).

14. EXERCICES

(a) *Répondez aux questions d'après le modèle ci-dessous* (le professeur montrera le Tableau II et posera des questions):

    Est-ce que vous apportez les lettres?   **Oui, j'apporte les lettres.**

(b) *Répondez affirmativement en employant la première personne du singulier*[17]:

    Est-ce que vous parlez italien?
    Est-ce que vous regardez le journal?
    Est-ce que vous attendez le professeur?
    Est-ce que vous répondez à la question?
    Est-ce que vous entrez dans la °classe?
    Est-ce que vous travaillez aujourd'hui?

(c) *Répétez l'exercice précédent en répondant négativement à chaque question.*[18]

(d) *Exercice écrit (p. 404).*

15. EXERCICES

(a) *Répondez affirmativement en employant la forme tu:*

    Est-ce que je regarde la télévision?
    Est-ce que je finis la leçon?
    Est-ce que je remplis les verres?
    Est-ce que je paie le disque °ici?
    Est-ce que j'arrive en °retard?
    Est-ce que je réponds à la question?
    Est-ce que j'attends le taxi?
    Est-ce que j'entre dans le magasin?
    Est-ce que je °déjeune à °midi?
    Est-ce que j'obéis à l'infirmière?

(b) *Répétez l'exercice précédent en répondant négativement à chaque question.*

(c) *Exercice écrit (p. 404).*

---

[17] Answer affirmatively, using the first person singular.
[18] Repeat the preceding exercise, answering each question negatively.

The second person plural form is also used as the FORMAL (or POLITE) form to address a person in the SINGULAR. The so-called FAMILIAR form is presented in Step 15.

14 The First Person Singular of Regular Verbs

Compare the ending of the first person singular with that of the third person singular:

Il	cherch	e	le cahier.		Je	cherch	e	le cahier.
Il	regard	e	la maison.		Je	regard	e	la maison.
Il	parl	e	espagnol.		Je	parl	e	espagnol.
Il	rempl	it	la °bouteille.		Je	rempl	is	la bouteille.
Il	chois	it	le tableau.		Je	chois	is	le tableau.
Il	fin	it	le repas.		Je	fin	is	le repas.
Il	attend		le professeur.		J'	attend	s	le professeur.
Il	répond		à Marie.		Je	répond	s	à Marie.
Il	vend		la montre.		Je	vend	s	la montre.

The first person singular subject pronoun is je [ʒə] or [ʒ]. Before verbs beginning with a vowel sound, je becomes j' . Unless the pronoun begins a sentence, it is NOT capitalized.

15 The Second Person Singular of Regular Verbs

Compare the ending of the second person singular with that of the first person singular:

J'	apport	e	le journal.		Tu	apport	es	le journal.
J'	écout	e	la radio.		Tu	écout	es	la radio.
Je	parl	e	italien.		Tu	parl	es	italien.
Je	chois	is	un chapeau.		Tu	chois	is	un chapeau.
J'	obé	is	à Jeanne.		Tu	obé	is	à Jeanne.
Je	fin	is	le travail.		Tu	fin	is	le travail.
J'	attend	s	le facteur.		Tu	attend	s	le facteur.
Je	répond	s	à Jacques.		Tu	répond	s	à Jacques.
Je	vend	s	l'auto.		Tu	vend	s	l'auto.

 Tu [ty] is the subject pronoun used in informal forms of address among close friends, within the family, and by adults addressing children. Note that for SEC-

16. EXERCICES

(a) *Répondez aux questions d'après le modèle ci-dessous* (le professeur montrera le Tableau II et posera les questions en employant la forme **vous**)*:*

Est-ce que vous apportez les lettres?   **Oui, je désire apporter les lettres.**

(b) *Répondez de la même façon aux questions suivantes*[19]*:*

Est-ce que vous étudiez °avec Paul?
Est-ce que vous °discutez le °problème?
Est-ce que vous finissez la leçon?
Est-ce que vous attendez le professeur?
Est-ce que vous obéissez à l'infirmière?
Est-ce que vous répondez à la question?
Est-ce que vous °fermez la porte?
Est-ce que vous vendez le dictionnaire?

(c) *Exercice écrit (p. 404).*

17. EXERCICES

(a) *Conjuguez les phrases suivantes*[20]*:*

J'écoute le professeur.   Je ne °pose pas la question.
Je ne finis pas la leçon.   J'attends le facteur.
J'°accepte l'°invitation.   Je n'arrive pas en retard.
Je parle °bien français.   Je ne perds pas °patience.
Je ne choisis pas le livre.   Je descends de l'autobus.

(b) *Répondez négativement en employant la forme vous:*

Est-ce que je travaille °demain?
Est-ce que je °danse avec Marianne?
Est-ce que je perds patience?
Est-ce que je °voyage en Europe?
Est-ce que je discute les problèmes?
Est-ce que j'arrive en retard?
Est-ce que je °prépare le °déjeuner?

(c) *Répondez négativement en employant la forme je:*

Est-ce que vous parlez °chinois?
Est-ce que vous °oubliez la °promesse?
Est-ce que vous acceptez l'invitation?
Est-ce que vous °chantez bien?
Est-ce que vous répondez à la question?

---

[19] Answer the following questions in the same way.
[20] Conjugate the following sentences.

OND and THIRD conjugation verbs, the first and second person singular (je and tu) forms are identical.

16 The Infinitive of First, Second, and Third Conjugation Verbs

Je °désire regard | er la télévision.
Je désire écout | er les disques.
Je désire apport | er un cadeau.

Nous désirons chois | ir un candidat.
Nous désirons   fin | ir le travail.
Nous désirons   obé | ir à l'agent de police.

Ils désirent attend | re l'autobus.
Ils désirent   vend | re la maison.
Ils désirent répond | re à la question.

The infinitive ending of first conjugation verbs is -er [e], that of second conjugation verbs is -ir [iR], and that of third conjugation verbs is -re [R].

Note that the infinitive of first conjugation verbs (such as regarder , chanter , chercher) sounds identical with the conjugated form for vous (vous regardez , vous chantez , vous cherchez). Do not confuse the two in writing.

17 The Present Indicative of Regular Verbs (Summary)

We have studied the complete conjugation patterns of regular verbs in the present tense. Study and review the ending of each person, as follows:

INFINITIVE	CONJUGATION		
donn er [dɔne]	je donn	e	[dɔn]
	tu donn	es	[dɔn]
	il donn	e	[dɔn]
	nous donn	ons	[dɔnɔ̃]
	vous donn	ez	[dɔne]
	ils donn	ent	[dɔn]

38 L'ÉCHELLE

    Est-ce que vous cherchez la °cravate?
    Est-ce que vous perdez patience?

(d) *Exercice écrit (p. 404).*

18. EXERCICES

(a) *Répondez aux questions d'après le modèle ci-dessous* (le professeur montrera le Tableau II et posera les questions)*:*

    Est-ce que j'apporte les lettres? (II.1)   **Oui, apportez les lettres.**

(b) *Répondez aux questions d'après le modèle ci-dessous* (le professeur montrera le Tableau II et posera les questions)*:*

    Est-ce que nous apportons les lettres?   **Oui, apportons les lettres.**

(c) *Répondez négativement d'après le modèle ci-dessous:*

    Est-ce que je °reste ici?   **Non, ne restez pas ici.**

Est-ce que je travaille domain?   Est-ce que je reste à la maison?
Est-ce que je punis l'enfant?   Est-ce que je réponds à la lettre?
Est-ce que je déjeune à midi?   Est-ce que j'accepte l'invitation?
Est-ce que je vends le journal?   Est-ce que je remplis les verres?
Est-ce que j'arrive en retard?   Est-ce que j'°aide Marie?

(d) *Répétez l'exercice précédent d'après le modèle ci-dessous:*

    Est-ce que je reste ici?   **Non, ne reste pas ici.**

(e) *Exercice écrit (p. 404).*

	INFINITIVE			CONJUGATION		
	fin **ir** [finiR]		je	fin	**is**	[fini]
			tu	fin	**is**	[fini]
			il	fin	**it**	[fini]
			nous	fin	**issons**	[finisɔ̃]
			vous	fin	**issez**	[finise]
			ils	fin	**issent**	[finis]
	vend **re** [vɑ̃dR]		je	vend	**s**	[vɑ̃]
			tu	vend	**s**	[vɑ̃]
			il	vend		[vɑ̃]
			nous	vend	**ons**	[vɑ̃dɔ̃]
			vous	vend	**ez**	[vɑ̃de]
			ils	vend	**ent**	[vɑ̃d]

Note again that:

(a) In all three conjugation patterns the singular forms SOUND alike.

(b) In the first conjugation (**-er**), the third person plural SOUNDS like the singular (unless there is a LIAISON).

(c) In the second and third conjugation, the third person plural ends in a consonant SOUND that is not heard in the singular (as in [finis–fini], [ʃwazis–ʃwazi], [vɑ̃d–vɑ̃], and [desɑ̃d–desɑ̃]).

(d) In all conjugations the first and second person plural are formed in SPEECH by adding [ɔ̃] and [e] to the third person plural.

18 The Regular Imperatives

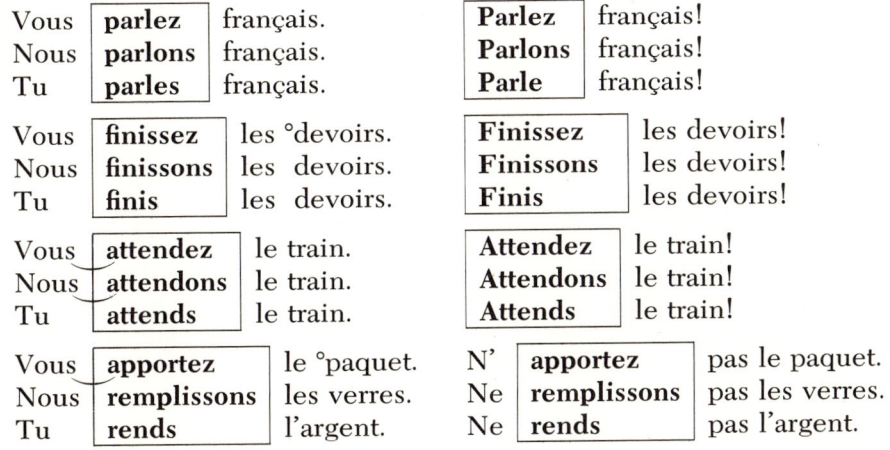

19. EXERCICES

(a) *Répétez la phrase et puis remplacez* **la maîtresse** *par les mots suivants, en faisant chaque fois le changement nécessaire*[21]:

Voici la maison de **la maîtresse**.

| le facteur | la femme | la jeune fille | le médecin |
| l'étudiant | le vendeur | la cliente | °l'ouvrier |

(b) *Répétez la phrase et puis remplacez* **la jeune fille** *par les mots suivants, en faisant chaque fois le changement nécessaire:*

Ce sont les livres de **la jeune fille**.

| le professeur | l'enfant | l'étudiant | la mère |
| la maîtresse | le vendeur | le facteur | le client. |

(c) *Exercice écrit (p. 404).*

20. EXERCICES

(a) *Mettez le dernier mot de chaque phrase au pluriel, d'après le modèle ci-dessous, en faisant le changement nécessaire*[22]:

C'est l'argent de l'étudiant.   **C'est l'argent des étudiants.**

C'est la table de l'enfant.
C'est le °bureau du professeur.
Ce sont les stylos de la maîtresse.
C'est la °chambre du garçon.
Ce sont les montres de la femme.
Ce sont les amis de l'étudiant.

C'est le °camion de l'ouvrier.
C'est le dictionnaire de l'élève.
Ce sont les crayons de l'enfant.
Ce sont les verres du médecin.
C'est la °photo de °l'employé.
Ce sont les journaux du vendeur.

(b) *Exercice écrit (p. 405).*

21. EXERCICES

(a) *Mettez le sujet de chaque phrase au singulier:*

Nous allons à Paris.
Ils vont à Chicago.
Vous allez parler français.
Nous allons rester ici.
Vous allez poser la question.
Ils vont à Madrid.

Ils vont finir la leçon.
Elles vont à Marseille.
Vous allez à New York.
Nous allons à Dijon.
Nous allons travailler.
Vous allez à Strasbourg.

---

[21] Repeat the sentence and then replace **la maîtresse** with the following words, making the appropriate change each time.
[22] Put the last word of each sentence into the plural, according to the model below, making the appropriate change.

With some minor exceptions[23] the imperatives are identical with the corresponding forms of the present indicative that you have studied. Note, however, that the singular imperative of **-er** verbs is written without **-s** at the end: **Parle!** but **Tu parles**. Note also that no subject pronoun is used in the imperative. The first person plural imperative corresponds to English *Let's (do something)!*

19 *De* and the Singular Definite Article: *de la, de l', du*

Qu'est-ce que c'est?
C'est le livre **de la** maîtresse.
C'est le livre **de la** jeune fille.
C'est le livre **de l'** étudiant.
C'est le livre **de l'** élève.
C'est le livre **du** professeur.
C'est le livre **du** garçon.

The article **le** contracts with the preposition **de** and forms **du** [dy].

20 *De* and the Plural Definite Article: *des*

Ce sont les livres **des** maîtresses.
Ce sont les livres **des** clientes.
Ce sont les livres **des** enfants.
Ce sont les livres **des** étudiants.
Ce sont les livres **des** professeurs.
Ce sont les livres **des** garçons.

De contracts with the plural article **les** and forms **des** [de] (pronounced [dez] before a vowel sound).

Do not confuse **des** (**de** + **les**) with the plural of **un** and **une**, which is also **des** (see Step 2, page 21).

21 The Verb *aller* (Present Indicative)

Je **vais** à Paris. [vɛ]
Tu **vas** à Chicago. [va]
Il **va** à Londres. [va]
Elle **va** à Berlin. [va]

---

[23] See Step 178, page 259.

(b) *Répondez négativement aux questions suivantes:*

> Est-ce que vous allez à Paris?
> Est-ce que vous allez à Québec?
> Est-ce que vous allez poser la question?
> Est-ce que vous allez travailler demain?
> Est-ce que vous allez à Boston?
> Est-ce que vous allez rester ici?
> Est-ce que vous allez parler anglais?

(c) *Exercice écrit (p. 405).*

22. EXERCICES

(a) *Répétez la phrase et puis remplacez* **la question** *par les mots suivants, en faisant chaque fois le changement nécessaire:*

> Je vais répondre à **la question.**

| la lettre | l'étudiant | la femme | la cliente |
| le professeur | le médecin | le facteur | l'infirmière |

(b) *Répétez la phrase et puis remplacez* **l'étudiant** *par les mots suivants, en faisant chaque fois le changement nécessaire:*

> Vous ne parlez pas à **l'étudiant.**

| le professeur | le médecin | l'infirmière | le garçon |
| l'ouvrier | la jeune fille | l'enfant | le facteur |

(c) *Exercice écrit (p. 405).*

23. EXERCICES

(a) *Mettez le dernier mot de chaque phrase au pluriel, en faisant le changement nécessaire:*

> Je réponds à la question.
> Il obéit à la °loi.
> Vous parlez à l'infirmière.
> Nous obéissons à la femme.
> Tu parles à l'enfant.
> Ils répondent au facteur.

> Nous allons au magasin.
> Il parle à la jeune fille.
> Il répond à la lettre.
> Je °réussis à °l'examen.
> Ils répondent à l'étudiant.
> Nous parlons au professeur.

(b) *Exercice écrit (p. 405).*

STRUCTURAL STEPS AND ORAL EXERCISES

Nous	allons	à New York.	[alɔ̃]
Vous	allez	à Marseille.	[ale]
Ils	vont	à St. Louis.	[vɔ̃]
Elles	vont	à Strasbourg.	[vɔ̃]

Je	vais	parler	français.
Tu	vas	finir	la leçon.
Il	va	vendre	la maison.
Nous	allons	attendre	le taxi.
Vous	allez	punir	l'enfant.
Ils	vont	apporter	un disque.

The verb **aller** (*to go*) may be followed by **à** + NOUN (usually a place) or by an infinitive. When it is followed by an infinitive, it expresses the idea of immediate FUTURE.

22 À and the Singular Definite Article: *à la, à l', au*

Est-ce que je vais	à la	°gare?
Est-ce que tu vas	à la	maison?
Est-ce qu'il va	à l'	école?
Est-ce que nous allons	à l'	°appartement?
Est-ce que vous allez	au	magasin?
Est-ce qu'ils vont	au	garage?

Je donne les livres	à la	maîtresse.
Il paie le stylo	à l'	étudiant.
Tu apportes le cadeau	à la	maison.
Nous vendons le livre	au	garçon.
Vous allez obéir	au	professeur.
Ils répondent	à l'	agent de police.

The preposition **à** contracts with the singular article **le** and forms **au** [o].

23 À and the Plural Definite Article: *aux*

Paul va donner le livre.	aux	jeunes filles.
Marie demande l'argent	aux	clientes.
Je vends les journaux	aux	étudiants.
Nous obéissons °toujours	aux	infirmières.
Ils vont parler	aux	professeurs.
Tu vas répondre	aux	médecins.

24. EXERCICES

(a) *Mettez le sujet de chaque phrase du singulier au pluriel ou du pluriel au singulier*[24]:

Il veut rester ici.
Vous voulez parler à Paul.
Nous voulons travailler.
Tu veux °cinq dollars.
Ils veulent poser la question.
Je ne veux pas la montre.
Vous ne voulez pas les pommes.

Nous voulons deux °pommes.
Je veux parler français.
Vous voulez discuter le problème.
Il veut arriver à midi.
Ils veulent voyager en Europe.
Tu ne veux pas danser.
Nous ne voulons pas le cahier.

(b) *Exercice écrit (p. 405).*

25. EXERCICES

(a) *Répondez aux questions d'après le modèle ci-dessous:*

Est-ce que vous voulez du café? **Oui, donnez-moi du café.**[25]

Est-ce que vous voulez du °thé?
Est-ce que vous voulez des livres?
Est-ce que vous voulez de la crème?
Est-ce que vous voulez du °papier?
Est-ce que vous voulez des °poires?
Est-ce que vous voulez du °pain?

Est-ce que vous voulez des pommes?
Est-ce que vous voulez de l'eau?
Est-ce que vous voulez de l'argent?
Est-ce que vous voulez des cahiers?
Est-ce que vous voulez du °vin?
Est-ce que vous voulez du °fromage?

(b) *Répondez affirmativement d'après le modèle ci-dessous:*

Est-ce qu'il y a de l'eau dans le verre? **Oui, il y a de l'eau dans le verre.**

Est-ce qu'il y a du café dans la tasse?
Est-ce qu'il y a de la bière dans le verre?
Est-ce qu'il y a du vin dans la bouteille?
Est-ce qu'il y a du papier dans le °tiroir?
Est-ce qu'il y a du fromage dans le °panier?
Est-ce qu'il y a de la bière dans la bouteille?
Est-ce qu'il y a du pain dans le panier?

(c) *Exercice écrit (p. 405).*

---

[24] Put the subject of each sentence from singular to plural or from plural to singular.
[25] **Donnez-moi** means *give me*. For the use of **moi** in this construction, see Step 122, page 175.

The preposition a contracts with the plural article **les** and forms **aux** [o] (pronounced [oz] before a vowel sound).

24 The Verb *vouloir* (Present Indicative)

Je	**veux**	le livre de Robert.	[vø]
Tu	**veux**	le cahier de Marie.	[vø]
Il	**veut**	le disque de Pauline.	[vø]
Nous	**voulons**	°étudier la leçon.	[vulɔ̃]
Vous	**voulez**	aller à l'école.	[vule]
Ils	**veulent**	finir le repas.	[vœl]

Je	**ne**	**veux**	**pas**	étudier la leçon.
Tu	**ne**	**veux**	**pas**	vendre la maison.
Il	**ne**	**veut**	**pas**	écouter le °discours.
Nous	**ne**	**voulons**	**pas**	l'auto de Jean.
Vous	**ne**	**voulez**	**pas**	le journal de Jean.
Ils	**ne**	**veulent**	**pas**	parler anglais.

The verb **vouloir** (*to want, to wish*) may be followed by a noun or an infinitive.

25 The Partitive Article: *des, de la, de l', du*

Il y a[26]	**des**	**livres**	°sur la table.
Il y a	**des**	**cahiers**	sur le bureau.
Il y a	**des**	**autos**	dans le garage.
Il y a	**des**	**°lampes**	dans la chambre.
Il y a	**des**	**élèves**	à l'école.

Est-ce que vous voulez	**de la**	**°crème?**
Est-ce que vous voulez	**de la**	**°bière?**
Est-ce que vous donnez	**de l'**	**°eau?**
Est-ce que vous donnez	**de l'**	**argent?**
Est-ce que vous apportez	**du**	**°café?**
Est-ce que vous apportez	**du**	**°lait?**

Indefinite (unspecified) QUANTITY is expressed by the partitive article: **des** is used before plural nouns; **de la**, **de l'** and **du** are used before nouns that usually appear in the singular only.

[26] **Il y a** corresponds to English *there is* or *there are*.

26. EXERCICES

(a) *Répétez l'exercice (b) de la leçon précédente en répondant négativement à chaque question, d'après le modèle ci-dessous*[27]:

Est-ce qu'il y a de l'eau dans le verre?   **Non, il n'y a pas d'eau dans le verre.**

(b) *Répondez négativement aux questions suivantes:*

Est-ce que vous apportez des disques?   Est-ce que vous vendez du lait?
Est-ce que vous perdez de l'argent?   Est-ce que vous °trouvez de la crème?
Est-ce que vous voulez du fromage?   Est-ce que vous °mangez de la viande?
Est-ce que vous cherchez des livres?   Est-ce que vous °copiez des phrases?

(c) *Exercice écrit (p. 406).*

27. EXERCICES

(a) *Mettez le sujet de chaque phrase du singulier au pluriel ou du pluriel au singulier:*

Je n'ai pas d'argent.   Vous avez cinq cahiers.   Tu as du fromage.
Nous n'avons pas de papier.   Il n'a pas de °sucre.   Tu n'as pas de café.
Il a °trois dictionnaires.   Vous n'avez pas d'eau.   Nous avons des stylos.
Ils ont des cravates.   J'ai des frères.   Ils n'ont pas de vin.

(b) *Répondez affirmativement d'après le modèle ci-dessous:*

Est-ce que vous n'avez pas d'argent?   **Si, j'ai de l'argent.**[28]

Est-ce que vous n'avez pas de café?   Est-ce que vous n'avez pas d'amis?
Est-ce que vous n'avez pas d'eau?   Est-ce que vous n'avez pas de pain?
Est-ce que vous n'avez pas de lait?   Est-ce que vous n'avez pas de °monnaie?
Est-ce que vous n'avez pas de bière?   Est-ce que vous n'avez pas de livres?

(c) *Exercice écrit (p. 406).*

---

[27] Repeat exercise (b) of the preceding lesson by answering each question negatively, according to the model below.
[28] **Si** (or more emphatically, **mais si**) is used instead of **oui** when a negative question is answered affirmatively.

26   The Use of the Partitive Article *de* after the Negative

Nous ne voulons pas | de | café.   Nous ne voulons pas | de | °viande.
Nous ne voulons pas | de | pain.   Nous ne voulons pas | d' | eau.
Nous ne voulons pas | de | lait.   Nous ne voulons pas | d' | argent.
Nous ne voulons pas | de | crème.   Nous ne voulons pas | d' | °encre.

Note in the foregoing examples that when | de la |, | de l' |, and | du | are the objects of verbs in the negative, they become simply | de | (or | d' |).

Est-ce qu'il y a | des | livres?   Il n'y a pas | de | livres.
Est-ce qu'il y a | des | médecins?   Il n'y a pas | de | médecins.
Est-ce qu'il y a | des | femmes?   Il n'y a pas | de | femmes.
Est-ce qu'il y a | des | autos?   Il n'y a pas | d' | autos.

Est-ce qu'il y a | un | crayon?   Il n'y a pas | de | crayon.
Est-ce qu'il y a | un | tableau?   Il n'y a pas | de | tableau.
Est-ce qu'il y a | une | lampe?   Il n'y a pas | de | lampe.
Est-ce qu'il y a | une | échelle?   Il n'y a pas | d' | échelle.

Note also that after a negation both | des | and | un | (or | une |) become | de |.

27   The Verb *avoir* (Present Indicative)

Study the forms of the irregular verb | avoir | (to have).

J'	ai	un °frère.	[ʒe]
Tu	as	un °oncle.	[tya]
Il	a	une °sœur.	[ila]
Nous	avons	une °tante.	[nuzavɔ̃]
Vous	avez	un °ami.	[vuzave]
Ils	ont	une auto.	[ilzɔ̃]

Je	n'ai	pas	de frère.	[ʒənepa]
Tu	n'as	pas	d'oncle.	[tynapa]
Il	n'a	pas	de sœur.	[ilnapa]
Nous	n'avons	pas	de tante.	[nunavɔ̃pa]
Vous	n'avez	pas	d'ami.	[vunavepa]
Ils	n'ont	pas	d'auto.	[ilnɔ̃pa]

28. EXERCICES

(a) *Exercice de substitution:*

Nous avons	**beaucoup**	**de livres.**	**Nous voulons**	**beaucoup**	**d' argent.**
Vous avez	beaucoup	de livres.	**Vous avez**	beaucoup	d' argent.
Vous avez	**trop**	de livres.	Vous avez	**très peu**	d' argent.
Vous avez	trop	de **viande.**	Vous avez	très peu	de **crayons.**
J'ai	trop	de viande.	**Tu as**	très peu	de crayons.
J'ai	**assez**	de viande.	Tu as	**trop**	de crayons.
J'ai	assez	de **café.**	Tu as	trop	de **viande.**
Il a	assez	de café.	**Elle mange**	trop	de viande.
Il a	**très peu**	de café.	Elle mange	**assez**	de viande.
Il a	très peu	d' **amis.**	Elle mange	assez	de **pain.**
Nous avons	très peu	d' amis.	**Je veux**	assez	de pain.
Nous avons	**beaucoup**	d' amis.	Je veux	**beaucoup**	de pain.
Nous avons	beaucoup	de **livres.**	Je veux	beaucoup	d' **argent.**

(b) *Exercice écrit (p. 406).*

29. EXERCICES

(a) *Exercice de substitution:*

Combien de livres	**est-ce que vous avez?**
Combien d' **argent**	est-ce que vous avez?
Combien d' argent	est-ce que **vous voulez?**
Combien de **disques**	est-ce que vous voulez?
Combien de disques	est-ce qu'**il y a?**
Combien de **lettres**	est-ce qu'il y a?
Combien de lettres	est-ce que **j'ai?**
Combien de **livres**	est-ce que j'ai?
Combien de livres	est-ce que **vous avez?**

(b) *Exercice écrit (p. 406).*

30. EXERCICES

(a) *Dans les phrases suivantes, remplacez chaque article partitif suivi d'un substantif par le pronom en, d'après le modèle ci-dessous*[29]:

        Nous avons des cahiers.   **Nous en avons.**

Nous avons des pommes.	Vous mangez de la viande.	Nous avons du sucre.
J'ai des amis.	Ils ont des stylos.	Elle attend des amis.
Tu copies des phrases.	Je regarde des tableaux.	Ils ont de l'argent.
Elle vend de la crème.	Tu °commandes de la °soupe.	Vous voulez du café.

[29] In the following sentences, replace each partitive article followed by a noun with the pronoun **en**, according to the model below.

28 The Partitive Article *de* after Expressions of Quantity

Nous avons	°peu	d'	argent.
Nous avons	°très peu	de	livres.
Nous avons	°beaucoup	d'	amis.
Nous avons	beaucoup	de	cahiers.
Nous avons	°trop	d'	élèves.
Nous avons	trop	de	lait.
Nous avons	°assez	d'	étudiants.
Nous avons	assez	de	café.

After expressions of quantity such as `très peu` (*very little, very few*), `peu` (*little, few*), `beaucoup` (*much, many*), `trop` (*too much, too many*), and `assez` (*enough*), the partitive article used is `de`.

29 The Partitive Article *de* after *combien*

°Combien de	livres est-ce que vous avez?
Combien de	frères est-ce que vous avez?
Combien de	chaises est-ce que vous voulez?
Combien de	lait est-ce que vous avez?
Combien d'	amis est-ce que vous avez?
Combien d'	argent est-ce que vous voulez?

`De` is used after the question word `combien` (*how much, how many*).

30 The Pronoun *en* as Replacement of a Partitive Article

Est-ce que vous avez	des livres?	Oui, j'	en	ai.
Est-ce que vous avez	des frères?	Oui, j'	en	ai.
Est-ce que vous avez	de la viande?	Oui, j'	en	ai.
Est-ce que vous avez	du vin?	Oui, j'	en	ai.
Est-ce que vous avez	de l' argent?	Oui, j'	en	ai.
Est-ce que Paul a beaucoup	de vin?	Oui, il	en	a beaucoup.
Est-ce que Paul a assez	d' argent?	Oui, il	en	a assez.
Est-ce que Paul a trop	de livres?	Oui, il	en	a trop.
Est-ce que Paul n'a pas	de frères?	Non, il n'	en	a pas.

(b) *Répétez l'exercice précédent en mettant chaque phrase au négatif en même temps, d'après le modèle ci-dessous:*

        Nous avons des cahiers.   **Nous n'en avons pas.**

(c) *Répondez affirmativement en employant le pronom en:*

Est-ce que j'ai beaucoup d'amis?   Est-ce que je pose trop de questions?
Est-ce que j'ai trop d'argent?   Est-ce que je pose peu de questions?
Est-ce que je mange peu de pain?   Est-ce que je mange assez de pain?
Est-ce que je mange trop de viande?   Est-ce que je mange trop de fromage?
Est-ce que je copie assez de phrases?   Est-ce que je vends assez de fleurs?
Est-ce que je copie très peu de °mots?   Est-ce que je punis peu d'élèves?

(d) *Répétez l'exercice précédent en répondant négativement à chaque question.*
(e) *Exercice écrit (p. 406).*

31. EXERCICES

(a) *Mettez le sujet de chaque phrase au pluriel:*

Je bois du café.   Elle boit beaucoup de thé.   Il boit assez d'eau.
Il boit de la bière.   Je bois beaucoup de lait.   Tu bois trop de vin.
Tu bois assez de lait.   Je bois très peu de vin.   Elle boit peu d'eau.
Tu bois trop de °cidre.   Il boit de l'eau.   Je bois du cidre.

(b) *Répétez l'exercice précédent, en remplaçant chaque nom par le pronom* **en**.
(c) *Exercice écrit (p. 406).*

32. EXERCICES

(a) *Répondez affirmativement en employant le pronom en, si c'est possible*[30]:

        Est-ce que vous avez de la viande?
        Est-ce que vous aimez la viande?
        Est-ce que vous commandez du °rosbif?
        Est-ce que vous préférez le rosbif?
        Est-ce que vous voulez du café?
        Est-ce que vous aimez le café?
        Est-ce que vous mangez des °légumes?
        Est-ce que vous °détestez le vin?
        Est-ce que vous buvez du cidre?
        Est-ce que vous vendez des pommes?

(b) *Répétez l'exercice précédent en répondant négativement à chaque question.*
(c) *Exercice écrit (p. 407).*

---

[30] Answer affirmatively using the pronoun **en**, if it is possible.

The pronoun ⟨en⟩ is used to refer to an indefinite quantity. It replaces any PARTITIVE ARTICLE followed by a noun.

31 The Verb *boire* (Present Indicative)

Study the forms of the irregular verb ⟨boire⟩ (*to drink*).

Je	**bois**	du café.	[bwa]
Tu	**bois**	du lait.	[bwa]
Il	**boit**	du vin.	[bwa]
Nous	**buvons**	du thé.	[byvɔ̃]
Vous	**buvez**	de la bière.	[byve]
Ils	**boivent**	de l'eau.	[bwav]

32 The Use of the Definite Article to Express Totality

Le professeur boit	**du**	café	°parce qu'il aime	**le**	café.
Le professeur mange	**du**	pain	parce qu'il aime	**le**	pain.
Le professeur mange	**des**	pommes	parce qu'il aime	**les**	pommes.
Le professeur boit	**du**	vin	parce qu'il °préfère[31]	**le**	vin.

Study the foregoing sentences. As we have already learned, INDEFINITE QUANTITY is expressed by the partitive article. But the idea of TOTALITY (or generality) is expressed by the DEFINITE article. Verbs such as ⟨aimer⟩ and ⟨préférer⟩ take the definite article rather than the partitive. Note that in English both ideas, indefinite quantity and generality, are normally expressed by the omission of the article: *I drink coffee, I like coffee, etc.*

Study the use of the INDEFINITE, PARTITIVE, and DEFINITE articles in the following sentences:

Les °lions sont **des** animaux.
Les Français aiment **le** vin.
Je commande **de la** viande.
J'étudie **la** °chimie.
J'étudie **des** °langues.
Nous aimons **les** Français.
L'°or est **un** °métal °précieux.
Les °canards sont **des** °oiseaux.
La °philosophie est °difficile.
Le français est **une** langue.

---

[31] The last vowel in the stem of this verb is *è* in the singular forms and the third person plural, and *é* in the other forms. See Step 81, page 121.

33. EXERCICES

(a) *Regardez le Tableau I et remplacez tous les articles indéfinis par les adjectifs démonstratifs appropriés, d'après le modèle ci-dessous*[32]:

Une table. (I.1)   **Cette table.**

(b) *Dans les phrases suivantes, remplacez tous les articles définis par les adjectifs démonstratifs appropriés, d'après le modèle ci-dessous:*

Le garçon regarde le tableau.   **Ce garçon regarde ce tableau.**

Le touriste descend de l'avion.   Le médecin accepte l'invitation.
La dame choisit le chapeau.   La maîtresse °explique la leçon.
L'élève répond à la question.   L'ouvrier finit le travail.
Le voyageur attend le train.   L'étudiant parle à la femme.
La mère entre dans le magasin.   La cliente paie le disque.

(c) *Exercice écrit (p. 407).*

34. EXERCICES

(a) *Remplacez chaque article défini par l'adjectif démonstratif approprié:*

les verres   les arbres
les autos   la °bicyclette
l'homme   les enfants
le °père   la femme
les étudiants   le professeur
le couteau   la fourchette
la lampe   les chaises
les °voitures   les °parents

(b) *Regardez le Tableau II remplacez tous les articles définis par les adjectifs démonstratifs appropriés.*

(c) *Exercice écrit (p. 407).*

35. EXERCICES

(a) *Mettez le sujet de chaque phrase du singulier au pluriel ou du pluriel au singulier:*

J'écris une lettre.   Tu écris des lettres.
Vous écrivez une composition.   Elle écrit un mot.
Nous écrivons des °poèmes.   Vous écrivez un article.
Il écrit des romans.   Ils écrivent des phrases.
Tu écris cette réponse.   J'écris ces lettres.

(b) *Exercice écrit (p. 407).*

---

[32] Look at Chart I and replace all indefinite articles with appropriate demonstrative adjectives, according to the model below.

33 The Demonstrative Adjectives: *ce, cet, cette*

Ce	garçon	parle français.
Ce	professeur	va à New York.
Cet	homme	ne travaille pas aujourd'hui.
Cet	enfant	veut regarder la télévision.

Cette	table	est °près de la fenêtre.
Cette	femme	va descendre de l'autobus.
Cette	auto	n'est pas dans le garage.

The demonstrative adjectives ce , cet , and cette may mean either *this* or *that*, depending on the context. Note that cet is used only before a MASCULINE word beginning with a vowel sound.

34 The Demonstrative Adjective: *ces*

Ce	garçon parle français.	Ces	garçons parlent français.
Cet	enfant parle français.	Ces	enfants parlent français.
Cette	femme parle français.	Ces	femmes parlent français.

Ces	professeurs	donnent des °cours de français.
Ces	élèves	cherchent le frère de Marie.
Ces	dames	choisissent un candidat.
Ces	autos	vont très °vite.

The plural of the demonstrative adjective is ces [se] (pronounced [sez] before a vowel sound), regardless of the gender of the noun it modifies. Do not confuse the demonstrative adjectives with the invariable pronoun ce (used in both the singular and the plural, before est and sont , as in Step 2, page 21).

35 The Verb *écrire* (Present Indicative)

Study the forms of the irregular verb écrire (*to write*).

J'	écris	une lettre.	[ekRi]
Tu	écris	une °note.	[ekRi]
Il	écrit	un °article.	[ekRi]

36. EXERCICES

(a) *Regardez le Tableau I et remplacez tous les articles indéfinis par* **mon** *ou* **ma**, *selon le cas.*

(b) *Répétez l'exercice (a) de la trente-quatrième leçon, en remplaçant chaque article défini par* **mon, ma** *ou* **mes**, *selon le cas.*[33]

(c) *Dans les phrases suivantes, remplacez tous les adjectifs démonstratifs par* **mon, ma** *ou* **mes**, *selon le cas:*

Ce professeur arrive à midi.
Cet enfant regarde cette photo.
Cette auto est en °panne.
Cette mère aime bien cette photo.
Ce disque est dans cette chambre.

Voici cette montre.
J'aime bien ce cahier.
Cette auto °marche très bien.
Ce professeur regarde ces °revues.
Ces journaux sont sur ce °lit.

(d) *Exercice écrit (p. 407).*

37. EXERCICES

(a) *Remplacez* **mon, ma** *et* **mes** *par* **votre** *ou* **vos**, *selon le cas:*

mon auto
mes amis
ma °cousine
mon père
mes parents
ma sœur

mes journaux
mon travail
mon frère
mes cousins
ma tante
mes professeurs

(b) *Répondez affirmativement aux questions suivantes:*

Est-ce que j'ai ma montre?
Est-ce que je punis mon enfant?
Est-ce que j'écoute mon père?
Est-ce que je finis mon travail?
Est-ce que je parle à mes amis?
Est-ce que je °porte mes °gants?

Est-ce que je paie mes livres?
Est-ce que j'aime mes parents?
Est-ce que j'attends ma cousine?
Est-ce que je remplis mon verre?
Est-ce que j'obéis à ma mère?
Est-ce que je °cache mon argent?

(c) *Exercice écrit (p. 408).*

---

[33] Repeat exercise (a) of Step 34, replacing each definite article with **mon, ma,** or **mes,** as the case may be.

Nous **écrivons** une °composition. [ekRivɔ̃]
Vous **écrivez** des articles. [ekRive]
Ils **écrivent** des °romans. [ekRiv]

36 The Possessive Adjectives: *mon, ma, mes*

J'aime **mon** cahier.
Je vends **mon** livre.
Je finis **mon** repas.
Je regarde **mon** oncle.

Est-ce que vous aimez **ma** cravate?
Est-ce que vous cherchez **ma** voiture?
Est-ce que vous avez **mon** échelle?
Est-ce que vous préférez **mon** auto?

Je n'apporte pas **mes** cahiers.
Je vais chercher **mes** enfants.
Vous regardez **mes** autos.
Je vais vendre **mes** tables.

The possessive adjectives for the first person are **mon** and **ma** when the noun they modify is singular. Note that **mon** is also used for a FEMININE noun if it begins with a VOWEL sound. The plural of **mon** and **ma** is **mes**.

37 The Possessive Adjectives: *votre, vos*

Où est **mon** cahier?   Voilà[34] **votre** cahier.
Où est **mon** enfant?   Voilà **votre** enfant.
Où est **mon** stylo?   Voilà **votre** stylo.

(*Show me my table.*)
Montrez-moi **ma** table.   Voilà **votre** table.
Montrez-moi **ma** maison.   Voilà **votre** maison.
Montrez-moi **mon** auto.   Voilà **votre** auto.

Où sont **mes** livres?   Voilà **vos** livres.
Où sont **mes** cahiers?   Voilà **vos** cahiers.
Où sont **mes** chaises?   Voilà **vos** chaises.
Où sont **mes** autos?   Voilà **vos** autos.

The singular possessive adjective for the **vous** form is **votre** for masculine as well as feminine nouns. The plural possessive adjective is **vos** [vo] (pronounced [voz] before a vowel sound).

[34] There is very little difference between **voici** (see Step 3, page 23) and **voilà**. **Voilà** points out things or persons farther away from the speaker.

38. EXERCICES

(a) *Répétez le premier exercice de la leçon précédente en remplaçant* **mon, ma** *et* **mes** *par* **notre** *ou* **nos,** *selon le cas.*[35]

(b) *Répondez affirmativement en employant la forme* **nous:**

> Est-ce que vous apportez vos disques?
> Est-ce que vous cherchez vos amis?
> Est-ce que vous écoutez votre professeur?
> Est-ce que vous parlez à vos amis?
> Est-ce que vous perdez votre argent?
> Est-ce que vous vendez vos livres?
> Est-ce que vous obéissez à vos parents?
> Est-ce que vous aimez votre cousin?

(c) *Exercice écrit (p. 408).*

39. EXERCICES

(a) *Remplacez chaque article défini par l'adjectif possessif approprié de la troisième personne du pluriel*[36]:

> le disque   les montres
> la maison   les devoirs
> l'échelle   les autos
> le professeur   la table
> le °dortoir   les enfants
> l'ami   l'école

(b) *Exercice écrit (p. 408).*

40. EXERCICES

(a) *Regardez le Tableau I et remplacez chaque article indéfini par* **son** *ou* **sa,** *selon le cas.*

(b) *Dans les phrases suivantes, remplacez chaque sujet par* **il** *ou* **elle** *et chaque article défini par* **son, sa** *ou* **ses,** *d'après le modèle ci-dessous:*

> L'étudiant apporte le livre.   **Il apporte son livre.**

> L'enfant apporte le cahier.   La femme cherche l'argent.
> Le médecin parle à l'infirmière.   Le voyageur attend le train.
> L'ouvrier monte sur l'échelle.   L'ouvrier °tombe de l'échelle.
> Le professeur °rencontre l'étudiant.   L'étudiant °pratique le français.
> La jeune fille cache les lettres.   L'enfant entre dans la classe.
> La dame perd les gants.   Le °passant regarde l'auto.

(c) *Exercice écrit (p. 408).*

---

[35] Repeat the first exercise of the preceding lesson by replacing **mon, ma,** and **mes** with **notre** or **nos,** as the case may be.

[36] Replace each definite article with the appropriate possessive adjective of the third person plural.

38 The Possessive Adjectives: *notre, nos*

Est-ce que vous avez	**votre**	lettre?	Oui, nous avons	**notre**	lettre.
Est-ce que vous avez	**votre**	auto?	Oui, nous avons	**notre**	auto.
Est-ce que vous avez	**votre**	disque?	Oui, nous avons	**notre**	disque.
Est-ce que vous avez	**votre**	photo?	Oui, nous avons	**notre**	photo.

Où sont	**vos**	amis?		**Nos**	amis	sont à l'école.
Où sont	**vos**	frères?		**Nos**	frères	sont dans le °jardin.
Où sont	**vos**	autos?		**Nos**	autos	sont dans la °rue.
Où sont	**vos**	disques?		**Nos**	disques	sont sur la table.

The singular possessive adjective for the **nous** form is **notre** for both masculine and feminine nouns. The plural possessive adjective is **nos** [no] (pronounced [noz] before a vowel sound).

39 The Possessive Adjectives: *leur, leurs*

Les étudiants	cherchent	**leur**	professeur.
Les touristes	écoutent	**leur**	°guide.
Les ouvriers	finissent	**leur**	travail.
Les enfants	attendent	**leur**	auto.

Les professeurs	cherchent	**leurs**	livres.
Les parents	°quittent	**leurs**	enfants.
Les élèves	regardent	**leurs**	tableaux.
Les °invités	attendent	**leurs**	amis.

The possessive adjective referring to a third person plural possessor is **leur** [lœR] for singular nouns and **leurs** [lœR] (pronounced [lœRz] before a vowel sound) for plural nouns. Note that unless the following word begins with a vowel sound, it is impossible to distinguish the singular from the plural, since they are both pronounced [lœR].

40 The Possessive Adjectives: *son, sa, ses*

C'est le livre	**de Paul.**	C'est	**son**	livre.
C'est le livre	**de Marie.**	C'est	**son**	livre.
C'est la montre	**de Jacques.**	C'est	**sa**	montre.
C'est la montre	**de Pauline.**	C'est	**sa**	montre.
C'est l'auto	**de mon frère.**	C'est	**son**	auto.
C'est l'auto	**de ma mère.**	C'est	**son**	auto.

41. EXERCICES

(a) *Répondez affirmativement en employant la forme tu:*

Est-ce que j'°invite mes amis?
Est-ce que j'écoute mon disque?
Est-ce que j'obéis à mes parents?
Est-ce que je perds mon argent?
Est-ce que j'aide mes cousins?
Est-ce que j'ai ma photo?

Est-ce que j'attends mon professeur?
Est-ce que je remplis mon verre?
Est-ce que je bois mon café?
Est-ce que je finis mon travail?
Est-ce que je vends ma voiture?
Est-ce que j'ai mon °billet?

(b) *Répétez l'exercice précédent en répondant négativement à chaque question.*
(c) *Exercice écrit (p. 408).*

42. EXERCICES

(a) *Conjuguez les verbes suivants en employant l'adjectif possessif qui correspond au sujet de la phrase*[37]:

J'apporte mon disque.
Je vais à ma classe.
Je perds mon argent.
Je bois mon café.

Je cherche ma cravate.
J'attends mes amis.
Je choisis ma table.
Je descends de mon auto.

(b) *Répondez affirmativement en employant la forme vous ou je, selon le cas:*

Est-ce que je regarde vos journaux?
Est-ce que vous apportez mon dictionnaire?
Est-ce que vous finissez votre travail?
Est-ce que je réponds à votre lettre?
Est-ce que vous perdez mon argent?
Est-ce que vous attendez vos parents?
Est-ce que je paie mon repas?
Est-ce que je réponds à vos questions?

(c) *Exercice écrit (p. 409).*

---

[37] Conjugate the following verbs, using the possessive adjective that corresponds to the subject of the sentence.

STRUCTURAL STEPS AND ORAL EXERCISES   59

Où sont les cahiers **de Robert?**   Voici **ses** cahiers.
Où sont les cahiers **d'Yvonne?**   Voici **ses** cahiers.
Où sont les lettres **d'Albert?**   Voici **ses** lettres.
Où sont les lettres **de Denise?**   Voici **ses** lettres.

The third person singular possessive adjectives are **son** and **sa**. Note that **son** is used also for FEMININE words if they begin with a vowel sound (cf. Step 36 on **mon** and **ma**). **Ses** is used for plural nouns.

Since the possessive adjective agrees with the noun it MODIFIES, **son**, **sa**, and **ses** correspond to both *his* and *her* in English. Only the word following **son**, **sa**, and **ses** determines which form it is necessary to use.

41 The Possessive Adjectives: *ton, ta, tes*

Où est **mon** livre?   Voilà **ton** livre.
Où est **mon** professeur?   Voilà **ton** professeur.
Où est **ma** sœur?   Voilà **ta** sœur.
Où est **ma** mère?   Voilà **ta** mère.
Où est **mon** auto?   Voilà **ton** auto.

Où sont **mes** crayons?   Voilà **tes** crayons.
Où sont **mes** cravates?   Voilà **tes** cravates.
Où sont **mes** amis?   Voilà **tes** amis.

The possessive adjectives for the second person singular (the familiar form) are **ton** and **ta** before singular nouns and **tes** before plural nouns. Note that **ton** is also used before feminine words beginning with a vowel sound.

42 Summary of Possessive Adjectives

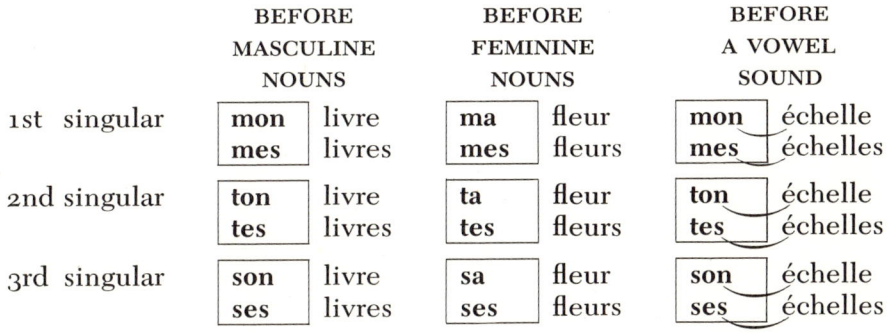

	BEFORE MASCULINE NOUNS	BEFORE FEMININE NOUNS	BEFORE A VOWEL SOUND
1st singular	**mon** livre **mes** livres	**ma** fleur **mes** fleurs	**mon** échelle **mes** échelles
2nd singular	**ton** livre **tes** livres	**ta** fleur **tes** fleurs	**ton** échelle **tes** échelles
3rd singular	**son** livre **ses** livres	**sa** fleur **ses** fleurs	**son** échelle **ses** échelles

43. EXERCICES

(a) *Mettez le sujet de chaque phrase au pluriel:*

Je lis un livre.
Il lit une °inscription.
Tu lis des revues.
Elle lit une lettre.
Je lis un poème.

Je lis un journal.
Elle lit une composition.
Je lis des romans.
Tu lis des journaux.
Il lit un article.

(b) *Exercice écrit (p. 409).*

44. EXERCICES

(a) *Regardez le Tableau II et posez des questions sur le sujet de chaque phrase d'après le modèle ci-dessous*[38]:

Le facteur apporte les lettres.   **Qui apporte les lettres?**

(b) *Posez des questions sur le sujet de chaque phrase:*

Le professeur arrive en retard.
La femme regarde la télévision.
Le journal est sur la table.
La classe °commence à une °heure.
Cet enfant °dérange Marie.
Cet examen est difficile.
Mon ami °retourne en France.

Le taxi n'est pas ici.
Le °fruit tombe de l'arbre.
La classe finit à °deux heures.
Les enfants parlent français.
Ce bruit dérange les étudiants.
Ma cravate est dans le tiroir.
Mon oncle °demeure à Chicago.

(c) *Exercice écrit (p. 409).*
(d) *Exercice écrit (p. 409).*

---

[38] Look at Chart II and ask questions about the subject of each sentence according to the model below.

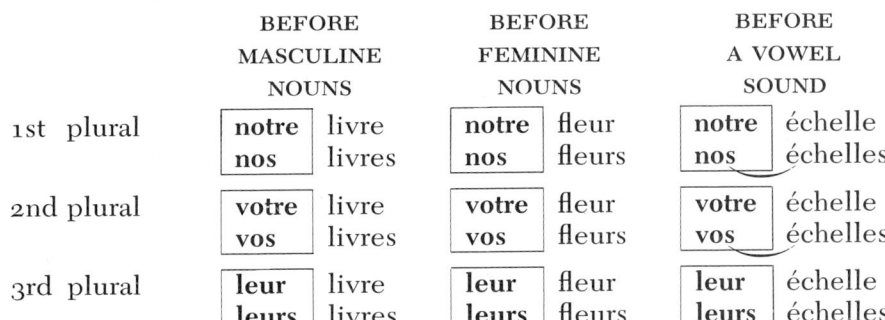

43 The Verb *lire* (Present Indicative)

Study the forms of the irregular verb lire (*to read*).

Je	lis	un journal.	[li]
Tu	lis	un article.	[li]
Il	lit	une lettre.	[li]
Nous	lisons	des livres.	[lizɔ̃]
Vous	lisez	une composition.	[lize]
Ils	lisent	un poème.	[liz]

44 The Interrogative Pronouns (Subject): *qui* and *qu'est-ce qui*

Le facteur	apporte les lettres.
La maîtresse	cherche le crayon.
Les médecins	parlent aux infirmières.

Qui	apporte les lettres?
Qui	cherche le crayon?
Qui	parle aux infirmières?

Mon livre	est sur la table.
Tes cahiers	sont dans le tiroir.
Une auto	est °devant la maison.

Qu'est-ce qui	est sur la table?
Qu'est-ce qui	est dans le tiroir?
Qu'est-ce qui	est devant la maison?

The interrogative SUBJECT pronouns are qui when referring to a person and qu'est-ce qui for a thing. Note that both qui and qu'est-ce qui are grammatically a third person SINGULAR.

45. EXERCICES

(a) *Faites des questions qui exigent les réponses suivantes, d'après les modèles ci-dessous*[39]:

        Je regarde cette maison.   **Qu'est-ce que vous regardez?**
        Je regarde cet enfant.   **Qui est-ce que vous regardez?**

Je regarde ma photo.	J'attends l'autobus.
Je bois du lait.	J'écoute mon professeur.
Je punis cet enfant.	J'invite mes amis.
J'aime mes parents.	Je cherche ma cravate.
J'aide Marie et son frère.	Je lis un journal.
Je cherche ma sœur.	Je regarde ma maison.
Je finis mon travail.	J'°admire mon ami Pierre.

(b) *Exercice écrit (p. 409).*
(c) *Exercice écrit (p. 409).*

46. EXERCICES

(a) *Faites des questions qui exigent les réponses suivantes, en employant à qui est-ce que, à quoi est-ce que, chez qui est-ce que, etc.:*

Je réponds à Marie.	Je vais chez André.
J'écris à mes parents.	J'écris avec mon stylo.
Je pense à la leçon.	Je pense à mon ami.
Je réponds à votre question.	Je danse avec ma cousine.
Je parle de mon °voyage.	Je parle de mes parents.
Je vais chez Charlotte.	Je parle à mon médecin.
J'obéis à mes parents.	J'obéis à la loi.

(b) *Exercice écrit (p. 409).*
(c) *Exercice écrit (p. 410).*

---

[39] Make questions that require the following answers, according to the models below.

In a question that begins with a question word such as qui or qu'est-ce qui (that is, questions that cannot be answered simply by oui or non), the intonation starts from a high pitch and progresses to a low pitch. Do not change pitch WITHIN the vowel of any syllable.

45 The Interrogative Pronouns (Direct Object): *qui est-ce que* and *qu'est-ce que*

La père punit	son enfant.	Qui est-ce que	le père punit?
La femme regarde	l'étudiant.	Qui est-ce que	la femme regarde?
Les élèves écoutent	une dame.	Qui est-ce que	les élèves écoutent?
Je lis	un journal	Qu'est-ce que	vous lisez?
Vous étudiez	une leçon.	Qu'est-ce que	j'étudie?
Il cherche	les maisons.	Qu'est-ce qu'	il cherche?

The interrogative object pronouns (direct object) are qui est-ce que for persons and qu'est-ce que for things. When followed by a vowel sound, they become qui est-ce qu' and qu'est-ce qu' , respectively.

46 The Interrogative Pronouns (Object of a Preposition)

Nous répondons	à	Marianne.	A	qui est-ce que	nous répondons?
Nous °pensons	à	votre ami.	A	qui est-ce que	nous pensons?
Nous obéissons	à	nos parents.	A	qui est-ce que	nous obéissons?
Je réponds	à	vos lettres.	A	quoi est-ce que	vous répondez?
Je pense	à	la leçon.	A	quoi est-ce que	vous pensez?
J'obéis	aux	lois.	A	quoi est-ce que	vous obéissez?
Paul danse	avec	Marie.	Avec	qui est-ce que	Paul danse?
Paul va	°chez	Jean.	Chez	qui est-ce que	Paul va?
Paul écrit	avec	un stylo.	Avec	quoi est-ce que	Paul écrit?
Paul va	à	la gare.	Où	est-ce que	Paul va?

The interrogative pronoun as the object of a preposition begins with that preposition: (avec) qui est-ce que is used for persons and (avec) quoi est-ce que for things. Note that the preposition indicating LOCATION becomes où in a question.

47. EXERCICES

(a) *Mettez le sujet de chaque phrase au pluriel:*

Je dis la vérité.   Il dit quelque chose.
Tu dis des °sottises.   Tu ne dis pas la vérité.
Il dit que tu parles français.   Je dis qu'il arrive à midi.
Elle dit quelque chose.   Tu dis la vérité.
Je ne dis pas la vérité.   Elle dit des sottises.

(b) *Exercice écrit (p. 410).*

The Verb *dire* (Present Indicative)

Study the forms of the irregular verb dire (*to say*).

Je	**dis**	que Marie parle français.	[di]
Tu	**dis**	la °vérité.	[di]
Il	**dit**	que Paul déjeune à midi.	[di]
Nous	**disons**	que nous n'avons pas d'argent.	[dizɔ̃]
Vous	**dites**	°quelque °chose.	[dit]
Ils	**disent**	que nous ne finissons pas la leçon.	[diz]

The second person plural form (vous dites) cannot be derived from the first person plural (nous disons).

Qu'est-ce que vous **voulez dire**? Je **veux dire** que vous parlez très bien français. Qu'est-ce que le mot °*terminer* **veut dire**? Ce mot **veut dire** *finir*.

Note the expression vouloir dire (*to mean* = signifier).

REVIEW LESSON I

Un rendez-vous (too formal)

Dans le couloir. Bill quitte sa classe de français. Il rencontre Jean-Pierre Bressac, un jeune étudiant français[1] qui[2] étudie la littérature américaine et qui demeure dans le même pavillon de la cité universitaire.[3]

BILL	Bonjour, Jean-Pierre.
JEAN-PIERRE	Bonjour, Bill. Ça va?[4]
BILL	Très bien, merci. Et vous?
JEAN-PIERRE	Assez bien ... Tiens![5] c'est la première fois que vous parlez français avec moi.
BILL	C'est vrai. Mais j'étudie le français depuis septembre et maintenant je veux pratiquer mon français.
JEAN-PIERRE	C'est une très bonne idée, Bill. Est-ce que vous avez le temps d'aller prendre un café?
BILL	*Un* café?
JEAN-PIERRE	Oui. Ça[6] veut dire[7] une tasse de café.
BILL	Je regrette, mais je n'ai pas le temps. J'ai une classe dans cinq minutes. Du reste,[8] je n'aime pas le café. Mais est-ce que vous voulez déjeuner à midi et demi? Aujourd'hui il y a du rosbif.
JEAN-PIERRE	Entendu.[9] Je vais retourner à la cité maintenant.
BILL	Vous allez étudier?
JEAN-PIERRE	Non, je vais écrire des lettres. A propos,[10] Bill, est-ce que vous êtes libre ce soir?
BILL	Oui, mais pourquoi?

NOTES

[1] Note the difference between **un étudiant** *français* (a student whose nationality is French) and **un étudiant** *de français* (a student who is studying the French language). [2] *who*. [3] *dormitory*. The area where university dormitories are located is **la cité universitaire**, often called simply **la cité**. (The word for *city* is **la ville**.) [4] *Comment allez-vous?* [5] *Well!* (*une expression de surprise*). [6] **Cela** (*that*). [7] **signifie**. [8] **D'ailleurs** (*besides*). [9] *Agreed; fine.* [10] *By the way.*

JEAN-PIERRE	Le Ciné-Club donne un très bon film.
BILL	Un film français?
25 JEAN-PIERRE	Oui, avec Michèle Morgan et Gérard Philippe.
BILL	D'accord.[11] Allons au cinéma ce soir.

NOTES

[11]*Agreed; O. K.*

Questions

1. *Répondez aux questions suivantes d'après le texte (lignes 1–10):*
   - (a) Qu'est-ce que Bill quitte?
   - (b) Qui est-ce que Bill rencontre dans le couloir?
   - (c) Qui est Jean-Pierre?
   - (d) Qu'est-ce que Jean-Pierre étudie?
   - (e) Depuis quand est-ce que Bill étudie le français?
   - (f) Qu'est-ce que Bill veut pratiquer?

2. *Faites de même (lignes 11–17):*
   - (a) Qu'est-ce que Jean-Pierre veut °faire avec Bill?
   - (b) Qu'est-ce que Bill a dans cinq minutes?
   - (c) Qu'est-ce qu'il n'aime pas?
   - (d) Avec qui est-ce qu'il veut déjeuner?
   - (e) Qu'est-ce qu'il y a aujourd'hui?

3. *Faites de même (lignes 18–26):*
   - (a) Où est-ce que Jean-Pierre va?
   - (b) Qu'est-ce qu'il va faire à la cité?
   - (c) Qui va donner un film français?
   - (d) Où est-ce que les deux amis vont ce soir?
   - (e) Qu'est-ce qu'ils vont faire ce soir?

Exercices de revision

1. *Conjuguez oralement les phrases suivantes:*
   - (a) Je vais à la cité.
   - (b) Je bois du café °chaud.
   - (c) J'étudie le français depuis septembre.
   - (d) Je veux pratiquer mon français.
   - (e) J'ai le temps d'aller au cinéma.
   - (f) J'écris une lettre à mon ami.
   - (g) Je choisis un film français.
   - (h) Je réponds à cette question.
   - (i) Je lis des journaux américains.
   - (j) Je déjeune à midi et demi.

2. *Posez des questions sur les mots imprimés en caractères gras*[40]:

    (a) Bill rencontre **son ami français**.
    (b) Je vais **très bien**.
    (c) J'étudie le français **depuis septembre**.
    (d) Je veux pratiquer **mon français**.
    (e) Je suis libre **ce soir**.
    (f) Nous allons **au cinéma**.
    (g) Il répond **à la question de Bill**.
    (h) **Votre français** est excellent.

3. *Ecrivez des phrases en employant les mots et les expressions suivantes:*

    (a) **argent**   (e) **qu'est-ce qui**
    (b) **mes**   (f) **bâtissent**
    (c) **combien de**   (g) **avons**
    (d) **veulent**   (h) **écris**

4. *Répondez aux questions suivantes d'après votre propre expérience:*

    (a) Depuis quand est-ce que vous étudiez le français?
    (b) Comment est-ce que vous pratiquez votre français?
    (c) Quand est-ce que vous allez au cinéma?
    (d) Où voulez-vous écrire vos lettres?
    (e) A quelle heure est-ce que votre classe de français commence?
    (f) A quelle heure est-ce qu'elle finit?
    (g) Combien de fois par °semaine est-ce que vous allez à la classe de français?
    (h) Combien d'étudiants est-ce qu'il y a dans cette classe?
    (i) Combien de professeurs est-ce qu'il y a dans votre école?
    (j) Combien de °doigts est-ce que vous avez à °chaque °main?
    (k) Combien de °jours est-ce qu'il y a en septembre?
    (l) Combien de °mois est-ce qu'il y a dans une °année?
    (m) Qu'est-ce que vous voulez boire?
    (n) Qu'est-ce que vous écrivez maintenant?
    (o) Qu'est-ce que vous lisez en ce °moment?
    (p) Combien d'argent est-ce que vous voulez avoir?
    (q) A qui est-ce que vous voulez °souvent parler?
    (r) Qu'est-ce que vous allez étudier ce soir?
    (s) Qui est-ce que vous rencontrez souvent dans le couloir?
    (t) A quelle heure est-ce que vous déjeunez?

---

[40] Ask questions on the words printed in boldface.

48. EXERCICES

(a) *Remplacez chaque sujet par il en faisant le changement nécessaire, d'après le modèle ci-dessous:*

    Elle est °intelligente. **Il est intelligent.**

  Elle est °mauvaise. Elle est °sérieuse.
  Elle est °contente. Elle est °mécontente.
  Elle est petite. Elle est °grande.
  Elle est °pauvre. Elle est °riche.
  Elle est °jolie. Elle est jeune.
  Elle est heureuse. Elle est °prudente.

(b) *A la fin de chaque phrase, ajoutez* **mais sa sœur est ...** *en employant la forme féminine de l'adjectif qui est dans la même phrase, d'après le modèle ci-dessous*[1]:

  Jacques n'est pas content, **mais sa sœur est contente.**

  Jacques n'est pas intelligent, Henri n'est pas sérieux,
  Jacques n'est pas °amusant, Henri n'est pas prudent,
  Michel n'est pas °généreux, Daniel n'est pas °sage,
  Michel n'est pas petit, Daniel n'est pas jeune,
  Jean n'est pas grand, Paul n'est pas °satisfait,
  Jean n'est pas riche, Paul n'est pas °discret,

(c) *Exercice écrit (p. 410).*

49. EXERCICES

(a) *Mettez chaque phrase au pluriel, d'après le modèle ci-dessous:*

    Cet homme est °vieux. **Ces hommes sont vieux.**

  Cette femme est jolie. Mon ami est sérieux.
  Votre livre est °intéressant. Notre professeur est °indulgent.
  Cet étudiant est °médiocre. Leur auto est °rouge.
  Cet enfant n'est pas intelligent. Cet enfant est sage.
  Ce chien est °méchant. Cette leçon est facile.

---

[1] At the end of each sentence, add **mais sa sœur est ...** , using the feminine form of the adjective which is in the same sentence, according to the model below.

48   The Masculine and Feminine of Adjectives (Singular)

Cette	maison	est	°petite.	[pətit]
Cet	enfant	est	petit.	[pəti]
Cette	leçon	est très	°importante.	[ɛpɔRtãt]
Ce	°chapitre	est très	important.	[ɛpɔRtã]
Cette	table	est	°ancienne.	[ãsjɛn]
Ce	verre	est	ancien.	[ãsjɛ̃]
Cette	femme	n'est pas	°heureuse.	[œRøz]
Cet	homme	n'est pas	heureux.	[œRø]

In PRONUNCIATION, the masculine adjective drops the final consonant that is HEARD in the feminine form. If the feminine form ends in [n], the masculine form ends in a nasal vowel. (The exception is jeune , below.)

In ORTHOGRAPHY, the masculine form drops the final -e of the feminine form. Feminine adjectives ending in -euse [øz] have the masculine form ending in -eux [ø].

Cette	question	est	°facile.	[fasil]
Ce	livre	est	facile.	[fasil]
Cette	étudiante	est très	jeune.	[ʒœn]
Cet	étudiant	est très	jeune.	[ʒœn]
Cette	auto	est	°noire.	[nwaR]
Ce	°chien	est	noir.	[nwaR]

Some adjectives have the same form in the masculine and in the feminine. Such adjectives usually end in -e in orthography. If an adjective ends in [l] or [R], the feminine and masculine forms often SOUND alike.

49   The Plural of Adjectives

Ces	maisons	sont	petites.	[pətit]
Ces	enfants	sont	petits.	[pəti]

(b) *Mettez chaque substantif au pluriel en faisant le changement nécessaire, d'après le modèle ci-dessous:*

Nous discutons un problème °social.   **Nous discutons des problèmes sociaux.**

Nous discutons un problème °vital.   Il parle d'un examen oral.
Il donne un examen °oral.   Nous parlons d'un problème social.
J'écris sur un °sujet °médical.   Tu écris sur un sujet sérieux.
Je parle d'une question sociale.   Elle parle d'un problème national.
C'est un problème °national.   C'est un sujet vital.

(c) *Exercice écrit (p. 410).*

50. EXERCICES

(a) *Mettez le sujet de chaque phrase au singulier:*

Nous sommes en classe.   Vous êtes en retard.
Ils sont à la maison.   Ils sont intelligents.
Elles ne sont pas ici.   Nous ne sommes pas contents.
Vous n'êtes pas en retard.   Elles ne sont pas sérieuses.
Nous sommes très °occupés.   Vous n'êtes pas malades.
Elles sont contentes.   Nous sommes à l'heure.
Vous n'êtes pas heureux.   Ils ne sont pas °curieux.
Ils sont indulgents.   Elles sont °tristes.

(b) *Exercice écrit (p. 410).*

51. EXERCICES

(a) *Remplacez le sujet de chaque phrase par il ou elle, selon le cas:*

Il est beau.   Elle est folle.
Elle est belle.   Il est intelligent.
Elle est curieuse.   Elle est malade.
Il est fou.   Elle est vieille.
Elle est nouvelle.   Il est beau.
Il est vieux.   Il est nouveau.
Elle est vieille.   Elle est vieille.
Il est sérieux.   Il est méchant.
Elle est contente.   Il est malade.

(b) *Exercice écrit (p. 410).*

| Ces | idées | ne sont pas | mauvaises. | [mɔvɛz] |
| Ces | livres | ne sont pas | mauvais. | [mɔvɛ] |

| Ces | femmes | sont très | heureuses. | [œRøz] |
| Ces | hommes | sont très | heureux. | [œRø] |

| La | °façade | de la maison est | °coloniale. | [kɔlɔnjal] |
| Les | °meubles | de la maison sont | coloniaux. | [kɔlɔnjo] |

The plural of adjectives is formed by the addition of -s to the corresponding singular form. If the masculine singular ends already in -s or -x , the plural form does not add an -s . Many adjectives whose masculine singular form ends in -al form their masculine plural in -aux . See Step 2, page 23.

Ces	femmes	et ces	hommes	sont	intelligents.	[ɛ̃teliʒɑ̃]
Ces	idées	et ces	livres	sont	mauvais.	[mɔvɛ]
Ces	maisons	et ces	garages	sont	°blancs.	[blɑ̃]

Adjectives modifying both feminine and masculine nouns take the MASCULINE PLURAL form.

50 The Verb *être* (Present Indicative)

Study the forms of the irregular verb être (*to be*).

Je	suis	intelligent.	[ʒəsɥi]
Tu	es	°paresseux.	[tyɛ]
Il	est	jeune.	[ilɛ]
Nous	sommes	contents.	[nusɔm]
Vous	êtes	sérieux.	[vuzɛt]
Ils	sont	difficiles.	[ilsɔ̃]

Note that the third person plural of avoir is pronounced ils ont [ilzɔ̃] ([z] from liaison), whereas the same form of être is pronounced [ilsɔ̃].

51 Irregular Adjectives

| Cette | femme | est | °belle. | | Cet | enfant | est | beau. |
| Ces | femmes | sont | belles. | | Ces | enfants | sont | beaux. |

| Cette | maison | est | °vieille. | | Cet | arbre | est | vieux. |
| Ces | maisons | sont | vieilles. | | Ces | arbres | sont | vieux. |

| Cette | idée | est | °nouvelle. | | Ce | °projet | est | nouveau. |
| Ces | idées | sont | nouvelles. | | Ces | projets | sont | nouveaux. |

52. EXERCICES

(a) *Répétez la phrase et puis remplacez* **intelligente** *par les mots suivants, en faisant chaque fois le changement de place nécessaire*²:

Voici une étudiante **intelligente**.

jolie	jeune	autre
paresseuse	°stupide	belle
mauvaise	bonne	sérieuse

(b) *Répétez la phrase et puis remplacez* **amusant** *par les mots suivants, en faisant chaque fois le changement de place nécessaire:*

Est-ce que vous cherchez un °acteur **amusant**?

gros	mécontent	autre
beau	bon	beau
paresseux	intelligent	vieux
vieux	jeune	

(c) *Changez les phrases suivantes d'après le modèle ci-dessous:*

Cet enfant est mauvais. **C'est un mauvais enfant.**

Cet enfant est joli.
Cet enfant est petit.
Cet enfant est beau.
Cet enfant est amusant.
Cet enfant est mécontent.
Cet enfant est bon.
Cet enfant est méchant.

Cet enfant est intelligent.
Cet enfant est beau.
Cet enfant est paresseux.
Cet enfant est petit.
Cet enfant est bon.
Cet enfant est mauvais.
Cet enfant est content.

(d) *Exercice écrit (p. 411).*

---

² Repeat the sentence and then replace **intelligente** with the following words, making the appropriate change of position each time.

| Cette | **femme** | est | °**folle.** | | Cet | **homme** | est | **fou.** |
| Ces | **femmes** | sont | **folles.** | | Ces | **hommes** | sont | **fous.** |

The foregoing adjectives do not form their masculine according to the pattern described in Step 48.

52 Adjectives Used before the Noun

Voici un	**bon**	élève.	Voilà une	**bonne**	étudiante.
Voici un	**mauvais**	garçon.	Voilà une	**mauvaise**	étudiante.
Voici un	**joli**	livre.	Voilà une	**jolie**	cravate.
Voici un	**jeune**	élève.	Voilà une	**jeune**	femme.
Voici un	°**gros**	livre.	Voilà une	**grosse**	auto.
Voici un	°**haut**	°mur.	Voilà une	**haute**	échelle.
Voici un	°**autre**	cahier.	Voilà une	**autre**	étudiante.
Voici un	**vieux**	livre.	Voilà une	**vieille**	femme.
Voici un	**vieil**	homme.	Voilà une	**vieille**	auto.
Voici un	**nouveau**	°plan.	Voilà une	**nouvelle**	auto.
Voici un	**nouvel**	élève.	Voilà une	**nouvelle**	échelle.
Voici un	**beau**	tableau.	Voilà une	**belle**	dame.
Voici un	**bel**	enfant.	Voilà une	**belle**	auto.

Most French adjectives are placed AFTER the noun, but a limited number of important adjectives are commonly placed BEFORE the noun they modify.

Some adjectives may be placed either before or after the noun. Usually they have a more CONCRETE meaning when placed after the noun, and a more FIGURATIVE meaning before the noun.

Beethoven est un **grand** °compositeur. *(great)*
Notre professeur est un homme **grand**. *(tall)*

Ce **pauvre** homme va perdre son enfant. *(unfortunate)*
Cet homme **pauvre** est °pourtant très °honnête. *(financially poor)*

Paul est un °**brave** garçon. *(worthy, honest)*
C'est un °soldat **brave**. *(brave, courageous)*

Voici un **nouveau** professeur. *(another; new)*
Voici un professeur **nouveau**. *(new to everyone; who has just entered the profession)*

Je regarde mon **ancienne** maison. *(former)*
Je regarde ma maison **ancienne**. *(old, ancient)*

53. EXERCICES

(a) *Répondez négativement aux questions suivantes:*

Est-ce que vous êtes médecin?
Est-ce que vous êtes professeur?
Est-ce que vous êtes ingénieur?
Est-ce que vous êtes °pharmacien?
Est-ce que vous êtes ouvrier?
Est-ce que vous êtes facteur?
Est-ce que vous êtes soldat?
Est-ce que vous êtes vendeur?
Est-ce que vous êtes °avocat?
Est-ce que vous êtes °marin?

(b) *Changez les phrases suivantes d'après le modèle ci-dessous:*

Il est étudiant. **C'est un jeune étudiant.**

Il est soldat.　　　Il est médecin.
Il est avocat.　　　Il est professeur.
Il est marin.　　　Il est Américain.
Il est ingénieur.　　Il est vendeur.
Il est ouvrier.　　　Il est facteur.
Il est °Allemand.　　Il est agent de police.

(c) *Mettez les phrases suivantes au pluriel d'après le modèle ci-dessous:*

C'est un bon élève. **Ce sont de bons élèves.**

C'est un mauvais élève.　　C'est un joli élève.
C'est un petit élève.　　　C'est un bel élève.
C'est un jeune élève.　　　C'est un autre élève.
C'est un nouvel élève.　　C'est un bon élève.
C'est un ancien élève.　　C'est un pauvre élève.

(d) *Exercice écrit (p. 411).*

54. EXERCICES

(a) *Répondez affirmativement d'après le modèle ci-dessous:*

Est-ce que vous ne prenez pas de pain?　　**Mais si, je prends du pain.**

Est-ce que vous ne prenez pas de viande?
Est-ce que vous ne prenez pas d' eau?
Est-ce que vous ne prenez pas de bière?
Est-ce que vous ne prenez pas de °salade?
Est-ce que vous ne prenez pas de café?
Est-ce que vous ne prenez pas de sucre?
Est-ce que vous ne prenez pas de vin?

(b) *Exercice écrit (p. 411).*

53 The Use of Nouns Denoting Profession, Nationality, etc., after *être*: *il est* vs. *c'est un*

Je suis	**Américain.**	Je suis	**intelligent.**
Tu es	°**ingénieur.**	Tu es	**curieux.**
Il est	**médecin.**	Il est	**sage.**
Nous sommes	**étudiants.**	Nous sommes	**contents.**
Vous êtes	**professeurs.**	Vous êtes	**méchants.**
Ils sont	**Français.**	Ils sont	**heureux.**

After the verb être, French does not usually use any article before UNMODIFIED nouns, especially names of nationalities, professions, etc.

Je suis	un	étudiant	sérieux.
Tu es	un	élève	intelligent.
C'est	un	médecin	°célèbre.
C'est	une	vendeuse	paresseuse.
Nous sommes	des	étudiants	contents.
Vous êtes	des	enfants	sages.
Ce sont	des	ingénieurs	français.
Ce sont	des	maîtresses	anglaises.

The indefinite article is used if the noun after être is modified by an adjective. Note that il , elle , ils , and elles are replaced by the invariable demonstrative pronoun ce .

Est-ce que vous êtes	de	bons	étudiants?
Est-ce que nous sommes	de	mauvais	élèves?
Est-ce que ce sont	de	petits	enfants?
Est-ce que ce sont	de	jolies	cravates?
Est-ce que ce sont	de	vieux	arbres?
Est-ce que ce sont	de	beaux	enfants?

Note that de rather than des is used before a plural adjective: Ce sont des hommes , but Ce sont de vieux hommes .

54 The Verb *prendre* (Present Indicative)

Je	prends	un peu de sucre.	[pRã]
Tu	prends	mon livre.	[pRã]
Il	prend	son petit déjeuner.	[pRã]
Nous	prenons	du vin.	[pRənɔ̃]
Vous	prenez	votre déjeuner.	[pRəne]
Ils	prennent	de l'eau.	[pRɛn]

55. EXERCICES

(a) *Mettez le sujet de chaque phrase au singulier ou au pluriel, selon le cas:*

J'apprends le français.
Ils comprennent l'anglais.
Vous apprenez à nager.
Il apprend à parler français.
Tu comprends la °situation.
Nous apprenons la nouvelle.
Nous apprenons la leçon.
Tu comprends mes °difficultés.
Ils apprennent à danser.
Vous comprenez la question.
J'apprends à °taper à la °machine.
Elle prend du café.

(b) *Exercice écrit (p. 411).*

Note that ⟨prendre⟩ (*to take, to pick up*) is used also in the general sense of *to eat* (⟨manger⟩) and *to drink* (⟨boire⟩). ⟨Prendre⟩ is always used with ⟨le petit déjeuner⟩, ⟨le déjeuner⟩, ⟨le °dîner⟩, and ⟨le °souper⟩.

55 The Verbs *apprendre* and *comprendre* (Present Indicative)

J'	**apprends**	le français.³	Je	**comprends**	la leçon.
Tu	**apprends**	le °russe.	Tu	**comprends**	l'°histoire.
Il	**apprend**	l'espagnol.	Il	**comprend**	le poème.
Nous	**apprenons**	l'italien.	Nous	**comprenons**	le livre.
Vous	**apprenez**	le français.	Vous	**comprenez**	le professeur.
Ils	**apprennent**	l'allemand.	Ils	**comprennent**	l'étudiant.

⟨**Apprendre**⟩ (*to learn*) and ⟨**comprendre**⟩ (*to understand*) are conjugated like ⟨**prendre**⟩. Note below that ⟨**apprendre à**⟩ is followed by an infinitive:

Est-ce que vous ⟨**apprenez à**⟩ parler français?
Est-ce que nous ⟨**apprenons à**⟩ °nager?
Est-ce que Paul ⟨**apprend à**⟩ écrire?

---

[3] In French ALL languages are masculine and are preceded by ⟨le⟩. The only exception occurs after ⟨parler⟩, which requires no article.

REVIEW LESSON II

Dans la chambre

Jean-Pierre est assis à son bureau, devant une feuille de papier blanc. Il suce son crayon d'un air méditatif.[1] Entre Bill.

BILL	Bonjour, Jean-Pierre.	
JEAN-PIERRE	Bonjour, Bill.	
BILL	Vous écrivez une lettre?	5
JEAN-PIERRE	Non, c'est un devoir sur un roman de Faulkner.	
BILL	Je ne vous dérange pas?[2]	
JEAN-PIERRE	Pas du tout.[3] Je manque d'inspiration[4] en ce moment. Qu'est-ce que vous voulez?	
BILL	Est-ce que vous voulez prendre un café avec nous?	10
JEAN-PIERRE	*Nous?*	
BILL	Oui, Barbara et moi.[5]	
JEAN-PIERRE	Qui est Barbara?	
BILL	C'est une petite jeune fille aux[6] cheveux bruns et aux yeux très bleus. Elle comprend très bien le français.	15
JEAN-PIERRE	Elle est dans votre classe de français?	
BILL	C'est ça.[7] Nous étudions ensemble à la bibliothèque de temps en temps.[8] Nous voulons faire des progrès.	
JEAN-PIERRE	Très bien. Est-ce une bonne étudiante?	
BILL	Oui, c'est une étudiante très intelligente. Elle est un peu taquine, mais toujours sympathique.	20
JEAN-PIERRE	Et où est-ce que nous allons?	

NOTES

[1] **d'un air** + adjective corresponds to *looking* + adjective in English. [2] *Am I not disturbing you?* **Vous** is the direct object of the verb. [3] *Not at all.* [4] *I lack inspiration.* [5] *Barbara and me.* [6] **à** + definite article indicates characteristics of a thing or person, as in **Regardez cette dame au manteau noir et ce monsieur à la barbe blanche.** [7] *That's right (it).* [8] *from time to time.*

82 L'ÉCHELLE

BILL D'abord[9] chez elle,[10] ensuite à un petit restaurant près de la bibliothèque.
25 JEAN-PIERRE Bon.[11] Attendez un moment. Je vais changer de[12] vêtements.

NOTES

[9] *First* (in a series, usually followed by **ensuite** or **puis**). [10] *to her house.* [11] *Fine; O.K.* [12] **changer de** means *to change (from one thing to another).*

Questions

1. *Répondez aux questions suivantes d'après le texte (lignes 1–9):*

   (a) Où est Jean-Pierre?
   (b) Qu'est-ce qu'il fait dans sa chambre?
   (c) Qui entre dans la chambre?
   (d) Sur quoi est-ce qu'il écrit son devoir?
   (e) De quoi est-ce qu'il manque?

2. *Faites de même (lignes 10–18):*

   (a) De quelle °couleur sont les cheveux de Barbara? (**Réponse: Elle a les cheveux bruns.**)
   (b) De quelle couleur sont les yeux de Barbara?
   (c) Qu'est-ce qu'elle comprend très bien?
   (d) Où est-ce que Bill et Barbara étudient de temps en temps?
   (e) Qu'est-ce qu'ils veulent faire?

3. *Faites de même (lignes 19–25):*

   (a) Quelle °sorte d'étudiante est Barbara?
   (b) Où est-ce que les trois jeunes °gens vont?
   (c) Où est ce petit restaurant?
   (d) Qu'est-ce que Jean-Pierre va faire?

Exercices de revision

1. *Conjuguez oralement les phrases suivantes:*

   (a) Je manque d'inspiration.
   (b) J'ai les yeux bruns.
   (c) Je comprends très bien le français.
   (d) Je veux faire des progrès.
   (e) Je suis très sympathique.
   (f) Je change de vêtements.
   (g) J'apprends à parler français.

2. *Posez des questions sur les mots imprimés en caractères gras:*

   (a) Il est assis à **son bureau**.
   (b) Il suce **son crayon**.

(c) Vous écrivez **une lettre**.
(d) Vous prenez un café **avec nous**.
(e) Vous avez les cheveux **bruns**.
(f) Vous attendez **cinq minutes**.
(g) Vous avez les yeux °**verts**.
(h) Vous allez **à un restaurant**.

3. *Ecrivez des phrases en employant les mots et les expressions suivantes:*

(a) **apprennent**
(b) **sommes**
(c) **jolie**
(d) **comprends**
(e) **assise**
(f) **de français**
(g) **choisissent**
(h) **prenons**

4. *Répondez aux questions suivantes d'après votre propre expérience:*

(a) Est-ce que vous avez la mauvaise °habitude de sucer vos crayons?
(b) Est-ce que vous avez la mauvaise habitude de °fumer en classe?
(c) Est-ce que vous avez la mauvaise habitude de déranger vos amis?
(d) Est-ce que vous manquez d'inspiration?
(e) Est-ce que vous manquez d'°enthousiasme?
(f) Est-ce que vous manquez de patience?
(g) De quelle couleur sont vos yeux?
(h) De quelle couleur sont vos cheveux?
(i) De quelle couleur sont les cheveux de votre mère?
(j) De quelle couleur sont les yeux de votre père?
(k) Est-ce que vous étudiez à la bibliothèque?
(l) Avec qui est-ce que vous étudiez votre français?
(m) Est-ce que vous êtes trop taquin(e)?
(n) Est-ce que vous voulez faire des progrès?
(o) Combien de temps est-ce que vous travaillez chaque jour?
(p) Combien de frères est-ce que vous avez?
(q) Qu'est-ce que vous n'aimez pas prendre?
(r) Quelle sorte d'étudiant(e) est-ce que vous êtes?
(s) Qu'est-ce que vous voulez faire ce soir?
(t) Où est-ce que vous allez étudier demain soir?

56. EXERCICES

(a) *Posez des questions en employant l'adjectif interrogatif approprié pour les phrases suivantes:*

Votre livre est sur la table.
Mon auto est devant la maison.
Ce poème est très mauvais.
Vos cahiers sont dans le tiroir.
Leurs enfants sont à l'école.

Mon professeur parle français.
Ces tables sont libres.
Ce garçon est paresseux.
Votre question est difficile.
Ces étudiants vont en classe.

(b) *Posez des questions en employant la locution* quelle sorte de *pour les phrases suivantes:*

Je lis un journal français.
Je regarde une belle maison.
J'écoute un discours °ennuyeux.
Je veux une bicyclette anglaise.
J'apprends une leçon facile.

J'ai une voiture de sport.
Je finis une leçon difficile.
J'ai un petit chapeau rouge.
J'écris une lettre amusante.
Je chante une chanson française.

(c) *Exercice écrit (p. 411).*

57. EXERCICES

(a) *Posez des questions d'après le modèle ci-dessous:*

Je suis étudiant.   **Quelle est votre °profession?**

Je suis ingénieur.
Je suis infirmière.
Mon sport favori est le °ski.
Je suis °Canadien.

Je suis médecin.
Je suis Américain.
Mon sport favori est la °natation.
Mon adresse est 23, rue d'Ulm.

(b) *Exercice écrit (p. 411).*
(c) *Exercice écrit (p. 412).*

56 The Interrogative Adjectives: *quel, quels, quelle, quelles*

Quel	garçon	est paresseux?	Ce	garçon	est paresseux.
Quels	élèves	sont ici?	Vos	élèves	sont ici.
Quelle	table	est libre?	Cette	table	est libre.
Quelles	femmes	sont belles?	Ces	femmes	sont belles.

Quel	livre	est-ce que vous lisez?
Quels	journaux	est-ce que vous apportez?
Quelle	femme	est-ce que vous aimez?
Quelles	fleurs	est-ce que vous vendez?

Quelle sorte de	journal	est-ce que vous lisez?
Quelle sorte de	livres	est-ce que vous aimez?
Quelle sorte d'	élèves	est-ce que vous regardez?
Quelle sorte d'	auto	est-ce que vous avez?

Quel (**quelle**) and **quels** (**quelles**) are interrogative adjectives. They correspond to the English interrogative adjectives *which* and *what*. Note that **quelle sorte de** (*what kind of*) is invariable.

57 The Use of the Interrogative Adjective before *être*

Quel	est	votre	°sport °favori?
Quels	sont	vos	disques?
Quelle	est	votre	°adresse?
Quelles	sont	vos	autos?

Quel (**quelle**) is an interrogative adjective. It modifies a noun. It may stand before the noun it modifies, as we have seen in the preceding step, or it may be separated from the noun, as in the examples just given. Do not confuse the interrogative adjective with **qu'est-ce qui** or **qu'est-ce que**.

58. EXERCICES

(a) *Regardez le Tableau II. Remplacez tous les compléments directs par les pronoms appropriés, d'après le modèle ci-dessous* (le professeur montrera les phrases 1–4, 6–8, 13, 15–18 et 20):

        La facteur apporte les lettres.   **La facteur les apporte.**

(b) *Répondez affirmativement en employant les pronoms appropriés:*

Est-ce que vous lisez ce journal?
Est-ce que vous apprenez le français?
Est-ce que vous dérangez mes amis?
Est-ce que vous dites la vérité?
Est-ce que vous punissez ces enfants?
Est-ce que vous vendez votre auto?

Est-ce que vous comprenez la leçon?
Est-ce que vous écoutez mon disque?
Est-ce que vous finissez le travail?
Est-ce que vous copiez ces phrases?
Est-ce que vous attendez mes amis?
Est-ce que vous remplissez mon verre?

(c) *Exercice écrit (p. 412).*

59. EXERCICES

(a) *Répondez affirmativement en employant* **lui** *ou* **leur** *selon le cas:*

Est-ce que vous obéissez à cette dame?
Est-ce que vous répondez à cet enfant?
Est-ce que vous parlez à vos amis?
Est-ce que vous répondez à Marie?

Est-ce que vous obéissez à vos parents?
Est-ce que vous parlez à mon frère?
Est-ce que vous répondez à votre mère?
Est-ce que vous parlez à ces étudiants?

(b) *Répétez l'exercice précédent en répondant négativement à chaque question.*
(c) *Exercice écrit (p. 412).*

60. EXERCICES

(a) *Répondez affirmativement en employant les pronoms appropriés:*

      Est-ce que vous donnez ce livre à votre ami?
      Est-ce que vous donnez ces crayons à vos amis?
      Est-ce que vous apportez ce disque à Jeanne?
      Est-ce que vous apportez ce disque aux enfants?
      Est-ce que vous payez l'addition à la serveuse?
      Est-ce que vous payez les journaux à la vendeuse?
      Est-ce que vous écrivez cette lettre à vos parents?
      Est-ce que vous écrivez ces lettres à votre amie?

(b) *Exercice écrit (p. 412).*

58 The Direct Object Pronouns: *le, la, les*

| Le professeur cherche | **le** livre. | Il | **le** cherche. |
| L'étudiante écoute | **le** disque. | Elle | **l'** écoute. |

| La femme ne donne pas | **la** poupée. | Elle ne | **la** donne pas. |
| Le vendeur attend | **la** cliente. | Il | **l'** attend. |

Les garçons cherchent	**les** cahiers.	Ils	**les** cherchent.
Les enfants regardent	**les** autos.	Ils	**les** regardent.
Les hommes n'aiment pas	**les** maisons.	Ils ne	**les** aiment pas.

The direct object pronoun for the third person is identical with the definite article: **le**, **la**, **les** before consonants, **l'** and **les** [lez] before vowel sounds. Note that **ne** precedes the object pronouns.

59 The Indirect Object Pronouns: *lui, leur*

Le médecin parle	**au garçon.**	Il	**lui** parle.
L'enfant obéit	**à la mère.**	Il	**lui** obéit.
L'homme répond	**à la dame.**	Il	**lui** répond.

Les infirmières parlent	**aux médecins.**	Elles	**leur** parlent.
Les étudiants obéissent	**aux professeurs.**	Ils	**leur** obéissent.
Le facteur ne répond pas	**aux élèves.**	Il ne	**leur** répond pas.

The indirect object pronouns for the third person are **lui** (singular) and **leur** (plural). Note that **ne** precedes object pronouns.

60 The Sequence of Pronouns: *le lui, le leur*, etc.

Je donne	**le livre**	**à Marie.**	Je	**le**	**lui** donne.
Je paie	**la montre**	**au vendeur.**	Je	**la**	**lui** paie.
Je demande	**les cahiers**	**à l'élève.**	Je	**les**	**lui** demande.

Il apporte	**le journal**	**aux garçons.**	Il	**le**	**leur** apporte.
Il dit	**la vérité**	**à ses amis.**	Il	**la**	**leur** dit.
Il écrit	**les lettres**	**aux élèves.**	Il	**les**	**leur** écrit.

Note that in the third person, the direct object pronouns (**le**, **la**, **les**) come BEFORE the indirect object pronouns (**lui**, **leur**).

61. EXERCICES

(a) *Répondez affirmativement aux questions suivantes:*

> Est-ce que vous me cherchez? Est-ce que vous m'obéissez?
> Est-ce que vous m'écoutez? Est-ce que vous me comprenez?
> Est-ce que vous me parlez? Est-ce que vous m'aimez?
> Est-ce que vous me répondez? Est-ce que vous me quittez?

(b) *Répétez l'exercice précédent en répondant négativement à chaque question.*

(c) *Répondez négativement aux questions suivantes:*

> Est-ce que je vous dérange? Est-ce que je vous écris?
> Est-ce que je vous réponds? Est-ce que je vous attends?
> Est-ce que je vous aide? Est-ce que je vous °ressemble?
> Est-ce que je vous °étonne? Est-ce que je vous °gronde?

(d) *Exercice écrit (p. 412).*

62. EXERCICES

(a) *Remplacez chaque complément direct par* **le, la** *ou* **les,** *selon le cas, d'après le modèle ci-dessous:*

> Je vous donne ce livre. **Je vous le donne.**

> Je vous donne cette revue. Je vous paie ces cahiers.
> Je vous demande mon cahier. Je vous °envoie ce cadeau.
> Je vous apporte mes livres. Je vous pose cette question.
> Je vous montre ce tableau. Vous m'envoyez ces paquets.
> Vous me vendez cette auto. Vous m'expliquez cette idée.
> Vous me °récitez ce poème. Vous me donnez ce °chèque.

(b) *Exercice écrit (p. 413).*

63. EXERCICES

(a) *Répondez affirmativement d'après le modèle ci-dessous:*

> Est-ce que tu me cherches? **Oui, je te cherche.**

> Est-ce que tu me comprends? Est-ce que tu me parles?
> Est-ce que tu m'écoutes? Est-ce que tu m'écris?
> Est-ce que tu me regardes? Est-ce que tu m'obéis?
> Est-ce que tu me réponds? Est-ce que tu m'attends?

STRUCTURAL STEPS AND ORAL EXERCISES

61 The Object Pronouns: *me, vous*

Est-ce que vous	me	regardez?	Oui, je	vous	regarde.
Est-ce que vous ne	me	punissez pas?	Non, je ne	vous	punis pas.
Est-ce que vous ne	me	cherchez pas?	Non, je ne	vous	cherche pas.
Est-ce que vous ne	m'	écoutez pas?	Non, je ne	vous	écoute pas.
Est-ce que vous	me	parlez?	Oui, je	vous	parle.
Est-ce que vous	me	répondez?	Oui, je	vous	réponds.
Est-ce que vous ne	m'	obéissez pas?	Non, je ne	vous	obéis pas.

The direct and indirect object pronoun for the first person singular is [me], and for the second person plural it is [vous]. [Ne] comes before these object pronouns.

62 The Sequence of Pronouns: *me le, vous le*, etc.

Est-ce que vous	m'	apportez	le cahier?	Oui, je	vous	l'	apporte.
Est-ce que vous	me	donnez	la fleur?	Oui, je	vous	la	donne.
Est-ce que vous	me	payez	les livres?	Oui, je	vous	les	paie.
Est-ce que je	vous	donne	le cadeau?	Oui, vous	me	le	donnez.
Est-ce que je	vous	pose	la question?	Oui, vous	me	la	posez.
Est-ce que je	vous	paie	les stylos?	Oui, vous	me	les	payez.

[Me] and [vous] come before [le], [la], and [les].

63 The Object Pronouns: *te, nous*

Est-ce que je	t'	écoute?	Oui, tu	m'	écoutes.
Est-ce que je	te	réponds?	Oui, tu	me	réponds.
Est-ce que je ne	te	punis pas?	Non, tu ne	me	punis pas.
Est-ce que vous	nous	regardez?	Oui, nous	vous	regardons.
Est-ce que vous	nous	répondez?	Oui, nous	vous	répondons.
Est-ce que vous	nous	parlez?	Oui, nous	vous	parlons.

The direct and indirect object pronoun for the second person singular is [te], and for the first person plural it is [nous].

(b) *Répétez l'exercice précédent en répondant négativement à chaque question.*
(c) *Répondez négativement d'après le modèle ci-dessous:*

    Est-ce qu'il nous comprend? **Non, il ne nous comprend pas.**

    Est-ce qu'il nous regarde?   Est-ce qu'il nous dérange?
    Est-ce qu'il nous déteste?   Est-ce qu'il nous quitte?
    Est-ce qu'il nous cherche?   Est-ce qu'il nous attend?
    Est-ce qu'il nous entend?   Est-ce qu'il nous punit?

(d) *Exercice écrit (p. 413).*

64. EXERCICES

(a) *Remplacez chaque complément direct par le, la ou les, selon le cas:*

Je te donne cette poupée.   Je te dis la vérité.
Je te vends ma voiture.   Je te pose cette question.
Je te montre ces photos.   Je t'envoie ces cadeaux.
Il nous envoie cette °carte postale.   Il nous donne cet argent.
Il nous écrit ces lettres.   Il nous °prête son dictionnaire.
Il nous donne ces cadeaux.   Il nous envoie ces cartes postales.

(b) *Exercice écrit (p. 413).*

65. EXERCICES

(a) *Mettez le sujet de chaque phrase au singulier ou au pluriel, selon le cas:*

Je fais des erreurs.   Nous faisons une promenade.
Elles font des °courses.   Il fait trop de °fautes.
Vous faites une °promenade.   Tu fais les devoirs.
Nous faisons le devoir de français.   Vous ne faites pas la chambre.
Tu fais le lit.   Je fais le devoir de français.

(b) *Répondez affirmativement d'après le modèle ci-dessous:*

    Est-ce qu'il ne fait pas chaud? **Si, il fait chaud en ce moment.**

Est-ce qu'il ne fait pas froid?   Est-ce qu'il ne fait pas de soleil?
Est-ce qu'il ne fait pas beau?   Est-ce qu'il ne fait pas de vent?
Est-ce qu'il ne fait pas mauvais?   Est-ce qu'il ne neige pas?
Est-ce qu'il ne pleut pas?   Est-ce qu'il ne fait pas chaud?

(c) *Exercice écrit (p. 413).*

64 The Sequence of Pronouns: *te le, nous le,* etc.

Est-ce que tu | me | donnes | la poupée?   Oui, je | te | la | donne.
Est-ce que tu | me | vends | le cahier?   Oui, je | te | le | vends.
Est-ce que tu | me | poses | les questions?   Oui, je | te | les | pose.

Est-ce que je | vous | paie | le livre?   Oui, vous | nous | le | payez.
Est-ce que je | vous | donne | la poupée?   Oui, vous | nous | la | donnez.
Est-ce que je | vous | vends | les fleurs?   Oui, vous | nous | les | vendez.

[Te] and [nous] precede [le], [la], and [les]. If the sentence is in the negative, [ne] will come before [te] or [nous].

65 The Verb *faire* (Present Indicative)

Study the forms of the irregular verb [faire] *(to do, make).*

Je	fais	mes devoirs.	[fɛ]
Tu	fais	tes devoirs.	[fɛ]
Il	fait	ses devoirs.	[fɛ]
Nous	faisons	ce travail.	[fəzɔ̃]
Vous	faites	une °erreur.	[fɛt]
Ils	font	des fautes.	[fɔ̃]

Note that the second person plural cannot be formed from the first person plural. In French, the second person plural of all verbs in the present indicative ends in [-ez] except: [être] [vous êtes]; [dire] [vous dites]; and [faire] [vous faites].

Study the following weather expressions:

Il fait	beau (temps).	It is	fine (weather).
Il fait	mauvais (temps).	It is	bad (weather).
Il fait	°froid.	It is	cold.
Il fait	chaud.	It is	hot.
Il fait	du °vent.	It is	windy.
Il fait	du °soleil.	It is	sunny.
Il	°pleut.	It	is raining.
Il	°neige.	It	is snowing.

REVIEW LESSON III

Le temps

Barbara quitte sa maison avec Bill et Jean-Pierre. Ils marchent ensemble vers le petit restaurant près de la bibliothèque.

BARBARA	Il fait beau cet après-midi.
BILL	Oui, il fait très beau, mais le temps change très souvent ici.
JEAN-PIERRE	Ne pensez-vous pas qu'il fait trop de vent? J'ai un peu froid.[1]
BARBARA	Vous n'êtes pas encore accoutumé à notre temps et à nos températures.
JEAN-PIERRE	Je trouve que l'automne ne dure pas longtemps ici.
BILL	Quelques semaines, au plus.[2]
JEAN-PIERRE	Et il pleut trop souvent. Est-ce qu'il fait très froid en hiver?
BARBARA	Oui, je trouve les hivers tout à fait[3] terribles.
JEAN-PIERRE	Je n'aime pas l'hiver.
BILL	Mais vous pouvez[4] faire du ski. Il neige beaucoup ici.
BARBARA	Et nous pouvons[4] aller patiner. Vous aimez les sports d'hiver, n'est-ce pas?
JEAN-PIERRE	Pas tellement.[5] J'aime les sports d'été. En hiver je préfère rester à la maison auprès d'un bon feu.
BILL	Avec du bon vin et de bons livres, sans doute?
JEAN-PIERRE	C'est ça.
BARBARA	Mais vous parlez comme un vieillard sédentaire.
JEAN-PIERRE	Eh bien,[6] est-ce que vous voulez m'apprendre[7] à patiner cet hiver?
BARBARA	Avec plaisir. Il y a justement un petit étang près de la maison où je patine chaque hiver.

NOTES

[1] **avoir froid (chaud, soif, faim [fɛ̃], sommeil)** means *to be cold (hot, thirsty, hungry, sleepy)*, referring to people. [2] *at the most.* [3] *quite.* [4] *du verbe* **pouvoir** (*can, to be able*). [5] *Not very (so) much.* [6] *Well (in that case).* [7] **apprendre** means *to learn* as well as *to teach.* When used in the latter sense, it must have the indirect as well as the direct object with it.

Questions

1. *Répondez aux questions suivantes d'après le texte (lignes 1–9):*
    (a) Qu'est-ce que Barbara quitte?
    (b) Où vont les trois étudiants?
    (c) Quel temps est-ce qu'il fait cet après-midi?
    (d) A quoi est-ce que Jean-Pierre n'est pas accoutumé?
    (e) Comment est-ce qu'il trouve l'automne dans cette °région?
    (f) Combien de temps est-ce que l'automne dure?

2. *Faites de même (lignes 10–15):*
    (a) Quel temps est-ce qu'il fait souvent en automne?
    (b) Comment est-ce que Barbara trouve les hivers dans cette région?
    (c) Qu'est-ce que Jean-Pierre n'aime pas?
    (d) Quel temps est-ce qu'il fait en hiver?

3. *Faites de même (lignes 16–23):*
    (a) Est-ce que Jean-Pierre aime beaucoup les sports d'hiver?
    (b) Qu'est-ce qu'il préfère faire en hiver?
    (c) Comment est-ce que Jean-Pierre parle?
    (d) Qu'est-ce que Barbara va lui apprendre?
    (e) Qu'est-ce qu'il y a près de la maison de Barbara?

Exercices de revision

1. *Conjuguez oralement les phrases suivantes:*
    (a) Je viens à l'école.
    (b) Je choisis mon cahier.
    (c) Je fais du ski en hiver.
    (d) Je ne dis pas la vérité.
    (e) Je suis accoutumé à ce temps.
    (f) Je lis beaucoup de journaux.
    (g) Je trouve les hivers d'ici terribles.

2. *Posez des questions sur les mots imprimés en caractères gras:*
    (a) Il fait beau **ce °matin**.
    (b) Il fait **très mauvais**.
    (c) L'automne ne dure pas **longtemps**.
    (d) Je les trouve **terribles**.
    (e) **Vous** allez m'apprendre à patiner.
    (f) Il y a **un petit étang** là-bas.

3. *Ecrivez des phrases en employant les mots et les expressions suivantes:*
   (a) **sommeil**
   (b) **soleil**
   (c) **font**
   (d) **quelle**
   (e) **bel**
   (f) **anglaises**
   (g) **me**
   (h) **lui**

4. *Répondez aux questions suivantes d'après votre propre expérience:*
   (a) Quel temps est-ce qu'il fait en ce moment?
   (b) Quel temps est-ce qu'il va faire ce soir?
   (c) Est-ce que vous avez chaud ou froid?
   (d) Quand est-ce que vous avez soif?
   (e) Qu'est-ce que vous faites quand vous avez °soif?
   (f) Qu'est-ce que vous faites quand vous avez chaud?
   (g) Qu'est-ce que vous faites quand vous avez °faim?
   (h) Quel est votre sport d'hiver favori?
   (i) Quel est votre sport d'été favori?
   (j) Est-ce que vous aimez la natation?
   (k) Est-ce que vous voulez faire du ski en hiver?
   (l) Quand est-ce que vous aimez nager?
   (m) Combien de temps est-ce que l'hiver dure dans votre région?
   (n) De quelle couleur est la °neige?
   (o) De quelle couleur est le °ciel quand il pleut?
   (p) Est-ce que vous avez chaud quand vous marchez dans la neige?
   (q) Est-ce que vous n'êtes pas °mouillé(e) quand vous marchez sous la °pluie?
   (r) Comment est-ce que vous trouvez les étés dans votre région?
   (s) Qu'est-ce que vous prenez quand vous avez chaud?
   (t) Qu'est-ce que vous faites quand il fait beau?

66. EXERCICES

(a) *Mettez les phrases suivantes à l'interrogatif en employant l'inversion:*

Tu comprends la leçon.
Tu parles français.
Nous arrivons à l'heure.
Nous regardons la télévision.
Vous n'apprenez pas à nager.
Vous restez à la maison.
Vous répondez à la question.
Tu demandes l'addition.
Vous ne dîtes pas la vérité.

Nous n'allons pas en classe.
Vous faites une promenade.
Tu me donnes ce cahier.
Vous ne travaillez pas ce matin.
Tu ne marches pas très vite.
Nous ne lisons pas de poèmes.
Vous comprenez le problème.
Tu lis des journaux.
Nous descendons du train.

(b) *Exercice écrit (p. 413).*

67. EXERCICES

(a) *Mettez les phrases suivantes à l'interrogatif en employant l'inversion:*

Ils écrivent des lettres.
Ils ne comprennent pas le problème.
Elles finissent le travail.
Elles ne parlent pas anglais.
Les enfants sont à l'école.
Paul et Marie vont en France.
Les femmes attendent l'autobus.
Ils ne vendent pas la maison.
Les étudiants chantent très bien.

Les élèves parlent français.
Les enfants sont à la maison.
Vos parents arrivent demain.
Ils n'envoient pas de cadeaux.
Les clients attendent le vendeur.
Elles n'aiment pas la musique.
Mes amis font leurs devoirs.
Anne et Louise sont très jeunes.
Ils ne travaillent pas aujourd'hui.

(b) *Exercice écrit (p. 413).*

66 The Formation of Questions by Inversion: First and Second Person

Est-ce que	je parle français?
Est-ce que	tu parles anglais?
Est-ce que	nous parlons russe?
Est-ce que	vous parlez italien?

	Parles	-tu	anglais?
	Parlons	-nous	russe?
	Parlez	-vous	italien?

Est-ce que	je ne comprends pas?
Est-ce que	tu ne comprends pas?
Est-ce que	nous ne comprenons pas?
Est-ce que	vous ne comprenez pas?

Ne	comprends	-tu	pas?
Ne	comprenons	-nous	pas?
Ne	comprenez	-vous	pas?

A statement may be turned into a question by inverting the SUBJECT PRONOUN + VERB word order. A hyphen (-) is used whenever this type of inversion occurs. Note that the inversion is not used with the first person singular (je).

67 The Formation of Questions by Inversion: Third Person Plural

Ils	parlent français.
Ils	vendent leur maison.
Elles	aiment les fleurs.

	Parlent	-ils	français?
	Vendent	-ils	leur maison?
	Aiment	-elles	les fleurs?

Les étudiants	apprennent	-ils	le français?
Les femmes	aiment	-elles	les fleurs?
Paul et Marie	ne finissent	-ils	pas leur travail?
Jean et sa sœur	ne prennent	-ils	pas de café?

In the third person plural, the subject pronoun is always pronounced [til] or [tɛl] because of the liaison between the final -t of the verb and the subject pronoun. Note that if the subject is a noun or nouns, the subject PRONOUN used in inversion must be the equivalent of the subject.

68. EXERCICES

(a) *Mettez les phrases suivantes à l'interrogatif en employant l'inversion:*

Il finit son travail.
Elle explique son idée.
Jacques est à la maison.
Cet enfant a deux sœurs.
Il fait très beau ce matin.
Daniel parle bien anglais.
Elle n'étudie pas le russe.
Il copie la phrase.

Marie comprend la leçon.
Jean n'est pas °fatigué.
Le voyageur descend du train.
Il ne fait pas de vent.
Le professeur arrive en retard.
Michel n'est pas en classe.
Il demande une °explication.
Le garçon remplit les verres.

(b) *Regardez le Tableau II et mettez toutes les phrases à l'interrogatif en employant l'inversion.*

(c) *Exercice écrit (p. 414).*

69. EXERCICES

(a) *Mettez le sujet de chaque phrase au singulier ou au pluriel, selon le cas:*

Il vient à midi.
Tu viens de danser.
Vous venez cet après-midi.
Elle vient ce soir.
Je viens de finir mon travail.
Viennent-ils à midi et demi?
Tu viens avec nous.

Nous venons avec Marie.
Il ne vient pas ce matin.
Viennent-ils en retard?
Ne viens-tu pas à l'école?
Vous venez à trois heures.
Nous venons de parler à Jean.
Elle vient d'apporter le cadeau.

(b) *Exercice écrit (p. 414).*

70. EXERCICES

(a) *Regardez le Tableau II et mettez les phrases 1–10 à l'interrogatif en commençant chaque phrase par* **quand** *et en employant l'inversion, d'après le modèle ci-dessous:*

Le facteur apporte les lettres.   **Quand le facteur apporte-t-il les lettres?**

(b) *Faites de même avec les phrases 11–20 en employant* **pourquoi**, *d'après le modèle ci-dessous:*

La jeune fille monte dans l'autobus.   **Pourquoi la jeune fille monte-t-elle dans l'autobus?**

(c) *Mettez les phrases suivantes à l'interrogatif en ajoutant* **comment** *au début de chaque phrase et en employant l'inversion, d'après le modèle ci-dessous:*

Ces enfants vont à Paris.   **Comment ces enfants vont-ils à Paris?**

68 The Formation of Questions by Inversion: Third Person Singular

Il	parle français.	Parle	-t-il	français?
Il	vend la maison.	Vend	-il	la maison?
Il	va à la classe.	Va	-t-il	à la classe?
Elle	a deux sœurs.	A	-t-elle	deux sœurs?
Elle	finit la leçon.	Finit	-elle	la leçon?

Le professeur	pose	-t-il	la question?
L'étudiant	écoute	-t-il	la radio?
François	attend	-il	le train?
Pierre	n' est	-il	pas sympathique?
Hélène	ne remplit	-elle	pas ces verres?
Barbara	n' a	-t-elle	pas de patience?

The third person singular subject pronoun always sounds [til] or [tɛl] in inversion. This means that if the verb ends orthographically in a VOWEL or, as in the case of all -er verbs, in a mute -e , -t- must be inserted between the verb and the subject pronoun. If the verb ends in a -t or -d , there is no need to insert an additional *t*, since -t and -d are both pronounced [t] in liaison.

69 The Verb *venir* (Present Indicative)

Study the forms of the irregular verb venir (*to come*).

Je	viens	à l'école.	[vjɛ̃]
Tu	viens	à la classe.	[vjɛ̃]
Il	vient	à midi.	[vjɛ̃]
Nous	venons	à une heure.	[vənɔ̃]
Vous	venez	à la maison.	[vəne]
Ils	viennent	ensemble.	[vjɛn]

Venir followed by de + INFINITIVE expresses immediate past. It corresponds to the English expression *to have just (done something)*:

Est-ce que vous **venez de parler** au professeur? Oui, je **viens de** lui **parler**.
Est-ce que Marie **vient d'arriver**? Oui, elle **vient d'arriver**.
Pourquoi ne donnes-tu pas le livre à Charles? Mais je **viens de** le lui **donner**!

70 The Formation of Questions by Inversion: after Question Words

Quand	est-ce que M. Dupont fait une promenade?
Quand	M. Dupont fait-il une promenade?

Ces étudiants vont à Lyon.	Cet homme va aider mon frère.
Ce garçon va répondre à l'élève.	Ces touristes voyagent en Europe.
Marie chante cette chanson.	Le professeur punit l'étudiant.
Votre ami parle français.	Nous faisons nos devoirs.
Tu °dépenses ton argent.	Tu vas trouver une °solution.

(d) *Exercice écrit (p. 414)*.

71. EXERCICES

(a) *Posez des questions d'après le modèle ci-dessous:*

    Cet enfant dit la vérité.   **Que dit cet enfant?**

Cet enfant chante cette chanson.   Michel boit de la bière.
Denise fait ses devoirs.   Le facteur choisit un journal.
Le professeur lit des romans.   Son frère dit la vérité.
Cet homme demande de l'argent.   Jacques regarde votre photo.

(b) *Posez des questions d'après le modèle ci-dessous:*

    Le train arrive à une heure.   **Quand arrive le train?**

Le facteur arrive à °dix heures.   Marie parle ce matin.
Le taxi vient dans dix minutes.   Henri chante demain.
La classe commence à une heure.   La °soirée commence à °huit heures.

(c) *Posez des questions d'après le modèle ce-dessous:*

    Jeanne va à l'école.   **Où va Jeanne?**

Paul va au bureau de poste.   Les étudiants vont en classe.
Pierre va à la bibliothèque.   Le médecin va à l'hôpital.
Jean est à l'école.   Les enfants sont à la maison.

(d) *Exercice écrit (p. 414)*.

Pourquoi	est-ce que Marie ne veut pas de café?
Pourquoi	Marie ne veut-elle pas de café?
Comment	est-ce que Jeanne fait ses devoirs?
Comment	Jeanne fait-elle ses devoirs?
Quel livre	est-ce que Paul cherche?
Quel livre	Paul cherche-t-il?
A qui	est-ce que le professeur répond?
A qui	le professeur répond-il?
De quoi	est-ce que l'étudiant a °besoin?
De quoi	l'étudiant a-t-il besoin?
Qu'est-ce que	le facteur apporte?

If a question begins with a question word (interrogative adverb, adjective, or pronoun), it may be formed either by placing est-ce que after the question word, or by using INVERSION after the subject noun.

Note, however, that the interrogative pronoun que may not be followed DIRECTLY by a noun, so that the construction NOUN + INVERSION WITH THE CORRESPONDING PRONOUN cannot be used.

71 The Formation of Questions by Inversion: Inversion of Subject Noun and Verb after Question Words

Qu'est-ce que	Charles fait?	Que	fait Charles?
Où est-ce que	Maurice va?	Où	va Maurice?
Comment est-ce que	Jean chante?	Comment	chante Jean?
Quand est-ce que	Paul arrive?	Quand	arrive Paul?

Pourquoi est-ce que	Jacques travaille?
Qui est-ce que	Marie regarde?
De qui est-ce que	Jeanne a besoin?
A qui est-ce que	le médecin parle?

After que, où, comment, or quand, a question may be formed by simply putting the subject noun after the verb. This construction is impossible if the verb has an OBJECT, or if it is modified by an ADVERB (such as lentement, bien), or an ADVERBIAL PHRASE (such as en retard, comme ci comme ça).

REVIEW LESSON IV

Dans un restaurant

Barbara, Bill et Jean-Pierre entrent dans le petit restaurant. Il est bondé, mais les trois amis finissent par[1] trouver une table libre dans un coin.

JEAN-PIERRE   Il y a du monde[2] ici.
BARBARA   C'est un restaurant très fréquenté. D'ailleurs,[3] les étudiants ne veulent pas étudier puisque les vacances[4] de Thanksgiving vont commencer dans quelques jours. Est-ce que vous allez rester ici pendant les vacances?
JEAN-PIERRE   Non, j'ai l'intention[5] d'aller à New York. Je vais rendre visite à[6] mon cousin Albert.
BILL   Que fait votre cousin?
JEAN-PIERRE   Il est médecin. Il est marié et a deux filles.
BARBARA   Sa femme est-elle Américaine?
JEAN-PIERRE   Oui. C'est une femme charmante. Albert a de la chance.[7]
BARBARA   A propos, Bill, est-ce que vous allez nous montrer la photo de votre famille?
BILL   Oui, attendez ... la voilà. Ma mère vient de me l'envoyer. Voici mes parents. Mon père est avocat et ma mère, présidente du club de jardinage.
BARBARA   Elle a un très beau jardin, en effet.[8] Ce garçon devant votre père, est-ce votre frère Jimmy?
BILL   Oui. Il a seulement treize ans, mais il est très intelligent. Il fait beaucoup de sport et il est fier des muscles de ses bras et de ses jambes.

NOTES

[1] **finir par** + infinitive means *to end up by doing* or *to finally do something*. [2] **le monde** often means *people* and is used with partitive expressions such as **du monde, beaucoup de monde, peu de monde,** etc. [3] **Du reste**. [4] The word for *vacation* is always in the plural in French. [5] **avoir l'intention de** + infinitive means *to intend (plan) to do something*. [6] **rendre visite à** is used with people. **Visiter** is used with **un pays, un monument, une classe,** etc. [7] *Albert is lucky.* [8] *indeed.*

BARBARA   Il est beau et bien musclé.
JEAN-PIERRE   Et cette jeune fille charmante est votre sœur, Saundra?
BILL   Oui, c'est ma sœur Saundra. Elle a dix-sept ans.
BARBARA   Elle est jolie.
BILL   Elle est très coquette et a beaucoup de succès.
JEAN-PIERRE   Je la trouve séduisante.
BILL   Vous trouvez?[9] Mais regardez de plus près.[10] Ses yeux sont un peu trop petits, son nez est un peu trop court, la peau de ses joues est pleine de taches de rousseur,[11] et ses oreilles décollent[12] de sa tête ...
BARBARA   Mais ne parlez pas comme ça de votre sœur. Elle ne vous ressemble pas, peut-être,[13] mais elle est jolie, quand même.[14]

NOTES

[9] *Do you think so?*   [10] *closer.*   [11] *freckles.*   [12] *her ears stick out.*   [13] *perhaps.*   [14] *in any case.*

Questions

1. *Répondez aux questions suivantes d'après le texte (lignes 1–7):*

    (a) Qu'est-ce que les trois étudiants finissent par trouver?
    (b) Quelle sorte de restaurant est-ce?
    (c) Pourquoi les étudiants ne veulent-ils pas étudier?
    (d) Quand est-ce que les vacances vont commencer?

2. *Faites de même (lignes 8–15):*

    (a) Où Jean-Pierre va-t-il pendant les vacances?
    (b) Qu'est-ce qu'il va faire à New York?
    (c) Quelle est la profession de son cousin?
    (d) Quelle est la °nationalité de sa femme?
    (e) Qu'est-ce que Jean-Pierre pense de son cousin?
    (f) Combien d'enfants ont-ils?

3. *Faites de même (lignes 16–25):*

    (a) Qu'est-ce que Bill montre à ses amis?
    (b) Quelle est la profession de son père?
    (c) Que fait sa mère?
    (d) Quel °âge a son frère?
    (e) Quelle sorte de garçon est-ce?
    (f) De quoi est-il très fier?

4. *Faites de même (lignes 26–35):*

    (a) Quel âge a la sœur de Bill?
    (b) Comment est-ce que Jean-Pierre la trouve?
    (c) Qu'est-ce que Bill pense du nez de sa sœur?
    (d) Saundra ressemble-t-elle beaucoup à Bill?
    (e) Comment est-ce que Barbara la trouve?

Exercices de revision

1. *Conjuguez oralement les phrases suivantes:*

    (a) Je viens de parler à mon ami.
    (b) J'ai l'intention d'aller à New York.
    (c) Je vais rendre visite à ma tante.
    (d) Je n'ai pas de chance.
    (e) Je suis fier des muscles de mes bras.
    (f) Je fais beaucoup de sport.
    (g) Je la trouve très belle.
    (h) Je regarde de près mon livre.

2. *Posez des questions sur les mots imprimés en caractères gras:*

    (a) C'est un restaurant **très fréquenté.**
    (b) Je rends visite à **mon cousin.**
    (c) Il est **avocat.**
    (d) Il a seulement **douze ans.**
    (e) Je vous trouve **très indulgent.**
    (f) Vous ressemblez à **votre père.**

3. *Ecrivez des phrases en employant les mots et les expressions suivants:*

    (a) **visite**
    (b) **intention**
    (c) **vacances**
    (d) **tout à fait**
    (e) **finissent par**
    (f) **visitent**
    (g) **manquez**
    (h) **soif**

4. *Répondez aux questions suivantes d'après votre propre expérience:*

    (a) Y a-t-il beaucoup de monde dans votre classe?
    (b) Quand est-ce que vos vacances de Thanksgiving commencent?
    (c) Dans combien de jours commencent vos vacances de °Noël?
    (d) Qu'est-ce que vous avez l'intention de faire ce soir?
    (e) A qui voulez-vous rendre visite demain?
    (f) Quel âge avez-vous?
    (g) Quel âge a votre mère?
    (h) Quelle est la profession de votre père?
    (i) De quoi êtes-vous fier (fière)?
    (j) Comment trouvez-vous votre °voisin(e) de °gauche?
    (k) Avez-vous des taches de rousseur?
    (l) A qui est-ce que vous ressemblez?
    (m) A qui est-ce que votre professeur de français ressemble?
    (n) Voulez-vous étudier pendant les vacances?
    (o) Avez-vous l'intention de voyager ce week-end?
    (p) Quel est votre °passe-temps favori?
    (q) Est-ce que vous faites beaucoup de sport?
    (r) Montrez-vous des photos de votre famille à vos amis?
    (s) Qu'est-ce que vous aimez faire pendant le week-end?
    (t) Où aimez-vous prendre un café?

72. EXERCICES

(a) *Conjuguez les phrases suivantes:*

      J'ai chanté la chanson.   J'ai trouvé mon argent.
      J'ai apporté mes cahiers.   J'ai payé l'addition.
      J'ai invité mes amis.   J'ai regardé la télévision.

(b) *Mettez les phrases suivantes au passé composé:*

      Je visite le °musée.   J'°allume ma °cigarette.
      Tu oublies ta promesse.   Ils écoutent la radio.
      Marie voyage en Italie.   Vous fermez la porte.
      Nous étudions la leçon.   Il explique la situation.
      Vous °effacez le tableau.   Tu acceptes l'invitation.
      Ils admirent la °statue.   Nous discutons ce problème.

(c) *Exercice écrit (p. 414).*

73. EXERCICES

(a) *Conjuguez les phrases suivantes:*

      J'ai fini mon travail.   J'ai puni cet enfant.
      J'ai réussi à mon examen.   J'ai rempli les verres.
      J'ai °démoli cette table.   J'ai choisi un stylo.

(b) *Mettez les phrases suivantes au passé composé:*

      Je finis le repas.   Je choisis le chapeau.
      Tu remplis mon verre.   Vous réussissez à l'examen.
      Il choisit un livre.   Ils punissent leur enfant.
      Nous obéissons à nos parents.   Tu bâtis un garage.
      Vous saisissez cette °occasion.   Il saisit cet argent.
      Ils bâtissent des maisons.   Nous °réunissons les enfants.

(c) *Exercice écrit (p. 415).*

74. EXERCICES

(a) *Conjuguez les phrases suivantes:*

      J'ai répondu à la lettre.   J'ai perdu mon argent.
      J'ai vendu mon auto.   J'ai battu cet enfant.
      J'ai entendu ce bruit.   J'ai attendu dix minutes.

72 The *passé composé*: First Conjugation Verbs *-er*

Je	cherche	mon livre.	J'	ai	cherché	mon livre.
Tu	écoutes	le disque.	Tu	as	écouté	le disque.
Il	regarde	le livre.	Il	a	regardé	le livre.
Nous	apportons	le cadeau.	Nous	avons	apporté	le cadeau.
Vous	payez	le journal.	Vous	avez	payé	le journal.
Ils	dansent	avec Marie.	Ils	ont	dansé	avec Marie.

The **passé composé** is a past tense denoting a simple, completed action in the past. For most verbs it is formed with the present tense of the verb **avoir** and the past participle. The past participle of regular first conjugation verbs is formed by replacing the infinitive ending **-er** with **-é**.

Note that the past participle of first conjugation verbs sounds the same as the infinitive: **parler : parlé** ([paʀle] : [paʀle]), **danser : dansé** ([dãse] : [dãse]), etc.

73 The *passé composé*: Second Conjugation Verbs *-ir*

Je	remplis	le verre.	J'	ai	rempli	le verre.
Tu	réussis	à l'examen.	Tu	as	réussi	à l'examen.
Il	choisit	un chapeau.	Il	a	choisi	un chapeau.
Nous	punissons	l'élève.	Nous	avons	puni	l'élève.
Vous	finissez	le travail.	Vous	avez	fini	le travail.
Ils	saisissent	l'argent.	Ils	ont	saisi	l'argent.

The past participle of second conjugation verbs is formed by replacing the infinitive ending **-ir** with **-i**. In pronunciation you simply drop the final [ʀ] of the infinitive.

74 The *passé composé*: Third Conjugation Verbs *-re*

J'	attends	le train.	J'	ai	attendu	le train.
Tu	perds	ton argent.	Tu	as	perdu	ton argent.
Il	°entend	le bruit.	Il	a	entendu	le bruit.

(b) *Mettez les phrases suivantes au passé composé:*

Je réponds à la question.
Tu vends tes livres.
Il attend l'autobus.
Nous entendons cette nouvelle.
Vous perdez patience.
Ils rendent l'argent à Paul.

Nous perdons patience.
Je bats cet enfant.
Vous attendez mon ami.
Ils vendent leur belle maison.
Tu réponds au professeur.
Il rend le cahier à l'étudiant.

(c) *Exercice écrit (p. 415).*

75. EXERCICES

(a) *Répétez le deuxième exercice des leçons 72, 73 et 74 en mettant chaque phrase au négatif en même temps.*
(b) *Mettez les phrases suivantes au négatif:*

J'ai parlé au facteur.
Vous avez rempli mon verre.
Elle a fini la leçon.
Il a mangé vos pommes.
Tu as regardé la télévision.
Nous avons écouté ce °programme.
Ils ont vendu les meubles.
Vous avez perdu votre chapeau.

Nous avons fini le repas.
Ils ont écouté le discours.
Tu as oublié ton livre.
Vous avez répondu à ma lettre.
J'ai touché ce chèque.
Nous avons oublié notre promesse.
Tu as attendu notre °arrivée.
Elle a terminé ses °études.

(c) *Exercice écrit (p. 415).*

76. EXERCICES

(a) *Mettez les phrases suivantes à l'interrogatif en employant l'inversion:*

Tu as posé cette question.
Il n'a pas mangé de viande.
Vous avez choisi ce chapeau.
Le train a quitté la gare.
Paul a copié cette phrase.
Elle a dîné à sept heures.
Nous n'avons pas choisi le °délégué.
L'étudiant a cherché son stylo.

Denise a terminé ses études.
Robert n'a pas perdu sa montre.
Tu as regardé la statue.
Vous avez touché le chèque.
Les enfants n'ont pas chanté.
Jacques a déjeuné à midi.
Les ouvriers ont fini leur travail.
Elles n'ont pas demandé d'explication.

(b) *Exercice écrit (p. 415).*

Nous	**répondons**	à la lettre.	Nous	**avons**	**répondu**	à la lettre.
Vous	**rendez**	nos devoirs	Vous	**avez**	**rendu**	nos devoirs.
Ils	**vendent**	leur maison.	Ils	**ont**	**vendu**	leur maison.

The past participle of third conjugation verbs is formed by replacing the infinitive ending **-re** with **-u** [y].

75 The *passé composé*: Negative Construction

Je	**n'**	ai	**pas**	fini	mon travail.
Tu	**n'**	as	**pas**	mangé	de pain.
Il	**n'**	a	**pas**	vendu	son auto.
Nous	**n'**	avons	**pas**	écouté	le discours.
Vous	**n'**	avez	**pas**	touché	le chèque.[1]
Ils	**n'**	ont	**pas**	attendu	mon ami.

Note that the auxiliary verb **avoir** is negated: **ne** before and **pas** after the conjugated form of **avoir**, followed by the past participle.

The negative construction **ne . . . pas** encloses the auxiliary verb in all the compound tenses (auxiliary + past participle). Therefore, the word order is **ne (n')** + AUXILIARY VERB + **pas** + PAST PARTICIPLE.

76 The *passé composé*: Inversion

Tu	as parlé	de Paul.	As	**-tu**	parlé	de Paul?
Il	a fini	la leçon.	A	**-t-il**	fini	la leçon?
Nous	avons rempli	le verre.	Avons	**-nous**	rempli	le verre?
Vous	avez donné	l'argent.	Avez	**-vous**	donné	l'argent?
Ils	ont vendu	l'auto.	Ont	**-ils**	vendu	l'auto?

Le médecin	n'a	**-t-il**	pas parlé à l'infirmière?
Les élèves	n'ont	**-ils**	pas fini leurs devoirs?
Les femmes	n'ont	**-elles**	pas parlé français?

In the **passé composé**, as well as in all the other compound tenses, inversion occurs between the AUXILIARY VERB and the SUBJECT PRONOUN.

[1] **Toucher un chèque** corresponds to English *to cash a check*.

77. EXERCICES

(a) *Mettez les phrases suivantes au passé composé:*

Je comprends votre problème.
Je veux parler au médecin.
Vous buvez du vin français.
Elle ne dit pas la vérité.
Nous faisons une °longue promenade.
Ecrivez-vous à Roger?
Il ne dit pas de sottises.
Tu prends du café noir.

J'apprends à patiner.
Tu fais trop de fautes.
Nous lisons des journaux.
Il écrit une lettre.
Elle lit cette histoire.
Je ne bois pas de bière.
Prennent-ils des notes?
Vous voulez faire un voyage.

(b) *Exercice écrit (p. 415).*

78. EXERCICES

(a) *Mettez les phrases suivantes au passé composé:*

Le voyageur va à la gare.
L'étudiant sort de la classe.
Le médecin descend de l'avion.
L'enfant arrive en retard.
Roger reste à la maison.
Le facteur revient à la maison.
L'ouvrier tombe de l'échelle.

Le professeur part pour Paris.
Le soldat monte dans le train.
Lucien retourne à Marseille.
Jacques vient à midi.
Ce garçon meurt de faim.
Henri entre dans la classe.

(b) *Mettez les phrases suivantes au négatif:*

Je suis arrivé à une heure.
Je suis venu à l'école.
Je suis entré dans la classe.
Je suis retourné à Chicago.
Je suis resté à la maison.
Je suis allé au °cinéma.

Je suis parti hier soir.
Je suis sorti de la maison.
Je suis revenu ce matin.
Je suis tombé de l'arbre.
Je suis né en 1945.
Je suis resté en classe.

(c) *Exercice écrit (p. 416).*

77 The *passé composé*: Irregular Past Participles

The past participles of some of the irregular verbs that we have studied so far are given below:

Il	**dit**	la vérité.	Il	a	**dit**	la vérité.
Il	**écrit**	la lettre.	Il	a	**écrit**	la lettre.
Il	**fait**	une promenade.	Il	a	**fait**	une promenade.

Il	**prend**	du thé.	Il	a	**pris**	du thé.
Il	**apprend**	le français.	Il	a	**appris**	le français.
Il	**comprend**	la leçon.	Il	a	**compris**	la leçon.

Il	**boit**	de la bière.	Il	a	**bu**	de la bière.
Il	**lit**	un journal.	Il	a	**lu**	un journal.
Il	**veut**	du thé.	Il	a	**voulu**	du thé.

78 Verbs Conjugated with *être*

Charles	**va**	à la maison.	Charles	**est**	**allé**	à la maison.
Charles	**vient**	à la maison.	Charles	**est**	**venu**	à la maison.
Robert	°**part**[2]	de Paris.	Robert	**est**	**parti**	de Paris.
Robert	**arrive**	de Paris.	Robert	**est**	**arrivé**	de Paris.
Henri	°**sort**[2]	de la °salle.	Henri	**est**	**sorti**	de la salle.
Henri	**entre**	dans la salle.	Henri	**est**	**entré**	dans la salle.
Jacques	**monte**	dans le taxi.	Jacques	**est**	**monté**	dans le taxi.
Jacques	**descend**	du taxi.	Jacques	**est**	**descendu**	du taxi.
Michel	**retourne**	à Chicago.	Michel	**est**	**retourné**	à Chicago.
Michel	°**revient**[3]	de Chicago.	Michel	**est**	**revenu**	de Chicago.
Un enfant	°**meurt**[2]	de faim.	Un enfant	**est**	**mort**	de faim.
Un enfant	°**naît**[2]	à la °maternité.	Un enfant	**est**	**né**	à la maternité.
Roger	**tombe**	de l'échelle.	Roger	**est**	**tombé**	de l'échelle.
Jean	**reste**	dans la salle.	Jean	**est**	**resté**	dans la salle.

All of the foregoing verbs are conjugated with **être** in the **passé composé** and other compound tenses. They are sometimes referred to as VERBS OF MOTION because most of them express some kind of motion from or toward a place. But not ALL verbs of motion are conjugated with **être** (**marcher**, °**avancer**, **voyager**, etc., are conjugated with **avoir**).

---
[2] These are irregular verbs that have not yet been presented. The infinitives are **partir, sortir, mourir,** and **naître**, respectively.
[3] **Revenir** is conjugated like **venir**.

79. EXERCICES

(a) *Mettez les phrases suivantes au passé composé:*

Vous ne partez pas à midi.
Vous n'arrivez pas en retard.
Vous ne restez pas à l'école.
Vous n'entrez pas dans le magasin.
Vous ne montez pas dans le train.
Vous n'allez pas à New York.
Vous ne revenez pas à une heure.
Vous ne descendez pas du train.
Vous ne venez pas ce matin.
Vous n'allez pas au cinéma.
Vous ne sortez pas de la salle.
Vous ne restez pas ici.

(b) *Regardez le Tableau II et mettez toutes les phrases au passé composé.*

(c) *Mettez toutes les phrases du Tableau II au passé composé et au négatif en même temps.*

(d) *Exercice écrit (p. 416).*

Agreement of the Past Participle with the Subject (*être*)

Note in the following examples that the past participle of the verbs conjugated with | être | (see Step 78) agrees in GENDER and NUMBER with the SUBJECT:

Charles	est	allé	au °bal samedi soir.
Charlotte	est	allée	au bal samedi soir.
Jean et Charles	sont	allés	au bal samedi soir.
Charlotte et sa sœur	sont	allées	au bal samedi soir.

In the majority of cases the agreement of the past participle and the subject is a matter of orthography only. Although | mort | [mɔʀ] and | morte | [mɔʀt] sound different, | allé |, | allée |, | allés |, | allées | are all pronounced the same ([ale]).

Note that with the | vous | form, the past participle has FOUR possible endings:

Vous	êtes	entré	dans ma chambre,	Michel?
Vous	êtes	entrée	dans ma chambre,	Marie?
Vous	êtes	entrés	dans ma chambre,	Michel et Paul (Michel et Marie)?
Vous	êtes	entrées	dans ma chambre,	Marie et Jeanne?

Likewise, for the | nous | form, there are TWO possible endings: | entrés | (feminine and masculine, or all masculine) and | entrées | (all feminine).

REVIEW LESSON V

Une impression de New York

C'est dimanche soir. Jean-Pierre et Bill viennent de rentrer de leurs vacances de Thanksgiving. Ils parlent du voyage de Jean-Pierre.

BILL Est-ce que vous avez passé de bonnes vacances?
JEAN-PIERRE Oui, j'ai passé d'excellentes vacances.
BILL Merci pour la carte postale. J'ai voulu vous répondre, mais vous n'avez pas écrit votre adresse. Quand est-ce que vous êtes arrivé à New York?
JEAN-PIERRE Je suis arrivé à Kingston mercredi après-midi. C'est à environ soixante milles de New York. C'est là que demeurent mon cousin et sa famille.
BILL Ce n'est pas une très grande ville, n'est-ce pas? J'ai passé par là l'été dernier quand je suis allé à Québec.
JEAN-PIERRE Elle a à peu près[1] trente-cinq mille habitants. Elle ressemble beaucoup à notre charmante ville universitaire.
BILL Et qu'est-ce que vous avez fait à New York?
JEAN-PIERRE Pas mal de choses.[2] J'y[3] suis allé deux fois dans la voiture de mon cousin et Annette, sa femme, m'a montré la ville.
BILL Est-ce que vous avez visité des endroits intéressants?
JEAN-PIERRE J'ai visité plusieurs musées. Je suis allé à des expositions de peintures. J'ai dîné dans des restaurants français, allemands, et même japonais. J'ai pris beaucoup de photos, comme le font les touristes.
BILL Et qu'est-ce que vous avez pensé de[4] New York?
JEAN-PIERRE En somme, c'est une ville fascinante, pleine de contrastes. La

NOTES

[1] **environ.** [2] **Beaucoup de choses.** [3] **y** *remplace* **à New York.** [4] **penser de** (*to think about*) is used only when asking for an opinion. The usual preposition used with **penser** is **à**, as in **A quoi pensez-vous?**

richesse éblouissante côtoie la pauvreté horrible, les gratte-ciel[5] imposants écrasent les églises pseudo-gothiques peu intéressantes[6] ...

BILL   Vous êtes allé à Times Square, n'est-ce pas?

JEAN-PIERRE   Bien sûr.[7] C'est un endroit très curieux. A mon avis,[8] Times Square représente une vulgarité affreuse qui finit par devenir grandiose, parce qu'elle est tellement extraordinaire.

BILL   Est-ce que vos idées préconçues[9] de la ville ont été confirmées par ce voyage?

JEAN-PIERRE   Plus ou moins.[10] Mais j'ai seulement des impressions sommaires. New York me reste encore à découvrir.[11] J'espère y retourner un de ces jours.

NOTES

[5] *skyscrapers* (the plural is invariable).   [6] *uninteresting; hardly interesting* (**peu** before an adjective negates that adjective).   [7] *Of course.*   [8] *In my opinion.*   [9] *preconceived.*   [10] *More or less.*   [11] *New York still remains to be discovered, as far as I am concerned.*

Questions

1. *Répondez aux questions suivantes d'après le texte (lignes 1–10):*

    (a) Qu'est-ce que les deux amis viennent de faire?
    (b) Qu'est-ce que Jean-Pierre a envoyé à Bill?
    (c) Quand est-ce que Jean-Pierre est arrivé à Kingston?
    (d) Où est Kingston?
    (e) Où demeure le cousin de Jean-Pierre?

2. *Faites de même (lignes 11–17):*

    (a) Où est-ce que Bill est allé l'été dernier?
    (b) Quelle est la °population de Kingston?
    (c) Quelle sorte de ville est-ce?
    (d) Combien de fois Jean-Pierre est-il allé à New York?
    (e) Comment est-il allé à New York?

3. *Faites de même (lignes 18–27):*

    (a) Qu'est-ce qu'il a visité à New York?
    (b) Dans quelle sorte de restaurants a-t-il dîné?
    (c) Que font beaucoup de touristes?
    (d) Qu'est-ce qui côtoie la pauvreté?
    (e) Qu'est-ce qui écrase les églises pseudo-gothiques?

4. *Faites de même (lignes 28–36):*

    (a) Jean-Pierre est-il allé à Times Square?
    (b) Selon Jean-Pierre, qu'est-ce que Times Square représente?
    (c) Pourquoi Times Square finit-il par °devenir grandiose?
    (d) Qu'est-ce qui est arrivé aux idées préconçues de Jean-Pierre?
    (e) Quelle sorte d'impressions a-t-il de New York?

Exercices de revision

1. *Conjuguez oralement les phrases suivantes:*
   - (a) J'ai passé de très bonnes vacances.
   - (b) Je n'ai pas écrit mon adresse.
   - (c) Je suis allé à New York.
   - (d) Je suis arrivé mercredi après-midi.
   - (e) J'ai pris beaucoup de photos.
   - (f) J'ai fait pas mal de choses.
   - (g) J'ai montré la ville à mon cousin.

2. *Posez des questions sur les mots imprimés en caractères gras:*
   - (a) J'ai voulu **vous** répondre.
   - (b) C'est à soixante milles de New York. (**A quelle** °distance ... ?)
   - (c) **Ce camion** a écrasé le chien.
   - (d) Je veux y retourner °**bientôt**.
   - (e) **New York** me reste à découvrir.
   - (f) Je pense **que c'est un homme intelligent**.

3. *Ecrivez des phrases en employant les mots et les expressions suivantes:*
   - (a) **arrivées**
   - (b) **parlé**
   - (c) **imposant**
   - (d) **plus ou moins**
   - (e) **bientôt**
   - (f) **marché**
   - (g) **peu intelligent**
   - (h) **pas mal de**

4. *Répondez aux questions suivantes d'après votre propre expérience:*
   - (a) Avez-vous passé de bonnes vacances de Thanksgiving?
   - (b) Où est-ce que vous êtes allé(e)?
   - (c) Etes-vous resté(e) à la maison pendant les vacances?
   - (d) Qu'est-ce que vous avez fait à la maison?
   - (e) A quelle distance de l'°université est-ce que votre maison se trouve?
   - (f) A quelle distance de Chicago est-ce que votre ville se trouve?
   - (g) A quelle distance est-elle de New York?
   - (h) A quoi est-ce que votre ville ressemble?
   - (i) Qu'est-ce que vous pensez de votre ville?
   - (j) Qu'est-ce que vous avez fini par faire ce matin?
   - (k) Quelle sorte d'impression avez-vous de votre université?
   - (l) Qu'est-ce que vous pensez de votre voisin(e) de °droite?
   - (m) Quelle est votre impression de cette classe?
   - (n) Quelle est votre impression de la musique °moderne?
   - (o) A quoi pensez-vous en ce moment?
   - (p) A qui pensez-vous toujours?
   - (q) Qu'est-ce que vous envoyez à vos amis pendant les vacances de Noël?
   - (r) Quel jour est-ce aujourd'hui?
   - (s) Qu'est-ce que vous avez fini par faire hier soir?
   - (t) Quand est-ce que vous êtes revenu(e) de vos vacances?

80. EXERCICES

(a) *Répondez affirmativement aux questions suivantes:*

        Appelez-vous le taxi?
        Jetez-vous ce journal?
        Rejetez-vous cette idée?
        Achevez-vous ce travail?
        Achetez-vous des °robes?
        Achetez-vous un journal?
        Levez-vous la main?
        Amenez-vous vos amis?
        Appelez-vous la police?
        Rejetez-vous cette °suggestion?

(b) *Répondez négativement aux questions suivantes:*

        Est-ce que je lève la main?
        Est-ce que j'appelle mon frère?
        Est-ce que j'achète une robe?
        Est-ce que j'épelle ce mot?
        Est-ce que j'amène mes amis?
        Est-ce que j'achète un journal?
        Est-ce que je lève le bras?
        Est-ce que j'amène Marie?
        Est-ce que je rejette cette idée?
        Est-ce que j'appelle le vendeur?

(c) *Exercice écrit (p. 416).*

80 The Stem Change [ə]–[ɛ] in First Conjugation Verbs

Je veux	°appeler	un taxi.	[aple]		J'	appelle	un taxi.	[apɛl]
Je veux	°rejeter	ce plan.	[ʀəʒte]		Je	rejette	ce plan.	[ʀəʒɛt]
Je veux	°épeler	le mot.	[eple]		J'	épelle	le mot.	[epɛl]
Je veux	°acheter	un livre.	[aʃte]		J'	achète	un livre.	[aʃɛt]
Je veux	°amener	mon ami.	[amne]		J'	amène	mon ami.	[amɛn]
Je veux	°achever	le discours.	[aʃve]		J'	achève	le discours.	[aʃɛv]

When a first conjugation verb has an *e* (pronounced [ə] in slow speech, but mute in rapid speech) in the last syllable of the stem, such as in appeler [apəle] or [aple], this [ə] changes to [ɛ] whenever it is followed by a syllable that contains another [ə]. This change occurs in the je , tu , il , and ils forms of the present indicative, for example.

In orthography, the change is shown by adding the **accent grave** to the *e* of the stem or by doubling the consonant that follows this *e*. Study the following examples:

appeler [aple], [apəle]   **amener** [amne], [amə ne]

j'	appelle	[apɛl]	j'	amène	[amɛn]
tu	appelles	[apɛl]	tu	amènes	[amɛn]
il	appelle	[apɛl]	il	amène	[amɛn]
ils	appellent	[apɛl]	ils	amènent	[amɛn]
nous	appelons	[aplɔ̃]	nous	amenons	[amnɔ̃]
vous	appelez	[aple]	vous	amenez	[amne]
j'ai	appelé	[aple]	j'ai	amené	[amne]
vous avez	appelé	[aple]	vous avez	amené	[amne]

Other verbs that change in a similar manner are as follows:

  épeler   °mener
  °rappeler   °emmener
  °jeter   °lever
  rejeter   °promener
  etc.   achever
                  acheter
                  etc.

81. EXERCICES

(a) *Répondez affirmativement aux questions suivantes:*

Préférez-vous le café?
Considérez-vous ce problème?
Complétez-vous cette phrase?
Répétez-vous ces mots?
Répétez-vous cette phrase?
Interprétez-vous cette question?
Espérez-vous aller en France?
Préférez-vous la bière?

(b) *Répondez négativement aux questions suivantes:*

Est-ce que je préfère le rosbif?
Est-ce que je répète cette phrase?
Est-ce que je complète la phrase?
Est-ce que j'interprète les mots?
Est-ce que j'interprète cette idée?
Est-ce que je considère cet homme?
Est-ce que je préfère le °biftek?
Est-ce que je répète la question?

(c) *Exercice écrit (p. 416).*

82. EXERCICES

(a) *Répondez affirmativement en employant le, la ou les devant le verbe:*

Employez-vous ce stylo?   Nettoyez-vous la table?
°Nettoyez-vous la chambre?   Envoyez-vous ce paquet?
Payez-vous cette montre?   Essayez-vous cette robe?
Essayez-vous ces chapeaux?   Payez-vous ces factures?

(b) *Répondez négativement en employant les pronoms appropriés:*

Essayez-vous cette robe?   Payez-vous ce livre?
Payez-vous ces disques?   Nettoyez-vous ces chambres?
Employez-vous ces livres?   Envoyez-vous ces paquets?
Envoyez-vous ces lettres?   Employez-vous cette machine?

(c) *Exercice écrit (p. 416).*

81 The Stem Change [e]–[ɛ] in First Conjugation Verbs

Je	préfère	aller °là-bas.	[pʁefɛʁ]
Tu	préfères	manger du pain.	[pʁefɛʁ]
Il	préfère	votre auto.	[pʁefɛʁ]
Ils	préfèrent	le café.	[pʁefɛʁ]
Nous	préférons	parler ici.	[pʁefeʁɔ̃]
Vous	préférez	la bière.	[pʁefeʁe]

| Charlotte va | préférer | votre maison. | [pʁefeʁe] |
| Charlotte a | préféré | votre auto. | [pʁefeʁe] |

First conjugation verbs that have é [e] as the last stem vowel change it to è [ɛ] before a mute e. Verbs such as préférer, espérer, °considérer, °répéter, °compléter, °interpréter, etc., undergo this change.

82 The Change of Vowel in First Conjugation Verbs Ending in -yer

J'	°emploie	un crayon pour écrire.	[ɑ̃plwa]
Tu	emploies	un couteau pour °couper.	[ɑ̃plwa]
Il	emploie	ce mot très souvent.	[ɑ̃plwa]
Ils	emploient	cette auto °pour y aller.	[ɑ̃plwa]
Nous	employons	ce livre pour la classe.	[ɑ̃plwajɔ̃]
Vous	employez	mon dictionnaire.	[ɑ̃plwaje]

| Je vais | employer | votre °magnétophone. | [ɑ̃plwaje] |
| J'ai | employé | trois livres. | [ɑ̃plwaje] |

J'	°essaie	de parler français.	[esɛj]
Tu	essaies	d'écrire une lettre.	[esɛj]
Il	essaie	d'arriver à l'heure.	[esɛj]
Ils	essaient	de comprendre la leçon.	[esɛj]
Nous	essayons	de faire le devoir.	[esɛjɔ̃]
Vous	essayez	de finir l'examen.	[esɛje]

| Je vais | essayer | de lui parler ce matin. | [esɛje] |
| J'ai | essayé | de vous aider. | [esɛje] |

Verbs that have an infinitive ending in -yer [je] change y to i before a mute e. Note that the sound [j] is kept in all forms of verbs whose infinitives end in [-eje], such as essayer and payer.

83. EXERCICES

(a) *Mettez le sujet de chaque phrase au singulier ou au pluriel, selon le cas:*

Nous dormons beaucoup.
Tu dors huit heures.
Il ne dort pas assez.
Tu ne dors pas bien.
Vous ne dormez pas assez.

Je dors trop.
Ils dorment dans cette chambre.
Nous dormons huit heures par jour.
Vous dormez un peu.
Je dors dans cette chambre.

(b) *Exercice écrit (p. 416).*

84. EXERCICES

(a) *Regardez le Tableau III et prononcez toutes les phrases après moi.*

(b) *Répondez aux questions d'après le modèle ci-dessous* (le professeur montrera le Tableau III et répètera la question):

Qu'est-ce qu'il fait? (III.1)   **Il se réveille à six heures et demie.**

(c) *Répondez négativement aux questions suivantes:*

Est-ce que Robert se réveille à midi?
Est-ce que Paul se lève à dix heures?
Est-ce que Jean se brosse les dents?
Est-ce que les enfants se rasent?
Est-ce que les °bébés s'habillent devant un miroir?
Est-ce que les professeurs se promènent dans le parc?
Est-ce que Marie s'approche d'une statue?
Est-ce que Jacques s'arrête devant la maison?
Est-ce que Pierre se repose à la maison?
Est-ce que le facteur se met à lire les lettres?
Est-ce que la maîtresse se couche sous un arbre?
Est-ce que le professeur s'endort en classe?

(d) *Exercice écrit (p. 417).*

85. EXERCICES

(a) *Regardez le Tableau III et mettez le sujet de chaque phrase à la forme* **nous**, *d'après le modèle ci-dessous:*

Il se réveille à six heures et demie.   **Nous nous réveillons à six heures et demie.**

(b) *Répondez affirmativement d'après le modèle ci-dessous* (le professeur montrera le Tableau III et posera des questions en employant la forme **nous**):

Est-ce que nous nous réveillons à six heures et demie?   **Oui, vous vous réveillez à six heures et demie.**

(c) *Exercice écrit (p. 417).*

83 The Verb *dormir*

Je	°dors	beaucoup.	[dɔʀ]
Tu	dors	très peu.	[dɔʀ]
Il	dort	toujours.	[dɔʀ]
Nous	dormons	huit heures.	[dɔʀmɔ̃]
Vous	dormez	trop.	[dɔʀme]
Ils	dorment	cinq heures chaque jour.	[dɔʀm]

| Je vais | dormir | dix heures ce soir. | [dɔʀmir] |
| J'ai | dormi | pendant des heures. | [dɔʀmi] |

84 Reflexive Verbs: Third Person Singular and Plural

| Jean-Pierre | se | °réveille | à six heures. |
| Jean-Pierre | se | °couche | à °minuit. |

| Marie ne | se | °brosse | pas les cheveux. |
| Marie ne | s' | °habille | pas °rapidement. |

| Paul et André | se | promènent | dans un °parc. |
| Marie et Anne | s' | °endorment | dans la voiture. |

The reflexive verbs always have a reflexive pronoun that agrees in gender and number with the subject. The reflexive pronoun for the third person singular and plural is se (s' before a vowel sound). In dictionaries, all reflexive verbs are listed with a preceding se (or s'): se réveiller , se coucher , s'habiller , etc.

85 Reflexive Verbs: First and Second Person Plural

Nous	nous	°mettons	à travailler.
Nous	nous	levons	de bonne heure.
Nous ne	nous	rasons	pas ce matin.
Nous ne	nous	reposons	pas pendant les vacances.

Vous	vous	couchez	de bonne heure.
Vous	vous	habillez	rapidement.
Vous ne	vous	endormez	pas en classe.
Vous ne	vous	promenez	pas dans le parc.

The reflexive pronoun for the first person plural is nous ; for the second person plural it is vous .

86. EXERCICES

(a) *Répondez affirmativement d'après le modèle ci-dessous* (le professeur montrera le Tableau III et posera des questions en employant la forme **vous**):

Est-ce que vous vous réveillez à six heures et demie?   **Oui, je me réveille à six heures et demie.**

(b) *Répétez l'exercice précédent en répondant négativement à chaque question, d'après le modèle ci-dessous:*

Est-ce que vous vous réveillez à six heures et demie?   **Non, je ne me réveille pas à six heures et demie.**

(c) *Répondez affirmativement d'après le modèle ci-dessous* (le professeur montrera le Tableau III et posera des questions en employant la forme **je**):

Est-ce que je me réveille à six heures et demie?   **Oui, tu te réveilles à six heures et demie.**

(d) *Exercice écrit (p. 417).*

87. EXERCICES

(a) *Répondez affirmativement en employant le, la ou les, selon le cas, devant le verbe:*

Mettez-vous le stylo dans le tiroir?
Mettez-vous les cahiers ici?
Mettez-vous la cravate sur la chaise?
Mettez-vous le café dans la tasse?
Mettez-vous la lettre sur la table?
Mettez-vous les lettres à la poste?
Mettez-vous le disque sur la chaise?
Mettez-vous la liste sur la table?

(b) *Répétez l'exercice précédent en répondant négativement à chaque question en même temps.*

(c) *Exercice écrit (p. 417).*

88. EXERCICES

(a) *Mettez les phrases suivantes au passé composé:*

Je me réveille à sept heures.
Tu te reposes à la maison.
Il se met à chanter.
Nous nous rasons devant le miroir.
Ils se mettent à marcher.
Je me rase avec un rasoir électrique.
Nous nous levons à six heures.
L'enfant s'habille dans la chambre.
Je me promène dans le parc.
Vous vous couchez à minuit.
Je m'habille rapidement.
Je m'approche de ta maison.

(b) *Exercice écrit (p. 417).*

86 Reflexive Verbs: First and Second Person Singular

Je	m'	endors	très rapidement.
Je	me	promène	assez souvent.
Je ne	me	lève	pas de bonne heure.
Je ne	me	rase	pas souvent le soir.
Tu	te	réveilles	de très bonne heure.
Tu	t'	endors	en classe.
Tu ne	te	mets	pas à travailler.
Tu ne	t'	arrêtes	pas pour lui parler.

The reflexive pronoun for the first person singular is **me** (**m'** before a vowel sound); for the second person singular it is **te** (**t'** before a vowel sound).

87 The Verb *mettre*

Je	mets	le crayon sur la table.	[mɛ]
Tu	mets	le livre sur la chaise.	[mɛ]
Il	met	le stylo sur le livre.	[mɛ]
Nous	mettons	la lettre dans le tiroir.	[mɛtɔ̃]
Vous	mettez	les livres dans le paquet.	[mɛte]
Ils	mettent	le disque sur le bureau.	[mɛt]
Je vais	mettre	mon cahier sur le bureau.	[mɛtʀ]
J'ai	mis	ma °plume dans le tiroir.	[mi]

The verb **mettre** (*to put, place*) is conjugated like any third conjugation verb, but its past participle is **mis** [mi].

88 Reflexive Verbs: The *passé composé* (Agreement of the Past Participle with the Reflexive Pronoun)

Je	me	suis	**arrêté(e)**	devant la °boutique.
Tu	t'	es	**réveillé(e)**	°avant six heures.
Il	s'	est	**°dépêché**	de quitter la maison.
Elle	s'	est	**promenée**	dans la rue.
Nous	nous	sommes	**couché(e)s**	très °tard.
Vous	vous	êtes	**reposé(e)(s)**	à la maison.
Ils	se	sont	**approchés**	de la gare.
Elles	se	sont	**mises**	à parler.

89. EXERCICES

(a) *Répondez affirmativement d'après le modèle ci-dessous:*

    Est-ce que vous vous °cassez le doigt?   **Oui, je me le casse.**

    Est-ce que vous vous brossez les dents?
    Est-ce que vous vous brossez les cheveux?
    Est-ce que vous vous lavez la °figure?
    Est-ce que vous vous lavez les mains?
    Est-ce que vous vous coupez le doigt?
    Est-ce que vous vous coupez les cheveux?
    Est-ce que vous vous cassez le bras?
    Est-ce que vous vous cassez la jambe?

(b) *Répétez l'exercice précédent en répondant à chaque question au passé composé, d'après le modèle ci-dessous* (le professeur posera les questions en mettant chaque question au passé composé):

    Est-ce que vous vous êtes cassé le doigt?   **Oui, je me le suis cassé.**

(c) *Exercice écrit (p. 418).*

90. EXERCICES

(a) *Mettez les phrases suivantes à l'interrogatif en employant l'inversion:*

Vous vous levez à huit heures.
Vous vous promenez dans le parc.
Vous vous reposez à la maison.
Nous nous mettons à travailler.
Tu t'es couché à °onze heures.
Vous vous êtes habillé rapidement.
Jacques s'est promené dans la rue.
Jean s'est rasé deux fois.

Tu te lèves à sept heures.
Nous nous rasons maintenant.
Les enfants se couchent.
Vous vous arrêtez devant mon ami.
Nous nous sommes dépêchés.
Marie s'est lavé la figure.
Les enfants se sont mis à chanter.
Vos enfants se sont endormis.

(b) *Exercice écrit (p. 418).*

ALL reflexive verbs are conjugated with `être` in compound tenses. The past participle of the reflexive verbs agrees in gender and number with the preceding direct object, which is, in most cases, the reflexive pronoun.

89 Reflexive Verbs: The *passé composé* (Agreement of the Past Participle with *le, la, les*)

Jean-Pierre `se` °lave.
Jean-Pierre se lave `les mains.`
Jean-Pierre se `les` lave.

Jean-Pierre `s'` est `lavé.`
Jean-Pierre s' est lavé `les mains.`
Jean-Pierre se `les` est `lavées.`

Verbs such as `se laver` and `se brosser` are somewhat different from other reflexive verbs. In sentences like `Il se lave` and `Il s'est lavé`, the direct object of the verb is `se`. In sentences like `Il se lave les mains` and `Il s'est lavé les mains`, the direct object of the verb is `les mains`. Since the past participle of the reflexive verbs agrees with the PRECEDING direct object, the past participle in `Il se les est lavées` is feminine plural to agree with `les` (which replaced `les mains`).

90 Reflexive Verbs: Inversion

Te   couches   `-tu`   avant minuit?
Se   lève   `-t-il`   de très bonne heure?
Nous promenons `-nous`   près du °lac?
Vous arrêtez   `-vous`   devant le musée?
S'   endorment `-ils`   en classe?

T'   es   `-tu`   réveillé à huit heures?
S'   est   `-il`   couché   dans la chambre?
Nous sommes   `-nous`   endormis dans cette classe?
Vous êtes   `-vous`   reposés   ici?
Se   sont   `-ils`   promenés près de la °rivière?

Note the position of the subject pronoun in inversion. The first person singular (`je`) is not inverted, and `est-ce que . . . ?` must be used for this form. See Step 66, page 97.

91. EXERCICES

(a) *Mettez le sujet de chaque phrase au singulier ou au pluriel, selon le cas:*

Je sais très bien la leçon.
Nous savons votre adresse.
Vous savez mon °numéro de °téléphone.
Elle ne sait pas le français.
Tu sais parler français.

Il sait mon adresse.
Vous savez nager.
Nous ne savons pas la réponse.
Ils ne savent pas leur leçon.
Je ne sais pas patiner.

(b) *Répondez négativement aux questions suivantes:*

Savez-vous jouer du °piano[1]?
Savez-vous jouer au °bridge[1]?
Savez-vous jouer de la °flûte?
Savez-vous jouer au °tennis?
Savez-vous jouer du °violoncelle?

Savez-vous jouer de la °clarinette?
Savez-vous jouer du °violon?
Savez-vous jouer au °football?
Savez-vous jouer au °golf?
Savez-vous jouer aux cartes?

(c) *Exercice écrit (p. 418).*

92. EXERCICES

(a) *Mettez le sujet de chaque phrase au singulier ou au pluriel, selon le cas:*

Je connais cet homme.
Vous connaissez mes parents.
Ils connaissent la ville.
Tu connais ce °morceau de musique.
Nous connaissons cette °route.

Nous connaissons ce poème.
Il connaît cet auteur.
Je connais votre °attitude.
Ils connaissent cette chanson.
Tu connais bien cette histoire.

(b) *Mettez* **je sais, je sais que** *ou* **je connais** *au début de chaque expression, d'après les modèles ci-dessous:*

... votre ami.   **Je connais votre ami.**
... il est intelligent.   **Je sais qu'il est intelligent.**

... votre adresse.
... vous êtes °épuisé.
... cette ville.
... la leçon.
... il est paresseux.
... son attitude.

... votre numéro de téléphone.
... Marie est ici.
... cette chanson.
... la réponse.
... c'est °incroyable.
... la vérité.

(c) *Exercice écrit (p. 418).*

---

[1] Note that **jouer de** means to play a musical instrument, whereas **jouer à** means to play a game.

91 The Verb *savoir*

Je	sais	votre adresse.	[sɛ]
Tu	sais	la vérité.	[sɛ]
Il	sait	la °réponse.	[sɛ]
Nous	savons	nager	[savɔ̃]
Vous	savez	faire du ski.	[save]
Ils	savent	que tu es ici.	[sav]
Il va	savoir	la vérité.	[savwaʀ]
Il a	su	cette réponse.	[sy]

Savoir is equivalent to English *to know* and is used when referring to things that you know through thorough study, or when referring to facts. It is not used to refer to people. When **savoir** is followed by an infinitive, it means *to know how to*.

92 The Verb *connaître*

Je	connais	notre ville.	[kɔnɛ]
Tu	connais	mon frère.	[kɔnɛ]
Il	connaît	ce journal.	[kɔnɛ]
Nous	connaissons	votre ami.	[kɔnɛsɔ̃]
Vous	connaissez	le professeur.	[kɔnɛse]
Ils	connaissent	cet homme.	[kɔnɛs]
Il va	connaître	la France.	[kɔnɛtʀ]
Il a	connu	cet °auteur.	[kɔny]

Connaître is equivalent to English *to know*, meaning *to be familiar (acquainted) with*. It is ALWAYS used when speaking of people.

REVIEW LESSON VI

Une matinée¹ de Jean-Pierre

Jean-Pierre rencontre Barbara, qui vient de quitter sa classe de français. Il porte un tas de livres sous le bras.

JEAN-PIERRE	Bonjour, Barbara. Où allez-vous?
BARBARA	Tiens, bonjour, Jean-Pierre. Je vais à la classe d'histoire.
JEAN-PIERRE	Bon, je vous accompagne jusque-là,² puisque je vais à la bibliothèque.
BARBARA	Qu'est-ce que vous allez faire de³ tous ces livres?
JEAN-PIERRE	Je vais les rendre à la bibliothèque. Je viens de finir un devoir sur une pièce de théâtre. Je suis épuisé.
BARBARA	Vous n'avez pas dormi?
JEAN-PIERRE	Si, mais pas assez. Je me suis couché très tard.
BARBARA	Hum ... vous êtes sûr que vous n'êtes pas sorti avec une jeune fille hier soir?
JEAN-PIERRE	Mais non. J'ai travaillé de sept heures du soir jusqu'à quatre heures du matin. Mais pourquoi me demandez-vous cela?
BARBARA	Qui vous a donné ce coup de griffe⁴ au menton?
JEAN-PIERRE	Ah, ça! Je me suis coupé ce matin.
BARBARA	Vous devez⁵ faire attention.⁶
JEAN-PIERRE	Mais je suis toujours pressé le matin.⁷ Je reste au lit aussi longtemps que possible.⁸
BARBARA	A quelle heure vous êtes-vous levé ce matin?
JEAN-PIERRE	A neuf heures moins le quart.
BARBARA	Et vous vous êtes dépêché, sans doute?

NOTES

¹ **matinée** refers to the whole duration of morning, whereas **matin** is merely a division of time. The same is true of **une soirée** and **un soir**. ² *up to there, that far.* ³ *What are you going to do with.* ⁴ *scratch (by a claw).* ⁵ ***du verbe* devoir** *(you must).* ⁶ *watch out.* ⁷ **le matin** means *in the morning.* ⁸ *as long as possible.*

L'ÉCHELLE

	JEAN-PIERRE	Bien sûr. Je me suis précipité dans la salle de bain, je me suis brossé les dents, je me suis rasé—*coupé* est le mot—je me suis habillé ... et tout cela en cinq minutes.
25		
	BARBARA	Incroyable! Je parie que vous êtes allé à votre classe sans prendre de petit déjeuner.
	JEAN-PIERRE	Hélas. J'ai séché[9] ma classe de dix heures pour aller manger.
30	BARBARA	Cela vous arrive[10] assez souvent?
	JEAN-PIERRE	Oui, de temps en temps.
	BARBARA	N'avez-vous pas de réveille-matin[11]?
	JEAN-PIERRE	Si, mais il ne marche pas. Je l'ai cassé il y deux jours.[12]

NOTES

[9] *I cut.* [10] *That happens to you.* [11] *alarm clock.* [12] il y a + time (at the end of a sentence) means (*so much time*) *ago.*

Questions

1. *Répondez aux questions suivantes d'après le texte (lignes 1–9):*

    (a) Qui est-ce que Jean-Pierre rencontre?
    (b) Qu'est-ce que Barbara vient de quitter?
    (c) Qu'est-ce qu'il porte sous le bras?
    (d) Où va Barbara?
    (e) Où va Jean-Pierre?
    (f) Comment va-t-il ce matin?

2. *Faites de même (lignes 10–17):*

    (a) Jean-Pierre a-t-il dormi assez longtemps?
    (b) Combien de temps a-t-il travaillé?
    (c) Qu'est-ce qu'il a au menton?
    (d) Qu'est-ce qui lui est arrivé ce matin?

3. *Faites de même (lignes 18–26):*

    (a) Pourquoi est-il pressé le matin?
    (b) A quelle heure s'est-il levé ce matin?
    (c) Combien de temps a-t-il dormi?
    (d) Qu'est-ce qu'il a fait en cinq minutes?

4. *Faites de même (lignes 27–33):*

    (a) Pourquoi n'a-t-il pas pris de petit déjeuner?
    (b) Pourquoi a-t-il séché la classe de dix heures?
    (c) Cela lui arrive-t-il assez souvent?
    (d) Pourquoi est-ce que son réveille-matin ne marche pas?

Exercices de revision

1. *Conjuguez oralement les phrases suivantes:*

    (a) Je me suis levé à sept heures et quart.
    (b) Je me suis couché à minuit.
    (c) Je me suis habillé rapidement.
    (d) Je ne sais pas l'adresse de Paul.
    (e) Je ne connais pas cet homme.
    (f) J'ai très bien dormi.
    (g) Je ne me suis pas endormi en classe.
    (h) Je suis parti sans prendre de petit déjeuner.
    (i) Je ne suis pas sorti avec Jeanne.
    (j) J'ai travaillé jusqu'à onze heures.

2. *Posez des questions sur les mots imprimés en caractères gras:*

    (a) Barbara rencontre **Jean-Pierre**.
    (b) Je vais à la classe **de français**.
    (c) Je me suis couché **à minuit**.
    (d) **Charlotte** m'a donné un coup de griffe.
    (e) **Mon réveille-matin** ne marche pas.
    (f) Elle donne un coup de téléphone **à Bill**.

3. *Ecrivez des phrases en employant les mots et les expressions suivantes:*

    (a) **mis**
    (b) **sais**
    (c) **connaissent**
    (d) **dort**
    (e) **jusqu'à**
    (f) **cassé**
    (g) **puisque**
    (h) **attention**

4. *Répondez aux questions suivantes d'après votre propre expérience:*

    (a) Qui est-ce que vous voulez connaître?
    (b) Qu'est-ce que vous connaissez bien?
    (c) Qu'est-ce que vous avez fait hier soir?
    (d) Combien de temps avez-vous étudié hier soir?
    (e) Combien de temps avez-vous dormi?
    (f) Qui vous connaît très bien?
    (g) A quelle heure vous êtes-vous réveillé(e) ce matin?
    (h) Est-ce que vous vous êtes brossé les dents?
    (i) Où voulez-vous vous promener?
    (j) De qui ne voulez-vous pas vous approcher?
    (k) Où est-ce que l'autobus s'arrête?
    (l) Qu'est-ce que vous avez lu hier soir?
    (m) Est-ce que vous séchez souvent vos classes?

(n) Votre réveille-matin marche-t-il bien?
(o) Savez-vous faire du ski?
(p) Pourquoi vous endormez-vous parfois quand vous étudiez?
(q) De quoi avez-vous parlé à votre mère?
(r) A quelle heure allez-vous vous coucher ce soir?
(s) Vous êtes-vous dépêché(e) ce matin?
(t) Voulez-vous vous reposer maintenant?

93. EXERCICES

(a) *Mettez les phrases suivantes à l'imparfait:*

>J'arrive toujours en retard.
>Tu arrives de bonne heure.
>Il arrive souvent de très bonne heure.
>Nous arrivons à l'heure.
>Vous arrivez toujours à l'heure.
>Ils arrivent à la gare.

>Vous vous couchez à minuit.
>Je me couche de bonne heure.
>Il se couche avant minuit.
>Nous nous couchons très tard le samedi.
>Tu te couches de très bonne heure.
>Ils se couchent à onze heures.

(b) *Mettez les phrases suivantes à l'imparfait:*

>J'aide votre frère.
>Il attend l'autobus.
>Tu ne dors pas assez.
>Vous dites la vérité à vos parents.
>Tu °salues ton professeur.
>Vous faites une promenade.
>Ils discutent le problème de mathématiques.
>Elle prépare le dîner.

>Vous apprenez la °règle.
>Tu °gagnes peu d'argent.
>Nous °habitons cette maison en été.
>Il rencontre son ami.
>Je me réveille à six heures du matin.
>Ils viennent à midi.
>Tu manges au restaurant.
>Nous commençons la °lecture du journal.

(c) *Conjuguez chaque phrase des Tableaux II et III à l'imparfait.*
(d) *Exercice écrit (p. 418).*

93 The Imperfect Indicative: All Conjugations

The imperfect indicative is a past tense. Study the endings given in the following examples:

Nous	arriv	ons	à une heure cette année.	[aʀivɔ̃]
J'	arriv	ais	à midi l'année passée.	[aʀivɛ]
Tu	arriv	ais	à midi l'année passée.	[aʀivɛ]
Il	arriv	ait	à midi l'année passée.	[aʀivɛ]
Ils	arriv	aient	à midi l'année passée.	[aʀivɛ]
Nous	arriv	ions	à midi l'année passée.	[aʀivjɔ̃]
Vous	arriv	iez	à midi l'année passée.	[aʀivje]
Nous	obéiss	ons	au °doyen maintenant.	[ɔbeisɔ̃]
J'	obéiss	ais	au professeur il y a deux ans.	[ɔbeisɛ]
Tu	obéiss	ais	au professeur il y a deux ans.	[ɔbeisɛ]
Il	obéiss	ait	au professeur il y a deux ans.	[ɔbeisɛ]
Ils	obéiss	aient	au professeur il y a deux ans.	[ɔbeisɛ]
Nous	obéiss	ions	au professeur il y a deux ans.	[ɔbeisjɔ̃]
Vous	obéiss	iez	au professeur il y a deux ans.	[ɔbeisje]
Nous	attend	ons	Marie aujourd'hui.	[atɑ̃dɔ̃]
J'	attend	ais	Marianne °hier matin.	[atɑ̃dɛ]
Tu	attend	ais	Marianne hier matin.	[atɑ̃dɛ]
Il	attend	ait	Marianne hier matin.	[atɑ̃dɛ]
Ils	attend	aient	Marianne hier matin.	[atɑ̃dɛ]
Nous	attend	ions	Marianne hier matin.	[atɑ̃djɔ̃]
Vous	attend	iez	Marianne hier matin.	[atɑ̃dje]

Note that the imperfect tense is formed by replacing the ending -ons of the first person plural of the present indicative with the endings -ais [ɛ], -ais [ɛ], -ait [ɛ], -ions [jɔ̃], -iez [je], and -aient [ɛ]. Note that FOUR of the endings (for je , tu , il , and ils) sound alike. The endings -ions and -iez are pronounced [ijɔ̃] and [ije] if the stem of the verb ends in two consonants, as in parl- (from parler) and cherch- (from chercher).

je	commençais	je	mangeais
tu	commençais	tu	mangeais
il	commençait	il	mangeait
ils	commençaient	ils	mangeaient

94. EXERCICES

(a) *Mettez les phrases suivantes à l'imparfait:*

Je suis content.
Tu es étudiant.
Il est en classe.
Nous sommes très jeunes.
Vous êtes avec vos amis.
Ils sont °malheureux.
Nous sommes très bons amis.
Ils sont °fâchés.
Tu es mécontent.
Je suis en retard.
Il est dans la chambre.
Vous êtes professeur.

(b) *Exercice écrit (p. 418).*

95. EXERCICES

(a) *Répondez affirmativement aux questions suivantes:*

Etiez-vous sage quand vous étiez petit?
Pleuriez-vous souvent quand vous étiez petit?
Alliez-vous à l'école quand vous aviez sept ans?
Alliez-vous à l'école quand vous aviez dix ans?
Vous reposiez-vous bien quand vous étiez bébé?
Dormiez-vous beaucoup quand vous étiez bébé?
Vous couchiez-vous de bonne heure quand vous aviez cinq ans?
Vous brossiez-vous les dents quand vous aviez °neuf ans?

(b) *Exercice écrit (p. 419).*

96. EXERCICES

(a) *Exercice de substitution:*

Je faisais mes devoirs quand vous m'avez téléphoné.
Je dormais quand vous m'avez téléphoné.
Je dormais **quand vous êtes venu.**
J'étais très occupé quand vous êtes venu.
J'étais très occupé **quand Marie est rentrée.**
Il faisait du soleil quand Marie est rentrée.
Il faisait du soleil **quand je suis sorti.**
Il pleuvait à verse quand je suis sorti.
Il pleuvait à verse **quand vous m'avez téléphoné.**
Je faisais mes devoirs quand vous m'avez téléphoné.

(b) *Exercice de substitution:*

J'étudiais mon français pendant que vous dormiez.
Je travaillais pendant que vous dormiez.
Je travaillais **pendant que vous chantiez.**
Je buvais mon café pendant que vous chantiez.
Je buvais mon café **pendant que vous dansiez.**

nous	**commencions**
vous	**commenciez**

nous	**mangions**
vous	**mangiez**

Note the purely orthographic variation in the imperfect tense of the foregoing verbs. Before endings -ais , -ait , and -aient , **ç** and **ge** must be used in order to represent the sounds [s] and [ʒ].

94 The Imperfect Indicative: Conjugation of *être*

Etre is the only verb whose imperfect stem is not derived from the first person plural of the present indicative:

J'	étais	à Paris quand j'avais cinq ans.
Tu	étais	à Paris quand tu avais cinq ans.
Il	était	à Paris quand il avait cinq ans.
Ils	étaient	à Paris quand ils avaient cinq ans.
Nous	étions	à Paris quand nous avions cinq ans.
Vous	étiez	à Paris quand vous aviez cinq ans.

95 The Imperfect Indicative: Denoting Habitual Action

The imperfect tense denotes a habitual action. This corresponds to the English *used to* + INFINITIVE or its equivalents. Study the following examples:

Marie-Claire **parlait** très bien français quand elle **était** petite.
L'année passée Paul n'**arrivait** pas en retard, mais son frère **arrivait** en retard °presque chaque jour.
L'année passée j'**allais** à la bibliothèque chaque après-midi, mais j'ai perdu cette habitude il y a quelques mois.
Nous **allions** à la °pêche presque chaque jour quand nous °**vivions** à la °campagne.
Quand nous **avions** dix ans nous **allions** à l'école à huit heures du matin.

The Imperfect Indicative: Denoting a State of Affairs (1)

The imperfect indicative is sometimes called the *descriptive past*. The basic difference between the **passé composé** and the imperfect is that the **passé composé** is used to indicate an action that occurred once and was quickly terminated, whereas the imperfect denotes a *state of affairs* or a *continuous action*. The imperfect describes *how someone or something was*, or that *something was going on* at a given time. Contrast the two tenses in the following examples:

     Je parlais à Jacques pendant que vous dansiez.
     Je parlais à Jacques **pendant que vous travailliez.**
     J'étudiais mon français pendant que vous travailliez.
     J'étudiais mon français **pendant que vous dormiez.**

 (c) *Exercice écrit (p. 419).*

97. EXERCICES

 (a) *Répondez affirmativement aux questions suivantes:*

     Pensiez-vous que j'étais malade?
     Pensiez-vous que j'allais en classe?
     Vouliez-vous partir tout de °suite?
     Vouliez-vous rester chez Jacqueline?
     Saviez-vous que Marie était fâchée?
     Saviez-vous que mon père voulait venir?
     Etiez-vous très fâché contre Jean?
     Aviez-vous très faim ce matin?

 (b) *Exercice écrit (p. 419).*

98. EXERCISES

 (a) *Répondez aux questions suivantes d'après le modèle ci-dessous:*

Savez-vous jouer du piano? **Oui, mais je ne peux pas jouer du piano maintenant.**

   Savez-vous jouer du violon? Savez-vous jouer au bridge?
   Savez-vous jouer au tennis? Savez-vous danser?
   Savez-vous chanter?   Savez-vous parler espagnol?
   Savez-vous patiner?   Savez-vous faire du ski?

 (b) *Exercice écrit (p. 419).*

Nous	étudiions	la leçon	quand vous	êtes venu.	
Il	pleuvait	à °verse	quand je	suis rentré.	
Elle	grondait	son enfant	quand nous	avons °frappé	à la porte.
Je	lisais	ta lettre	quand tu	es arrivé.	

Marie	jouait	du piano	pendant que Jeanne	chantait.
Nous	chantions	ensemble	pendant que vous	dormiez.
Ils	dansaient	là-bas	pendant que j'	étudiais.
Je	buvais	mon café	pendant que Jean	parlait.

La mère		a pleuré	de °joie	quand son enfant		est revenu.
Hélène		a °poussé	un cri	quand elle		est tombée.
Il	m'	a salué		quand il	m'	a °reconnu.

The first group of examples shows that something *was going on* when something else *happened*. The second group indicates that two things *were going on at the same time*. The third one implies that two things *took place* at once.

97 The Imperfect Indicative: Denoting a State of Affairs (2)

Since the imperfect denotes a state of affairs or a continuous action, certain verbs that imply such conditions tend to be in the imperfect tense.

Je **comprenais** la leçon mais le professeur a décidé de me l'expliquer tout de même.
Je **savais** la réponse mais le professeur ne m'a pas posé cette question.
J'**étais** très fâché et je **voulais** battre mon ami quand je suis rentré à la maison.
Il **avait** très faim et j'**avais** très soif, mais malheureusement il n'y **avait** pas de restaurant.
Je **connaissais** très bien la ville, mais je me suis °égaré quand même.

98 The Verb *pouvoir*

Study the forms of the irregular verb **pouvoir** (*can, to be able to*).

Je	peux	répondre à la question.	[pø]
Tu	peux	comprendre la leçon.	[pø]
Il	peut	demander l'addition.	[pø]
Nous	pouvons	regarder le tableau.	[puvɔ̃]
Vous	pouvez	parler à Jeanne.	[puve]
Ils	peuvent	fermer la porte.	[pœv]

| Il va | pouvoir | payer l'addition | [puvwaʀ] |
| Il a | pu | étudier pour l'examen. | [py] |

99. EXERCICES

(a) *Mettez les phrases suivantes au futur:*

Je finis ma leçon.
Je vends ma voiture.
Tu obéis à l'infirmière.
Tu attends mon père.
Il choisit ce chapeau.
Il descend de l'autobus.

Nous remplissons ces verres.
Nous battons ce garçon.
Vous choisissez mon cahier.
Vous entendez un bruit.
Ils punissent cet élève.
Ils répondent à la lettre.

(b) *Mettez les phrases suivantes au futur:*

Je bois de la bière.
Vous comprenez la situation.
Ils lisent ces journaux.
Tu apprends la règle.
Vous dites la vérité.
Vous écrivez la réponse.

Tu lis ces articles.
Il prend ce cahier.
Vous dormez très bien.
Nous écrivons la lettre.
Ils connaissent mon frère.
Vous buvez ce café.

(c) *Exercice écrit (p. 419).*

100. EXERCICES

(a) *Mettez les phrases suivantes au futur:*

Je me promène ici.
Tu quittes le bureau.
Il achète une voiture.
Nous nous levons à sept heures.
Vous amenez vos amis.
Ils °enseignent le français.

Nous arrivons à midi.
Vous déjeunez avec Paul.
Ils aident votre cousine.
Elle écoute sa mère.
Tu accompagnes mon frère.
Je lève la main gauche.

(b) *Répétez l'exercice précédent en mettant chaque phrase au négatif en même temps.*

(c) *Exercice écrit (p. 420).*

99 The Future Tense: Second and Third Conjugation Verbs

Je veux finir ce travail	et je	le	**finir**	**ai**	avant midi.
Tu veux finir ce travail	et tu	le	**finir**	**as**	avant midi.
Il veut finir ce travail	et il	le	**finir**	**a**	avant midi.
Nous voulons finir ce travail	et nous	le	**finir**	**ons**	avant midi.
Vous voulez finir ce travail	et vous	le	**finir**	**ez**	avant midi.
Ils veulent finir ce travail	et ils	le	**finir**	**ont**	avant midi.

Je peux répondre à Jean	et je	lui	**répondr**	**ai**	bientôt.
Tu peux répondre à Jean	et tu	lui	**répondr**	**as**	bientôt.
Il peut répondre à Jean	et il	lui	**répondr**	**a**	bientôt.
Nous pouvons répondre à Jean	et nous	lui	**répondr**	**ons**	bientôt.
Vous pouvez répondre à Jean	et vous	lui	**répondr**	**ez**	bientôt.
Ils peuvent répondre à Jean	et ils	lui	**répondr**	**ont**	bientôt.

Study the formation of the future tense. It is formed by adding `-ai` [e], `-as` [a], `-a` [a], `-ons` [ɔ̃], `-ez` [e], `-ont` [ɔ̃] to the INFINITIVE of the verb. Note that the endings for `je` and `vous`, `tu` and `il`, `nous` and `ils` are pronounced alike. With verbs ending in `-re`, the *e* is dropped in orthography before the future ending is added.

100 The Future Tense: First Conjugation Verbs (1)

Je vais	**monter**	sur cette échelle.	[mɔ̃te]
Je	**monterai**	sur cette échelle.	[mɔ̃tʀe]
Je	**monte**	sur cette échelle.	[mɔ̃t]
Je vais	**donner**	cet argent.	[dɔne]
Je	**donnerai**	cet argent.	[dɔnʀe]
Je	**donne**	cet argent.	[dɔn]
Je vais	**acheter**	une cravate.	[aʃte]
J'	**achèterai**	une cravate.	[aʃɛtʀe]
J'	**achète**	une cravate.	[aʃɛt]

Study the future tense of the first conjugation verbs just given. Note that with these verbs the observation we made in the preceding lesson (FUTURE = INFINITIVE + FUTURE ENDING) is true only in orthography. The future tense is pronounced as the SINGULAR PRESENT INDICATIVE followed by [ʀe], [ʀa], [ʀɔ̃].

101. EXERCICES

(a) *Mettez les phrases suivantes au futur:*

    Je parle à mon ami.
    Tu fermes cette porte.
    Il adore cette jeune fille.
    Nous préférons le café.
    Vous °gardez la monnaie.
    Ils entrent dans la salle.
    Ils admirent cette statue.
    Vous considérez cet enfant.
    Nous préparons le dîner.
    Il cède sa °place.
    Tu °pleures de joie.
    Je cherche le professeur.

(b) *Répétez l'exercice précédent en mettant chaque phrase au négatif en même temps.*

(c) *Exercice écrit (p. 420).*

102. EXERCICES

(a) *Mettez les phrases suivantes au futur:*

    Je peux aller en Europe.
    Tu veux venir ce soir.
    Il est à la maison.
    Nous faisons une promenade.
    Vous avez très soif.
    Ils viennent demain soir.
    J'ai dix-neuf ans.
    Tu es très fatigué.
    Il sait la réponse.
    Nous savons la vérité.
    Nous faisons attention.
    Vous savez la réponse.
    Vous venez cet après-midi.
    Ils font leurs devoirs.
    Ils peuvent voyager.
    Il veut rester là-bas.
    Tu vas en France.
    Je viens vers midi et demi.

(b) *Exercice écrit (p. 420).*

101 The Future Tense: First Conjugation Verbs (2)

Je vais	°créer	un °style nouveau.	[kRee]
Je	créerai	un style nouveau.	[kReəRe]
Je	crée	un style nouveau.	[kRe]

Je vais	préparer	le °souper.	[pRepaRe]
Je	préparerai	le souper.	[pRepaRəRe]
Je	prépare	le souper.	[pRepaR]

Je vais	parler	français.	[paRle]
Je	parlerai	français.	[paRləRe]
Je	parle	français.	[paRl]

Note in the foregoing examples that if the present singular stem ends in a VOWEL, [R], or TWO CONSONANTS, the future endings are pronounced [əRe], [əRa], [əRɔ̃].

Note in the following examples, however, that with verbs having *é* in the IN-FINITIVE stem, this *é* is retained in the future tense, although it changes to *è* in the singular and the third person plural forms of the present:

Je vais	préférer	la bière.	[pRefeRe]
Je	préférerai	la bière.	[pRefeRəRe]
Je	préfère	la bière.	[pRefɛR]

Je vais vous	°céder	ma place.	[sede]
Je vous	céderai	ma place.	[sɛdRe]
Je vous	cède	ma place.	[sɛd]

102 The Future Tense: Irregular Future Stems

Some of the irregular verbs we have studied so far have irregular future STEMS.

| avoir | Marie | aur | a | beaucoup de succès. | [ɔRa] |
| être | Marie | ser | a | très contente. | [səRa] |

aller	Marie	ir	a	en France cet été.	[iRa]
faire	Marie	fer	a	ses devoirs avant midi.	[fəRa]
pouvoir	Marie	pourr	a	venir avec Jeanne.	[puRa]
savoir	Marie	saur	a	cette leçon.	[sɔRa]
venir	Marie	viendr	a	cet après-midi.	[vjɛ̃dRa]
vouloir	Marie	voudr	a	faire une promenade.	[vudRa]

REVIEW LESSON VII

Au Cercle Français

Chez Barbara. Elle est au salon, en train de faire¹ ses devoirs de français. Le téléphone sonne. Elle prend le récepteur.

BARBARA	Allô²?	
JEAN-PIERRE	Allô, c'est vous, Barbara?	
BARBARA	Oui. Comment ça va, Jean-Pierre?	5
JEAN-PIERRE	Bien, merci. Où étiez-vous cet après-midi? J'espérais vous voir à la bibliothèque, comme d'habitude.³	
BARBARA	Je suis allée à la réunion du Cercle Français. Ces réunions ont lieu le jeudi après-midi,⁴ à trois heures.	
JEAN-PIERRE	Je ne savais pas. Qu'est-ce qui s'est passé à la réunion?	10
BARBARA	Pas grand'chose.⁵ Quand je suis entrée dans la salle de réunion, une jeune fille était en train de parler de ses vacances en France. Elle parlait trop bas,⁶ son français n'était pas très bon, j'étais assise au dernier rang, enfin,⁷ je n'ai pas très bien compris.	
JEAN-PIERRE	Vous vous êtes ennuyée, alors?	15
BARBARA	Oh, ce n'était pas trop mal, tout de même.⁸ Après cette conférence, tout le monde⁹ s'est réparti en groupes pour converser en français. Il y avait du café et des petits gâteaux.¹⁰ J'ai même fait la connaissance¹¹ d'un Français.	
JEAN-PIERRE	Vraiment? Comment s'appelle-t-il?	20

NOTES

¹ (être) en train de + infinitive corresponds to English *to be in the midst of doing, to be busy doing something.* ² *Hello* (this word is used only for telephone calls). ³ *as usual.* ⁴ le before the days of week implies a regular occurrence: dimanche for *Sunday, on Sunday,* but le dimanche for *every Sunday, on Sundays.* ⁵ *Not much.* ⁶ *in too low a voice; in a whisper.* ⁷ *in short.* ⁸ quand même. ⁹ *everyone.* ¹⁰ *cookies* (petits gâteaux, like jeune fille, is considered one word; hence des rather than de is used before the plural form). ¹¹ faire la connaissance de means *to meet someone for the first time* (that is, *make his acquaintance*), whereas rencontrer means *to meet someone accidentally* (*encounter*).

147

	BARBARA	Franchement, je ne sais pas. Il était de taille moyenne,[12] il avait les cheveux noirs, comme vous. Il portait des lunettes. Il a dit qu'il était étudiant de chimie. Il était très bavard. Il m'a parlé d'un tas de choses.
25	JEAN-PIERRE	C'est sûrement André Raymond.
	BARBARA	Le connaissez-vous?
	JEAN-PIERRE	Assez bien. J'ai fait sa connaissance il y a deux mois au cours d'une soirée donnée pour les étudiants français.
	BARBARA	Votre ami a l'air très intelligent.[13]
30	JEAN-PIERRE	C'est un type très sympathique. Mais ... pour changer de sujet, est-ce qu'il y aura une réunion du Cercle Français jeudi prochain?
	BARBARA	Sans doute.
	JEAN-PIERRE	Alors, je vous y accompagnerai.
	BARBARA	Pour me protéger contre Monsieur Raymond?
35	JEAN-PIERRE	Vous plaisantez. J'assisterai à[14] la réunion pour avoir le plaisir de votre charmante compagnie.
	BARBARA	Et puis vous espérez manger des gâteaux et boire du café! Vous voulez faire la connaissance de jeunes filles qui seront charmées de votre français.
40	JEAN-PIERRE	Comme[15] vous jugez mal mes intentions, Barbara!

NOTES

[12] *of medium (middle) height.* [13] **avoir l'air** + adjective corresponds to English *to seem* + adjective. The adjective may or may not agree with the subject: **Elle a l'air content(e).** [14] *I will attend* (**attendre** means *to wait* [*for*]). [15] *How.*

Questions

1. *Répondez aux questions suivantes d'après le texte (lignes 1–10):*

    (a) Qu'est-ce que Barbara est en train de faire?
    (b) Qui lui téléphone?
    (c) Qu'est-ce que Jean-Pierre espérait faire?
    (d) Où Barbara est-elle allée?
    (e) Quand est-ce que ces réunions ont lieu?

2. *Faites de même (lignes 11–19):*

    (a) Barbara est-elle arrivée à l'heure à la réunion?
    (b) De quoi la jeune fille parlait-elle?
    (c) Pourquoi Barbara n'a-t-elle pas compris?
    (d) Où était-elle assise?
    (e) Qu'est-ce qui s'est passé après la conférence?
    (f) De qui Barbara a-t-elle fait la connaissance?

3. *Faites de même (lignes 20–28):*

    (a) De quelle couleur étaient les cheveux de ce Français?
    (b) Qu'est-ce qu'il portait?

(c) De quoi a-t-il parlé à Barbara?
(d) Comment s'appelle-t-il?
(e) Où Jean-Pierre a-t-il fait sa connaissance?

4. *Faites de même (lignes 29–40):*

(a) Quelle sorte d'étudiant André Raymond est-il?
(b) Où Jean-Pierre veut-il aller jeudi prochain?
(c) Quel plaisir veut-il avoir?
(d) De quoi les jeunes filles seront-elles charmées?
(e) Qu'est-ce que Jean-Pierre pense de l'avis de Barbara?

Exercices de revision

1. *Conjuguez oralement les phrases suivantes, d'abord à l'imparfait, puis au futur:*

(a) Je me promène au °bord de la mer.
(b) Je ne sais pas la réponse.
(c) Je m'endors dans ce °fauteuil.
(d) Je lis un journal français.
(e) Je suis étudiant.
(f) Je ne peux pas vous aider.
(g) Je fais la connaissance de cette dame.
(h) Je ne porte pas de lunettes.
(i) Je ne m'ennuie pas tellement.

2. *Posez des questions sur les mots imprimés en caractères gras:*

(a) La réunion a lieu **une fois par semaine**.
(b) Elle est en train de parler **de ses vacances**.
(c) Elle parlait **trop bas**.
(d) J'étais assise **au dernier rang**.
(e) Je ferai la connaissance **d'un Français**.
(f) Je vais assister à **un °concert**.

3. *Ecrivez des phrases en employant les mots et les expressions suivantes:*

(a) **passé**
(b) **ennuyais**
(c) **même**
(d) **il y a un an**
(e) **prochain**
(f) **le dimanche**
(g) **en train de**
(h) **assisté**

4. *Répondez aux questions suivantes d'après votre propre expérience:*

(a) Que faisiez-vous ce matin, vers dix heures?
(b) Qu'est-ce que vous ferez ce soir?
(c) A quelle heure vous lèverez-vous demain?
(d) De qui voulez-vous faire la connaissance?
(e) Qu'est-ce que vous êtes en train de faire?
(f) Comment vous appelez-vous?

(g) Comment s'appelle votre professeur de français?
(h) Qui avez-vous rencontré ce matin?
(i) Qu'est-ce que vous faites le samedi?
(j) Y a-t-il un cercle français à votre école?
(k) A quoi voulez-vous assister?
(l) A quelles classes irez-vous °lundi prochain?
(m) Où passerez-vous vos vacances d'été?
(n) Combien d'argent aurez-vous le mois prochain?
(o) Que vouliez-vous faire ce matin?
(p) Qu'est-ce que vous avez fini par faire?
(q) Quand avez-vous fait la connaissance de votre professeur?
(r) Quand irez-vous au cinéma?
(s) A quelle heure vous couchiez-vous quand vous aviez dix ans?
(t) Combien de temps dormiez-vous alors?

103. EXERCICES

(a) *Répondez affirmativement en employant les pronoms personnels toniques:*

Venez-vous avec Marie?
Venez-vous avec Jean?
Etudiez-vous avec Jacques?
Etudiez-vous avec ces étudiants?
Jouez-vous chez Pauline?
Jouez-vous chez Jacques?

Etes-vous fâché contre vos amis?
Etes-vous fâché contre vos sœurs?
Parlez-vous de vos parents?
Parlez-vous de votre oncle?
Arrivez-vous sans Marianne?
Arrivez-vous sans vos cousins?

(b) *Exercice écrit (p. 420).*

104. EXERCICES

(a) *Répondez affirmativement aux questions suivantes:*

Est-ce que je viens chez toi?
Est-ce que je danse avec toi?
Est-ce que je joue avec toi?
Est-ce que je parle de toi?

Est-ce que tu viens chez moi?
Est-ce que tu danses avec moi?
Est-ce que tu joues avec moi?
Est-ce que tu parles de moi?

(b) *Répondez affirmativement en employant la forme* **nous** *ou la forme* **vous**, *selon le cas:*

Venez-vous chez nous?
Dansez-vous avec nous?
Jouez-vous avec nous?
Parlez-vous de nous?

Venons-nous chez vous?
Dansons-nous avec vous?
Jouons-nous avec vous?
Parlons-nous de vous?

(c) *Exercice écrit (p. 420).*

105. EXERCICES

(a) *Dans les phrases suivantes, remplacez chaque substantif ou chaque nom propre précédé de* **de** *par le pronom approprié:*

J'ai besoin de votre livre.
Je suis content de ce disque.
Je parle de mon frère.
Je suis content de ces cahiers.

J'ai peur des autos.
Je parle de mon examen.
J'ai besoin de Marianne.
J'ai peur de vos parents.

103 The Stressed Personal Pronouns: *lui, elle, eux, elles*

Vous venez avec	Charles.	Vous venez avec	lui.
Vous venez avec	Yvonne.	Vous venez avec	elle.
Vous venez avec	vos frères.	Vous venez avec	eux.
Vous venez avec	vos sœurs.	Vous venez avec	elles.

When a noun referring to persons is the object of a preposition, it must be replaced by the stressed personal pronoun (sometimes called the DISJUNCTIVE PRONOUN) after that preposition. The third person stressed pronouns are: **lui** (singular) and **eux** (plural) for the masculine, **elle** (singular) and **elles** (plural) for the feminine.

104 The Stressed Personal Pronouns: *moi, nous, toi, vous*

Je	serai chez	**moi**	ce soir.
Nous	serons chez	**nous**	ce soir.
Tu	seras chez	**toi**	ce soir.
Vous	serez chez	**vous**	ce soir.

The stressed personal pronouns for the first person are **moi** (singular) and **nous** (plural), and for the second person **toi** (singular) and **vous** (plural).

105 The Replacement of Prepositional Phrases by *en* or by *de* + Stressed Pronoun

Il parle	**de son auto.**	Il	**en**	parle.
Il a besoin	**de mon livre.**	Il	**en**	a besoin.
Il a peur	**des autos.**	Il	**en**	a °peur.
Il est content	**de nos réponses.**	Il	**en**	est content.

J'ai des amis à Paris.
J'ai peur de votre examen.
Je parle de mon professeur.
Je suis content de cette réponse.

J'ai des livres.
Je suis fier de mon ami.
Je parle de mon voyage.
Je suis fier de mon auto.

(b) *Répétez l'exercice précédent en mettant chaque phrase au négatif en même temps.*

(c) *Exercice écrit (p. 421).*

106. EXERCICES

(a) *Répondez affirmativement aux questions suivantes en employant y:*

Travaillez-vous à votre thèse?
Etes-vous à la maison?
Répondez-vous à ma lettre?
Etes-vous sur la °terrasse?
Allez-vous à l'université?

Allez-vous à l'école?
Restez-vous à la maison?
Obéissez-vous à la loi?
Entrez-vous dans la salle?
Répondez-vous à la question?

(b) *Répondez affirmativement en employant y, lui ou leur:*

Parlez-vous à vos amis?
Obéissez-vous à la règle?
Ecrivez-vous à cet enfant?
Répondez-vous à la question?
Restez-vous devant la porte?

Répondez-vous à mes parents?
Restez-vous à la maison?
Obéissez-vous à la maîtresse?
Ecrivez-vous à Roger?
Etes-vous à la maison?

(c) *Exercice écrit (p. 421).*

107. EXERCICES

(a) *Répondez affirmativement en remplaçant chaque complément indirect par y, lui, à lui, à eux, etc., selon le cas:*

Obéissez-vous à Paul?
Pensez-vous à Marie?
Répondez-vous à ma lettre?
Pensez-vous à votre °avenir?
Cette montre est-elle à Michel?
Répondez-vous à vos parents?
Obéissez-vous à vos parents?
Ce cahier est-il à Jeanne?

Répondez-vous à Jacques?
Ce tableau est-il à Jean?
Allez-vous au restaurant?
Ecrivez-vous à Robert?
Parlez-vous à André?
Pensez-vous à vos parents?
Répondez-vous à vos parents?
Ces journaux sont-ils à Marie?

(b) *Répétez l'exercice précédent en répondant négativement à chaque question.*

(c) *Exercice écrit (p. 421).*

Il parle	de Jacques.	Il parle	de lui.
Il a besoin	de ses amis.	Il a besoin	d' eux.
Il a peur	du professeur.	Il a peur	de lui.
Il est content	de son amie.	Il est content	d' elle.

When de is followed by a thing (or idea), the entire phrase is replaced by en . But when de is followed by a person, the noun is usually replaced by a STRESSED PERSONAL PRONOUN.

Note, however, that the foregoing rule does not apply to the PARTITIVE ARTICLE. All nouns (whether things or persons) after the partitive article are replaced, together with the article, by en . See Step 30, page 49.

106 The Unstressed Pronominal Adverb y

Charlotte va	à	l'école.	Elle	y	va.
Charlotte reste	dans	la salle.	Elle	y	reste.
Charlotte est	devant	sa maison.	Elle	y	est.
Charlotte est °assise	sur	sa chaise.	Elle	y	est assise.
Charlotte travaille	à	sa °thèse.	Elle	y	travaille.
Charlotte répond	aux	lettres.	Elle	y	répond.

Note that à , dans , devant , sur + THING are replaced by the pronominal adverb y . Y is not always equated with the English *there*, as you will observe in the last two sentences of the foregoing examples.

Remember that à + PERSON is usually replaced by lui (singular) or leur (plural). See Step 59, page 87.

107 The Use of *à* + Stressed Personal Pronoun

Parlez-vous	à Pierre?	Oui, je	lui	parle.
Obéissez-vous	à Charles?	Oui, je	lui	obéis.
Répondez-vous	à Jean?	Oui, je	lui	réponds.

However, consider the following:

| Pensez-vous | à vos amis? | Oui, je pense | à eux. |
| Ce cahier est-il | à Paul? | Oui, il est | à lui. |

The normal replacement of à + PERSON is lui or leur , as we learned in Step 59. But after some verbs, such as penser à (*to think about*) and être à (*to belong to*), à + PERSON must be replaced by à + STRESSED PERSONAL PRONOUN.

108. EXERCICES

(a) *Répondez affirmativement aux questions suivantes:*

> Vous asseyez-vous près de la porte?
> Vous asseyez-vous près de la fenêtre?
> Est-ce que je m'assieds sur cette chaise?
> Est-ce que je m'assieds sur ce banc?
> Marie s'assied-elle ici?
> Marie s'assied-elle là-bas?
> Les enfants s'asseyent-ils près d'ici?
> Les enfants s'asseyent-ils près de la table?

(b) *Répétez l'exercice précédent en répondant négativement à chaque question.*
(c) *Répétez l'exercice (a) en mettant chaque question au passé composé.*
(d) *Exercice écrit (p. 421).*

109. EXERCICES

(a) *Mettez les phrases suivantes au présent:*

> J'ai vu votre maison.
> Tu as vu les photos de Paris.
> Il a vu un beau chien.
> Nous avons vu un bon film.
> Vous avez vu mes parents.
> Ils ont vu un petit chat.
>
> Nous avons vu trois films.
> Vous avez vu cette erreur.
> Ils ont vu ma chambre.
> J'ai vu ce °portrait.
> Tu as vu ce °magazine.
> Il a vu trois enfants.

(b) *Répétez l'exercice précédent en mettant chaque phrase au futur.*
(c) *Exercice écrit (p. 421).*

108 The Verb *s'asseoir*

Je	m'	assieds.	[asje]
Tu	t'	assieds.	[asje]
Il	s'	assied.	[asje]
Nous	nous	asseyons.	[asɛjɔ̃]
Vous	vous	asseyez.	[asɛje]
Ils	s'	asseyent.	[asɛj]
Il	va s'	asseoir.	[aswaʀ]
Il	s'est	assis.	[asi]
Il	s'	assiéra.	[asjeʀa]

Distinguish between s'asseoir (*to sit down*) and être assis (*to be sitting or seated*). The same kind of distinction exists between se lever (*to get up*) and être debout (*to be standing*). S'asseoir and se lever describe an action, whereas être assis and être debout describe a condition.

Le professeur a dit à Yvonne: **Asseyez-vous**[1]! Alors Yvonne **s'est assise**. Elle **est assise** maintenant.

Le directeur a dit à Yvonne: **Levez-vous**[1]! Alors Yvonne **s'est levée**. Elle **est debout** maintenant.

Debout is an adverb; hence it does not agree with the subject, whereas assis does.

109 The Verb *voir*

Study the forms of the irregular verb voir (*to see*).

Je	vois	un bel arbre.	[vwa]
Tu	vois	cette maison.	[vwa]
Il	voit	une belle voiture.	[vwa]
Nous	voyons	que vous êtes fâché.	[vwajɔ̃]
Vous	voyez	un vieil homme.	[vwaje]
Ils	voient	qu'elle est belle.	[vwa]
Il va	voir	votre père.	[vwaʀ]
Il a	vu	cette photo.	[vy]
Il	verra	que j'ai °raison.	[veʀa]

---

[1] In the affirmative imperative, pronoun objects are placed AFTER the verb. This construction will be studied in Steps 122 and 123, pages 173 and 175.

110. EXERCICES

(a) *Répondez affirmativement en employant le pronom **le**:*

Dites-vous que je suis malade?
Savez-vous que Paul est °absent?
Comprenez-vous que je suis fâché?
Voyez-vous que je suis occupé?
Etes-vous étudiant?
Etes-vous intelligent?
Etes-vous discret?

Dites-vous que Marie est belle?
Savez-vous que je suis épuisé?
Comprenez-vous que je suis sérieux?
Voyez-vous que vous vous trompez?
Etes-vous sérieux?
Etes-vous professeur?
Etes-vous facteur?

(b) *Répétez l'exercice précédent en répondant négativement à chaque question.*

(c) *Répondez négativement en employant **le** ou **la**, selon le cas:*

Savez-vous la vérité?
Comprenez-vous que je suis épuisé?
Voyez-vous que je suis sérieux?
Dites-vous que vous êtes fatigué?
Etes-vous un bon étudiant?
Voyez-vous cette maison?

Savez-vous qu'il est parti?
Etes-vous très paresseux?
Dites-vous la vérité?
Comprenez-vous cette leçon?
Savez-vous cette adresse?
Voyez-vous que vous vous trompez?

(d) *Exercice écrit (p. 421).*

111. EXERCICES

(a) *Remplacez les compléments par **l'y** ou **les y**, selon le cas:*

Nous mettons ces livres dans le tiroir.
Tu caches ta poupée °derrière la table.
Vous apportez vos disques à la soirée.

Je mets le livre sur la table.
Tu envoies tes lettres à New York.
Vous amenez vos amis à la réunion.

(b) *Remplacez les compléments par **le lui, la lui, les leurs**, etc., selon le cas:*

Je cache mes livres à mon frère.
Nous cachons le livre sous le lit.
Tu donneras tes cahiers à Jeanne.
Il envoie ses amis à la réunion.
J'apporte ces livres à la classe.
Je cache mon argent à mes parents.

Je cache ces livres dans le tiroir.
Il amènera ses amis à la réunion.
Elle met son stylo sur la table.
J'invite mes amis à la soirée.
Vous envoyez ce paquet à Jacques.
Ils mettent les disques sur le lit.

(c) *Exercice écrit (p. 422).*

110 The Invariable Pronoun *le*

Etes-vous	malade?		Je	le	suis.
Etes-vous	fâchée?		Je	le	suis.
Etes-vous	professeur?		Je	le	suis.
Etes-vous	étudiants?		Nous	le	sommes.
Etes-vous	contents?		Nous	le	sommes.

A-t-il dit	que j'étais là?		Oui, il	l'	a dit.
Savez-vous	que Marie est ici?		Oui, je	le	sais.
Comprend-il	qu'il se °trompe?		Oui, il	le	comprend.
Voyez-vous	que c'est vrai?		Oui, je	le	vois.

The invariable pronoun le may be used to replace an *adjective*, an *entire clause* (or an idea), or a *noun not preceded by the definite article*. Study also the following examples:

Etes-vous	étudiante?	Oui, je	le	suis.
Etes-vous	une bonne étudiante?	Oui, je	le	suis.
Etes-vous	l'étudiante de M. Dupont?	Oui, c'est moi.

Etes-vous	étudiants?	Oui, nous	le	sommes.
Etes-vous	de bons étudiants?	Oui, nous	le	sommes.
Etes-vous	les étudiants de M. Brown?	Oui, c'est nous.

111 The Sequence of Pronouns Including *y*

Charles envoie	ses enfants	à Paris.	Il	les	y	envoie.
Charles met	son livre	sur la table.	Il	l'	y	met.
Charles amène	sa sœur	à la soirée.	Il	l'	y	amène.

The pronominal adverb y follows the pronouns le, la, les. Note that le and la become l' before y.

Louise	m'	envoie	à votre bureau.	Elle	m'	y	envoie.
Louise	t'	amènera	à la soirée.	Elle	t'	y	amènera.
Louise	s'	assied	sur la chaise.	Elle	s'	y	assied.
Louise	nous	mène	au cinéma.	Elle	nous	y	mène.
Louise	vous	invite	à la soirée.	Elle	vous	y	invite.

Note also that y comes after me, te, se, nous, vous, and that me, te, and se become m', t', and s'.

112. EXERCICES

(a) *Répondez affirmativement en remplaçant chaque complément par le pronom approprié:*

Envoyez-vous des lettres à Marie?
Ecrivez-vous des notes en classe?
Parlez-vous du voyage à vos amis?
Me parlez-vous de vos vacances?
M'apportez-vous des journaux?
M'écrivez-vous des lettres?
Vous donne-t-il du papier?
Vous pose-t-il cette question?
Vous vend-il sa voiture?

Parlez-vous de ce °projet à vos amis?
Mettez-vous des lettres sur la table?
Portez-vous des lettres à Marie?
Me donnez-vous des journaux?
M'envoyez-vous des cartes?
Me cachez-vous cet argent?
Vous parle-t-il de ses vacances?
Vous apporte-t-il des cadeaux?
Vous envoie-t-il la lettre?

(b) *Répétez l'exercice précédent en répondant négativement à chaque question.*
(c) *Exercice écrit (p. 422).*

113. EXERCICES

(a) *Répondez négativement en employant le pronom en:*

Y a-t-il beaucoup d'étudiants?
Y a-t-il beaucoup de café?
Y a-t-il trop de livres?
Y a-t-il trop de vin rouge?
Y a-t-il assez de professeurs?

Y a-t-il trop de bière?
Y a-t-il assez d'argent?
Y a-t-il beaucoup de journaux?
Y a-t-il trop d'enfants?
Y a-t-il assez de bons livres?

(b) *Répondez négativement en remplaçant chaque complément par le pronom approprié:*

Me donnez-vous cette montre?
Me parlez-vous de vos idées?
M'expliquez-vous cette leçon?
M'écrivez-vous des lettres?
Me cachez-vous la vérité?
Me parlez-vous de vos amis?

Lui cachez-vous cet argent?
Lui donnez-vous cette réponse?
Lui apportez-vous des cadeaux?
Lui envoyez-vous des cartes?
Lui expliquez-vous cette leçon?
Lui parlez-vous de vos parents?

(c) *Exercice écrit (p. 422).*

112 The Sequence of Pronouns Including *en*

Jean parle	de son auto	à son ami.	Il	lui	en	parle.
Jean donne	de l'argent	à son frère.	Il	lui	en	donne.
Jean envoie	des lettres	à ses parents.	Il	leur	en	envoie.

Elise envoie	des paquets	à Paris.	Elle	y	en	envoie.
Elise met	de l'argent	sur la table.	Elle	y	en	met.

Suzanne	me	donne	de l'argent.	Elle	m'	en	donne.
Suzanne	te	donne	du café.	Elle	t'	en	donne.
Suzanne	se	donne	du mal.	Elle	s'	en	donne.
Suzanne	nous	donne	des cadeaux.	Elle	nous	en	donne.
Suzanne	vous	donne	de l'eau.	Elle	vous	en	donne.

Note that en follows lui , leur , y , and m' , t' , s' , nous , vous .

113 The Sequence of Pronouns: Summary and Conclusion

The unstressed pronouns and pronominal adverbs precede the verb in the following order:

1		2		3		4		5
me te se nous vous	before	le la les	before	lui leur	before	y	before	en

The sequence 1 + 3 is avoided in French. If a pronoun under 1 is to be used as the direct object of the verb, the indirect object, which is a person rather than a thing or place, must be expressed by à + STRESSED PERSONAL PRONOUN. Such a construction is quite common with the verb présenter (*to introduce*) and adresser (*to send, to refer*):

Daniel	me	présente	à Robert.		Il	me	présente	à lui.
Daniel	te	présente	à Lucille.		Il	te	présente	à elle.
Daniel	nous	présente	à ses amis.		Il	nous	présente	à eux.
Daniel	vous	adresse	à son père.		Il	vous	adresse	à lui.
					Il	m'	adresse	à vous.
					Il	vous	adresse	à moi.

REVIEW LESSON VIII

Un cas de grippe

BARBARA   Allô!
JEAN-PIERRE   C'est vous, Barbara?
BARBARA   Oui, c'est moi. Qu'est-ce qui vous est arrivé? Vous n'êtes pas venu à la réunion du Cercle Français. Je vous ai attendu vingt minutes[1] devant la bibliothèque.
JEAN-PIERRE   J'ai essayé plusieurs fois de vous téléphoner, mais la ligne était occupée.
BARBARA   Qu'est-ce qui s'est passé?
JEAN-PIERRE   Je suis allé à l'hôpital cet après-midi. J'ai la grippe et je peux à peine[2] respirer.
BARBARA   Oh, je ne savais pas ... Ce n'est pas sérieux, j'espère. Depuis quand avez-vous cette grippe?
JEAN-PIERRE   Depuis hier matin. J'ai eu toute la journée[3] un mal de tête affreux, mais je suis quand même allé en classe le matin. Quand je suis rentré à la cité, j'ai manqué de m'évanouir.[4] Mon ami Kovalski, qui était avec moi, m'a persuadé d'aller voir un médecin.
BARBARA   Kovalski? La vedette de notre équipe de football?
JEAN-PIERRE   C'est ça. Nous sommes très bons amis, lui et moi. Je l'aide à faire ses devoirs de français de temps en temps.
BARBARA   Est-ce qu'il vous a accompagné à l'hôpital?
JEAN-PIERRE   Oui, vous savez qu'il a eu un accident le mois dernier au cours du dernier match[5] de la saison.
BARBARA   Et qu'est-ce que vous avez fait à l'hôpital?
JEAN-PIERRE   Kovalski m'a présenté à un jeune docteur aux cheveux blonds, qui était très sympathique.

NOTES

[1] **pendant** is omitted when the time element follows the verb directly. [2] *hardly*. [3] *all day long*. [4] *I almost fainted* (**manquer de** + INFINITIVE means *to almost do something*). [5] Note the use of **dernier** in the sentence. Used before a noun, it means *last in a series*, and after a noun, *just elapsed*.

	BARBARA	Est-ce qu'il portait des lunettes?
	JEAN-PIERRE	Oui.
	BARBARA	C'est le docteur Hardin,⁶ alors.
	JEAN-PIERRE	Tiens, vous le connaissez?
30	BARBARA	Pas exactement. J'ai entendu dire⁷ que c'est un très bon médecin. Mon père connaît assez bien sa femme, Nancy. Qu'est-ce que le docteur a dit de votre grippe?
	JEAN-PIERRE	Il m'a dit de rester au lit pendant quelques jours. Je vais le revoir demain après-midi. Il m'a donné des médicaments.
35	BARBARA	J'espère que vous allez mieux⁸ maintenant.
	JEAN-PIERRE	Je vais déjà beaucoup mieux, Barbara, et je ne manquerai pas notre rendez-vous jeudi prochain.

NOTES

⁶ Before all titles, except **monsieur, madame, mademoiselle**, and in direct speech (talking to that person), the definite article must be used. ⁷ *I have heard people say.* ⁸ the comparative of **bien** (*better*).

Questions

1. *Répondez aux questions suivantes d'après le texte (lignes 1–10):*

   (a) Où est-ce que Jean-Pierre n'est pas allé?
   (b) Pourquoi n'y est-il pas allé?
   (c) Qu'est-ce qu'il a essayé de faire?
   (d) Où est-il allé cet après-midi?
   (e) Qu'est-ce qu'il a?

2. *Faites de même (lignes 11–19):*

   (a) Depuis quand a-t-il cette grippe?
   (b) Qu'est-ce qu'il a eu toute la journée?
   (c) Qu'est-ce qui lui est arrivé quand il est rentré?
   (d) Qui était avec lui?
   (e) Qui est Kovalski?

3. *Faites de même (lignes 20–29):*

   (a) Qu'est-ce qui est arrivé à Kovalski?
   (b) A qui a-t-il présenté Jean-Pierre?
   (c) Quelle sorte de médecin était-ce?
   (d) Comment s'appelle-t-il?

4. *Faites de même (lignes 30–37):*

   (a) Qu'est-ce que Barbara a entendu dire?
   (b) Qui connaît bien Madame Hardin?
   (c) Quel est le prénom de Madame Hardin?
   (d) Qu'est-ce que le docteur a dit à Jean-Pierre?
   (e) Quand est-ce que Jean-Pierre va revoir le médecin?
   (f) Qu'est-ce que le médecin lui a donné?
   (g) Comment va-t-il maintenant?

Exercices de revision

1. *Conjuguez oralement les phrases suivantes:*

    (a) J'ai essayé plusieurs fois de lui téléphoner.
    (b) Je peux à peine dormir.
    (c) J'avais un mal de tête affreux.
    (d) J'ai manqué de m'évanouir.
    (e) J'ai entendu dire que Marie est venue.
    (f) J'ai eu un accident ce matin.
    (g) Je m'assieds près de mon professeur.
    (h) Moi, je ne vois pas cela.

2. *Posez des questions sur les mots imprimés en caractères gras:*

    (a) **Le téléphone** vient de sonner.
    (b) Je vous ai attendu **vingt minutes**.
    (c) Cet accident est arrivé **il y a un mois**.
    (d) J'ai entendu dire **que vous étiez malade**.
    (e) Il m'a donné **des médicaments**.
    (f) Je ne manquerai pas **notre rendez-vous**.

3. *Ecrivez des phrases en employant les mots et les expressions suivantes:*

    (a) **à peine**   (e) **mieux**
    (b) **depuis**   (f) **assiéras**
    (c) **dernier**   (g) **vu**
    (d) **présentez**   (h) **au cours de**

4. *Répondez aux questions suivantes d'après votre propre expérience:*

    (a) Quand prenez-vous le récepteur du téléphone?
    (b) Quand °raccrochez-vous le récepteur?
    (c) Qu'est-ce que vous pouvez à peine faire?
    (d) Qu'est-ce que vous avez entendu dire ce matin?
    (e) A qui est-ce que vous ne voulez pas penser?
    (f) Qui verrez-vous demain soir?
    (g) Est-ce que vous vous êtes jamais évanoui(e)?
    (h) Qu'est-ce que vous espérez faire demain?
    (i) Que faites-vous quand vous avez la grippe?
    (j) Qui vous donne des médicaments?
    (k) Qu'est-ce que votre professeur vous dit de vos devoirs?
    (l) Qu'est-ce qu'il vous a dit de faire?
    (m) Qui vous a persuadé d'étudier le français?
    (n) A qui téléphonez-vous très souvent?
    (o) Qu'est-ce que vous avez manqué de faire hier matin?
    (p) Où voulez-vous vous asseoir quand vous assistez à un match de football?
    (q) Qui verrez-vous ce week-end?
    (r) Qui est-ce que vous ne voulez pas revoir?
    (s) A qui dites-vous de parler français?

114. EXERCICES

(a) *Exercice de substitution:*

Je ne regarde pas	**de livres.**	**Nous n'avons pas**	**d' argent.**
Je ne regarde **jamais**	de livres.	Nous n'avons **jamais**	d' argent.
Je ne regarde jamais	de **journaux.**	Nous n'avons jamais	de **café.**
Je ne regarde **plus**	de journaux.	Nous n'avons **plus**	de café.
Je ne regarde plus	de **tableaux.**	Nous n'avons plus	de °**bananes.**
Je ne regarde **pas**	de tableaux.	Nous n'avons **pas**	de bananes.
Je ne regarde pas	de **livres.**	Nous n'avons pas	d' **argent.**
Je ne regarde **rien.**		Nous n'avons **rien**	
Je ne regarde **personne.**		Nous n'avons **personne.**	

(b) *Mettez les phrases suivantes au passé composé:*

Je ne lis pas de magazines.
Tu n'arrives jamais en retard.
Il ne comprend jamais la leçon.
Nous ne faisons rien.
Vous ne posez jamais de questions.
Ils n'apprennent rien.

Je ne danse jamais avec lui.
Tu ne punis personne.
Elle ne cherche rien.
Nous ne dérangeons personne.
Vous n'écrivez rien.
Ils ne finissent jamais leur travail.

(c) *Exercice écrit (p. 422).*

115. EXERCICES

(a) *Répondez négativement aux questions suivantes:*

Qui frappe à la porte?
Qu'est-ce qui se passe?
Qui a parlé français?
Qu'est-ce qui est °impossible?
Qui répondra à la question?
Qui a dit cela?

Qu'est-ce qui est facile?
Qu'est-ce qui est arrivé?
Qui est en retard?
Qui saura la vérité?
Qu'est-ce qui est mauvais?
Qui comprend la leçon?

(b) *Exercice écrit (p. 422).*

114 The Negative Construction: *plus, jamais, rien, personne*

Je	ne	regarde	pas	de tableaux.	*(not)*
Je	ne	regarde	plus	la télévision.	*(no longer)*
Je	ne	regarde	°jamais[1]	la télévision.	*(never)*
Je	ne	regarde	°rien.		*(nothing)*
Je	ne	regarde	°personne.		*(no one)*

Je dis la vérité à ses amis.	Jean	ne	la leur dit	jamais.
Je vous donne le livre.	Jean	ne	vous le donne	pas.
Je vous donne de l'argent.	Jean	ne	vous en donne	plus.
Je vous donne un cadeau.	Jean	ne	vous donne	rien.

Learn the negatives **plus**, **jamais**, **rien**, and **personne**. Remember that **ne** must be used with them and that it comes BEFORE the unstressed object pronouns.

Nous	n'	avons	pas	vu	de maisons.
Nous	n'	avons	jamais	vu	cet homme.
Nous	n'	avons	plus	vu	ce film.
Nous	n'	avons	rien	vu.	
Nous	n'	avons	---	vu	personne.

Note that **personne** comes after the past participle in a compound tense, whereas **jamais**, **plus**, and **rien** come where **pas** is ordinarily placed.

115 The Negative Construction: *rien* and *personne* as Subjects

Qu'est-ce qui se passe?	**Rien**	ne	se passe.
Qu'est-ce qui est bon?	**Rien**	n'	est bon.
Qui sait la réponse?	**Personne**	ne	sait la réponse.
Qui veut faire le travail?	**Personne**	ne	veut faire le travail.

Note the position of **rien** + **ne** and **personne** + **ne** when **rien** or **personne** is the subject of the sentence.

---

[1] **Jamais** used in the affirmative means *ever*, as in Etes-vous jamais allé en Europe?

116. EXERCICES

(a) *Répondez aux questions suivantes d'après le modèle ci-dessous:*

      Pourquoi ne restez-vous pas?   **Mon père m'a dit de ne pas rester.**

Pourquoi ne travaillez-vous pas?   Pourquoi n'étudiez-vous pas?
Pourquoi ne chantez-vous pas?   Pourquoi ne dansez-vous pas?
Pourquoi ne descendez-vous pas?   Pourquoi ne montez-vous pas?
Pourquoi ne dites-vous rien?   Pourquoi ne faites-vous rien?
Pourquoi ne regardez-vous personne?   Pourquoi n'écoutez-vous personne?
Pourquoi ne buvez-vous rien?   Pourquoi ne lisez-vous rien?

(b) *Exercice écrit (p. 423).*

117. EXERCICES

(a) *Répondez aux questions suivantes par jamais, rien, personne, à personne, etc., selon le cas:*

Qui parle latin?   Qu'est-ce qui se passe?
Qu'est-ce qui est tombé?   Voulez-vous partir?
Qui savait la vérité?   De quoi avez-vous besoin?
A qui parlez-vous?   A qui écrivez-vous?
De quoi avez-vous peur?   Qui attendez-vous?
Danserez-vous avec Hélène?   Répondrez-vous à Jacques?
Pour qui travaillez-vous?   Voulez-vous °épouser Marianne?
Qu'est-ce que vous faites?   Qu'est-ce que vous dites?

(b) *Exercice écrit (p. 423).*

118. EXERCICES

(a) *Répondez aux questions d'après le modèle ci-dessous:*

      Qui parle chinois, lui?   **Non, elle.**

Qui cache la vérité, lui?   Qui travaillera ce soir, lui?
Qui a fait une promenade, lui?   Qui parle anglais, lui?
Qui fera ce travail, lui?   Qui sera en retard, lui?
Qui va chanter, lui?   Qui posera la question, lui?
Qui va étudier ce soir, lui?   Qui va au cinéma ce soir, lui?

(b) *Répétez l'exercice précédent d'après le modèle ci-dessous:*

      Qui parle chinois, lui?   **Non, moi.**

(c) *Répétez l'exercice (a) d'après le modèle ci-dessous:*

      Qui parle chinois, lui?   **Non, vous.**

(d) *Exercice écrit (p. 423).*

116 The Negative Construction: with the Infinitive

Mon père me dit de **ne pas** fumer.
Mon père me dit de **ne plus** travailler.
Mon père me dit de **ne jamais** me dépêcher.
Mon père me dit de **ne rien** dire.
Mon père me dit de **ne ---** regarder **personne.**

Note that **ne pas**, **ne plus**, **ne jamais**, and **ne rien** stand before the infinitive, whereas **ne ... personne** is separated by the infinitive.

117 The Negative Construction: Negative Words as Single-Word Answers

Est-ce que vous faites attention? — Non.
Parlera-t-il à ton ami? — Jamais.
Qui sait la vérité? — Personne.
A qui avez-vous parlé? — A personne.
Qu'est-ce qui se passe ici? — Rien.
A quoi est-ce que tu penses? — A rien.

Non, **jamais**, **rien**, and **personne** can be used without the verb. If there is no verb, **ne** cannot be used. Note that if the verb takes a preposition, that preposition must be used before **rien** and **personne** in single-word answers.

118 Stressed Personal Pronouns as Single-Word Answers

Qui sait la réponse? — Moi.
Qui comprend le français? — Lui.
Qui cherche ma sœur? — Elle.
Qui attendons-nous? — Eux.
Qui connaît-elle? — Vous.

The stressed personal pronouns must be used whenever a pronoun is used in a simple answer without a verb.

119. EXERCICES

(a) *Mettez le sujet de chaque phrase au singulier ou au pluriel, selon le cas:*

<table>
<tr><td>Je pars pour Chicago.</td><td>Il sort de la maison.</td></tr>
<tr><td>Nous partons ce soir.</td><td>Tu ne sors jamais.</td></tr>
<tr><td>Ils partent à midi.</td><td>Vous sortez cet après-midi.</td></tr>
<tr><td>Tu pars avec elle.</td><td>Nous partons avec eux.</td></tr>
<tr><td>Il sort très souvent.</td><td>Ils partent de bonne heure.</td></tr>
<tr><td>Vous partez bientôt.</td><td>Je sors avec Jean.</td></tr>
</table>

(b) *Répétez l'exercice précédent en mettant chaque phrase au passé composé en même temps.*

(c) *Exercice écrit (p. 423).*

120. EXERCICES

(a) *Mettez le sujet de chaque phrase au singulier ou au pluriel, selon le cas:*

<table>
<tr><td>Je me sers de ce crayon.</td><td>Nous nous servons d'une auto.</td></tr>
<tr><td>Vous vous servez de mon livre.</td><td>Il me sert de la citronnade.</td></tr>
<tr><td>Il me sert du café.</td><td>Tu me sers de l'eau.</td></tr>
<tr><td>Nous nous servons de ce stylo.</td><td>Je sers du vin rouge.</td></tr>
</table>

<table>
<tr><td>Tu sers du fromage comme °dessert.</td><td>Ils se servent de mon auto.</td></tr>
<tr><td>Ils se servent de cette table.</td><td>Elle me sert de la bière.</td></tr>
<tr><td>Vous leur servez les gâteaux.</td><td>Je me sers d'une plume.</td></tr>
<tr><td>Tu te sers de son dictionnaire.</td><td>Il se sert de ton stylo.</td></tr>
</table>

(b) *Répétez l'exercice précédent en mettant chaque phrase au passé composé en même temps.*

(c) *Exercice écrit (p. 423).*

119 The Verbs *partir* and *sortir*

Je	**pars**	de Chicago	[paʀ]	Je	**sors**	de la salle.	[sɔʀ]
Tu	**pars**	de New York.	[paʀ]	Tu	**sors**	de la maison.	[sɔʀ]
Il	**part**	d'ici	[paʀ]	Il	**sort**	de l'école.	[sɔʀ]
Nous	**partons**	pour Paris.	[paʀtɔ̃]	Nous	**sortons**	d'ici.	[sɔʀtɔ̃]
Vous	**partez**	pour Londres.	[paʀte]	Vous	**sortez**	de là	[sɔʀte]
Ils	**partent**	pour Rome.	[paʀt]	Ils	**sortent**	ensemble.	[sɔʀt]
Il va	**partir**	à midi.	[paʀtiʀ]	Il va	**sortir**	à midi.	[sɔʀtiʀ]
Il est	**parti**	ce soir.	[paʀti]	Il est	**sorti**.		[sɔʀti]
Il	**partira**	bientôt.	[paʀtiʀa]	Il	**sortira**	bientôt.	[sɔʀtiʀa]

Note that both **partir** and **sortir** are conjugated with **être** in the compound tenses. They are alike in that the [t] of the infinitive is not pronounced in the singular forms of the present indicative.

Elle quitte	-- la maison.		---	---
Elle sort	**de la maison.**		Elle	**sort.**
Elle part	**de Chicago.**		Elle	**part.**
Elle part	-- ---	pour Paris.		

Quitter and **partir** mean *to leave*, but the former cannot be used without a direct object and is conjugated with **avoir** in compound tenses. **Sortir** means specifically *to go out* or *to come out (of a building or a room)*.

120 The Verb *servir*

Je	**sers**	du café à Jeanne.	[sɛʀ]
Tu	**sers**	du vin.	[sɛʀ]
Il	**sert**	de la °citronnade.	[sɛʀ]
Nous	**servons**	de guides.	[sɛʀvɔ̃]
Vous	**servez**	d'°interprète.	[sɛʀve]
Ils	**servent**	d'°instituteurs.	[sɛʀv]
Il va	**servir**	de la viande.	[sɛʀviʀ]
Il a	**servi**	le café.	[sɛʀvi]
Il	**servira**	de la bière.	[sɛʀviʀa]

Note that in the present indicative the [v] of the infinitive does not appear in the singular forms. **Servir** means *to serve*, as the first three sentences of the foregoing examples show. **Servir de** means *to act as*, as shown by the fourth through sixth sentences of the foregoing examples. Other uses follow:

121. EXERCICES

(a) *Répondez aux questions suivantes par l'impératif négatif en remplaçant chaque complément par le pronom approprié, d'après le modèle ci-dessous:*

Est-ce que j'envoie cette lettre à Marie?   **Non, ne la lui envoyez pas!**

Est-ce que j'écris cette lettre à Paul?
Est-ce que je mets cet argent dans le tiroir?
Est-ce que je laisse mes livres à l'école?
Est-ce que je porte ces paquets au bureau de poste?
Est-ce que je donne ces livres aux enfants?
Est-ce que je sers ce café à la dame?

(b) *Faites de même avec les phrases suivantes, d'après le modèle ci-dessous:*

Est-ce que nous envoyons ce cadeau à Jean?   **Non, ne le lui envoyons pas!**

Est-ce que nous donnons ce stylo à Jeanne?
Est-ce que nous expliquons la leçon aux enfants?
Est-ce que nous mettons les lettres dans le tiroir?
Est-ce que nous offrons des cadeaux à nos amis?
Est-ce que nous cachons la vérité à nos parents?
Est-ce que nous montrons des livres à cette dame?

(c) *Exercice écrit (p. 423).*

122. EXERCICES

(a) *Mettez les phrases suivantes à l'affirmatif d'après le modèle ci-dessous:*

Ne me l'expliquez pas.   **Expliquez-le-moi.**

Ne me l'apportez pas.   Ne le faisons pas.
Ne me les donnez pas.   Ne te couche pas.
Ne vous asseyez pas.   Ne me les envoyez pas.
Ne le leur dites pas.   Ne la leur expliquons pas.
Ne nous dépêchons pas.   Ne les écris pas.
Ne nous levons pas.   Ne te lève pas.
Ne te promène pas.   Ne me les montrez pas.
Ne te les lave pas.   Ne les lui explique pas.

(b) *Exercice écrit (p. 424).*

A	quoi	sert	un couteau?	Il		sert à	couper des choses.
A	quoi	sert	une plume?	Elle		sert à	écrire.
A	quoi	sert	cet °objet?	Il	ne	sert à	rien.

Servir à + INFINITIVE means *to be used for* or *to be useful for (doing something)*.

De	quoi	vous	servez-vous?	Je		me	sers	de	votre cahier.
De	quoi	se	sert-il?	Il		se	sert	de	mon livre.
De	quoi	nous	servons-nous?	Nous ne		nous	servons	de	rien.

Se servir de + NOUN means *to use (something)* or *to make use of (something)*.

121 The Sequence of Pronouns in the Imperative: Negative

Vous	me	donnez	ce stylo.
Vous	me	donnez	du café.
Vous	m'	envoyez	à Paris.

Nous expliquons	la leçon	à Jean.
Nous envoyons	les paquets	à Marie.
Nous écrivons	des lettres	aux élèves.

Tu	nous	apportes	des cadeaux.
Tu	les	mets	sur la table.
Tu	t'	assieds	sur le banc.

Ne	me	le	donnez pas!
Ne	m'	en	donnez pas!
Ne	m'	y	envoyez pas!

Ne	la	lui	expliquons pas!
Ne	les	lui	envoyons pas!
Ne	leur	en	écrivons pas!

Ne	nous	en	apporte[2] pas!
Ne	les	y	mets pas!
Ne	t'	y	assieds pas!

The sequence of pronouns given in Step 113, page 161, also applies to the NEGATIVE imperative. Remember that the subject is not mentioned in the imperative.

122 The Sequence of Pronouns in the Imperative: Affirmative (1)

| Vous | nous | donnez | ce livre. |
| Vous | me | donnez | ces cahiers. |

Nous	nous	dépêchons.
Vous	vous	dépêchez.
Tu	te	dépêches.

Nous	nous	lavons les mains.
Vous	vous	lavez les mains.
Tu	te	laves les mains.

| Donnez- | le- | nous! |
| Donnez- | les- | moi! |

Dépêchons-	nous!
Dépêchez-	vous!
Dépêche-	toi!

Lavons-	les-	nous!
Lavez-	les-	vous!
Lave-	les-	toi!

[2] All first conjugation verbs drop the final -s in the second person singular form in the imperative. See Step 18, page 39.

123. EXERCICES

(a) *Remplacez tous les compléments par les pronoms appropriés:*

Donnez-moi du café.
Envoyez-lui ce paquet.
Parlez-moi de votre voyage.
Porte la lettre à tes parents.
Lis-moi cet article.
Mettons les cahiers sur cette chaise.
Invitons ces amis à la soirée.
Expliquez-moi cette règle.

Donnez-moi ce livre.
Ecrivez-lui des lettres.
Mettez le livre sur le bureau.
Explique-lui cette lettre.
Brosse-toi les cheveux.
Servons-lui de la citronnade.
Brossons-nous les dents.
Servez du café à vos amis.

(b) *Répétez l'exercice précédent en mettant chaque phrase au négatif en même temps, d'après le modèle ci-dessous:*

Donnez-moi du lait.   **Ne m'en donnez pas.**

(c) *Exercice écrit (p. 424).*

In the AFFIRMATIVE imperative pronoun Group 1 (me , te , nous , vous) comes AFTER Group 2 (le , la , les). All pronouns come AFTER the verb and are hyphenated. Note that me and te become moi and toi .

123 The Sequence of Pronouns in the Imperative: Affirmative (2)

Vous	nous	envoyez	à l'école.		Envoyez-	nous-	y!
Vous	nous	donnez	du café.		Donnez-	nous-	en!
Vous	m'	envoyez	à la gare.		Envoyez-	m'	y!
Vous	me	servez	de la bière.		Servez-	m'	en!

Tu envoies	le paquet	à Jean.		Envoie-	le-	lui!
Tu donnes	cet argent	aux pauvres.		Donne-	le-	leur!
Tu mets	le livre	sur la table.		Mets-	l'	y!
Tu sers	du café	à Paul.		Sers-	lui-	en!
Tu mets	du sucre	dans la tasse.		Mets-	y-	en!

The sequence of pronouns in the affirmative imperative is the same as that of any declarative sentence, as summed up in Step 113, page 161, except that:

1. Group 2 comes BEFORE Group 1, making the sequence 2-1-3-4-5.
2. If me or te is the last pronoun in the sequence, then moi or toi must be used. Otherwise me and te become m' and t' .
3. The pronouns come AFTER the verb and are hyphenated because the normal word order of the declarative pattern is now INVERTED.

REVIEW LESSON IX

Voyage en Californie

Les parents de Bill ont invité Jean-Pierre à passer les vacances de Noël chez eux. Malheureusement les deux amis ne peuvent pas faire leur voyage ensemble. La dernière classe de Bill finit mardi matin, tandis que[1] les cours de Jean-Pierre ne finissent pas avant vendredi après-midi. Bill part en auto immédiatement après sa classe avec deux étudiants qui, eux aussi, vont en Californie. Jean-Pierre décide de faire son voyage en avion. Il a de la chance. Il réussit au dernier moment à obtenir la place d'un voyageur qui n'a pas confirmé sa réservation.

L'énorme avion à réaction[2] atterrit à l'aéroport de San Francisco vers six heures et demie. Les passagers commencent à descendre dès que[3] la passerelle est approchée de l'avion. Jean-Pierre cherche Bill. Il regarde partout mais il ne le voit pas. Un homme aux cheveux gris s'approche de lui.

M. HOWARD	Pardon, vous êtes bien[4] M. Bressac, l'ami de Bill Howard? Je suis le père de Bill.
JEAN-PIERRE	M. Howard! Très heureux[5] de faire votre connaissance. Vous m'avez reconnu[6] tout de suite[7]!
M. HOWARD	Ce n'était pas très difficile. Vous ressemblez à vos photos et puis vous avez l'air tout à fait français.
JEAN-PIERRE	Vous parlez très bien français, M. Howard.
M. HOWARD	Merci. Je l'ai appris à l'école. D'ailleurs, j'ai passé presque deux ans en France juste après la guerre.
JEAN-PIERRE	Est-ce que Bill est avec vous?
M. HOWARD	Malheureusement, il a attrapé un rhume[8] pendant son voyage en auto. Quand il est arrivé ici hier matin, il toussait et il avait de la fièvre. Il restera à la maison pendant quelques jours. Et vous, vous avez fait bon voyage?

NOTES

[1] *whereas, while.* [2] *jet plane.* [3] **aussitôt que** *(as soon as).* [4] **bien** is used for emphasis, as in **C'est bien joli.** [5] **Je suis très heureux.** [6] *du verbe* **reconnaître** *(to recognize), conjugué comme* **connaître.** [7] *immédiatement.* [8] *he caught a cold.*

177

178   L'ÉCHELLE

	JEAN-PIERRE	Oui, le voyage a été très agréable. J'ai pris place près d'un hublot, mais la nuit tombait et une heure après le départ, je ne voyais presque plus rien. J'ai pourtant reconnu quelques villes à la profusion de leurs lumières.
30	M. HOWARD	Avez-vous rencontré des gens intéressants?
	JEAN-PIERRE	Non, j'étais assis à côté d'un[9] vieux monsieur. J'ai essayé d'engager la conversation mais je n'ai pu[10] tirer du lui quatre paroles.
	M. HOWARD	C'est dommage.[11] Mais vous aurez l'occasion de refaire ce voyage en voiture à la fin de vos vacances. Bill et ses amis vous montreront des endroits intéressants et vous apprendrez peut-être quelque chose au sujet des[12] gens et des mœurs.

NOTES

[9] *beside.*   [10] **Pas** *is sometimes omitted after* **pouvoir.**   [11] *That's too bad.*   [12] *concerning.*

Questions

1. *Répondez aux questions suivantes d'après le texte (lignes 1–7):*
    (a) Où est-ce que Jean-Pierre va passer ses vacances?
    (b) Quand est-ce que la dernière classe de Bill finit?
    (c) Comment va-t-il en Californie?
    (d) Quand est-ce que les cours de Jean-Pierre finissent?
    (e) Pourquoi a-t-il de la chance?

2. *Faites de même (lignes 8–17):*
    (a) Quelle sorte d'avion Jean-Pierre prend-il?
    (b) Quand est-ce que l'avion arrive à San Francisco?
    (c) Quand les voyageurs commencent-ils à descendre?
    (d) Qui est-ce que Jean-Pierre cherche?
    (e) Qui s'approche de lui?
    (f) Quel est le °nom de famille de Bill?

3. *Faites de même (lignes 18–25):*
    (a) Où M. Howard a-t-il appris son français?
    (b) Combien de temps a-t-il passé en France?
    (c) Quand est-il allé en France?
    (d) Qu'est-ce qui est arrivé à Bill pendant le voyage?
    (e) Quand est-ce qu'il est arrivé chez lui?

4. *Faites de même (lignes 26–36):*
    (a) Où est-ce que Jean-Pierre s'est assis dans l'avion?
    (b) Pourquoi a-t-il pu reconnaître quelques villes?
    (c) Qui était assis à côté de Jean-Pierre?
    (d) Qu'est-ce que Jean-Pierre a essayé de faire?
    (e) Comment Jean-Pierre et Bill rentreront-ils à l'université?
    (f) Qu'est-ce que Jean-Pierre pourra apprendre?

Exercices de revision

1. *Conjuguez oralement les phrases suivantes:*

    (a) Je me suis approché de lui.
    (b) Je l'ai reconnu tout de suite.
    (c) J'ai l'air tout à fait français.
    (d) J'ai attrapé un rhume.
    (e) J'ai fait bon voyage.
    (f) Je n'y vois presque rien.
    (g) J'essaierai d'engager la conversation.
    (h) Je sers du café à mes amis.

2. *Posez des questions sur les mots imprimés en caractères gras:*

    (a) **L'avion** atterrit à l'aéroport.
    (b) Je pars avec **deux** étudiants.
    (c) J'ai reconnu **quelques villes**.
    (d) Il n'a pas confirmé **sa réservation**.
    (e) Sa classe finit **à deux heures**.
    (f) Vous ressemblez **à mon cousin**.

3. *Ecrivez des phrases en employant les mots et les expressions suivantes:*

    (a) **tandis que**   (e) **jamais**   (i) **reconnais**
    (b) **chance**   (f) °**partout**   (j) **gris**
    (c) **occasion**   (g) **presque**   (k) **peut**
    (d) **reconnaîtrai**   (h) **au dernier moment** (l) **ressemblait**

4. *Mettez au négatif toutes les phrases qui sont à l'affirmatif et à l'affirmatif toutes les phrases qui sont au négatif, en remplaçant chaque complément par le pronom approprié:*

    (a) Mettez vos disques sur cette table.
    (b) Ne t'assieds pas sur ce banc.
    (c) Ne montre pas mes photos à tes amis.
    (d) Envoyez des cartes de Noël à vos amis.
    (e) Ne me parlez pas de ce voyage.
    (f) N'apprenez pas la nouvelle à ma sœur.
    (g) Ne me lisez pas ce journal.
    (h) Demandez de l'argent à votre père.
    (i) Payez l'addition à la serveuse.
    (j) Regardez ma montre.
    (k) Posez des questions au professeur.
    (l) Pensez à votre avenir.
    (m) Servez des petits gâteaux aux °invités.
    (n) Ne pensez pas à votre ami.
    (o) Allez à la gare tout de suite.

(p) Ne me dites pas la vérité.
(q) Regardez cette maison.
(r) Donnez-lui de l'eau chaude.

5. *Répondez aux questions suivantes d'après votre propre expérience:*

   (a) Avez-vous toujours de la chance?
   (b) Quand est-ce que vos vacances de Noël finissent?
   (c) Qu'est-ce que vous avez l'intention de faire pendant les vacances?
   (d) Voyagerez-vous en avion?
   (e) Reconnaissez-vous votre professeur quand vous le rencontrez dans la rue?
   (f) Avez-vous jamais eu de la fièvre?
   (g) Voulez-vous voyager en Californie ou en Floride?
   (h) De quoi vous servez-vous pour écrire?
   (i) Avez-vous des amis à Paris?
   (j) Connaissez-vous quelqu'un à Madrid?
   (k) Est-ce que vous allez encore à l'école °primaire?
   (l) Aimez-vous voyager en auto?
 (m) A quelle distance est Chicago de San Francisco?
  (n) A quelle distance votre ville est-elle de San Francisco?
  (o) Inviterez-vous °quelqu'un chez vous pendant les vacances de Noël?
  (p) Quelle est la population de la ville où vous demeurez?
  (q) Si vous donnez une soirée, qu'est-ce que vous servirez aux invités?
  (r) Combien d'amis est-ce que vous y inviterez?
  (s) Y a-t-il des endroits intéressants dans votre ville?
  (t) Combien de temps avez-vous mis à faire ce devoir?

124. EXERCICES

(a) *Répondez aux questions suivantes en disant* **Ah oui? Je ne savais pas cela** *si la question est à l'affirmatif et en disant* **Mais si, je sais cela** *si elle est au négatif:*

>Savez-vous que Jeanne s'est mariée?
>Savez-vous que Paul a eu un accident?
>Ne savez-vous pas que je dis la vérité?
>Ne savez-vous pas que je suis marié?
>Savez-vous que je suis arrivé en retard?
>Ne savez-vous pas que Jacqueline est fâchée?
>Ne savez-vous pas que je veux partir?
>Savez-vous que je parle très bien espagnol?

(b) *Répondez aux questions suivantes d'après le modèle ci-dessous:*

>Avez-vous vraiment dit cela?   **Oui, j'ai vraiment dit cela.**

Avez-vous vraiment compris cela? Avez-vous vraiment appris cela?
Avez-vous vraiment mangé cela? Avez-vous vraiment fait cela?
Avez-vous vraiment demandé cela? Avez-vous vraiment écrit cela?
Avez-vous vraiment vu cela? Avez-vous vraiment °mentionné cela?
Avez-vous vraiment entendu cela? Avez-vous vraiment acheté cela?

(c) *Exercice écrit (p. 424).*

125. EXERCICES

(a) *Répondez aux questions suivantes d'après le modèle ci-dessous:*

>Avez-vous cinq mains?   **Non, je n'en ai que deux.**

Avez-vous deux têtes? Avez-vous onze doigts?
Avez-vous trois °jambes? Avez-vous sept °pieds?
Avez-vous trois yeux? Avez-vous deux nez?
Avez-vous cinq oreilles? Avez-vous deux °bouches?
Avez-vous deux °cous? Avez-vous quatre bras?
Avez-vous trois mains? Avez-vous trois °genoux?

(b) *Répondez aux questions suivantes d'après le modèle ci-dessous:*

>Avez-vous regardé sa photo?   **Non, je n'ai regardé que votre photo.**

Avez-vous regardé sa maison? Avez-vous lu sa composition?
Avez-vous cherché son frère? Avez-vous rempli son verre?

124 The Use of *cela (ça)* and *ceci*

J'ai acheté	**cela**	à la °librairie Nizet.
J'ai pris	**cela**	parce que j'en avais besoin.
J'ai trouvé	**ceci**	dans mon tiroir.
Je donnerai	**ceci**	à votre petit frère.

Henri dit que **son auto ne °démarre pas ce matin.**
Oui, je sais que **cela** lui arrive très souvent.
Vous voulez dire que **mon poème est mauvais**, n'est-ce pas?
Non, je ne dis pas **cela**!

Je vous dis **ceci:** Si vous ne travaillez pas, vous ne réussirez pas.
Il a compris **ceci: Sa petite amie ne l'aime plus.**

Cela (or more colloquially **ça**) and **ceci** correspond to English *that* and *this* and are used to refer to complete statements or things pointed out but not specifically named. **Ceci** refers to a statement about to be made, or is used when it is necessary to distinguish *this* from *that*.

The pronoun **ce** often replaces **cela** or **ceci** before the verb **être**, unless the subject is emphasized, as in *that is good*, or *this is bad*. Study the following examples:

Il me °semble que **Marie est sortie avec Jacques**.
C'est °évident.
Je ne savais pas **cela.**
Cela n'est pas vrai!

Goûtez **ceci**; **c'est** bon, n'est-ce pas?
Mais **c'est** très mauvais!
Vous savez que je n'aime pas **cela (ceci)**.

125 The Construction *ne . . . que*

Nous	**ne**	regardons	**que**	ces deux tableaux.
Nous	**ne**	choisissons	**que**	trois candidats.
Nous	**ne**	buvons	**que**	du café.
Nous	**ne**	lisons	**que**	des journaux français.
Nous	**ne**	prenons	**que**	de la bière.

184 L'ÉCHELLE

Avez-vous écouté ses disques?
Avez-vous attendu ses parents?
Avez-vous demandé son adresse?
Avez-vous mentionné son idée?

Avez-vous compris sa question?
Avez-vous répondu à sa question?
Avez-vous obéi à sa mère?
Avez-vous parlé à son père?

(c) *Exercice écrit (p. 424).*

126. EXERCICES

(a) *Répondez aux questions suivantes d'après le modèle ci-dessous:*

Est-ce qu'il n'écoute que vous?   **Bien sûr, il n'écoute que moi.**

Est-ce qu'il ne regarde que vous?
Est-ce qu'il n'aime que vous?
Est-ce qu'il ne parle qu'à vous?
Est-ce qu'il n'a besoin que de vous?
Est-ce qu'il ne comprend que vous?
Est-ce qu'il n'écrit qu'à vous?

Est-ce qu'il ne punit que vous?
Est-ce qu'il ne répond qu'à vous?
Est-ce qu'il n'obéit qu'à vous?
Est-ce qu'il n'a peur que de vous?
Est-ce qu'il n'invite que vous?
Est-ce qu'il n'admire que vous?

(b) *Exercice écrit (p. 424).*

127. EXERCICES

(a) *Mettez le sujet de chaque phrase au singulier ou au pluriel, selon le cas:*

Je dois cinq dollars à Jean.
Tu dois partir à midi.
Il doit rester à la maison.
Nous devons sortir tout de suite.
Vous devez revenir ce soir.
Ils doivent étudier ce matin.

Vous devez cinq francs à Marie.
Ils doivent dix dollars à Paul.
Je dois obéir au professeur.
Il doit aider sa sœur.
Tu dois inviter ces enfants.
Nous devons cela à votre père.

(b) *Répondez aux questions suivantes d'après le modèle ci-dessous:*

Est-ce que vous devez partir?   **Oui, je dois vraiment partir.**

Est-ce que vous devez travailler?
Est-ce que vous devez chanter?
Est-ce que vous devez faire cela?
Est-ce que vous devez aller au bal?
Est-ce que vous devez cacher cela?
Est-ce que vous devez dire cela?

Est-ce que vous devez parler?
Est-ce que vous devez sortir?
Est-ce que vous devez écrire cela?
Est-ce que vous devez aider Paul?
Est-ce que vous devez étudier?
Est-ce que vous devez dormir?

(c) *Exercice écrit (p. 424).*

Vous	n'	avez regardé	que	son tableau.
Vous	n'	avez choisi	qu'	un livre.
Vous	n'	avez bu	que	du café.
Vous	n'	avez lu	que	des journaux français.
Vous	n'	avez pris	que	du vin rouge.

Je	ne	peux regarder	que	votre °ouvrage.
Je	n'	ai pu achever	que	ce tableau.
Je	ne	veux prendre	que	de la bière.
Je	ne	me suis mis à lire	que	ce roman.
Je	n'	ai compris	que	cette leçon.

`Ne . . . que` corresponds to the English *only*. Note that the affirmative partitive article (`du`, `de la`, `de l'`, `des`), rather than the negative partitive article, is used with this construction. Note also that `que` is used IMMEDIATELY BEFORE the word to which the idea of restriction (*only*) applies.

126 The Use of the Stressed Personal Pronoun after *ne . . . que*

Robert	me	cherche.	Il ne cherche	que	moi.
Robert	te	gronde.	Il ne gronde	que	toi.
Robert	le	regarde.	Il ne regarde	que	lui.
Robert	la	punit.	Il ne punit	qu'	elle.

Marianne	nous	répond.	Elle ne répond	qu'	à nous.
Marianne	vous	écrit.	Elle n' écrit	qu'	à vous.
Marianne	leur	obéit.	Elle n' obéit	qu'	à eux (elles).

The stressed personal pronoun must be used after `que` in the construction `ne . . . que` if the restriction (*only*) applies to pronouns referring to persons.

127 The Verb *devoir*

Je	dois	étudier mon français.	[dwa]
Tu	dois	te lever de bonne heure.	[dwa]
Il	doit	aller à l'aéroport.	[dwa]
Nous	devons	apprendre cette règle.	[dəvɔ̃]
Vous	devez	vous coucher maintenant.	[dəve]
Ils	doivent	partir pour New York.	[dwav]

Il va	devoir	une °fortune à son cousin.	[dəvwaʀ]
Il a	dû	°laisser son disque là-bas.	[dy]
Il	devra	payer son livre.	[dəvʀa]

128. EXERCICES

(a) *Mettez le sujet de chaque phrase au singulier ou au pluriel, selon le cas:*

Je reçois un cadeau.
Tu reçois le premier prix.
Il reçoit des nouvelles.
Nous recevons un paquet.
Vous recevez un °télégramme.
Ils reçoivent un prix.

Nous recevons une invitation.
Il reçoit des lettres.
Ils reçoivent de l'argent.
Tu reçois ma lettre.
Je reçois des candidats.
Vous recevez trois dollars.

(b) *Exercice écrit (p. 425).*

129. EXERCICES

(a) *Répondez affirmativement en remplaçant chaque complément direct par le pronom approprié:*

Avez-vous dit la vérité?
Avez-vous dit des °bêtises?
Avez-vous compris la question?
Avez-vous appris la règle?
Avez-vous écrit cette note?
Avez-vous pris sa température?

Avez-vous écrit des lettres?
Avez-vous écrit la composition?
Avez-vous appris les règles?
Avez-vous appris des règles?
Avez-vous pris du café?
Avez-vous fait cette robe?

(b) *Répétez l'exercice précédent en répondant négativement à chaque question.*
(c) *Exercice écrit (p. 425).*

| Devoir | corresponds to English *must* or *to have to*, but it also means *to owe (something to someone)*. The **passé composé** of | devoir | corresponds to English *had to* or *must have*, whereas the imperfect corresponds to English *was (were) to (do something)*.

Il	doit	parler.	He	must		speak.	(STATE OF AFFAIRS)
Il	devait	parler.	He	was to		speak.	(OBLIGATION)
Il	a dû	parler.	{ He	had to		speak.	(CONJECTURE)
			He	must have		spoken.	

128 The Verb *recevoir*

Je	reçois	trois lettres.	[ʀəswa]
Tu	reçois	un cadeau.	[ʀəswa]
Il	reçoit	de l'argent.	[ʀəswa]
Nous	recevons	des nouvelles.	[ʀəsəvɔ̃]
Vous	recevez	des candidats.	[ʀəsəve]
Ils	reçoivent	des cadeaux.	[ʀəswav]
Il va	recevoir	le premier °prix.	[ʀəsəvwaʀ]
Il a	reçu	la lettre.	[ʀəsy]
Il	recevra	l'invitation.	[ʀəsəvʀa]

Since *c* [s] becomes *ç* before *a, o, u*, the verb | recevoir | (*to receive*) has a *ç* in the singular forms and the third person plural of the present indicative as well as in the past participle. (Other tenses where this change occurs will be studied later.)

129 Agreement of the Past Participle with the Preceding Direct Object

Avez-vous écrit	la lettre?	Je	l'	ai	écrite.
Avez-vous reçu	l'invitation?	Je	l'	ai	reçue.
Avez-vous compris	les leçons?	Je	les	ai	comprises.
Avez-vous donné	les livres?	Je	les	ai	donnés.
Avez-vous montré	ces cahiers?	Je	les	ai	montrés.
Avez-vous puni	mes enfants?	Je	les	ai	punis.
Avez-vous envoyé	les paquets?	Je	les	ai	envoyés.
Avez-vous grondé	Louise?	Je	l'	ai	grondée.

Avez-vous bu	la bière?	Je	l'	ai	bue.
Avez-vous bu	de la bière?	J'	en	ai	bu.
Avez-vous reçu	mes lettres?	Je	les	ai	reçues.
Avez-vous reçu	des lettres?	J'	en	ai	reçu.

130. EXERCICES

(a) *Répondez affirmativement aux questions suivantes:*

Aimez-vous danser?
Devez-vous partir?
Voulez-vous sortir?
Désirez-vous parler?
Pouvez-vous marcher?
Savez-vous patiner?
Osez-vous poser des questions?

Préférez-vous rester ici?
Savez-vous faire du ski?
Allez-vous parler à Jean?
Osez-vous fumer ici?
Espérez-vous aller en Europe?
Aimez-vous travailler?
Pouvez-vous dormir?

(b) *Répétez l'exercice précédent en répondant négativement à chaque question.*
(c) *Exercice écrit (p. 425).*

131. EXERCICES

(a) *Répondez affirmativement aux questions suivantes:*

Apprenez-vous à nager?
Réussissez-vous à faire du ski?
Hésitez-vous à danser?
Continuez-vous à fumer?
Commencez-vous à parler français?

Commencez-vous à travailler?
Vous mettez-vous à marcher?
Continuez-vous à chanter?
Réussissez-vous à entrer?
Hésitez-vous à sortir?

(b) *Répétez l'exercice précédent en répondant à chaque question au passé composé.*
(c) *Répétez l'exercice (a) en répondant à chaque question au passé composé et au négatif en même temps.*
(d) *Exercice écrit (p. 425).*

132. EXERCICES

(a) *Exercice de substitution:*

J'aide	cet étudiant	à faire ses devoirs.
J'encourage	cet étudiant	à faire ses devoirs.
J'encourage	**Marianne**	à faire ses devoirs.
J'encourage	Marianne	**à parler français.**
J'invite	Marianne	à parler français.
J'invite	**mon frère**	à parler français.
J'invite	mon frère	à °**corriger ses fautes.**
J'aide	mon frère	à corriger ses fautes.
J'aide	**cet étudiant**	à corriger ses fautes.
J'aide	cet étudiant	à **faire ses devoirs.**

(b) *Exercice écrit (p. 425).*

Note that the past participle of verbs conjugated with avoir agrees in gender and number with the PRECEDING DIRECT OBJECT. Unless the past participle ends in a consonant, such as compris, écrit, pris, the agreement of the past participle with the preceding direct object is a matter of orthography rather than pronunciation. Note that the past participle remains masculine singular when it is preceded by en.

130 Verbs Followed Directly by a Dependent Infinitive

Marie-Claire	aime	parler	français.	aimer
Marie-Claire	désire	partir	maintenant.	désirer
Marie-Claire	doit	retourner	en °Belgique.	devoir
Marie-Claire	espère	revenir	aux Etats-Unis.	espérer
Marie-Claire	°ose	sortir	de la salle.	oser
Marie-Claire	peut	aller	au cinéma.	pouvoir
Marie-Claire	préfère	rester	chez elle.	préférer
Marie-Claire	sait	parler	italien.	savoir
Marie-Claire	va	partir	tout de suite.	aller
Marie-Claire	veut	se marier	avec lui.	vouloir

The verbs given in the foregoing examples are followed by a dependent infinitive.

131 Verbs Followed by *à* + Dependent Infinitive (1)

Charles	apprend	à	patiner.		apprendre
Charles	commence	à	travailler.		commencer
Charles	°continue	à	parler.		continuer
Charles	°hésite	à	partir.		hésiter
Charles	se met	à	pleurer.		se mettre
Charles	réussit	à	comprendre	cela.	réussir

Some French verbs require the preposition à before a dependent infinitive.

132 Verbs Followed by *à* + Dependent Infinitive (2)

Louis	aide	son amie	à	faire	les devoirs.	aider
Louis	°encourage	son amie	à	parler	français.	encourager
Louis	invite	son amie	à	aller	au cinéma.	inviter

190 L'ÉCHELLE

133. EXERCICES

(a) *Répondez affirmativement aux questions suivantes:*

Acceptez-vous de chanter?   Avez-vous tort de partir?
Avez-vous raison de dire cela?   Vous arrêtez-vous de travailler?
Avez-vous besoin de dormir?   Cessez-vous de fumer?
Décidez-vous de sortir?   Avez-vous envie de pleurer?
Oubliez-vous de faire cela?   Avez-vous peur de faire cela?
Avez-vous l'intention de partir?   Refusez-vous de travailler?

(b) *Répétez l'exercice précédent en répondant négativement à chaque question.*
(c) *Répétez la phrase modèle et puis remplacez* **refuse** *par les mots suivants, en faisant chaque fois le changement nécessaire:*

Vous avez **refusé** de travailler, n'est-ce pas?

hésité	cessé	pu	commencé
continué	appris	réussi	voulu
accepté	essayé	préféré	dû
décidé			

(d) *Exercice écrit (p. 425).*

134. EXERCICES

(a) *Exercice de substitution:*

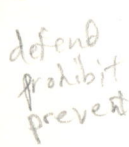
defend
prohibit
prevent

Je conseille à Jean de travailler.   **Il m'a conseillé** d'aller au cinéma.
Je demande à Jean de travailler.   **Il m'a ordonné**   d'aller au cinéma.
Je demande à Jean de **chanter**.   Il m'a ordonné   de **rester au lit**.
Je suggère à Jean de chanter.   **Vous m'avez dit**   de rester au lit.
Je suggère à Jean de **sortir**.   Vous m'avez dit   de **ne pas fumer**.
Je défends à Jean de sortir.   **Paul m'a suggéré** de ne pas fumer.
Je défends à Jean de **danser**.   Paul m'a suggéré   de **parler anglais**.
J'ordonne à Jean de danser.   **Elle m'a défendu** de parler anglais.
J'ordonne à Jean **de se dépêcher**.   Elle m'a défendu   de **chanter cela**.
Je dis à Jean de se dépêcher.   **Tu m'as demandé**   de chanter cela.
Je dis à Jean de **partir**.   Tu m'as demandé   de **voir le film**.
Je conseille à Jean de partir.   **Il m'a conseillé** de voir le film.
Je conseille à Jean de **travailler**.   Il m'a conseillé   d'**aller au cinéma**.

(to hurry)

(b) *Exercice écrit (p. 426).*

Study the foregoing constructions. Some verbs require a direct object whose action is expressed by $\boxed{\text{à}}$ + INFINITIVE.

133 Verbs Followed by *de* + Dependent Infinitive (1)

Pierre	accepte	de	chanter	devant eux.	accepter
Pierre	s'arrête	de	parler.		s'arrêter
Pierre	cesse¹	de	fumer.		cesser
Pierre	décide	de	ne pas venir.		décider
Pierre	essaie	de	danser.		essayer
Pierre	oublie	d'	apporter	la lettre.	oublier
Pierre	°refuse	de	chanter	devant moi.	refuser
Pierre	vient	d'	entrer.²		venir

Robert	a besoin	de	se reposer.		avoir besoin
Robert	a peur	de	rester	ici.	avoir peur
Robert	a °envie	de	se promener.		avoir envie
Robert	a l'intention	de	partir.		avoir l'intention
Robert	a l'air	de	vouloir	sortir.	avoir l'air
Robert	a raison	de	dire	cela.	avoir raison
Robert	a °tort	de	rester	ici.	avoir tort

The verbs just given require the preposition $\boxed{\text{de}}$ before a dependent infinitive.

134 Verbs Followed by *de* + Dependent Infinitive (2)

Le médecin	°conseille	à Jean	de	se reposer.		conseiller
Le médecin	dit	à Jean	de	revenir	demain.	dire
Le médecin	°défend	à Jean	de	fumer.		défendre
Le médecin	demande	à Jean	de	rester	là.	demander
Le médecin	°ordonne	à Jean	de	rester	au lit.	ordonner
Le médecin	°suggère	à Jean	de	ne pas fumer.		suggérer

The verbs just given take $\boxed{\text{à}}$ + PERSON followed by $\boxed{\text{de}}$ + INFINITIVE.

---

¹ $\boxed{\text{Cesser}}$ means *to stop* in the sense of *to discontinue* or *to stop permanently*. $\boxed{\text{S'arrêter}}$ implies *to stop temporarily*.

² See Step 69, page 99. $\boxed{\text{Venir de}}$ means *to have just (done something)*.

REVIEW LESSON X

Noël en famille

C'est aujourd'hui le jour de Noël. Dans un coin du salon il y a un magnifique arbre de Noël. Le frère et la sœur de Bill l'ont décoré il y a quatre jours de[1] *petits anges, de petites étoiles, etc. Malgré toutes ces décorations, ce bel arbre a un aspect quelque peu dépouillé,*[2] *car hier encore il y avait un tas de paquets autour de lui,*[3] *tandis qu'aujourd'hui il n'y en a plus. Dans la cuisine Saundra aide sa mère à préparer le repas de Noël. Bill et Jean-Pierre sont dans la salle à manger.*[4] *Ils sont en train de mettre la table: la grande nappe blanche, puis l'argenterie bien polie*[5] *et la vaisselle de porcelaine très fine. Au centre de la table se trouve une grande guirlande de branches de sapin, de pommes de pin*[6] *et des chandelles rouges.*

Bill et Jean-Pierre reviennent au salon. Bill ne tousse plus et il n'a pas besoin de rester au lit. Il offre[7] *un verre d'apéritif à Jean-Pierre.*

BILL — Est-ce qu'il y a des arbres de Noël en France? J'ai entendu dire que c'était plutôt une coutume allemande.

JEAN-PIERRE — C'est possible. En tout cas,[8] il y en a partout en France maintenant, même dans des régions où cette coutume n'existait presque pas avant la guerre.

BILL — Je me rappelle une photo d'un grand arbre de Noël devant quelque monument de Paris.

JEAN-PIERRE — Si vous êtes à Paris pendant les vacances de Noël, vous verrez de magnifiques arbres sous la Tour Eiffel et sur le parvis de Notre-Dame.

BILL — Est-ce que vous fêtez Noël comme nous autres Américains,[9] avec des cadeaux et un grand repas?

NOTES

[1] with. [2] *somewhat stripped (bare).* [3] *around it.* [4] *dining room.* [5] *well-polished silverware.* [6] **pine cones.** [7] *du verbe* **offrir** *(to offer).* [8] **tout de même.** [9] Whenever **nous** or **vous** needs emphasis as one group against another, the **nous** (**vous**) + **autres** + NOUN construction is used: **Nous autres femmes, nous vous comprenons très bien** (*We women understand you very well*).

194   L'ÉCHELLE

25 JEAN-PIERRE   Nous échangeons des cadeaux, mais nous fêtons Noël d'une façon[10] un peu différente.

BILL   Qu'est-ce que vous faites, alors?
JEAN-PIERRE   Nous allons à la messe de minuit. Dans l'église il y a une belle crèche et des santons.
30 BILL   Qu'est-ce que c'est que des santons?[11]
JEAN-PIERRE   Ce sont des figurines, traditionnellement provençales, qui représentent Marie, Joseph, l'enfant Jésus, les bergers, les rois mages — et puis l'âne et le boeuf.
BILL   Et qu'est-ce que vous faites après la messe de minuit?
35 JEAN-PIERRE   Nous faisons le réveillon. Nous y invitons parfois des amis. C'est notre grand repas de Noël.

NOTES

[10] *in a way.*   [11] **qu'est-ce que c'est que** + NOUN is used only when asking for a definition or description.

Questions

1. *Répondez aux questions suivantes d'après le texte (lignes 1–10):*

    (a) Qu'est-ce qu'il y a au salon?
    (b) Qui a décoré cet arbre?
    (c) Qu'est-ce qu'il y avait hier autour de l'arbre?
    (d) Qui aide la mère de Bill à préparer le repas?
    (e) Que font Bill et Jean-Pierre?
    (f) Qu'est-ce qu'il y a au centre de la table?

2. *Faites de même (lignes 11–17):*

    (a) Comment va Bill?
    (b) Qu'est-ce qu'il offre à Jean-Pierre?
    (c) Qu'est-ce qu'il a entendu dire?
    (d) Y a-t-il des arbres de Noël en France?
    (e) Cette coutume existait-elle dans toutes les régions de la France?

3. *Faites de même (lignes 18–26):*

    (a) Qu'est-ce que Bill se rappelle?
    (b) Qu'est-ce qu'il verra s'il est à Paris?
    (c) Comment est-ce que les Américains fêtent Noël?
    (d) Comment est-ce que les Français fêtent Noël?

4. *Faites de même (lignes 27–36):*

    (a) Où vont les Français le jour de Noël?
    (b) Qu'est-ce qu'il y a dans l'église?
    (c) Ces figurines sont-elles d'°origine °parisienne?
    (d) Qu'est-ce qu'ils font après la messe de minuit?
    (e) Qu'est-ce que c'est que le réveillon?

Exercices de revision

1. *Conjuguez oralement les phrases suivantes:*

    (a) Je vais décorer l'arbre de Noël.
    (b) Je mets la table tout de suite.
    (c) Je me rappelle une photo de Paris.
    (d) Je fête Noël avec mes amis.
    (e) Je dois partir avant ce soir.
    (f) Je reçois des cadeaux de Noël.
    (g) Je ne reviendrai pas avant midi.

2. *Posez des questions sur les mots imprimés en caractères gras:*

    (a) Je l'ai décoré **il y a deux jours**.
    (b) Il n'y a plus **de cadeaux**.
    (c) Je me rappelle **une histoire**.
    (d) Nous allons **échanger** des cadeaux.
    (e) Il parle **d'une façon intéressante**.
    (f) Nous avons invité **nos amis**.
    (g) Nous allons fêter **Noël**.
    (h) **Saundra** est dans la cuisine.

3. *Ecrivez des phrases en employant les mots et les expressions suivantes:*

    (a) **d'une façon**   (f) **au centre**   (j) **recevons**
    (b) **presque pas**   (g) **autour de**   (k) **n'aura que**
    (c) **besoin**   (h) **représentera**   (l) **lit** (*verbe*)
    (d) **plutôt**   (i) **devras**   (m) **se trouvent**
    (e) **en train de**

4. *Répondez aux questions suivantes d'après votre propre expérience:*

    (a) Qu'est-ce que vous avez essayé de faire ce matin?
    (b) Qu'est-ce que vous deviez faire hier soir?
    (c) Qu'est-ce que vous réussirez à faire?
    (d) Qui est-ce que vous avez cessé de voir?
    (e) Quand commence-t-il à faire froid dans votre région?
    (f) Votre professeur ne parle-t-il que français?
    (g) Avez-vous jamais vu un avion à réaction?
    (h) Aidez-vous votre mère à préparer un grand repas?
    (i) Savez-vous mettre la table?
    (j) Qui est-ce que vous avez besoin de voir?
    (k) De quoi avez-vous peur?
    (l) En quelle saison n'avez-vous plus froid?
    (m) Qui vous encourage à étudier le français?
    (n) A quelle heure devez-vous vous coucher?
    (o) Qu'est-ce que votre professeur vous défend de faire?

(p) Qui encouragez-vous à parler français?
(q) Qu'est-ce que vous avez décidé de faire cet été?
(r) Que faites-vous quand vous avez un rhume?
(s) Qu'est-ce que vous demandez à votre professeur?
(t) Qu'est-ce que vous aimez recevoir de vos parents?

135. EXERCICES

(a) *Regardez le Tableau II et répondez aux questions suivantes d'après le modèle ci-dessous:*

    Qui apporte les lettres?   **Voici le facteur qui apporte les lettres.**

Qui cherche le crayon?   Qui monte dans l'autobus?
Qui écoute la radio?   Qui descend de l'avion?
Qui regarde la télévision?   Qui attend le train?
Qui parle à l'infirmière?   Qui répond à la question?
Qui demande l'addition?   Qui remplit le verre?
Qui arrive à l'école?   Qui obéit à la mère?

(b) *Répondez aux questions suivantes d'après le modèle ci-dessous:*

    Qu'est-ce qui est intéressant?   **Voici un livre qui est intéressant.**

Qu'est-ce qui est amusant?   Qu'est-ce qui tombe de la table?
Qu'est-ce qui est mauvais?   Qu'est-ce qui est très mauvais?
Qu'est-ce qui intéresse Jacques?   Qu'est-ce qui est ennuyeux?
Qu'est-ce qui ennuie Jacqueline?   Qu'est-ce qui est intéressant?
Qu'est-ce qui tombe du bureau?   Qu'est-ce qui est °déchiré?
Qu'est-ce qui est bon?   Qu'est-ce qui est très amusant?

(c) *Exercice écrit (p. 426).*
(d) *Exercice écrit (p. 426).*

136. EXERCICES

(a) *Regardez le Tableau II et répondez aux questions suivantes d'après le modèle ci-dessous:*

    Qu'apporte le facteur?   **Voici les lettres que le facteur apporte.**

Que cherche la maîtresse?   Que finit l'étudiant?
Que donne la mère?   Que remplit le garçon?
Que demande le client?   Que choisit la dame?
Que paie l'étudiant?   Que regarde la femme?
Qu'attend le voyageur?   Qu'écoute le garçon?
Que perd la jeune fille?   Que vend le vendeur?

(b) *Répondez aux questions suivantes d'après le modèle ci-dessous:*

    Qui regardez-vous?   **Voilà l'étudiant que je regarde.**

135 The Relative Pronoun (Subject): *qui*

Voici le facteur | qui | apporte la lettre.
Voici le garçon | qui | écoute la radio.
Voici la femme | qui | regarde la télévision.

Ce médecin | qui | parle à Marie | est mon père.
Cet élève | qui | arrive en retard | est le frère de Jean.
Cette dame | qui | était ici | est la tante de Denis.

Voilà un livre | qui | °amusera mon frère.
Voilà un cahier | qui | est de bonne °qualité.
Voilà la montre | qui | est à votre sœur.

La lettre | qui | est dans le tiroir | est pour mon oncle.
Le disque | qui | est sur la table | est très amusant.
Les maisons | qui | sont dans cette rue | sont belles.

The relative pronoun as subject (that is, subject of the RELATIVE CLAUSE) is qui , whether referring to persons or things.

136 The Relative Pronoun (Direct Object): *que*

Voilà le vendeur | que | vous connaissez.
Voilà la dame | que | Marie a regardée.
Voilà les élèves | que | nous avons punis.

L'étudiant | que | nous cherchons | s'appelle Alfred.
La dame | que | vous avez vue | est ma tante.
Les enfants | que | vous aimez | sont les frères de Jean.

Voici le dictionnaire | que | vous cherchiez.
Voici le cahier | que | tu as acheté.
Voici la lettre | que | nous avons reçue hier.

La montre | que | vous avez achetée | est de bonne qualité.
Le disque | que | nous écoutons | est à Jacques.
Le livre | que | j'ai lu hier | est peu intéressant.

The relative pronoun as direct object (that is, direct object of the verb in the RELATIVE CLAUSE), whether referring to persons or things, is always que .

L'ÉCHELLE

Qui cherchez-vous?   Qui admirez-vous?
Qui voyez-vous?   Qui grondez-vous?
Qui punissez-vous?   Qui écoutez-vous?
Qui aimez-vous?   Qui attendez-vous?
Qui détestez-vous?   Qui aidez-vous?
Qui accompagnez-vous?   Qui invitez-vous?

(c) *Exercice écrit (p. 426).*

137. EXERCICES

(a) *Répondez aux questions suivantes d'après le modèle ci-dessous:*

De quel livre parlez-vous?   **Voilà le livre dont je parle.**

De quel livre avez-vous besoin?   De quel étudiant parlez-vous?
De quel examen avez-vous peur?   De quel homme avez-vous peur?
De quel facteur parlez-vous?   De quel roman parlez-vous?
De quelle femme avez-vous peur?   De quelle maîtresse avez-vous peur?
De quel poème parlez-vous?   De quelle montre avez-vous besoin?
De quelles revues avez-vous besoin?   De quelle réunion parlez-vous?

(b) *Répondez aux questions suivantes d'après le modèle ci-dessous:*

Où est le professeur dont vous connaissez le frère?   **Voilà le professeur dont je connais le frère.**

Où est le facteur dont vous connaissez la femme?
Où est le professeur dont vous avez imité les gestes?
Où est la dame dont vous avez trouvé l'argent?
Où est l'étudiant dont vous avez perdu le dictionnaire?
Où est l'enfant dont vous connaissez bien la famille?
Où est l'homme dont vous avez puni le fils?
Où est la jeune fille dont vous avez lu la lettre?

(c) *Exercice écrit (p. 426).*

138. EXERCICES

(a) *Répondez aux questions suivantes d'après le modèle ci-dessous:*

Chez qui allez-vous?   **Voilà l'étudiant chez qui je vais.**

Avec qui étudiez-vous?   Avec qui travaillez-vous?
A qui parliez-vous?   A qui avez-vous répondu?
Chez qui êtes-vous allé?   Contre qui êtes-vous fâché?
Avec qui dansiez-vous?   Près de qui vous asseyez-vous?
Devant qui vous asseyez-vous?   Avec qui sortez-vous?
Sur qui comptez-vous?   A qui écrivez-vous?

(b) *Répondez aux questions suivantes d'après le modèle ci-dessous:*

Comptez-vous sur ma réponse?   **Non, voilà la réponse sur laquelle je compte.**

Note that the past participle of transitive verbs (verbs that take a direct object) agrees in gender and number with the antecedent that is its direct object.

137 The Relative Pronoun (after *de*): °*dont*

Note that after dont the word order is always SUBJECT + VERB (+ DIRECT OBJECT).

Voici le professeur	dont	vous avez peur.
Voici les livres	dont	vous avez besoin.
Voici le facteur	dont	vous parliez.
Voici la revue	dont	vous parlez.

Je connais le livre	dont	vous discutez	les idées.
Je connais l'homme	dont	vous aimez	la fille.
Je connais le magasin	dont	vous regardez	l'°entrée.
Je connais la femme	dont	vous avez puni	l'enfant.

Voici mon oncle	dont	le fils	est votre élève.
Voici un livre	dont	les pages	sont déchirées.
Voici le train	dont	la °locomotive	est électrique.
Voici l'étudiant	dont	le frère	est médecin.

In current usage de + RELATIVE PRONOUN becomes dont . There are a few cases in which dont cannot replace de + RELATIVE PRONOUN, such as when the relative pronoun is preceded by a PREPOSITIONAL PHRASE (for example, au centre de , au °sommet de , à côté de) or a PREPOSITION + NOUN (à la mère , de l'aide , sur le frère). Study the following examples.

Voilà la place	au centre de laquelle[1]	se trouve une belle statue.
Voilà la °colline	au sommet de laquelle	il y a une °église.
Voici l'homme	à côté de qui	Marie sera assise.

Voici l'enfant	à la mère de qui	vous écrirez demain.
Voilà le médecin	de l'aide de qui	nous avons besoin.
Voilà Paul	sur le frère de qui	vous °comptez.

138 The Relative Pronouns (after Other Prepositions)

Voilà l'étudiant	chez qui	vous allez.
Voilà la dame	à qui	vous avez parlé.
Voilà l'ouvrier	sur qui	vous comptez.
Voilà l'étudiante	avec qui	Maurice veut sortir.

[1] Laquelle , lequel , etc., are discussed in the next step as well as in Step 143, page 207.

Répondez-vous à ma lettre?
Obéissez-vous à mon ordre?
Ecrivez-vous avec mon stylo?
Vous reposez-vous sur mon lit?
Etes-vous d'accord avec mon idée?
Attendez-vous près de ce pont?

Vous asseyez-vous sur ma chaise?
Répondez-vous à ma question?
Ecrivez-vous dans mon cahier?
Vous arrêtez-vous devant mon auto?
Ecrivez-vous avec mon crayon?
Vous promenez-vous dans ce parc?

(c) *Exercice écrit (p. 427).*

139. EXERCICES

(a) *Répondez aux questions suivantes d'après les modèles ci-dessous:*

Qui regardez-vous? **Voilà l'étudiant que je regarde.**
Que regardez-vous? **Voilà le journal que je regarde.**

Qui cherchez-vous?   Qui écoutez-vous?   Qui aimez-vous?
Que cherchez-vous?   Que lisez-vous?   Que détestez-vous?
Que vendez-vous?   Qui connaissez-vous? Qui attendez-vous?

(b) *Répondez aux questions suivantes d'après les modèles ci-dessous:*

Qui est amusant? **Voilà un homme qui est amusant.**
Qu'est-ce qui est amusant? **Voilà un livre qui est amusant.**

Qui est intéressant?   Qu'est-ce qui est mauvais?
Qui est charmant?   Qui est intelligent?
Qu'est-ce qui tombe de la table? Qui est parti?
Qui tombe de l'échelle?   Qu'est-ce qui est déchiré?
Qu'est-ce qui est intéressant?   Qu'est-ce qui est tombé?

(c) *Répondez aux questions suivantes d'après les modèles ci-dessous:*

De qui parlez-vous? **Voilà la jeune fille dont je parle.**
De quoi parlez-vous? **Voilà la voiture dont je parle.**

De quoi avez-vous besoin?   De qui vous méfiez-vous?
De qui avez-vous peur?   De qui avez-vous besoin?
De quoi vous °méfiez-vous? De quoi avez-vous peur?
De quoi parlez-vous?   De qui parlez-vous?

(d) *Exercice écrit (p. 427).*

C'est le livre	sur lequel	j'ai	écrit mon adresse.
Ce sont les livres	sur lesquels	j'ai	écrit ton °nom.
C'est la table	sur laquelle	j'ai	°gravé mon nom.
Ce sont les tables	sur lesquelles	j'ai	vu leurs cahiers.

L'°ordre	auquel	nous obéissons	est juste.
La règle	à laquelle	nous obéissons	est °nécessaire.
Les ordres	auxquels	nous obéissons	sont justes.
Les règles	auxquelles	nous obéissons	sont nécessaires.

The relative pronoun following a preposition (except $\boxed{\text{de}}$ as discussed in the previous lesson) is $\boxed{\text{qui}}$ for persons and $\boxed{\text{lequel}}$, $\boxed{\text{laquelle}}$, etc., for things. Note the contracted forms $\boxed{\text{auquel}}$, $\boxed{\text{auxquels}}$, and $\boxed{\text{auxquelles}}$.

139 The Relative Pronouns: Summary and Contrast with the Interrogative Pronouns

Subject of a question or relative clause:

Qui	est venu?		Voilà l'homme	qui	est venu.
Qu'est-ce qui	est intéressant?		Voici un livre	qui	est intéressant.

Direct object:

Qui est-ce que	vous punissez?		Voilà l'enfant	que	je punis.
Qu'est-ce que	vous vendez?		Voici le livre	que	je vends.
Qui	punissez-vous?		Voilà l'élève	que	je punis.
Que	vendez-vous?		Voici le pain	que	je vends.

After $\boxed{\text{de}}$:

De qui est-ce que	vous parlez?		Voilà l'élève	dont	je parle.
De quoi est-ce que	vous parlez?		Voilà le poème	dont	je parle.
De qui	parlez-vous?		Voilà l'enfant	dont	je parle.
De quoi	parlez-vous?		Voilà le livre	dont	je parle.

After other prepositions (such as $\boxed{\text{à}}$):

A qui est-ce que	vous obéissez?		Voilà l'°officier	à qui	j'obéis.
A quoi est-ce que	vous obéissez?		Voilà l'ordre	auquel	j'obéis.
A qui	répondez-vous?		Voilà la femme	à qui	je réponds.
A quoi	répondez-vous?		Voilà la lettre	à laquelle	je réponds.

Note that the interrogative pronouns distinguish between persons and things in all cases, whereas the relative pronouns do so only after a preposition other than $\boxed{\text{de}}$.

140. EXERCICES

(a) *Changez les phrases suivantes d'après le modèle ci-dessous:*

Les habitants de la France parlent français.   **On parle français en France.**²

Les habitants de °l'Angleterre parlent anglais.
Les habitants de °l'Espagne parlent espagnol.
Les habitants de °l'Allemagne parlent allemand.
Les habitants de la Belgique parlent français et °flamand.
Les habitants de la °Russie parlent russe.
Les habitants de la °Pologne parlent °polonais.

(b) *Changez les phrases suivantes d'après le modèle ci-dessous:*

Les habitants du °Brésil parlent °portugais.   **On parle portugais au Brésil.**

Les habitants du °Japon parlent japonais.
Les habitants du °Portugal parlent portugais.
Les habitants du °Danemark parlent °danois.
Les habitants du °Mexique parlent espagnol.
Les habitants du °Canada parlent anglais et français.

(c) *Exercice écrit (p. 427).*

141. EXERCICES

(a) *Mettez les phrases suivantes au passé composé:*

Je cours.
Courez-vous?
Les élèves courent à l'école.
Jean court à toutes jambes.
Nous ne courons jamais.
Tu ne cours pas à la maison.

Nous courons avec lui.
L'enfant court à sa mère.
Cours-tu avec lui?
Vous ne courez pas.
Les enfants ne courent plus.
Je ne cours pas à la gare.

(b) *Répétez l'exercice précédent en mettant chaque phrase au futur.*
(c) *Exercice écrit (p. 427).*

---

² For countries whose gender is feminine, the preposition `en` is used, meaning *to, at, in*. For masculine countries, `au` (`aux`) is used. *From, of* are usually translated as `de` before feminine countries and as `du` (`des`) before masculine countries.

140 The Use of the Pronoun *on*

On	parle français dans cette région.
	(= **tout le monde; les habitants**)
On	n'aime pas parler des fautes qu'on a faites.
	(= **personne; les hommes en général**)
On	a °réparé la voiture qui était en panne.
	(= **le °mécanicien; les mécaniciens**)
On	a frappé plusieurs fois à la porte.
	(= **quelqu'un**)

On is an INDEFINITE personal pronoun, used whenever the mention of a specific subject is not necessary. It corresponds more or less to English *they* or *one* when such words are used in a GENERAL sense. **On** may also be used to refer to a specific subject in conversation, particularly **nous** or **vous**. Study the following examples.

Eh bien, **on** est prêt maintenant? (= Est-ce que nous sommes prêts maintenant?)
On ne fait pas ça, tu sais. (= Tu ne dois pas faire ça.)
Où va-t-**on** cet après-midi? (= Où est-ce que nous allons cet après-midi?)

Note that **on** is grammatically a THIRD PERSON SINGULAR and that it can be used only as the SUBJECT of a sentence.

141 The Verb *courir*

Je	cours	très vite.	[kuʀ]
Tu	cours	à toute °vitesse.	[kuʀ]
Il	court	à la maison.	[kuʀ]
Nous	courons	ensemble.	[kuʀɔ̃]
Vous	courez	vite.	[kuʀe]
Ils	courent	à lui.[3]	[kuʀ]
Il va	courir	à toutes jambes.	[kuʀiʀ]
Il a	couru	avec toi.	[kuʀy]
Il	courra	vite.	[kuʀʀa][4]

Note that **courir** (*to run*) is conjugated with **avoir**.

---

[3] With the verb **courir**, **à** or **vers** + STRESSED PERSONAL PRONOUN must be used after the verb.
[4] Note that the consonant [ʀ] is pronounced twice as long in the future tense as in the present and other tenses.

142. EXERCICES

(a) *Répondez aux questions suivantes en disant* **Je crois que oui** *si la question est à l'affirmatif, ou* **Je crois que non** *si elle est au négatif:*

Est-ce que Paul est malade?
Est-ce que Marie va partir?
Est-ce que René est là?
Rose n'est-elle pas malade?
Robert n'est-il pas °découragé?
Est-ce que Jean ne vient pas?
Est-ce que Jacques est ici?
Est-ce que Jean ne partira pas?
Daniel ne parle-t-il pas chinois?
Pierre n'est-il pas stupide?

(b) *Exercice écrit (p. 428).*

143. EXERCICES

(a) *Changez les phrases suivantes d'après le modèle ci-dessous:*

Quel enfant parle français?   **Lequel parle français?**

Quel élève arrive en retard?
Quels clients sont ici?
Quelle maison est jolie?
Quels étudiants viennent ici?
Quels enfants connaissez-vous?
Quelles tables sont libres?
Quels élèves sont français?
Quel étudiant attendez-vous?

(b) *Posez des questions pour les réponses suivantes, d'après le modèle ci-dessous:*

Je pense à cette maison.   **A laquelle de ces maisons pensez-vous?**

Je réponds à cette lettre.
Je parle à ce professeur.
Je parle de cette jeune fille.
J'ai peur de cet examen.
J'écris avec ce stylo.
J'ai besoin de ce livre.
Je parle de cet examen.
Je sors avec cet étudiant.

(c) *Exercice écrit (p. 428).*

144. EXERCICES

(a) *Regardez le Tableau IV1 et répondez aux questions suivantes:*

Est-ce que Gaston est plus grand que Robert?
Est-ce que Gaston est plus grand qu'André?
Est-ce que Jean est plus petit que Robert?
Est-ce que Robert est plus petit que Gaston?
Est-ce que Robert est aussi grand qu'André?
Est-ce que Robert est moins grand que Gaston?
Est-ce que Jean est moins grand que Robert?
Est-ce qu'André est moins grand que Gaston?
Est-ce que Robert est moins petit que Jean?
Est-ce qu'André est aussi grand que Robert?

(b) *Exercice écrit (p. 428).*

142 The Verb *croire*

Je	crois	à la °véracité de cette histoire.	[kRwa]
Tu	crois	à la °magie.	[kRwa]
Il	croit	en °Dieu.	[kRwa]
Nous	croyons	qu'il va neiger.	[kRwajɔ̃]
Vous	croyez	mon frère, n'est-ce pas?	[kRwaje]
Ils	croient	au °diable.	[kRwa]
Il va	croire	que vous avez dit cela.	[kRwaR]
Il a	cru	que j'étais °blessé.	[kRy]
Il	croira	en Dieu.	[kRwaRa]

Croire à means *to believe in (something)*, but *to believe in God* is **croire en Dieu**.

143 The Interrogative Pronouns: *lequel, laquelle,* etc.

Quel livre	achetez-vous?		Lequel	achetez-vous?
Quelle revue	lisez-vous?		Laquelle	lisez-vous?
Quels disques	écoutez-vous?		Lesquels	écoutez-vous?
Quelles tables	préférez-vous?		Lesquelles	préférez-vous?

Voici nos deux amis.
Voici deux plumes.
Voilà trois hommes.
Voilà dix lettres.

Auquel	pensiez-vous?
Avec laquelle	écrivez-vous?
Duquel	avez-vous peur?
Auxquelles	répondrez-vous?

Study the interrogative pronouns **lequel**, **lesquels**, etc., which correspond to English *which one* or *which ones*. Note the contraction when **le-** and **les-** are preceded by **de** and **à** (they become **du-**, **des-**, **au-**, **aux-** respectively).

144 The Comparative of Adjectives

See **Tableau IV1**, page 399.

Gaston est	plus	grand	qu'	André.
André est	plus	grand	que	Jean.
Jean est	plus	petit	que	Gaston et André.

145. EXERCICES

(a) *Regardez le Tableau IV1 et répondez d'après le modèle ci-dessous:*

    Est-ce que Robert est le garçon   **Non, c'est Gaston qui est**
        le plus grand?   **le plus grand.**

    Est-ce que Jean est le garçon le plus grand?
    Est-ce que Robert est le garçon le plus petit?
    Est-ce que Gaston est le garçon le moins grand?
    Est-ce qu'André est le garçon le plus grand?
    Est-ce qu'André est le garçon le plus gros?
    Est-ce que Jean est le garçon le plus gros?
    Est-ce que Robert est le garçon le plus grand?

(b) *Exercice écrit (p. 428).*

146. EXERCICES

(a) *Regardez le Tableau IV2 et répondez aux questions suivantes:*

    Laquelle est la meilleure étudiante?
    Laquelle est la plus mauvaise étudiante?
    Qui est une aussi bonne étudiante qu'Hélène?
    Qui est une meilleure étudiante que Françoise?
    Qui est une plus mauvaise étudiante qu'Hélène?
    Qui est une meilleure étudiante qu'Hélène?
    Qui est une plus mauvaise étudiante que Françoise?

(b) *Exercice écrit (p. 428).*

André est | aussi | grand | que | Robert.
Robert est | aussi | grand | qu' | André.

André est | moins | grand | que | Gaston.
Jean est | moins | grand | qu' | André.
Robert est | moins | grand | que | Gaston.

The comparison of equality is expressed by aussi...que, and inequality is expressed by plus...que (*more*) and moins...que (*less*).

145 The Superlative of Adjectives

Study **Tableau IV1**, page 399.

Gaston est | le plus | grand | de | ces quatre garçons.
Robert est | le plus | gros | des | quatre garçons.
Jean est | le moins | grand | de | ce groupe.
Jean est | le plus | petit | de | ces garçons.

The superlative is formed by placing the definite article before the comparative. Note the use of de after the superlative. The adjectives that normally come before the noun (see Step 52, page 75) may be placed after the noun if they are in the superlative.

C'est la jeune fille **la plus jolie** de la classe.
C'est **la plus jolie** jeune fille de la classe.

M. Dupont est **le plus jeune** professeur.
M. Dupont est le professeur **le plus jeune**.

146 The Irregular Comparatives and Superlatives: *meilleur* and *pire*

Study **Tableau IV2**, page 399.

Hélène est une | bonne | étudiante.
Thérèse est une | meilleure | étudiante qu'Hélène.
Thérèse est la | meilleure | étudiante de ce groupe.

Jeanne est une | mauvaise | étudiante.
Jeanne est une | plus mauvaise (pire) | étudiante que Françoise.
Jeanne est la | plus mauvaise (pire) | étudiante.

Bon (bonne) has an irregular comparative meilleur(e). The superlative of bon (bonne) is formed by adding the definite article before meilleur(e). Mauvais also has an irregular comparative pire, but in colloquial French it can form a regular comparative plus mauvais. The superlative of mauvais is formed by adding the definite article before pire or plus mauvais.

REVIEW LESSON XI

Dans la cafétéria

Barbara, Bill et Jean-Pierre ont décidé de déjeuner ensemble. Barbara et Bill attendent l'arrivée de Jean-Pierre. Ils sont dans le corridor qui mène à la cafétéria. Barbara regarde sa montre.

BARBARA	Où est Jean-Pierre? Il est en retard comme d'habitude. Nous l'attendons depuis un quart d'heure.
BILL	Il m'a dit ce matin qu'il avait une classe à onze heures. Evidemment,[1] il est encore en classe.
BARBARA	Je vais mourir de faim s'il n'arrive pas bientôt.
BILL	Si nous l'attendions[2] jusqu'à midi et quart?
BARBARA	Le voilà. Il est hors d'haleine.[3]
JEAN-PIERRE	Je m'excuse d'arriver en retard. Mon professeur de philosophie ne finit jamais ses conférences[4] avant midi dix. La prochaine fois, ne m'attendez pas si je n'arrive pas à l'heure.
BARBARA	Nous comprenons que ce n'est pas votre faute. Mais dépêchons-nous. Il y a du monde dans la cafétéria.

La cafétéria est, en effet, bondée. Les trois amis font la queue pendant presque dix minutes. Ils jettent un coup d'œil[5] sur le menu qui est au mur. Ils décident de prendre le déjeuner à prix fixe. Enfin c'est leur tour. Chacun d'eux prend un plateau, puis un couteau, une fourchette, une cuillère et une serviette. Le déjeuner comprend de la salade de tomates, des haricots verts,[6] du rosbif, une tranche de pain avec un morceau de beurre, un verre de lait ou une tasse de café.

Ils entrent maintenant dans la salle et cherchent une table libre. Il n'y en a pas.

NOTES

[1] *obviously.* [2] **si** + IMPERFECT corresponds to English *how about doing, suppose one does, what if one does,* etc. **Si nous allions au cinéma?** = *Suppose we go to the movies,* or *How about going to the movies?* [3] *out of breath.* [4] **conférence** *signifie* lecture, *tandis que* **la lecture** *veut dire* reading. [5] *They glance at.* [6] *green beans* (the h of **haricot** is aspirate).

211

212 L'ÉCHELLE

	BARBARA	Est-ce que vous ne voyez pas de table libre? J'ai des difficultés à équilibrer mon plateau.
25	BILL	Regardez ces deux garçons près de la fenêtre. Ils sont en train de finir leur dessert.
	JEAN-PIERRE	En voilà deux autres près de la caissière qui vont partir. Allons, vite. Asseyons-nous là-bas.
30	BARBARA	Enfin! J'ai une faim de loup,⁷ vous savez. Je n'ai pas mangé ce matin.
	BILL	Pourquoi n'avez-vous pas pris votre petit déjeuner?
	BARBARA	Je me suis levée trop tard. J'ai à peine eu le temps de prendre un verre de jus d'orange.
35	JEAN-PIERRE	C'est bien, Barbara. Maintenant vous pourrez dévorer un bœuf entier.
	BARBARA	Un bœuf entier! Regardez plutôt⁸ ce misérable rosbif. Je n'ai jamais vu un morceau de rosbif minuscule comme cela!

NOTES

⁷ *I am starved.*   ⁸ *Just take a look at.*

Questions

1. *Répondez aux questions suivantes d'après le texte (lignes 1–8):*

   (a) Qu'est-ce que les trois amis ont décidé de faire?
   (b) Où Barbara et Bill attendent-ils leur ami?
   (c) De combien de minutes Jean-Pierre est-il en retard?
   (d) Qu'est-ce qu'il a à onze heures?
   (e) Pourquoi Barbara est-elle °impatiente?

2. *Faites de même (lignes 9–15):*

   (a) Qu'est-ce que Bill °propose de faire?
   (b) Pourquoi Jean-Pierre est-il en retard?
   (c) Quelle classe a-t-il à onze heures?
   (d) Qu'est-ce qu'il demande à ses amis de faire?
   (e) S'il arrive en retard, est-ce sa faute?

3. *Faites de même (lignes 16–21):*

   (a) Combien de temps font-ils la queue?
   (b) Sur quoi jettent-ils un coup d'oeil?
   (c) Qu'est-ce qu'ils décident de prendre?
   (d) Qu'est-ce que leur déjeuner comprend?
   (e) Quels °ustensiles est-ce qu'ils prennent?

4. *Faites de même (lignes 22–30):*

   (a) Quelle sorte de difficultés Barbara a-t-elle?
   (b) Que font les deux garçons près de la fenêtre?

(c) Où sont les garçons qui vont partir?
(d) Pourquoi Barbara a-t-elle faim?

5. *Faites de même (lignes 31–37):*

(a) Pourquoi n'a-t-elle pas pris de petit déjeuner?
(b) N'a-t-elle °absolument rien pris pour le petit déjeuner?
(c) Qu'est-ce qu'elle pourra manger maintenant?
(d) Qu'est-ce qu'elle pense de son morceau de rosbif?

Exercices de revision

1. *Conjuguez les phrases suivantes:*

(a) Je suis hors d'haleine.
(b) Je jette un coup d'oeil sur le menu.
(c) J'ai une faim de loup.
(d) Je connais cet homme qui me regarde.
(e) Je vois l'enfant que j'ai puni.
(f) J'ai des difficultés à marcher vite.
(g) Je ne crois pas cela.
(h) Je m'excuse d'arriver en retard.

2. *Posez des questions sur les mots imprimés en caractères gras:*

(a) J'attends **mon ami**.
(b) Ce corridor mène **à la cafétéria**.
(c) Je jette un coup d'oeil **sur la carte**.
(d) Je m'assiérai **là-bas**.
(e) Je prends **de la salade**.
(f) Je ne peux pas équilibrer **ce plateau**.

3. *Ecrivez des phrases en employant les mots et les expressions suivantes:*

(a) **cru**
(b) **faute**
(c) **à l'heure**
(d) **prochain**
(e) **assise**
(f) **jus d'orange**
(g) **encore**
(h) **l'arrivée**
(i) **courra**
(j) **on**
(k) **dont**
(l) **s'il**
(m) **évidemment**

4. *Mettez ensemble les deux phrases en employant le pronom relatif approprié:*

(a) Voilà l'étudiant. Je l'ai vu ce matin.
(b) Voici la jeune fille. Vous êtes sorti avec sa soeur.
(c) Ce n'est pas l'homme. Cet homme est venu ici.
(d) Voilà l'examen. J'y pensais.
(e) Voilà mon oncle. Vous lui avez répondu.
(f) Voici un roman. Il est très intéressant.
(g) Je connais l'élève. Il est venu vous voir.
(h) Voici le stylo. J'en ai besoin.

(i) Voilà M. Smith. Son frère est mon professeur.
(j) Voilà Marie. Je connais sa soeur.
(k) Avez-vous le livre? Je vous l'ai prêté hier.
(l) Voici le dictionnaire. Il s'en est servi.

5. *Répondez aux questions suivantes d'après votre propre expérience:*
   (a) Qu'est-ce que vous ne voulez pas manger?
   (b) Aimez-vous les haricots verts?
   (c) Déjeunez-vous dans la cafétéria de votre école?
   (d) Combien de minutes y a-t-il dans un quart d'heure?
   (e) A quoi sert un couteau?
   (f) Etes-vous hors d'haleine quand vous arrivez à l'école?
   (g) Qui est plus riche que vous?
   (h) Qui croyez-vous toujours?
   (i) A votre avis, qui est la °meilleure °actrice de Hollywood?
   (j) Laquelle est °donc la °pire actrice?
   (k) Dans quel film l'avez-vous vue?
   (l) Qu'est-ce que vous avez pensé de ce film?
   (m) Qu'est-ce que votre déjeuner comprend?
   (n) Prenez-vous beaucoup de beurre?
   (o) Qu'est-ce que vous pensez des repas de votre cafétéria?
   (p) Combien de minutes y a-t-il dans une demi-heure?
   (q) Comment s'appelle votre meilleur(e) ami(e)?
   (r) Quand vous dépêchez-vous de faire vos devoirs?
   (s) Quand est-ce que vous avez une faim de loup?
   (t) Qu'est-ce que c'est qu'un °aveugle?

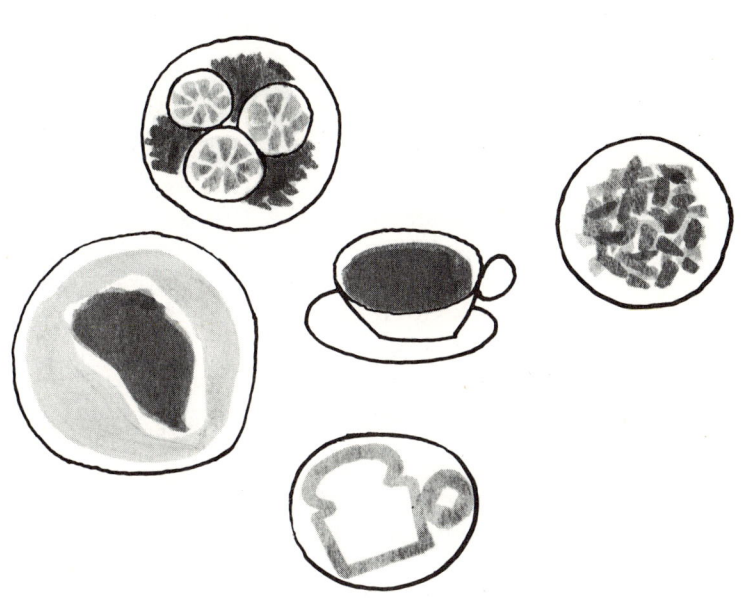

147. EXERCICES

(a) *En prenant chaque adjectif comme point de départ, prononcez l'adverbe correspondant, d'après le modèle ci-dessous:*

        Elle est franche.   **Franchement.**

Elle est triste.	Elle est élégante.
Elle est intelligente.	Elle est studieuse.
Elle est aveugle.	Elle est patiente.
Elle est heureuse.	Elle est nécessaire.
Elle est active.	Elle est méchante.
Elle est évidente.	Elle est exacte.
Elle est gentille.	Elle est juste.
Elle est franche.	Elle est diligente.

(b) *Répondez affirmativement aux questions suivantes:*

Travaillez-vous intelligemment?	Chante-t-elle gaiment?
Etudiez-vous sérieusement?	Travaillez-vous constamment?
Parle-t-elle très élégamment?	Parlez-vous brièvement?
L'aime-t-il aveuglément?	Chantez-vous fréquemment?
L'attendez-vous patiemment?	Etes-vous arrivé récemment?
Lui avez-vous parlé franchement?	Me comprenez-vous facilement?

(c) *Exercice écrit (p. 428).*

147 The Formation of Adverbs

Many adverbs are formed by adding the ending ⟨-ment⟩ [mã] to the FEMININE form of adjectives. Study the following examples:

sérieux/**sérieuse**	On sait que vous ne travaillez pas **sérieusement**.
°actif/**active**	Il a °participé **activement** à cette exploration.
°naturel/**naturelle**	**Naturellement**, il n'a pas compris pourquoi je voulais sortir.
°exact/**exacte**	Je ne sais pas **exactement** ce que vous voulez.
°franc/**franche**	**Franchement**, je ne comprends pas pourquoi vous êtes venu.
juste/**juste**	Voilà **justement** ce que je cherchais.
facile/**facile**	J'apprends le français **facilement**.

If the MASCULINE form of the adjective ends in ⟨-ent⟩ or ⟨-ant⟩, the corresponding adverb ends in ⟨-emment⟩ or ⟨-amment⟩ (both pronounced [amã]):

°récent/récente	J'ai reçu sa lettre **récemment**.
évident/évidente	**Evidemment**, vous ne me comprenez pas.
°fréquent/fréquente	Son frère venait la voir **fréquemment**.
°constant/constante	Votre mère parle **constamment**.
°élégant/élégante	Vous vous habillez très **élégamment**.

A few adjectives form their corresponding adverbs by the addition of ⟨-ément⟩ [emã] to the MASCULINE form:

°précis/précise	C'est **précisément** ce qu'il m'a dit.
°aveugle/aveugle	La femme aimait son mari **aveuglément**.
°confus/confuse	Mon ami °rêve **confusément** à son avenir.
°obscur/obscure	Ce grand °écrivain a fini sa vie **obscurément**.

The foregoing observations do not apply to the following adverbs. Study their formations:

vrai/vraie	Vous avez **vraiment** dit cela?
°gentil/gentille	Elle m'a remercié **gentiment**.
°bref/brève	Je vais vous parler **brièvement** de mon voyage.

148. EXERCICES

(a) *Répondez aux questions suivantes d'après le modèle ci-dessous:*

Parlez-vous aussi °lentement que moi?   **Oui, je parle aussi lentement que vous.**

      Parlez-vous aussi franchement que moi?
      Travaillez-vous aussi activement que moi?
      Parlez-vous aussi intelligemment que moi?
      Etudiez-vous aussi sérieusement que moi?
      Dansez-vous aussi °gracieusement que moi?
      Marchez-vous aussi vite que moi?
      Pensez-vous aussi °clairement que moi?
      Travaillez-vous aussi diligemment que moi?
      Mangez-vous aussi lentement que moi?

(b) *Répétez l'exercice précédent d'après le modèle ci-dessous:*

Parlez-vous aussi lentement que moi?   **Non, je parle plus lentement que vous.**

(c) *Exercice écrit (p. 429).*

149. EXERCICES

(a) *Répondez aux questions suivantes d'après le modèle ci-dessous:*

    Parlez-vous brièvement?   **Oui, je parle le plus brièvement possible.**

    Dansez-vous gracieusement?   Chantez-vous °gaiment?
    Etudiez-vous sérieusement?   Marchez-vous lentement?
    Courez-vous vite?   Parlez-vous franchement?
    Travaillez-vous diligemment?   Etudiez-vous intelligemment?
    Parlez-vous prudemment?   Travaillez-vous patiemment?
    Discutez-vous activement?   Voyagez-vous fréquemment?

(b) *Répétez l'exercice précédent d'après le modèle ci-dessous:*

Parlez-vous brièvement?   **Au °contraire, je parle le moins brièvement possible.**

(c) *Exercice écrit (p. 429).*

150. EXERCICES

(a) *Regardez le Tableau IV3 et répondez aux questions suivantes:*

      Qui court aussi bien que Robert?
      Qui court le plus mal?
      Qui court le mieux?
      Est-ce que Robert court aussi mal que Gaston?
      Est-ce que Gaston court le plus mal?

148 The Comparative of Adverbs

Study **Tableau IV3**, page 399.

Gaston court	**plus**	vite	**que**	Robert.
Robert court	**aussi**	vite	**qu'**	André.
André court	**moins**	vite	**que**	Gaston.

Note that $\boxed{\text{aussi} \ldots \text{que}}$, $\boxed{\text{plus} \ldots \text{que}}$ ($\boxed{\text{moins} \ldots \text{que}}$) are used for the comparison of adverbs as well as adjectives.

149 The Superlative of Adverbs

Study **Tableau IV3**, page 399.

| Gaston court | **le plus** | vite. |
| Gaston court | **le moins** | lentement. |

| Jean court | **le plus** | lentement. |
| Jean court | **le moins** | vite. |

Just as in the case of the adjective, the superlative of the adverb is formed by placing the definite article $\boxed{\text{le}}$ before the comparative form. This $\boxed{\text{le}}$ is invariable, whereas in case of adjectives it may be $\boxed{\text{la}}$ or $\boxed{\text{les}}$, depending on the noun modified.

150 The Irregular Comparatives and Superlatives: *mieux* and *pis*

The adverbs $\boxed{\text{bien}}$ and $\boxed{\text{mal}}$ have irregular comparative as well as superlative forms.

Robert court	**aussi**	bien	**qu'**	André.
Robert court	---	mieux	**que**	Jean.
Gaston court	**le**	mieux.		

André court	**aussi**	mal	**que**	Robert.
André court	**plus**	mal (pis)	**que**	Gaston.
Jean court	**le plus**	mal (le pis).		

Est-ce que Jean court le mieux?
Est-ce que Gaston court aussi mal que Jean?
Est-ce que Robert court aussi bien que Jean?

(b) *Exercice écrit (p. 429).*

151. EXERCICES

(a) *Regardez le Tableau IV4 et répondez aux questions suivantes:*

Qui mange le plus?	Qui mange moins que Robert?
Qui mange le moins?	Qui mange plus que Robert?
Qui mange autant qu'André?	Qui ne mange pas autant qu'André?
Qui mange plus qu'André?	Qui mange moins qu'André?

(b) *Exercice écrit (p. 429).*

152. EXERCICES

(a) *Regardez le Tableau IV5 et répondez aux questions suivantes:*

Qui a plus d'argent que Robert?	Qui a moins d'argent que Robert?
Qui a autant d'argent que Robert?	Qui a plus d'argent qu'André?
Qui a le plus d'argent?	Qui a le moins d'argent?
Qui a moins d'argent qu'André?	Qui n'a pas autant d'argent qu'André?

(b) *Répondez aux questions suivantes d'après le modèle ci-dessous:*

Avez-vous moins de courage que moi?	**Non, j'ai autant de courage que vous.**
Avez-vous moins d'amis que moi?	Avez-vous moins d'idées que moi?
Avez-vous moins de patience que moi?	Avez-vous moins de livres que moi?
Avez-vous moins de cahiers que moi?	Avez-vous moins d'argent que moi?
Avez-vous moins de projets que moi?	Avez-vous moins de cousins que moi?
Avez-vous moins de stylos que moi?	Avez-vous moins de viande que moi?

(c) *Exercice écrit (p. 429).*

The form [pis] is not used very often in colloquial French, except in such fixed expressions as [Tant pis!] (*So much the worse!*, the opposite of [Tant mieux!]) and [de mal en pis] (*from bad to worse*).

151 The Comparison of Quantity

Study **Tableau IV4**, page 399.

Robert mange beaucoup.
André mange [autant] que Robert.
Gaston mange [plus] que Robert.
Jean mange [moins] que Robert.

Gaston mange [le plus.]
Jean mange [le moins.]

[Autant que] is used for a comparison of equality; [plus (moins) que] is used for comparisons of inequality. The superlative is formed by placing [le] before the comparative [plus] or [moins].

152 The Use of the Partitive Article in Comparisons of Quantity

Study **Tableau IV5**, page 399.

Gaston a [*beaucoup d'*] argent.
Jean a [*peu*] d' argent.

Gaston a [plus] d' argent [que] Robert.
Robert a [autant] d' argent [qu'] André.
Jean a [moins] d' argent [que] Robert.

Gaston a [le plus] d' argent.
Jean a [le moins d'] argent.

Remember that [de] ([d']) is used as a partitive article after expressions of quantity (cf. Step 28, page 49). Note that [plus de] or [moins de] may be followed by a number:

Combien d'argent avez-vous?
J'ai **plus de** dix dollars sur moi.
J'ai **moins de** cinq dollars dans ma °poche.

153. EXERCICES

(a) *Mettez chaque sujet au singulier ou au pluriel, selon le cas:*

J'ouvre la porte.
Tu découvres la vérité.
Il ouvre le livre.
Nous ouvrons le cahier.
Vous ouvrez les paquets.
Ils ouvrent la boîte.

Nous découvrons le °secret.
Ils ouvrent la fenêtre.
Vous vous couvrez.
Je couvre la table.
Il ouvre cette porte.
Tu découvres une erreur.

(b) *Répétez l'exercice précédent en mettant chaque phrase au futur.*
(c) *Répétez l'exercice (a) en mettant chaque phrase au passé composé.*
(d) *Exercice écrit (p. 430).*

154. EXERCICES

(a) *Mettez chaque sujet au singulier ou au pluriel, selon le cas:*

J'offre le poste à Jean.
Vos amis m'offrent de l'argent.
Nous souffrons d'une °maladie.
Je vous offre ces fleurs.
Tu ne m'offres rien.
Ils offrent le poste à Marie.

Il offre une cigarette à Paul.
Tu nous offres des cadeaux.
Nous n'offrons rien.
Vous souffrez beaucoup.
Ils offrent la °paix à l'ennemi.
Tu souffres d'une maladie grave.

(b) *Répétez l'exercice précédent en mettant chaque phrase au futur.*
(c) *Répétez l'exercice (a) en mettant chaque phrase au passé composé.*
(d) *Exercice écrit (p. 430).*

155. EXERCICES

(a) *Exercice de substitution:*

Paul a peut-être dit cela.
Paul a **souvent** dit cela.
Paul a souvent **parlé de vous.**
Paul a **toujours** parlé de vous.
Paul a toujours **fait cela.**
Paul a **bien** fait cela.
Paul a bien **compris cela.**
Paul a **mal** compris cela.
Paul a mal **écouté cela.**
Paul a **assez** écouté cela.
Paul a assez **dit cela.**
Paul a **peut-être** dit cela.

Nous avons certainement étudié cette leçon.
Nous avons **vraiment** étudié cette leçon.
Nous avons vraiment **fait cela.**
Nous avons **probablement** fait cela.
Nous avons probablement **dit cela.**
Nous avons **souvent** dit cela.
Nous avons souvent **chanté.**
Nous avons **beaucoup** chanté.
Nous avons beaucoup **travaillé.**
Nous avons **trop** travaillé.
Nous avons trop **étudié cette leçon.**
Nous avons **certainement étudié cette leçon.**

153 The Verb *ouvrir (couvrir* and *découvrir)*

J'	ouvre	la porte.	[uvR]
Tu	ouvres	la fenêtre.	[uvR]
Il	ouvre	la °boîte.	[uvR]
Nous	ouvrons	nos livres.	[uvRɔ̃]
Vous	ouvrez	vos cahiers.	[uvRe]
Ils	ouvrent	les paquets.	[uvR]
Il va	ouvrir	la porte.	[uvRiR]
Il a	ouvert	la porte.	[uvɛR]
Il	ouvrira	la porte.	[uvRiRa]

Other verbs conjugated like ouvrir *(to open)* are couvrir *(to cover)* and découvrir *(to discover)*. Note that in the present tense these verbs are conjugated as if they were first conjugation verbs.

154 The Verb *offrir (souffrir)*

J'	offre	une cigarette à Paul.	[ɔfR]
Tu	offres	un cadeau à Hélène.	[ɔfR]
Il	offre	ceci à ta mère.	[ɔfR]
Nous	offrons	le poste[1] à Jacques.	[ɔfRɔ̃]
Vous	offrez	des fleurs à Marie.	[ɔfRe]
Ils	offrent	des °bonbons.	[ɔfR]
Il va	offrir	le poste à Jean.	[ɔfRiR]
Il a	offert	des bonbons à Charlot.	[ɔfɛR]
Il	offrira	de l'argent à Paul.	[ɔfRiRa]

Souffrir (de) *(to suffer [from])* is conjugated like offrir *(to offer)*. Both are conjugated in the present tense as if they were first conjugation verbs.

155 The Position of Adverbs in Compound Tenses: *passé composé* (1)

Note that the following adverbs are placed between the auxiliary verb and the past participle.

[1] **Le poste** means *the post* in the sense of *position*, whereas **la poste** means *the post* as in *the post office* (**le bureau de poste**).

(b) *Répondez aux questions d'après le modèle ci-dessous:*

    Etudiez-vous beaucoup?   **J'ai beaucoup étudié.**

    Dansez-vous bien?   Travaillez-vous trop?
    Marchez-vous vite?   Comprenez-vous à peine?
    Parlez-vous souvent?   Parlez-vous déjà?
    Chantez-vous mal?   Dansez-vous souvent?
    Marchez-vous toujours?   Dansez-vous enfin?
    Etudiez-vous bien?   Mangez-vous assez?

(c) *Exercice écrit (p. 430).*

156. EXERCICES

(a) *Répétez la phrase suivante et puis remplacez* **récemment** *par les mots ci-dessous, en faisant chaque fois le changement de place nécessaire:*

    Vous avez parlé **récemment** de ce problème.

| sérieusement | hier | constamment | aujourd'hui | là-bas |
| brièvement | franchement | peu après | clairement | quelque part |

(b) *Répétez la phrase suivante et puis remplacez* **prudemment** *par les mots ci-dessous, en faisant chaque fois le changement de place nécessaire:*

    J'ai répondu **prudemment** à cette lettre.

| franchement | enfin | déjà | ce matin | récemment |
| vraiment | peu après | certainement | mal | brièvement |

(c) *Exercice écrit (p. 430).*

Mon ami a	à peine	parlé de vous.
Mon ami a	aussi	parlé de vous.
Mon ami a	bien	parlé de vous.
Mon ami a	déjà	parlé de vous.
Mon ami a	enfin	parlé de vous.
Mon ami a	mal	parlé de vous.
Mon ami a	peut-être	parlé de vous.
Mon ami a	souvent	parlé de vous.
Mon ami a	toujours	parlé de vous.
Mon ami a	vite	parlé de vous.

Vous avez	beaucoup	souffert.
Vous avez	trop	souffert.
Vous avez	assez	souffert.
Vous avez	peu	souffert.

Suzanne a	°certainement	dit la vérité.
Suzanne a	°probablement	dit la vérité.
Suzanne a	seulement	dit la vérité.
Suzanne a	vraiment	dit la vérité.

156 The Position of Adverbs in Compound Tenses: *passé composé* (2)

Note in the following examples that adverbs ending in **-ment** (except those studied in the preceding lesson) are placed AFTER the past participle.

Vous avez parlé	prudemment	de moi.
Vous avez parlé	sérieusement	de moi.
Vous avez parlé	°légèrement	de moi.
Vous avez parlé	rarement	de moi.
Vous avez parlé	franchement	de moi.
Vous avez parlé	récemment	de moi.
Vous avez parlé	constamment	de moi.
Vous avez parlé	brièvement	de moi.

Adverbs denoting TIME or PLACE are usually placed AT THE END of a sentence.

Vous avez compris la leçon	aujourd'hui.
Vous avez compris la leçon	hier.
Vous avez compris la leçon	plus tard.
Vous avez compris la leçon	peu après.

Nous avons cherché la montre	ici.
Nous avons cherché la montre	là-bas.
Nous avons cherché la montre	partout.
Nous avons cherché la montre	ailleurs.
Nous avons cherché la montre	quelque part.

157. EXERCICES

(a) *Regardez le Tableau II et changez chaque phrase d'après le modèle ci-dessous (le professeur dira chaque phrase au futur):*

Le facteur apportera les lettres.   **On a dit que le facteur apporterait les lettres.**

(b) *Changez les phrases suivantes d'après le modèle ci-dessous:*

Il chantera s'il est heureux.   **Il chanterait s'il était heureux.**

Il dansera s'il est heureux.   Il voyagera s'il est riche.
Il viendra s'il est libre.   Il dira la vérité s'il est honnête.
Il ne viendra pas s'il est fâché.   Il se couchera s'il est fatigué.
Il en parlera s'il est °indiscret.   Il m'appellera s'il est malade.
Il pleurera s'il est triste.   Il courra s'il est en retard.
Il partira s'il est tard.   Il y restera s'il est occupé.

(c) *Changez les phrases suivantes d'après le modèle ci-dessous:*

Si vous êtes riche, vous irez en Europe.   **Si vous étiez riche, vous iriez en Europe.**

Si vous êtes en retard, vous vous dépêcherez.
Si vous n'avez pas d'argent, vous travaillerez.
Si vous êtes fatigué, vous vous reposerez.
Si vous êtes malade, vous irez à l'hôpital.
Si vous savez la réponse, vous me répondrez.
Si vous comprenez la leçon, vous serez content.

(d) *Exercice écrit (p. 430).*
(e) *Exercice écrit (p. 431).*

157 The Present Conditional

Si j'	avais	de l'argent, je	partir	ais	pour Paris.
Si tu	avais	de l'argent, tu	partir	ais	pour Paris.
S'il	avait	de l'argent, il	partir	ait	pour Paris.
Si nous	avions	de l'argent, nous	partir	ions	pour Paris.
Si vous	aviez	de l'argent, vous	partir	iez	pour Paris.
S'ils	avaient	de l'argent, ils	partir	aient	pour Paris.

The tense in the right-hand box is the PRESENT CONDITIONAL *(I would leave)*. It is always formed on the same stem as the FUTURE tense, and its endings are those of the IMPERFECT tense.

The present conditional is used in the main clause (often referred to as the RESULT CLAUSE) of a sentence that expresses a contrary-to-fact situation. Study the tenses in the following sentences:

| Si vous | êtes | intelligent, vous | réussirez. | *(c'est possible)* |
| Si vous | étiez | oiseau, vous | °voleriez. | *(vous n'êtes pas oiseau!)* |

| S'il | fait | beau, je | sortirai. | *(c'est possible)* |
| S'il | faisait | beau, je | sortirais.² | *(il fait mauvais)* |

| Je | serai | riche si je | travaille. | *(c'est possible)* |
| Je | serais | riche si je | travaillais. | *(mais je ne travaille pas)* |

Note in the following examples that the present conditional is used, instead of the future, when the verb in the main clause is in the past tense.

| Claire | dit | que son père | viendra | demain. |
| Claire | a dit | que son père | viendrait | demain. |

| Je | sais | que vous | irez | en France cet été. |
| Je | savais | que vous | iriez | en France cet été. |

---

² -ai is pronounced [e] and -ais is pronounced [ɛ], but in rapid speech they are often pronounced alike, as [e].

REVIEW LESSON XII

Les examens

Bill et Jean-Pierre sont en train de préparer leurs examens de fin de semestre.

BILL — Mes examens vont commencer dans deux jours. Je dois passer¹ quatre examens en cinq jours. J'essaie de ne pas y penser, mais j'ai déjà des insomnies.
JEAN-PIERRE — Mais vous n'avez pas de quoi vous inquiéter. Vous vous en tirez déjà très bien.²
BILL — Il est vrai que jusqu'ici j'ai reçu d'assez bonnes notes dans tous mes cours. Quand même, j'ai peur des examens.
JEAN-PIERRE — J'ai de la chance. Je n'ai que deux examens à préparer.
BILL — Vous êtes un excellent étudiant, d'ailleurs. Vous connaissez la littérature américaine mieux que tous mes amis. En France vous étiez sans doute un des meilleurs étudiants de la classe.
JEAN-PIERRE — Au contraire.³ Au lycée⁴ je n'étais que médiocre. A l'université j'ai fait beaucoup mieux. Mais vous savez, les élèves français travaillent beaucoup plus que vous autres Américains à l'école secondaire, c'est-à-dire⁵ au lycée. Voilà la différence essentielle.
BILL — Et comment cela est-il possible?
JEAN-PIERRE — D'abord nous passons beaucoup plus de temps en classe et nous faisons moins de sport et nous n'avons presque pas d'*activités sociales*, comme vous les appelez ici.
BILL — Combien de temps travaillez-vous, alors?
JEAN-PIERRE — Quand j'allais au lycée, j'étais en classe sept ou huit heures par jour et j'étudiais plus de quatre heures à la maison.
BILL — C'est incroyable. Est-ce qu'on n'avait pas le choix des sujets?

NOTES

¹ **passer un examen** means *to take an exam*. To fail (pass) an exam is **échouer à (réussir à) un examen**.
² *So far you have been getting along very well.* ³ *On the contrary.* ⁴ **à l'école secondaire**. ⁵ *that is to say.*

25	JEAN-PIERRE	Si, jusqu'à un certain point. J'avais le choix entre une langue classique et une langue moderne, ou bien pas de langue classique et deux langues modernes. J'ai appris l'anglais et l'allemand, comme vous savez.
	BILL	Et à la Faculté,[6] vous n'aviez jamais peur des examens?
30	JEAN-PIERRE	Mais si. Tous les étudiants français ont peur de l'examen de la fin d'année. C'est l'examen qui vous donne beaucoup de travail, dont on parle souvent avec ses amis. C'est le véritable examen qui semble toujours difficile, auquel on réussit rarement ...
	BILL	Pauvres étudiants français!

NOTES

[6] *in college*, i.e., a division of a university: **Faculté des Lettres et Sciences humaines** or **Faculté des Sciences**, etc. Also note the difference between **un élève**, *a high school student*, and **un étudiant**, *a university or college student*.

Questions

1. *Répondez aux questions suivantes d'après le texte (lignes 1–8):*

    (a) Que font Bill et Jean-Pierre?
    (b) Quand est-ce que les examens de Bill commencent?
    (c) Pourquoi Jean-Pierre dit-il à Bill qu'il n'a pas besoin de s'inquiéter?
    (d) Quelle sorte de notes Bill a-t-il reçues?
    (e) De quoi a-t-il peur?

2. *Faites de même (lignes 9–16):*

    (a) Combien d'examens Jean-Pierre a-t-il à préparer?
    (b) Qu'est-ce qu'il connaît très bien?
    (c) Quelle sorte d'élève était-il au lycée?
    (d) Qui travaille plus que les élèves américains?
    (e) Qu'est-ce que c'est qu'un lycée?

3. *Faites de même (lignes 17–24):*

    (a) Qu'est-ce que les élèves français n'ont presque pas?
    (b) Qu'est-ce qu'ils font moins que les Américains?
    (c) Combien de temps Jean-Pierre passait-il en classe?
    (d) Combien de temps travaillait-il à la maison?
    (e) Quelle est la réaction de Bill?

4. *Faites de même (lignes 25–34):*

    (a) Est-ce qu'on n'avait pas le choix des sujets au lycée?
    (b) Quelle sorte de choix Jean-Pierre avait-il?
    (c) Qu'est-ce qu'il a fini par choisir?
    (d) De quel examen les étudiants français ont-ils peur?
    (e) Quelle sorte d'examen est-ce?

Exercices de revision

1. *Conjuguez oralement les phrases suivantes, d'abord au présent de l'indicatif, puis au présent du conditionnel:*

    (a) Je dois passer deux examens.
    (b) Je réussis à mes examens.
    (c) Je n'ai pas de quoi m'inquiéter.
    (d) Je m'en tire très bien.
    (e) J'offre une cigarette à mon ami.
    (f) Je découvre la vérité.
    (g) J'ouvre la porte.
    (h) Je vais en Europe cet été.
    (i) Je ne peux pas sortir ce soir.
    (j) Je cours mieux que vous.

2. *Posez des questions sur les mots imprimés en caractères gras:*

    (a) **Mes examens** commencent demain.
    (b) Je suis un **excellent** étudiant.
    (c) J'ai peur **de mon professeur**.
    (d) J'ai reçu **de bonnes notes**.
    (e) C'est **un homme qui ne peut pas voir**.
    (f) J'ai travaillé **trois heures** ce matin.
    (g) J'ai entendu **cette nouvelle**.
    (h) **Cet examen** n'est pas difficile.
    (i) Je lui ai offert **mon argent**.
    (j) **Maurice** a ouvert cette porte.

3. *Ecrivez des phrases en employant les mots et les expressions suivantes:*

    (a) °**échoué**   (f) **par jour**   (j) **finirais**
    (b) **sans doute**   (g) **appelez**   (k) **par mois**
    (c) **jusqu'ici**   (h) **par an**   (l) **c'est-à-dire**
    (d) **beaucoup mieux**   (i) **année**   (m) **choisirions**
    (e) **bien compris**

4. *Répondez aux questions suivantes d'après votre propre expérience:*

    (a) Votre professeur vous donne-t-il un examen hebdomadaire?
    (b) Réussissez-vous toujours à ses examens?
    (c) Avez-vous jamais échoué à un examen?
    (d) Aimez-vous passer des examens?
    (e) Qu'est-ce que vous pensez des examens oraux?
    (f) Que feriez-vous si vous aviez deux examens demain matin?
    (g) Avez-vous plus de dix dollars sur vous?
    (h) Où iriez-vous si vous étiez malade?
    (i) Dit-on que l'espagnol est plus facile que le français?
    (j) Quelle sorte d'examen voudriez-vous passer?

(k) Combien de temps étudiiez-vous l'année passée?
(l) Combien de jours par semaine allez-vous à la classe de français?
(m) Que feriez-vous si vous étiez très riche?
(n) Prendriez-vous de l'°aspirine si vous aviez mal à la tête?
(o) De quoi vous inquiétez-vous parfois?
(p) Est-ce que vous souffrez de quelque chose?
(q) Qu'est-ce que vous voudriez offrir à votre professeur?
(r) Avez-vous plus d'argent que votre père?
(s) N'avez-vous peur de rien?
(t) Qu'est-ce qui vous semble toujours difficile?

158. EXERCICES

(a) *Mettez les phrases suivantes au plus-que-parfait:*

J'ai commencé à chanter.
Vous avez fini le repas.
Nous avons amené nos amis.
Il a rempli les verres.
Ils ont oublié le rendez-vous.
Tu m'as posé la même question.
Je me suis promené.

Tu as compris la leçon.
Ils ont apporté le vin.
Vous avez vendu la montre.
Nous sommes partis pour Paris.
Il est venu me voir.
Je me suis levé.
Ils se sont endormis.

(b) *Exercice écrit (p. 431).*

159. EXERCICES

(a) *Changez les phrases suivantes d'après le modèle ci-dessous:*

Il chanterait s'il était heureux.   **Il aurait chanté s'il avait été heureux.**

Il danserait s'il était heureux.
Il partirait s'il était pressé.
Il courrait s'il était en retard.
Il pleurerait s'il était triste.
Il se coucherait s'il était fatigué.
Il voyagerait s'il était riche.

Il dirait la vérité s'il était honnête.
Il y resterait s'il était occupé.
Il ne viendrait pas s'il était fâché.
Il en parlerait s'il était indiscret.
Il m'appellerait s'il était malade.
Il mangerait s'il avait faim.

(b) *Exercice écrit (p. 431).*

160. EXERCICES

(a) *Dans les phrases suivantes, remplacez chaque antécédent par ce, d'après le modèle ci-dessous:*

Voici la lettre que Paul m'a envoyée.   **Voici ce que Paul m'a envoyé.**

Voici l'histoire que Paul m'a °racontée.
Voici le roman qui est intéressant.
Voici la chanson que vous allez chanter.
Voici une histoire qui est amusante.
Voici le stylo que mon père m'a donné.
Voici l'accident qui m'est arrivé.

158 The Pluperfect Indicative

The pluperfect (also called the "past perfect") denotes an action that had taken place BEFORE another past action, which is usually in the **passé composé** or imperfect. It consists of the auxiliary verb in the imperfect indicative and the past participle.

Jacques	avait déjà dîné	quand je	suis arrivé.
Marie	était partie	quand je lui	ai téléphoné.
Jean	s'était couché	quand je	suis rentré.

Le °trottoir	était °glissant	parce qu'il	avait neigé.
L'enfant	avait faim	parce qu'il	n'avait pas mangé.
Jeanne	était fatiguée	parce qu'elle	avait travaillé.

159 The Past Conditional

The past conditional (or "conditional perfect") is used in the RESULT CLAUSE of a contrary-to-the-fact statement referring to a past situation. Cf. Step 157, page 227. The past conditional consists of the auxiliary verb in the present conditional and the past participle.

Si j'	étais	riche, j'	irais	en Europe cet été.
Si j'	avais été	riche, je	serais allé	en Europe l'été passé.

Qu'est-ce que tu	ferais	si tu	étais	malade ce matin?
Qu'est-ce que tu	aurais fait	si tu	avais été	malade hier?

Jean	viendrait	ce soir s'il	était	libre.
Jean	serait venu	hier soir s'il	avait été	libre.

160 The Relative Pronouns: *ce qui, ce que, ce dont*, etc.

Je parle de	l'accident	qui	est arrivé à Jeanne.
Je parle de	ce	qui	est arrivé à Jeanne.

Voici le disque que je viens d'acheter.
Voici la maison que mon oncle a vendue.
Voici l'examen dont j'ai peur.
Voici le stylo avec lequel j'ai écrit.

(b) *Exercice écrit (p. 431).*

161. EXERCICES

(a) *Répétez la phrase suivante et puis remplacez* tableau *par les mots ci-dessous, en faisant chaque fois le changement nécessaire:*

Ce **tableau**-ci est plus beau que ce **tableau**-là.

| cravate | maison | °tapis | hôtel |
| robe | arbre | montre | verre |

(b) *Répondez aux questions suivantes d'après le modèle ci-dessous:*

Qu'est-ce que vous pensez de ces robes?   **Cette robe-ci est très jolie.**

Qu'est-ce que vous pensez de ces montres?
Qu'est-ce que vous pensez de ces cahiers?
Qu'est-ce que vous pensez de ces cravates?
Qu'est-ce que vous pensez de ces cartes?
Qu'est-ce que vous pensez de ces tapis?
Qu'est-ce que vous pensez de ces °albums?

(c) *Exercice écrit (p. 431).*

162. EXERCICES

(a) *Répondez aux questions suivantes d'après le modèle ci-dessous:*

Quelle robe préférez-vous?   **Je préfère celle-ci.**

Quel enfant regardez-vous?   Quel étudiant connaissez-vous?
De quel examen avez-vous peur?   Quels journaux achetez-vous?
A quelle école allez-vous?   A quelle infirmière parlez-vous?
Quels oiseaux préférez-vous?   Quel arbre voyez-vous?
Quelle histoire aimez-vous?   De quel ouvrier parlez-vous?
A quels enfants répondez-vous?   Sur quelles idées écrivez-vous?
Quelle université préférez-vous?   De quels examens avez-vous peur?

(b) *Exercice écrit (p. 432).*

Voici | la lettre | que | mon père a écrite.
Voici | ce | que | mon père a écrit.

Je vous donnerai | le livre | dont | vous avez besoin.
Je vous donnerai | ce | dont | vous avez besoin.

If the antecedent is not mentioned before the relative pronoun, ce must be used in its place. Ce may be omitted, and quoi is used if the verb requires a preposition other than de, as shown in the following examples:

A quoi est-ce que vous pensez?
Voici | l'examen | auquel | je pense.
Voici | (ce) | à quoi | je pense.

Avec quoi est-ce que vous écrivez?
Voici | le stylo | avec lequel | j'écris.
Voici | (ce) | avec quoi | j'écris.

161 The Use of *-ci* and *-là* after Demonstrative Adjectives

Ce	livre	-ci	est plus amusant que	ce	livre	-là.
Cette	cravate	-ci	est plus jolie que	cette	cravate	-là.
Ces	cahiers	-ci	sont plus chers que	ces	cahiers	-là.

Voici plusieurs disques; lequel voulez-vous?
  Je prendrai **ce disque-ci**.
Laquelle de ces deux lampes préférez-vous?
  Je préfère **cette lampe-là**.
Quels livres est-ce que vous allez lire?
  Je vais lire **ces livres-ci** ce soir.

Note the use of -ci and -là after the construction DEMONSTRATIVE ADJECTIVE + NOUN in order to distinguish between two things (or persons), or two groups of things (or persons). -ci corresponds to English *this* or *these*, whereas -là corresponds to *that* or *those*. They are NOT used unless distinction is absolutely necessary.

162 The Demonstrative Pronouns: *celui, celle, ceux, celles*

| Ce | cahier | -ci | est plus cher que | celui | -là. |
| Ces | cahiers | -ci | sont plus chers que | ceux | -là. |

| Cette | fleur | -ci | est plus belle que | celle | -là. |
| Ces | fleurs | -ci | sont plus belles que | celles | -là. |

163. EXERCICES

(a) *Dans les phrases suivantes, remplacez chaque antécédent par le pronom démonstratif approprié, d'après le modèle ci-dessous:*

> Je cherche le livre que vous m'avez donné. **Je cherche celui que vous m'avez donné.**

> Je cherche la photo que vous m'avez donnée.
> Je cherche les crayons que vous m'avez donnés.
> Je choisis la robe qui est là-bas.
> Je choisis les montres qui sont sur la table.
> J'aime le journal que vous avez acheté.
> J'aime la jeune fille que vous m'avez présentée.

(b) *Remplacez chaque substantif par le pronom démonstratif approprié, d'après le modèle ci-dessous:*

> Je regarde le journal de Pauline. **Je regarde celui de Pauline.**

> Je regarde l'auto de Jean.   Je cherche le cahier de Marie.
> Je remplis les verres de mes amis.   Je punis le fils du °directeur.
> Je n'aime pas l'auto de Roger.   Je ne sais pas l'adresse de Jean.
> Je lis les journaux du professeur.   Je copie les devoirs de Charles.
> Je vois les fleurs de mon jardin.   Je copie la composition de Paul.

(c) *Exercice écrit (p. 432).*

164. EXERCICES

(a) *Mettez les phrases suivantes au passé composé:*

> Je conduis la voiture de Charles.   Nous détruisons cette maison.
> Vous conduisez rapidement.   Il conduit très prudemment.
> Il traduit cette phrase.   Je traduis cette page.
> Ils construisent des maisons.   Ils produisent des voitures.
> Tu conduis trop rapidement.   Vous détruisez cet °échantillon.
> Nous construisons ce °bâtiment.   Tu traduis ces mots.

(b) *Répétez l'exercice précédent en mettant chaque phrase au futur.*

(c) *Exercice écrit (p. 432).*

Lequel de ces romans avez-vous lu hier?
　　J'ai lu **celui-ci** hier soir.
Lesquels de ces livres est-ce que vous lisez?
　　Je lis **ceux-là**.
Quelle fleur est-ce que tu vas me donner?
　　Je vais te donner **celle-ci**.

Study the demonstrative pronouns that replace the construction DEMONSTRATIVE ADJECTIVE + NOUN. Note the use of ⟨-ci⟩ or ⟨-là⟩ to mark the distinction between the closer object (or person) and the more remote.

163 The Demonstrative Pronouns Followed by *de* or a Relative Pronoun

Je cherche **le livre** que vous m'avez donné.
Je cherche **celui** que vous m'avez donné.

J'aime **la cravate** qui est sur le lit.
J'aime **celle** qui est sur le lit.

Je connais **les enfants** qui sont là-bas.
Je connais **ceux** qui sont là-bas.

Nous prendrons **les chaises** qui sont près de la fenêtre.
Nous prendrons **celles** qui sont près de la fenêtre.

Aimez-vous **la voiture** de mon frère?
Aimez-vous **celle** de mon frère?

Je ne connais pas **les amis** de votre sœur.
Je ne connais pas **ceux** de votre sœur.

Note that the demonstrative pronoun WITHOUT ⟨-ci⟩ or ⟨-là⟩ is used before ⟨de⟩ or a modifying clause (which begins with a relative pronoun).

164 The Verb *conduire* (*construire, détruire, produire, traduire*)

Je	**conduis**	assez vite.	[kɔ̃dɥi]
Tu	**conduis**	lentement.	[kɔ̃dɥi]
Il	**conduit**	ma voiture.	[kɔ̃dɥi]
Nous	**conduisons**	à 60 km. à l'heure.	[kɔ̃dɥizɔ̃]
Vous	**conduisez**	prudemment.	[kɔ̃dɥize]
Ils	**conduisent**	à 100 km. à l'heure.	[kɔ̃dɥiz]
Il va	**conduire**	ma voiture.	[kɔ̃dɥiʀ]
Il a	**conduit**	très prudemment.	[kɔ̃dɥi]
Il	**conduira**	cette auto.	[kɔ̃dɥiʀa]

165. EXERCICES

(a) *Mettez les phrases suivantes au passé composé:*

Je monte mes bagages dans le train.
Je sors de la maison à midi et demi.
Je sors ces livres de mon bureau.
Vous montez tout de suite dans le train.
Vous descendez cette valise de l'auto.
Vous sortez de la classe à trois heures.
Nous descendons les bagages de l'auto.
Nous montons dans notre chambre.
Nous descendons de l'autobus.
Nous montons nos valises dans la chambre.

(b) *Exercice écrit (p. 432).*

166. EXERCICES

(a) *Exercice de substitution:*

Il est nécessaire de travailler.		Il est **agréable**	de faire une promenade.
Il est **pénible**	de travailler.		Il est **bon**	de faire une promenade.
Il est pénible	d' **étudier**.		Il est bon	de **parler français**.
Il est **important**	d' étudier.		Il est **facile**	de parler français.
Il est important	de se **dépêcher**.		Il est facile	de **dire la vérité**.
Il est °**simple**	de se dépêcher.		Il est **difficile**	de dire la vérité.
Il est simple	de **danser**.		Il est difficile	de **faire les devoirs**.
Il est **agréable**	de danser.		Il est **nécessaire**	de faire les devoirs.
Il est agréable	de **travailler**.		Il est nécessaire	de **faire une promenade**.
Il est **nécessaire**	de travailler.		Il est **agréable**	de faire une promenade.

(b) *Exercice écrit (p. 432).*

167. EXERCICES

(a) *Répondez aux questions suivantes d'après le modèle ci-dessous:*

Est-il facile de parler français?   **Oui, c'est facile.**

Est-il facile d'apprendre le français?
Est-il dangereux de tomber de l'échelle?
Est-il bon de faire une promenade?
Est-il pénible de faire les devoirs?
Est-il important de savoir cette leçon?
Est-il nécessaire de faire ce travail?
Est-il impossible de rentrer avant minuit?

Verbs **construire** (*to build*), **détruire** (*to destroy*), **produire** (*to produce*), and **traduire** (*to translate*) are conjugated like **conduire** (*to drive*). Note that the past participle is identical with the third person singular of the present indicative and that [z] occurs in the plural forms of the present.

165 The Verbs *monter, descendre,* and *sortir* Conjugated with *avoir*

Je	suis monté	dans le train.	(*went* [*came*] *up*)
Je	suis descendu	du train.	(*went* [*came*] *down*)
Je	suis sorti	de la gare.	(*went* [*came*] *out*)

But:

J'	ai monté	mes °bagages dans ma chambre.	(*took up*)
J'	ai descendu	cette lampe de ma chambre.	(*took down*)
J'	ai sorti	le mouchoir de ma poche.	(*took out*)

The verbs **monter**, **descendre**, and **sortir** can be used TRANSITIVELY. In that case, they are conjugated with **avoir**.

166 The Impersonal Expressions Followed by *de* + Infinitive

Il est facile	de	parler français.
Il est difficile	de	réussir à l'examen.
Il est °pénible.	de	faire les devoirs.
Il est agréable	de	danser avec Hélène.
Il est bon	de	faire une promenade.
Il est important	de	finir les devoirs.
Il est possible	d'	apprendre la vérité.

Impersonal constructions **il est** + ADJECTIVE are followed by **de** + INFINITIVE.

167 *Il est* (Impersonal Expression) vs. *c'est*

Il est facile	de	parler français.	C'	est facile.
Il est bon	de	se promener.	C'	est bon.
Il est rare	de	nager en hiver.	C'	est °rare.
Il est juste	de	rester ici.	C'	est juste.

(b) *Répondez aux questions suivantes d'après le modèle ci-dessous:*

Est-il facile d'apprendre le français?   **Oui, le français est facile à apprendre.**

  Est-il facile de faire ce travail?
  Est-il difficile de finir ce travail?
  Est-il agréable de voir ce film?
  Est-il pénible de regarder ce programme?
  Est-il amusant de lire ce roman?
  Est-il simple de dire la vérité?

(c) *Exercice écrit (p. 432).*

168. EXERCICES

(a) *Dans les phrases suivantes, remplacez* il est absolument nécessaire *par* il faut*:*

  Il est absolument nécessaire de partir.
  Il est absolument nécessaire de finir ce travail.
  Il est absolument nécessaire de dire la vérité.
  Il est absolument nécessaire d'écouter ce discours.
  Il est absolument nécessaire d'apprendre cette règle.
  Il est absolument nécessaire de garder ce secret.

(b) *Changez les phrases suivantes d'après le modèle ci-dessous:*

Il est absolument nécessaire de ne pas fumer.   **Il ne faut pas fumer.**

  Il est absolument nécessaire de ne pas parler.
  Il est absolument nécessaire de ne pas lui écrire.
  Il est absolument nécessaire de ne pas faire cela.
  Il est absolument nécessaire de ne pas conduire vite.
  Il est absolument nécessaire de ne pas dépenser cet argent.
  Il est absolument nécessaire de ne pas dire la vérité.

(c) *Répétez l'exercice (a) en remplaçant* il est absolument nécessaire *par* il vaut mieux.

(d) *Exercice écrit (p. 433).*

Note that in the foregoing examples on the right, ⟦c'⟧ replaces the entire construction ⟦de⟧ + INFINITIVE on the left. ⟦Ce⟧ can sum up an entire clause or an idea.

Il est facile d'apprendre **le français.**
Il est agréable d'écrire **la lettre.**
Il est simple de finir **la leçon.**

Le français (Il)	est facile	**à apprendre.**
La lettre (Elle)	est agréable	**à écrire.**
La leçon (Elle)	est simple	**à finir.**

When the ⟦il⟧ of the impersonal expression is replaced by a subject noun, the adjective is followed by ⟦à⟧ + INFINITIVE.

168 The Impersonal Expressions: *il faut* and *il vaut mieux*

Il faut	étudier cette leçon.
Il faut	réussir à l'examen.
Il faut	se dépêcher.

Il ne faut pas	fumer en classe.
Il ne faut pas	parler en classe.
Il ne faut pas	cesser d'étudier.

Il	me	faut	une heure	pour	finir la leçon
Il	nous	a fallu	vingt francs	pour	aller à Versailles.
Il	---	fallait	trois hommes	pour	faire ce travail.
Il	lui	faudra	deux jours	pour	y arriver.

⟦Il faut⟧ basically means *it is necessary* and implies a COMPULSORY action. ⟦Il ne faut pas⟧ indicates an obligation NOT to do something, that is, *it is necessary not to do something*. ⟦Il me faut une heure⟧ corresponds to English *It takes me an hour* or *I need an hour (to do something)*. The infinitive of this verb is ⟦falloir⟧.

Il vaut mieux	partir maintenant.
Il valait mieux	rester là.
Il vaudra mieux	faire les devoirs.

⟦Il vaut mieux⟧ means *it is better (to do something)*. The infinitive of this verb is ⟦valoir⟧.

REVIEW LESSON XIII

Le tutoiement

Bill et Jean-Pierre viennent d'entrer dans un restaurant. Ils trouvent une table libre près d'une fenêtre et s'asseyent.

BILL	Vous m'avez dit hier que vous voudriez parler de philosophie. Eh bien, dites-moi ce que vous pensez de l'existentialisme.
JEAN-PIERRE	Rien.
BILL	Vous plaisantez.
JEAN-PIERRE	Oui et non. Mais ce matin je ne peux rien dire.
BILL	Qu'est-ce qu'il y a?[1]
JEAN-PIERRE	Je crois qu'il vaut mieux se tutoyer.[2]
BILL	Se tutoyer!
JEAN-PIERRE	Et pourquoi pas? Voilà déjà plus de six mois que[3] je suis ici. Nous sommes les meilleurs amis du monde, et nous nous disons *vous*! Il faut changer tout cela.
BILL	Que vous ... que tu as raison.[4] Je voulais t'en parler depuis quelque temps, mais je n'osais pas. On nous a tellement dit qu'il ne faut pas tutoyer les Français.
JEAN-PIERRE	Cela peut quelquefois être délicat. Mais nous sommes amis, nous tutoyons. C'est normal.

Arrive Barbara.

BARBARA	Alors, les deux inséparables, comment allez-vous ce matin?
JEAN-PIERRE	Barbara, je te salue!
BARBARA	Mais que vous êtes galant ce matin. Vous me tutoyez.

NOTES

[1] *What is the matter?* [2] *call each other tu (instead of vous).* [3] **depuis plus de six mois.** [4] *How right you are.* **Que** or **comme** placed before a declarative sentence corresponds to English *how* in an exclamatory sentence. **Avoir raison (tort)** means *to be right (wrong).*

246   L'ÉCHELLE

	JEAN-PIERRE	Bill et moi nous avons décidé de nous tutoyer, puisque nous nous connaissons⁵ depuis longtemps. Comme Bill et toi c'est la même chose, je tutoie Bill, donc je tutoie Barbara.
25	BARBARA	Si je comprends très bien, vous me tutoyez parce que vous êtes l'ami de Bill?
	JEAN-PIERRE	Juste! Tu devras me dire *tu*.
30	BILL	Tu es mon amie, Jean-Pierre est mon ami, il est ton ami, nous sommes amis … enfin, tutoyons-nous.
	JEAN-PIERRE	Vous savez, en France aujourd'hui tous les étudiants se tutoient toujours. C'est une marque de camaraderie et de solidarité.
	BILL	Allons donc célébrer notre tutoiement.
	BARBARA	D'accord. Buvons le café de l'amitié!
35	JEAN-PIERRE	A défaut de⁶ champagne …

NOTES

⁵ *we have known each other.*   ⁶ *for want of; since there isn't.*

Questions

1. *Répondez aux questions suivantes d'après le texte (lignes 1–9):*

   (a) Où sont Bill et Jean-Pierre?
   (b) Qu'est-ce que Jean-Pierre a dit à Bill hier?
   (c) Qu'est-ce que Bill demande à son ami?
   (d) Que suggère Jean-Pierre?

2. *Faites de même (lignes 10–18):*

   (a) Depuis combien de temps Jean-Pierre est-il ici?
   (b) Qu'est-ce qu'il faut changer?
   (c) Qu'est-ce que Bill n'osait pas?
   (d) Qu'est-ce qui peut être délicat?
   (e) Pourquoi Bill et Jean-Pierre se tutoient-ils?

3. *Faites de même (lignes 19–28):*

   (a) Comment Barbara appelle-t-elle ses deux amis?
   (b) Pourquoi dit-elle que Jean-Pierre est galant?
   (c) Pourquoi Jean-Pierre dit-il que Bill et Barbara c'est la même chose?
   (d) Pourquoi pense-t-il que Barbara devrait lui dire **tu**?

4. *Faites de même (lignes 29–35):*

   (a) Que font les étudiants français d'aujourd'hui?
   (b) Qu'est-ce que le tutoiement représente?
   (c) Qu'est-ce que Bill propose de faire?
   (d) D'après Jean-Pierre, qu'est-ce qu'il faudrait boire pour célébrer le tutoiement?

Exercices de revision

1. *Conjuguez les phrases suivantes:*

   (a) Je ne dirai pas ce que j'en pense.
   (b) J'ai toujours raison.
   (c) Je conduis cette voiture.
   (d) J'ai sorti un livre de la bibliothèque.
   (e) Je ne traduis pas cette phrase.
   (f) Je devrais lui dire tu.

2. *Posez des questions sur les mots imprimés en caractères gras:*

   (a) Je tutoie **mon amie**.
   (b) **Cela** est °normal.
   (c) Tu devrais **me** dire «tu».
   (d) Je vous connais **depuis longtemps**.
   (e) Nous célébrons **votre** °anniversaire.
   (f) On boit de la bière **à défaut de champagne**.
   (g) Je ne comprends **rien**.
   (h) **Mon professeur** m'en a parlé.

3. *Ecrivez des phrases en employant les mots et les expressions suivants:*

   (a) **décidé**   (f) **traduisez**   (j) **construiront**
   (b) **ce qui**   (g) **sorti**   (k) **il ne faut pas**
   (c) **délicat**   (h) **il est temps de** (l) **celui-ci**
   (d) **ce dont**   (i) **il vaut mieux**   (m) **ce que**
   (e) **conduisait**

4. *Répondez aux questions suivantes d'après votre propre expérience:*

   (a) Qui est-ce que vous tutoyez quand vous parlez français?
   (b) Pourquoi ne tutoyez-vous pas votre professeur?
   (c) Si vous parliez français avec votre mère, la tutoieriez-vous?
   (d) Quand est-il normal de se tutoyer?
   (e) Qu'est-ce que vous sortez de la bibliothèque?
   (f) Avez-vous descendu quelque chose de votre chambre?
   (g) Qu'est-ce qu'il est important de faire?
   (h) Qu'est-ce qu'il ne faut pas faire?
   (i) De quoi voulez-vous parler?
   (j) Qu'est-ce que vous auriez fait si vous aviez été malade?
   (k) Que ferions-nous ce soir si nous n'avions pas de devoirs?
   (l) Savez-vous conduire un camion?
   (m) Où aimez-vous conduire votre auto?
   (n) Qu'est-ce qui vous dérange quand vous étudiez?
   (o) Combien de temps étudierez-vous demain?
   (p) Qu'est-ce que vous sortez de la poche?

(q) Comment s'appelle celui qui sert des repas dans un restaurant?
(r) Qu'est-ce que vous ne voulez pas détruire?
(s) Qu'est-ce que vous n'avez pas besoin de faire?
(t) Avez-vous jamais eu tort?

169. EXERCICES

(a) *Exercice de substitution:*

      Etes-vous fatigué **d'étudier la leçon?**
      Etes-vous **certain** d'étudier la leçon?
      Etes-vous certain **de réussir à cet examen?**
      Etes-vous **heureux** de réussir à cet examen?
      Etes-vous heureux de **savoir la vérité?**
      Etes-vous **curieux** de savoir la vérité?
      Etes-vous curieux **d'apprendre la vérité?**
      Etes-vous **sûr** d'apprendre la vérité?
      Etes-vous sûr **d'arriver à l'heure?**
      Etes-vous **content** d'arriver à l'heure?
      Etes-vous content **d'étudier la leçon?**
      Etes-vous **fatigué** d'étudier la leçon?

(b) *Exercice écrit (p. 433).*

170. EXERCICES

(a) *Répondez négativement aux questions suivantes:*

    Etes-vous prêt à partir?   Etes-vous le premier à danser?
    Etes-vous le seul à chanter?   Etes-vous le dernier à sortir?
    Etes-vous habitué à travailler?   Etes-vous lent à parler?
    Etes-vous le premier à arriver?   Etes-vous prêt à étudier?

(b) *Répétez la phrase ci-dessous et puis remplacez lente par les mots suivants, en faisant chaque fois le changement nécessaire:*

      Suzanne est **lente** à comprendre la leçon.

heureuse	la première	certaine
habituée	la dernière	la seule
contente	prête	sûre

(c) *Exercice écrit (p. 433).*

171. EXERCICES

(a) *Changez les phrases suivantes d'après le modèle ci-dessous:*

Vous changerez d'avis si vous lisez cette lettre.   **Vous changerez d'avis quand vous lirez cette lettre.**

169 Adjectives Requiring *de* before a Dependent Infinitive

Vous êtes	fatigué	d'	attendre le train.
Vous êtes	sûr	de	réussir à cet examen.
Vous êtes	certain	de	comprendre la leçon.
Vous êtes	heureux	de	voir votre ami.
Vous êtes	content	de	faire ce travail.
Vous êtes	curieux	de	savoir la vérité.

Note that the adjectives given above are followed by de + INFINITIVE.

170 Adjectives Requiring *à* before a Dependent Infinitive

Ma soeur est	°prête	à	partir pour Londres.
Ma soeur est	lente	à	comprendre la règle.
Ma soeur est	°habituée	à	parler à l'infirmière.

Ma cousine est	la première	à	savoir la nouvelle.
Ma cousine est	la dernière	à	parler au professeur.
Ma cousine est	la seule	à	rester dans la salle.

The adjectives just given are followed by à + INFINITIVE. Note that in the second group of examples the adjectives are preceded by the definite article. These adjectives are used as nouns (*the first one, the last one, the only one*).

171 The Use of the Future (or Future Perfect) after *quand*, etc.

Je vous écrirai	quand	j'	arriverai	à Paris.
Je vous écrirai	°lorsque	j'	arriverai	à Paris.
Je vous écrirai	°dès que	j'	arriverai	à Paris.
Je vous écrirai	°aussitôt que	j'	arriverai	à Paris.
Je vous écrirai	°après que	je	serai arrivé	à Paris.

Vous apprendrez la vérité si vous lisez cette lettre.
Vous saurez la réponse si vous étudiez la leçon.
Vous réussirez si vous travaillez bien.
Vous me comprendrez si vous savez la vérité.
Vous me punirez si vous êtes fâché.
Vous lirez ce livre si vous avez du temps.
Vous m'écrirez si vous êtes libre.

(b) *Répétez l'exercice précédent en employant* **dès que** *au lieu de* **quand**, *d'après le modèle ci-dessous:*

Vous changerez d'avis si vous lisez cette lettre.

Vous changerez d'avis dès que vous lirez cette lettre.

(c) *Exercice écrit (p. 433).*

172. EXERCICES

(a) *Exercice de substitution:*

Je connais Marie	depuis septembre.
Nous connaissons Jeanne	depuis septembre.
Nous connaissons Jeanne	**depuis deux ans.**
Vous demeurez ici	depuis deux ans.
Vous demeurez ici	**depuis votre enfance.**
Vous connaissez Jacques	depuis votre enfance.
Vous connaissez Jacques	**depuis quatre mois.**
Adèle parle français	depuis quatre mois.
Adèle parle français	**depuis deux heures.**
J'étudie le français	depuis deux heures.
J'étudie le français	**depuis septembre.**
Je connais Marie	depuis septembre.

(b) *Répondez aux questions suivantes d'après le modèle ci-dessous:*

Depuis quand parlez-vous français?

Je parle français depuis septembre.

Depuis combien de temps parlez-vous français?

Je parle français depuis cinq mois.

Depuis quand connaissez-vous Marie?
Depuis combien de temps connaissez-vous Marie?
Depuis combien de temps demeurez-vous ici?
Depuis combien de temps étudiez-vous le français?
Depuis quand allez-vous à l'université?
Depuis quand connaissez-vous le professeur?
Depuis combien de temps avez-vous ce livre?
Depuis quand lisez-vous le français?

(c) *Exercice écrit (p. 433).*

Ecrivez-moi	quand	vous	aurez fini	ce travail.
Téléphonez-moi	lorsque	vous	arriverez	à Londres.
Appelez-moi	dès que	vous	serez	ici.
Venez chez moi	aussitôt que	vous	arriverez	ici.
Lisez ma lettre	après que	vous	aurez mangé.	

The future or future perfect is used after quand (lorsque), dès que (aussitôt que), and après que , if the future or the imperative is used in the main clause.

The future perfect is formed with the auxiliary verb in the future, followed by the past participle.

172 The Use of the Present or the Imperfect after *depuis*

Il **a commencé à pleuvoir** à neuf heures du matin.
    Il **pleut** toujours.
    Il **pleut** depuis neuf heures du matin.
Je **suis arrivé** ici lundi dernier.
    Je **suis** encore ici.
    Je **suis** ici depuis lundi dernier.
J'**ai appris** la réponse hier matin.
    Je la **sais** maintenant.
    Je **sais** la réponse depuis hier matin.
Nous **avons commencé** l'étude du français en septembre.
    Nous l'**étudions** toujours.
    Nous **étudions** le français depuis septembre.
Il **avait commencé à neiger** avant-hier.
    Il **neigeait** encore quand je suis rentré hier soir.
    Il **neigeait** depuis avant-hier.
Je **suis arrivé** à l'arrêt de l'autobus à dix heures.
    J'**attendais** l'autobus quand Marie m'a vu.
    J'**attendais** l'autobus depuis dix heures.
J'**avais acheté** le livre mardi matin.
    J'**avais** ce livre hier matin.
    J'**avais** ce livre depuis mardi matin.
J'**avais fait la connaissance** de Jean en septembre.
    Je le **connaissais** déjà quand il m'a demandé d'aller au bal.
    Je le **connaissais** depuis septembre.

Note the use of the present or the imperfect indicative with depuis . Since French has no perfect progressive tense (*have been doing* or *had been doing*), any action still going on in the present must be expressed in the present tense, and any action that was going on in the past must be expressed by the imperfect tense.

173. EXERCICES

(a) *Mettez le sujet de chaque phrase au singulier ou au pluriel, selon le cas:*

Je suis votre cours.
Ils suivent le cours de chimie.
Il suit ma voiture.
Elles suivent cet exemple.

Nous vous suivons partout.
Vous suivez mon exemple.
Je suis un cours d'histoire.
Tu suis mon conseil.

(b) *Répétez l'exercice précédent en mettant chaque phrase au passé composé.*
(c) *Exercice écrit (p. 433).*

174. EXERCICES

(a) *Mettez le sujet de chaque phrase au singulier ou au pluriel, selon le cas:*

Je vis avec ma tante.
Nous vivons en paix.
Elle vit dans cette ville.
Ils vivent au Canada.
Tu vis aux Etats-Unis.

Il vit avec son oncle.
Vous vivez avec vos amis.
Tu vis en Europe.
Nous vivons dans cette maison.
Elles vivent avec une famille française.

(b) *Répétez l'exercice précédent en mettant chaque phrase au passé composé et puis au futur.*
(c) *Exercice écrit (p. 434).*

Depuis quand êtes-vous à l'université?
    Je suis à l'université **depuis septembre**.
Depuis combien de temps êtes-vous à l'université?
    Je suis à l'université **depuis six mois**.
Depuis quand attendez-vous le train?
    Je l'attends **depuis midi**.
Depuis combien de temps attendez-vous le train?
    Je l'attends **depuis une demi-heure**.

Note that for the question `depuis quand ... ?` you give the starting point of the action, whereas for `depuis combien de temps ... ?` you give the total amount of time that has elapsed since you began doing something.

173 The Verb *suivre*

Je	**suis**	votre auto.	[sɥi]
Tu	**suis**	notre °exemple.	[sɥi]
Il	**suit**	le cours de M. Laval.	[sɥi]
Nous	**suivons**	votre suggestion.	[sɥivɔ̃]
Vous	**suivez**	cet exemple.	[sɥive]
Ils	**suivent**	un cours de littérature anglaise.	[sɥiv]
Il va	**suivre**	votre °conseil.	[sɥivR]
Il a	**suivi**	cet homme.	[sɥivi]
Il me	**suivra**	un peu partout.	[sɥivRa]

Study the forms of the irregular verb `suivre` (*to follow*). Note that `suivre un cours` means *to take a course (at a school)*.

174 The Verb *vivre*

Study the forms of the irregular verb `vivre` (*to live*).

Je	**vis**	aux Etats-Unis.	[vi]
Tu	**vis**	chez ton oncle.	[vi]
Il	**vit**	dans cette ville.	[vi]
Nous	**vivons**	en paix.	[vivɔ̃]
Vous	**vivez**	avec vos amis.	[vive]
Ils	**vivent**	chez leur tante.	[viv]
Il va	**vivre**	en France.	[vivR]
Il a	**vécu**	en Europe.	[veky]
Il	**vivra**	très longtemps.	[vivRa]

175. EXERCICES

(a) *Mettez le sujet de chaque phrase au singulier ou au pluriel, selon le cas:*

    Je me tais de nouveau.   Il se tait devant moi.
    Nous nous taisons.   Ils se taisent.
    Pourquoi vous taisez-vous?   Pourquoi se taisent-elles?
    Je ne me tais pas.   Vous ne vous taisez pas.
    Elle se tait rarement.   Tu te tais en classe.

(b) *Répétez l'exercice précédent en mettant chaque phrase au passé composé et puis au futur.*

(c) *Exercice écrit (p. 434).*

176. EXERCICES

(a) *Répondez aux questions suivantes d'après le modèle ci-dessous:*

    Est-ce que ce chapeau vous plaît?   **Oui, il me plaît beaucoup.**

    Est-ce que ces livres vous plaisent?
    Est-ce que cette voiture vous plaît?
    Est-ce que ces cravates vous plaisent?
    Est-ce que ce voyage vous plaît?
    Est-ce que cet homme vous plaît?
    Est-ce que ces morceaux de musique vous plaisent?

(b) *Répétez l'exercice précédent en répondant négativement à chaque question.*

(c) *Exercice écrit (p. 434).*

177. EXERCICES

(a) *Mettez chaque phrase au présent du conditionnel:*

    Je veux aller au bal.
    Voulez-vous répéter cela après moi?
    Je peux vous aider.
    Je dois me reposer pendant deux heures.
    Je veux sortir maintenant.
    Je veux déjeuner.

    Pouvez-vous me dire cela?
    Je dois rester ici jusqu'à dimanche prochain.
    Ne devez-vous pas partir?
    Pouvons-nous sortir?
    Nous voulons parler anglais.
    Ne pouvez-vous pas m'aider un peu?

175 The Verb *se taire*

Je	me	**tais**	de nouveau.	[tɛ]
Tu	te	**tais**	devant moi.	[tɛ]
Il	se	**tait**	devant son père.	[tɛ]
Nous	nous	**taisons**	encore.	[tɛzɔ̃]
Vous	vous	**taisez**	toujours.	[tɛze]
Ils	se	**taisent**	à la fois.	[tɛz]
Il va se		**taire**	de nouveau.	[tɛʀ]
Il s'est		**tu.**		[ty]
Il se		**taira**	devant vous.	[tɛʀa]

Se taire means both *to be silent* and *to become silent*.

176 The Verb *plaire*

Je	**plais**	à votre ami.	[plɛ]
Tu	**plais**	à Jean.	[plɛ]
Il	**plaît**	à tout le monde.	[plɛ]
Nous	**plaisons**	à vos parents.	[plɛzɔ̃]
Vous	**plaisez**	à ma sœur.	[plɛze]
Ils	**plaisent**	à Jacques.	[plɛz]
Il va	**plaire**	à mes amis.	[plɛʀ]
Il a	**plu**	à ses amis.	[ply]
Il	**plaira**	au professeur.	[plɛʀa]

Note that **plaire** *(to please, to be liked)* takes the indirect object. If the **tu** form is used, the expression **s'il vous plaît** *(please, if you please)* must be changed to **s'il te plaît**.

177 The Use of *devoir, pouvoir,* and *vouloir* in the Conditional

Charles est en retard. Il **devrait** se dépêcher s'il veut attraper le train de dix heures.
Jacques ne connaît pas Pauline. Il **devrait** faire sa connaissance.
Charles a échoué à son examen. Il **aurait dû** étudier davantage.[1]

---

[1] **Davantage** means *more* and is used instead of **plus** when the second element of comparison (*than . . .*) is not mentioned.

(b) *Répétez l'exercice précédent en mettant chaque phrase au conditionnel passé.*

(c) *Exercice écrit (p. 434).*

178. EXERCICES

(a) *Mettez les phrases suivantes à l'impératif:*

Tu es tranquille.	Nous sommes heureux.
Vous avez de la patience.	Vous avez confiance en moi.
Nous savons la vérité.	Tu es satisfait.
Vous êtes indulgent.	Tu es sérieux.
Tu es patient.	Vous n'êtes pas mécontente.
Vous savez votre leçon.	Nous avons confiance en lui.
Vous avez confiance en moi.	Vous savez cela par cœur.
Tu es toujours contente.	Tu as plus d'enthousiasme.

(b) *Exercice écrit (p. 434).*

Mon père a manqué le train pour Paris. Il **aurait dû** se dépêcher pour aller à la gare.

Devoir + INFINITIVE expresses duty or probability. When used in the indicative tenses, it is translated as *must* or *to have to*. When **devoir** is used in the conditional, its meaning is softened to *should (ought to)* or *should (ought to) have*.

Pourriez-vous me dire si cette réponse est correcte?
Je ne **pourrais** pas faire une faute pareille.
Thérèse est en retard une fois de plus. Je crois qu'elle **aurait pu** se dépêcher.
Si vous étiez vraiment malade, vous **auriez pu** rester à la maison.

The present and past conditional of **pouvoir** correspond to English *could* and *could have*.

Voudriez-vous faire une promenade cet après-midi?
Je **voudrais** vous poser une question.
Je pense que Paul savait la réponse. Il **aurait voulu** répondre à votre question.
Elle **n'aurait** pas **voulu** aller au bal avec ce garçon.

The present and past conditional of **vouloir** often correspond to English *would like* and *would have liked*, that is, they convey softer meanings than the indicative.

178 The Irregular Imperatives of *être, avoir,* and *savoir*

Charles est patient.	**Soyons**	aussi patients que lui.	[swajɔ̃]
	Soyez	aussi patients que lui.	[swaje]
	Sois	aussi patient que lui.	[swa]
Jean a °confiance en Rose.	**Ayons**	confiance en elle.	[ɛjɔ̃]
	Ayez	confiance en elle.	[ɛje]
	Aie	confiance en elle.	[ɛ]
Paul sait la vérité.	**Sachons**	la vérité.	[saʃɔ̃]
	Sachez	la vérité.	[saʃe]
	Sache	la vérité.	[saʃ]

Usually the imperative uses the present indicative of a verb (see Step 18, page 39), but **être**, **avoir**, and **savoir** have special imperative forms.

REVIEW LESSON XIV

L'éducation

BILL — Je crois qu'on travaille mieux au lycée français qu'à la *high school* américaine.

JEAN-PIERRE — C'est bien possible. Mais quant au système universitaire, les Américains l'ont organisé beaucoup mieux que les Français.

BILL — Mais la fameuse Sorbonne[1] ... n'est-elle pas la meilleure université d'Europe et la plus célèbre du monde?

JEAN-PIERRE — Peut-être. C'est une des universités les plus anciennes d'Europe. Mais parfois j'ai l'impression qu'elle n'a pas évolué depuis des siècles.

BILL — Comment cela?

JEAN-PIERRE — Il n'y a plus assez de place pour tous les étudiants. Si tous les étudiants inscrits venaient vraiment à tous les cours, ce serait une catastrophe!

BILL — Une catastrophe? Et pour qui?

JEAN-PIERRE — Pour l'administration qui serait obligée de constater qu'elle est dépassée par les événements, pour les étudiants qui, entassés comme des sardines dans un amphithéâtre, ne pourraient pas écouter, pour les professeurs enfin qui risqueraient de périr asphyxiés.

BILL — Quelle horreur!

JEAN-PIERRE — N'est-ce pas? On doit faire la queue à l'entrée des amphithéâtres. Si on veut aller à la bibliothèque pour y avoir une bonne place, il faut y être à huit heures et faire la queue.

BILL — C'est affreux.

JEAN-PIERRE — Et qu'est-ce que tu penserais si tu avais dû attendre des heures pour apprendre que le livre dont tu as besoin n'est plus là?

NOTES

[1] La Faculté des Lettres et la Faculté des Sciences de l'Université de Paris.

	BILL	Je n'aimerais pas cela du tout! Mais si on ne réussit pas à ses examens, on aura une excuse bien trouvée! Sérieusement, est-ce que le gouvernement ne fait rien pour améliorer cette situation?
30		
	JEAN-PIERRE	Si, on essaie d'y remédier. On vient de créer cinq nouvelles universités.[2] Mais ce n'est pas facile, puisque l'augmentation du nombre des étudiants est plus rapide que la construction de nouvelles universités.
35	BILL	Tu sais qu'on commence à avoir le même problème ici.
	JEAN-PIERRE	Oui, je sais. Espérons qu'on en trouvera la solution en France aussi bien qu'aux Etats-Unis.
	BILL	A propos, Jean-Pierre, je voudrais passer cet été en France. Je n'ai pas encore parlé à mes parents, mais je suis sûr qu'ils y consentiront.
40		
	JEAN-PIERRE	Quelle bonne idée, Bill. Que veux-tu faire en France?
	BILL	Je ne sais pas encore. Je t'en parlerai plus tard, avant d'écrire à mes parents.

NOTES

[2] Il y avait en France seize universités: à Paris, Lille, Nancy, Strasbourg, Besançon, Grenoble, Aix, Lyon, Montpellier, Toulouse, Bordeaux, Clermont-Ferrand, Poitiers, Rennes, Dijon, et Caen. On vient d'en créer à Nantes, Orléans, Amiens, Rouen, et Reims.

Questions

1. *Répondez aux questions suivantes d'après le texte (lignes 1–9):*
   (a) Que dit Bill au sujet du lycée français?
   (b) Qu'est-ce que Jean-Pierre pense du système universitaire des Etats-Unis?
   (c) Qu'est-ce que Bill pense de la Sorbonne?
   (d) Qu'est-ce que c'est que la Sorbonne?
   (e) Qu'est-ce que Jean-Pierre pense de la Sorbonne?

2. *Faites de même (lignes 10–19):*
   (a) Si tous les étudiants venaient à tous les cours, qu'est-ce que l'administration serait obligée de faire?
   (b) Qu'est-ce qui arriverait aux étudiants?
   (c) Qu'est-ce qui arriverait aux professeurs?
   (d) Quel est donc le plus grand problème de la Sorbonne?

3. *Faites de même (lignes 20–26):*
   (a) Qu'est-ce qu'on doit faire à l'entrée des amphithéâtres?
   (b) Qu'est-ce qu'on doit faire à la bibliothèque?
   (c) Qu'est-ce qui peut arriver à un étudiant qui cherche un livre à la bibliothèque?

4. *Faites de même (lignes 27–43):*

    (a) Quelle excuse pourrait-on avoir si on avait échoué à ses examens?
    (b) Que fait le gouvernement pour améliorer cette situation?
    (c) Où se trouvent les cinq nouvelles universités?
    (d) Qu'est-ce qui n'est pas facile?
    (e) Qu'est-ce que Bill veut faire cet été?
    (f) Pense-t-il que ses parents y consentiront?

Exercices de revision

1. *Conjuguez oralement les phrases suivantes:*

    (a) Je suis obligé de rester à la maison.
    (b) Je risque de périr asphyxié.
    (c) J'ai une excuse bien trouvée.
    (d) Je vais essayer de remédier à la situation.
    (e) Je ne me tairai pas.
    (f) Je suis des cours d'été.
    (g) Je devrais étudier chaque jour.
    (h) J'attends le professeur depuis midi.

2. *Posez des questions sur les mots imprimés en caractères gras:*

    (a) Tu devrais rester **chez toi**.
    (b) On va remédier à **cette situation**.
    (c) Nous commençons à avoir le **même** problème.
    (d) Je dois en parler à **mes parents**.
    (e) **La situation** n'est pas °grave.
    (f) Je me suis inscrit à **votre** cours.

3. *Ecrivez des phrases en employant les mots et les expressions suivants:*

    (a) **meilleur**   (f) **tus**   (j) **prêtes**
    (b) **pourraient**   (g) **plu**   (k) **sachez**
    (c) **l'entrée**   (h) **vivons**   (l) **ayez**
    (d) **excuse**   (i) **lent**   (m) **sois**
    (e) **voudrais**

4. *Répondez aux questions suivantes d'après votre propre expérience:*

    (a) Y a-t-il trop d'étudiants dans votre classe de français?
    (b) A quels cours vous êtes-vous inscrit(e) cette année?
    (c) Quels cours suivrez-vous l'année prochaine?
    (d) Qu'est-ce qu'on fait dans un amphithéâtre?
    (e) Qu'est-ce que c'est qu'un amphithéâtre?
    (f) Combien de livres sortez-vous de la bibliothèque chaque semaine?
    (g) Combien de livres y a-t-il à la bibliothèque?

(h) Qu'est-ce que c'est qu'un °bibliothécaire?
(i) A votre avis, quelle est la meilleure université des Etats-Unis?
(j) Où se trouve cette université?
(k) Pourquoi est-ce que c'est la meilleure université?
(l) Depuis combien de temps étudiez-vous le français?
(m) Depuis quand connaissez-vous votre professeur de français?
(n) Qu'est-ce qui ne vous plaît pas?
(o) Qu'est-ce que vous êtes toujours prêt(e) à faire?
(p) Quel cours ne voulez-vous plus suivre?
(q) Qu'est-ce que vous êtes fatigué(e) de faire?
(r) Depuis combien de temps savez-vous nager?
(s) Quand est-ce que vous vous taisez?
(t) Qu'est-ce que vous êtes curieux de savoir?

179 The Formation of the Present Subjunctive

Je	**parle**	à Jean.	Il faut que je	lui	**parle.**
Tu	**parles**	à Jean.	Il faut que tu	lui	**parles.**
Il	**parle**	à Jean.	Il faut qu' il	lui	**parle.**
Ils	**parlent**	à Jean.	Il faut qu' ils	lui	**parlent.**
Nous	**parlons**	à Jean.	Il faut que nous	lui	**parlions.**
Vous	**parlez**	à Jean.	Il faut que vous	lui	**parliez.**
Je	**finis**	les devoirs.	Il faut que je	les	**finisse.**
Tu	**finis**	les devoirs.	Il faut que tu	les	**finisses.**
Il	**finit**	les devoirs.	Il faut qu' il	les	**finisse.**
Ils	**finissent**	les devoirs.	Il faut qu' ils	les	**finissent.**
Nous	**finissons**	les devoirs.	Il faut que nous	les	**finissions.**
Vous	**finissez**	les devoirs.	Il faut que vous	les	**finissiez.**
Je	**vends**	la maison.	Il faut que je	la	**vende.**
Tu	**vends**	la maison.	Il faut que tu	la	**vendes.**
Il	**vend**	la maison.	Il faut qu' il	la	**vende.**
Ils	**vendent**	la maison.	Il faut qu' ils	la	**vendent.**
Nous	**vendons**	la maison.	Il faut que nous	la	**vendions.**
Vous	**vendez**	la maison.	Il faut que vous	la	**vendiez.**

It is necessary to use the subjunctive after certain expressions, which will be studied in detail in the subsequent lessons. The subjunctive occurs after **il faut que**.

The rule for the regular formation of the present subjunctive is: (a) the endings are **-e**, **-es**, **-e** for the singular and **-ions**, **-iez**, **-ent** for the plural; (b) the subjunctive stem derives from the third person plural indicative.

Note that the third person plural of the present subjunctive is identical with the same form of the present indicative and that the first and second person plural (**nous** and **vous**) forms are identical with those of the imperfect indicative.

180 The Use of the Subjunctive after Impersonal Expressions

Il est temps	que vous finissiez votre repas.
Il est bon	que vous sortiez avec Marie.
Il est nécessaire	que vous cessiez de fumer.

(b) *Répétez la phrase ci-dessous et puis remplacez* **nécessaire** *par les mots suivants, en faisant chaque fois le changement nécessaire:*

Il est **nécessaire** que vous disiez la vérité.

clair	juste	douteux	important
naturel	possible	probable	incontestable
certain	évident	temps	vrai
bon			

(c) *Exercice écrit (p. 435).*
(d) *Exercice écrit (p. 435).*

181. EXERCICES

(a) *Ajoutez* **il est naturel que** *devant chaque phrase, en faisant le changement nécessaire:*

Je sais la vérité.
Tu as confiance en lui.
Paul a soif.
Nous sommes amis.
Vous savez la réponse.
Ils ont faim.
Vous êtes en bonne santé.
Nous savons son adresse.
Ils ont plus de livres.
Il est content.
Tu sais cette leçon.
J'ai de l'argent.

(b) *Exercice écrit (p. 435).*

Il est important	que vous arriviez à l'heure.
Il est naturel	que vous parliez français.
Il est juste	que vous punissiez Jeanne.
Il est °douteux	que vous le compreniez.

The subjunctive occurs after certain impersonal expressions; however, it does NOT occur if the impersonal expression denotes CERTAINTY, as shown in the following examples.

Il est certain	que vous comprenez la vérité.
Il est °clair	que vous dites la vérité.
Il est °incontestable	que vous savez la vérité.
Il est vrai	que vous aimez la vérité.
Il est évident	que vous préférez la vérité.

Study the following expressions:

| Il est | possible | que vous | connaissiez | mon ami. |
| Il est | probable | que vous | connaissez | mon ami. |

| Il | -- semble | que vous | plaisiez | à mon ami. |
| Il | me semble | que vous | plaisez | à mon ami. |

181 The Irregular Subjunctive Stems: *avoir, être, savoir*

avoir		être		savoir	
que¹ j'	aie	que je	sois	que je	sache
que tu	aies	que tu	sois	que tu	saches
qu' il	ait	qu' il	soit	qu' il	sache
qu' ils	aient	qu' ils	soient	qu' ils	sachent
que nous	ayons	que nous	soyons	que nous	sachions
que vous	ayez	que vous	soyez	que vous	sachiez

Note that the forms for `tu`, `nous`, and `vous` are identical with the IMPERATIVE in the case of `avoir` and `être`, but not for `savoir`. See Step 178, page 259.

---

¹ Since the subjunctive usually occurs in the dependent clause, **que** is added before the verb for identification and practice.

182. EXERCICES

(a) *Ajoutez il est bon que devant chaque phrase, en faisant le changement nécessaire:*

> Je fais mes devoirs.
> Tu peux faire ce travail.
> Il va chez Marie.
> Nous n'allons pas au cinéma.
> Vous ne faites pas d'erreurs.
> Ils font une promenade.

> Nous allons à l'école.
> Vous pouvez rester ici.
> Ils font ce devoir.
> Il ne va pas chez Jean.
> Tu peux m'aider.
> Je ne fais pas cela.

(b) *Exercice écrit (p. 435).*

183. EXERCICES

(a) *Ajoutez est-il naturel que devant chaque phrase, en faisant le changement nécessaire:*

> Il veut partir?
> Vous voulez dormir?
> Nous voulons rester ici?
> Il vaut mieux sortir?
> Vous ne voulez pas chanter?
> Il pleut ce soir?

> Il pleut ce matin?
> Il faut travailler?
> Tu veux l'aider?
> Je veux me reposer?
> Il vaut mieux partir?
> Il veut aller en France?

(b) *Exercice écrit (p. 435).*

184. EXERCICES

(a) *Ajoutez il est bon que devant chaque phrase, en faisant le changement nécessaire:*

> J'ai compris cela.
> Je suis resté ici.
> Tu as dit la vérité.
> Tu t'es dépêché.
> Il a plu à mon frère.
> Il est rentré à minuit.
> Nous nous sommes endormis.
> Vous avez posé cette question.

> Nous avons fini le déjeuner.
> Je me suis reposé.
> Nous sommes partis.
> Vous êtes arrivé en retard.
> Ils sont venus.
> Ils se sont couchés.
> Il s'est promené dans le parc.
> Je ne lui ai pas répondu.

(b) *Exercice écrit (p. 436).*

182 The Irregular Subjunctive Stems: *aller, faire, pouvoir*

aller

que j'	aille	[aj]
que tu	ailles	
qu' il	aille	
qu' ils	aillent	
que nous	allions	
que vous	alliez	

faire

que je	fasse
que tu	fasses
qu' il	fasse
qu' ils	fassent
que nous	fassions
que vous	fassiez

pouvoir

que je	puisse
que tu	puisses
qu' il	puisse
qu' ils	puissent
que nous	puissions
que vous	puissiez

183 The Irregular Subjunctive Stems: *vouloir, falloir, valoir, pleuvoir*

vouloir

que je	veuille	[vœj]
que tu	veuilles	
qu' il	veuille	
qu' ils	veuillent	
que nous	voulions	
que vous	vouliez	

falloir qu'il faille [faj]

valoir qu'il vaille [vaj]

pleuvoir qu'il pleuve [plœv]

184 The Formation of the Past Subjunctive

J'	ai	parlé.
Tu	as	parlé.
Il	a	parlé.
Ils	ont	parlé.
Nous	avons	parlé.
Vous	avez	parlé.

Il est juste que j'	aie	parlé.
Il est juste que tu	aies	parlé.
Il est juste qu' il	ait	parlé.
Il est juste qu' ils	aient	parlé.
Il est juste que nous	ayons	parlé.
Il est juste que vous	ayez	parlé.

Je	suis	resté	ici.
Tu	es	resté	ici.
Il	est	resté	ici.
Ils	sont	restés	ici.
Nous	sommes	restés	ici.
Vous	êtes	restés	ici.

Il est naturel que je	sois	resté	ici.
Il est naturel que tu	sois	resté	ici.
Il est naturel qu' il	soit	resté	ici.
Il est naturel qu' ils	soient	restés	ici.
Il est naturel que nous	soyons	restés	ici.
Il est naturel que vous	soyez	restés	ici.

185. EXERCICES

(a) *Répondez affirmativement aux questions suivantes:*

Voulez-vous que je me lève?
Demandez-vous que je ne fume pas?
Permettez-vous que je fume?
Défendez-vous que je me couche?
Exigez-vous que je sorte?
Exigez-vous que je travaille?
Défendez-vous que je parle?
Voulez-vous que je parte?
Permettez-vous que je m'endorme?
Demandez-vous que je vienne?

(b) *Changez les phrases suivantes d'après le modèle ci-dessous:*

> Je permets à Marie de parler. **Je permets que Marie parle.**

Je demande à Jean de rester.
Je défends à André de sortir.
Je permets à Marie de venir.
Je permets à Paul de fumer.
Je défends à Jacques de partir.
Je demande à Charles de danser.

(c) *Exercice écrit (p. 436).*

186. EXERCICES

(a) *Exercice de substitution:*

Je ne suis pas sûr que vous ayez raison.
Je ne crois pas que vous ayez raison.
Je ne crois pas que **vous vous trompiez.**
Je n'espère pas que vous vous trompiez.
Je n'espère pas que **vous tombiez malade.**
Je ne pense pas que vous tombiez malade.
Je ne pense pas que **vous ayez dit cela.**
Je doute que vous ayez dit cela.
Je doute que **vous soyez sérieux.**
Je nie que vous soyez sérieux.
Je nie que **vous ayez raison.**
Je ne suis pas sûr que vous ayez raison.

(b) *Répétez la phrase ci-dessous et puis remplacez je ne crois pas par les expressions suivantes, en faisant chaque fois le changement nécessaire:*

Je ne crois pas qu'il fasse beau demain.

je crois   je ne pense pas   je ne suis pas sûr
je suis certain   je ne doute pas   j'espère
je nie   je ne dis pas   je doute

(c) *Exercice écrit (p. 436).*

The past subjunctive consists of the auxiliary verb in the present subjunctive followed by the past participle. Whereas the present subjunctive refers to an action in the PRESENT or FUTURE, the past subjunctive refers to a PAST action.

185 The Use of the Subjunctive after Expressions of Command or Desire

Nous	**voulons**	que Jacques soit ici de bonne heure.
Nous	°**exigeons**	que vous partiez tout de suite.
Nous	**demandons**	qu' elle parte immédiatement.
Nous	**défendons**	que vous fumiez en classe.
Nous	**permettons**	que tu partes de bonne heure.

Note in the following examples that **demander**, **défendre**, and **permettre** may take an INFINITIVE instead of a subordinate clause with the subjunctive. See Step 134, page 191.

Nous lui	**demandons**	**de partir**	immédiatement.
Nous vous	**défendons**	**de fumer**	en classe.
Nous te	**permettons**	**de partir**	de bonne heure.

186 The Use of the Subjunctive after Expressions of Doubt or Denial

Je	**ne crois pas**	que vous soyez malade.
Je	**ne pense pas**	que vous me compreniez.
Je	**ne dis pas**	que vous ayez fait des erreurs.
Je	**ne suis pas sûr**	que vous vouliez partir.
Je	**n'espère pas**	que vous ayez tort.
Je	°**doute**	que vous disiez la vérité.
Je	°**nie**	que vous ayez raison.

After expressions of doubt or denial, the subjunctive must be used in the subordinate clause (the verb **espérer** is included in this category because it functions like **croire**, **penser**, etc., as you will see in the following examples). Contrast the foregoing examples with the following, where the main clause does not express doubt or uncertainty.

Je	**crois**	que vous êtes malade.
Je	**pense**	que vous me comprenez.
Je	**dis**	que vous avez fait des erreurs.
Je	**suis sûr**	que vous voulez partir.
J'	**espère**	que vous avez tort.
Je	**ne doute pas**	que vous dites la vérité.
Je	**ne nie pas**	que vous avez fait cela.

187. EXERCICES

(a) *Exercice de substitution:*

   Nous sommes désolés que vous soyez malade.
   Nous sommes surpris que vous soyez malade.
   Nous sommes surpris que **vous ayez dit cela.**
   Je regrette beaucoup que vous ayez dit cela.
   Je regrette beaucoup que **vous fassiez des erreurs.**
   Jean est honteux que vous fassiez des erreurs.
   Jean est honteux que **je sorte avec elle.**
   Marie est fâchée que je sorte avec elle.
   Marie est fâchée **qu'il fasse si chaud.**
   Je suis heureux qu'il fasse si chaud.
   Je suis heureux que **Paul puisse venir.**
   J'ai peur que Paul puisse venir.
   J'ai peur que **vous soyez malade.**
   Nous sommes désolés que vous soyez malade.

(b) *Exercice écrit (p. 436).*

187 The Use of the Subjunctive after Expressions of Emotion

Nous	sommes heureux	que vous puissiez venir.
Nous	sommes °désolés	que vous soyez malade.
Nous	sommes fâchés²	que vous ayez fait des erreurs.
Nous	sommes °honteux	qu' il ait échoué à l'examen.
Nous	sommes °surpris	que vous vouliez partir.
Nous	avons peur	que vous soyez malade.
Nous	regrettons	que vous ayez été malade.

The subjunctive must be used after expressions of emotion (fear, joy, regret, anger, etc.).

---

² Fâché means *angry* as well as *sorry*.

REVIEW LESSON XV

Les projets d'été

BILL	Je viens de recevoir une lettre de mes parents.
JEAN-PIERRE	Ah, oui? Qu'est-ce qu'il y a de neuf?[1]
BILL	Deux grandes nouvelles. D'abord, mes parents me permettent d'aller en France cet été.
JEAN-PIERRE	Bravo! Quand vas-tu partir?
BILL	Je ne sais pas encore. Vers le milieu de juin, j'espère.
JEAN-PIERRE	Et quelle est l'autre nouvelle?
BILL	Ma famille et moi nous allons rendre visite[2] aux parents de ma mère qui demeurent à Miami. Pourrais-tu venir avec vous?
JEAN-PIERRE	Ce serait avec plaisir. C'est vraiment gentil de la part de[3] tes parents.
BILL	Alors c'est entendu. Je suis content que tu puisses faire le voyage avec nous. Nous passerons par des endroits intéressants dont tu as sans doute entendu parler.
JEAN-PIERRE	Quelle chance! Tu sais, je n'ai jamais voyagé dans le sud.
BILL	Combien de jours auras-tu pour ce voyage?
JEAN-PIERRE	Voyons[4] ... il faut que je sois à New York vers le treize juin.[5] Mon cousin veut que je vienne le voir avant mon départ. Puisque je finis mes examens le premier juin, il me restera à peu près dix jours.[6]
BILL	Très bien. Je pourrai peut-être aller à New York avec toi, si mon père réussit à obtenir une place dans un avion avant le treize. Ce serait épatant si nous pouvions voyager ensemble jusqu'à Paris.

NOTES

[1] *What's new?* [2] Note the difference between **rendre visite à** (for people) and **visiter** (for things and places). [3] *It's really nice of.* [4] *Let me see.* [5] Note how dates are expressed in French: DEFINITE ARTICLE + CARDINAL NUMBER (except for **premier**). [6] *I'll have about ten days left.*

25	JEAN-PIERRE	N'est-ce pas? De toute façon,[7] nous pourrons nous retrouver à New York. A propos,[8] qu'est-ce que tu vas faire en France?
	BILL	Je ne sais pas ... j'ai besoin de ton conseil. Je pourrais ou suivre des cours d'été ou[9] voyager un peu partout en France.
	JEAN-PIERRE	Tu ne veux pas visiter d'autres pays?
30	BILL	Si, mais ça sera pour une autre fois. Je vais essayer de passer plus tard une année entière en France, et alors j'aurai le temps de voyager.
	JEAN-PIERRE	Dans ce cas-là, je te conseille de suivre le cours de civilisation à la Sorbonne.
35	BILL	Quelle sorte de cours est-ce?
	JEAN-PIERRE	C'est un cours organisé pour les étudiants étrangers.
	BILL	Mais je ne vais pas en France pour faire la connaissance d'Allemands, de Suédois, ou d'Australiens ...
40	JEAN-PIERRE	Je le sais, mais tu ne vas pas passer tout ton temps au cours. J'espère d'ailleurs que tu habiteras chez nous cet été. Nous ne demeurons pas très loin de la Sorbonne.
	BILL	Merci. Ça sera charmant. Veux-tu me dire ce qu'on étudie dans ce cours de civilisation?
45	JEAN-PIERRE	Je crois que c'est un enseignement qui combine un cours de culture générale — l'histoire, la littérature, la philosophie, l'art, etc. — à un cours pratique de français, où les étudiants se perfectionnent dans la pratique de la langue.
	BILL	Très intéressant. Cela me servira de guide et d'introduction pour l'année que j'espère passer en France.
50	JEAN-PIERRE	Justement. Tu seras habitué plus ou moins à notre système et tu ne te sentiras pas perdu quand tu retourneras en France pour toute une année.

NOTES

[7] **En tout cas** (*anyway*). [8] *By the way.* [9] **ou** ... **ou** ... corresponds to English *either* ... *or* ...

Questions

1. *Répondez aux questions suivantes d'après le texte (lignes 1–9):*

    (a) Qu'est-ce que Bill vient de recevoir?
    (b) Quelle grande nouvelle annonce-t-il à son ami?
    (c) Quand espère-t-il partir?
    (d) Qu'est-ce que Bill invite Jean-Pierre à faire?
    (e) Où demeurent les parents de la mère de Bill?

2. *Faites de même (lignes 10–20):*

    (a) De quoi Bill est-il content?
    (b) Dans quelle région des Etats-Unis Jean-Pierre n'a-t-il pas encore voyagé?

(c) Quand faut-il qu'il soit à New York?
(d) Qu'est-ce que son cousin veut qu'il fasse?
(e) Quand finira-t-il ses examens?

3. *Faites de même (lignes 21–28):*

(a) Qu'est-ce qui serait épatant?
(b) Qu'est-ce que les deux amis pourront faire à New York?
(c) De quoi Bill a-t-il besoin?
(d) Que pourrait-il faire en France cet été?

4. *Faites de même (lignes 29–41):*

(a) Qu'est-ce que Jean-Pierre conseille à Bill?
(b) Pourquoi Bill ne va-t-il pas visiter d'autres pays cet été?
(c) Pour qui le cours de civilisation est-il organisé?
(d) Où Bill demeurera-t-il pendant son séjour à Paris?
(e) Où demeurent les parents de Jean-Pierre?

5. *Faites de même (lignes 42–52):*

(a) Qu'est-ce qui sera charmant?
(b) Quelle sorte de cours est le cours de civilisation?
(c) Qu'est-ce qui servira de guide à Bill?
(d) A quoi sera-t-il habitué?

Exercices de revision

1. *Conjuguez oralement les phrases suivantes:*

(a) Je vais rendre visite à mes amis.
(b) Je veux qu'elle fasse cela.
(c) Je ne dis pas que ce soit faux.
(d) Je doute que ce soit vrai.
(e) Je suis content qu'elle puisse venir.
(f) Je pourrai peut-être aller à Paris.
(g) Je conseille à Marie de suivre ce cours.
(h) Je suis habitué à tout cela.

2. *Posez des questions sur les mots imprimés en caractères gras:*

(a) Je viens de recevoir **ce cadeau**.
(b) J'ai voyagé **en France**.
(c) Il me reste **deux heures**.
(d) **Cette nouvelle** est formidable.
(e) Je vais rendre visite à **Jeanne**.
(f) Je visiterai **ce monument**.
(g) Ce cours est organisé **pour eux**.
(h) Je demeure **chez ma tante**.
(i) Nous nous y retrouverons **à midi**.

3. *Ecrivez des phrases en employant les mots et les expressions suivantes:*

(a) **suive**
(b) **soyons**
(c) **voulez-vous que**
(d) **aillent**
(e) **visite**
(f) **entendu parler**
(g) **d'autres**
(h) **servait de**
(i) **puisque**
(j) **de votre part**

4. *Répondez aux questions suivantes d'après votre propre expérience:*

(a) Qu'est-ce que vous allez faire cet été?
(b) Qu'est-ce que vous ferez après vos examens?
(c) A quoi n'êtes-vous pas encore habitué(e)?
(d) Qu'est-ce que vous regrettez?
(e) Suivrez-vous des cours d'été?
(f) Combien de temps vous reste-t-il pour finir ce devoir?
(g) Qu'est-ce qui serait formidable?
(h) Qui vous servira de guide quand vous serez à Paris?
(i) Combien de temps voudriez-vous passer en France?
(j) Quel temps fera-t-il demain?
(k) Quelle heure avez-vous?
(l) Votre montre retarde-t-elle de quelques minutes?
(m) Quel jour est-ce aujourd'hui?
(n) Quel cours vous intéresse le plus?
(o) A qui voulez-vous rendre visite ce soir?
(p) Vos parents vous permettront-ils d'aller en Europe?
(q) Savez-vous ce que c'est que la Sorbonne?
(r) Où demeurent les parents de votre mère?
(s) Les voyez-vous assez souvent?
(t) Où demeure votre professeur de français?

188. EXERCICES

(a) *Répétez la phrase ci-dessous et puis remplacez* **afin que** *par les conjonctions suivantes:*

Je resterai ici **afin que** tu fasses tes devoirs.

  à moins que à condition que pourvu que bien que
  quoique   jusqu'à ce que   pour que   sans que

(b) *Répétez la phrase ci-dessous et puis remplacez* **pour que** *par les conjonctions suivantes:*

Je vous parlerai **pour que** vous sachiez la vérité.

  avant que   à moins que à condition que bien que
  jusqu'à ce que pourvu que   sans que   quoique

(c) *Exercice écrit (p. 436).*

189. EXERCICES

(a) *Répétez la phrase ci-dessous et puis remplacez* **pour que** *par les conjonctions suivantes, en faisant chaque fois le changement nécessaire:*

Je fais tout cela **pour que** sa sœur soit ici.

afin que   jusqu'à ce que lorsque   sans que   parce que
depuis que puisque   pendant que bien que

(b) *Exercice écrit (p. 437).*

188 The Use of the Subjunctive after Certain Conjunctions

Je vais partir	°afin que	tu sois content.	*so that*
J' arriverai	avant que	Marie vienne.	*before*
Je sortirai	à moins qu'	il fasse mauvais.	*unless*
Je chanterai	à condition que	vous m'écoutiez.	*provided*
Je travaille	bien que	vous dormiez.	*although*
Je reste ici	jusqu'à ce que	Jeanne parte.	*until*
Je fais ceci	pour que[1]	Jean soit satisfait.	*so that*
Je le ferai	°pourvu que[1]	tu me voies.	*provided*
Je partirai	°quoiqu'[1]	il pleuve.	*although*
Je sortirai	sans que	Marie le sache.	*without*

The subjunctive is used after certain conjunctions. The most common ones have just been given with their English equivalents.

189 Conjunctions Not Requiring the Subjunctive

Je vais partir	parce que	vous êtes fatigué.	*because*
Il est content	depuis que	tu es arrivé.	*ever since*
Je chante	tandis que	tu joues du violon.	*whereas*
Elle arrivera	après que	je serai parti.	*after*
Il viendra	puisque	vous êtes ici.	*since*
Je travaillais	pendant que	tu dormais.	*while*
Il étudiait	lorsque	je suis rentré.	*when*

There are many conjunctions that are followed by the indicative. Some of the most common ones have just been given.

[1] There is no difference in meaning between afin que and pour que , à condition que and pourvu que , bien que and quoique .

190. EXERCICES

(a) *Répondez d'après le modèle suivant, en faisant attention à la place de chaque adjectif:*

Est-elle belle?   **Oui, c'est la plus belle étudiante que je connaisse.**

Est-elle jeune?   Est-elle paresseuse?
Est-elle intelligente?   Est-elle belle?
Est-elle ennuyeuse?   Est-elle riche?
Est-elle impatiente?   Est-elle sérieuse?
Est-elle bonne?   Est-elle mauvaise?

(b) *Exercice écrit (p. 437).*

191. EXERCICES

(a) *Répondez aux questions suivantes d'après le modèle ci-dessous:*

Y a-t-il quelqu'un qui sache la réponse?   **Non, je ne connais personne qui sache la réponse.**

Y a-t-il quelqu'un qui sache la vérité?
Y a-t-il quelqu'un qui puisse faire ce travail?
Y a-t-il quelqu'un qui veuille partir?
Y a-t-il quelqu'un qui apprenne le polonais?
Y a-t-il quelqu'un qui plaise à Marie?
Y a-t-il quelqu'un qui comprenne la leçon?

(b) *Ajoutez des phrases d'après le modèle ci-dessous:*

Je veux lire un livre plus facile.   **Mais il n'y a pas de livre qui soit plus facile à lire!**

Je veux lire un livre plus difficile.
Je veux faire un devoir plus pénible.
Je veux apprendre une leçon plus facile.
Je veux regarder un plus joli tableau.
Je veux voir un monument plus imposant.
Je veux écrire une composition plus difficile.

(c) *Exercice écrit (p. 437).*
(d) *Exercice écrit (p. 437).*

192. EXERCICES

(a) *Mettez le sujet de chaque phrase au singulier ou au pluriel, selon le cas:*

Je mens parfois.   Vous ne mentez jamais.
Il vous ment.   Nous ne mentons à personne.
Vous me mentez.   Ils mentent de nouveau.
Ils mentent quelquefois.   Je ne vous mens plus.

190 The Use of the Subjunctive in the Relative Clause (1)

C'est	le meilleur	étudiant	que je connaisse.
C'est	le plus jeune	professeur	qui enseigne dans notre école.
C'est	la plus grande	maison	que nous ayons.
C'est	le plus beau	tableau	que j'aie jamais vu.
C'est	le pire	acteur	que nous connaissions.

C'est	le premier	étudiant	qui soit (est) venu.
C'est	la dernière	femme	que nous ayons (avons) vue.
C'est	le seul	livre	que nous employions (employons).

The subjunctive is used in an adjective clause when it is preceded by a SUPERLATIVE adjective. Included in this category are premier, dernier, and seul. However, these three adjectives may be followed by the indicative when a FACTUAL statement, implying no uncertainty, is involved.

191 The Use of the Subjunctive in the Relative Clause (2)

Je ne connais	personne	qui puisse faire ce travail.
On ne trouve	rien	qui puisse plaire à Marie.
Il n'y a	pas d'élèves	qui sachent la réponse.
Je n'ai	pas d'ami	qui soit meilleur.

Je cherche	quelqu'un	qui puisse m'aider.
Connais-tu	un homme	qui soit plus amusant?
Y a-t-il	un professeur	que Jean puisse voir?
Avez-vous	quelque chose	qui plaise à Thérèse?

The subjunctive is used in an adjective clause that modifies an antecedent whose existence is either negated or in doubt.

192 The Verb *mentir*

Study the forms of the irregular verb mentir (*to lie*).

Je	mens.		[mã]
Tu ne	mens	jamais.	[mã]
Il	ment	toujours.	[mã]
Nous	mentons	parfois.	[mãtõ]
Vous	mentez.		[mãte]
Ils	mentent	souvent.	[mãt]

(b) *Répétez l'exercice précédent en mettant chaque phrase au passé composé.*
(c) *Exercice écrit (p. 437).*

193. EXERCICES

(a) *Répondez affirmativement aux questions suivantes en remplaçant chaque complément direct par le pronom approprié:*

Sentez-vous la chaleur?	Sentez-vous le courant d'air?
Sentez-vous le froid?	Sentez-vous mon parfum?
Sentez-vous mon tabac?	Sentez-vous cette odeur?
Sentez-vous le café?	Sentez-vous la fraîcheur?

(b) *Répétez l'exercice précédent en répondant négativement à chaque question.*
(c) *Répétez la phrase ci-dessous et puis remplacez* **le froid** *par les mots suivants, en faisant chaque fois le changement nécessaire:*

Nous sentons **le froid.**

la chaleur	assez bien	fatigués
la soif	la douleur	la fraîcheur de l'air
épuisés	bien	une odeur

(d) *Exercice écrit (p. 437).*

194. EXERCICES

(a) *Changez les phrases suivantes d'après le modèle ci-dessous:*

Tout homme sait la réponse.   **Tous les hommes savent la réponse.**

Tout homme cherche le bonheur.	Tout livre est cher.
Toute femme veut être belle.	Toute table est réservée.
Toute réponse est bonne.	Tout facteur apporte les lettres.
Tout Français aime le vin.	Tout tableau est beau.

(b) *Répondez aux questions d'après le modèle ci-dessous:*

Racontez-vous l'histoire entière?   **Je raconte toute l'histoire.**

Regardez-vous la maison entière?	Faites-vous l'exercice entier?
Ecoutez-vous le programme entier?	Discutez-vous le chapitre entier?
Mentionnez-vous le problème entier?	Analysez-vous le poème entier?
Apprenez-vous la règle entière?	Etudiez-vous la leçon entière?
Nettoyez-vous le garage entier?	Nettoyez-vous la maison entière?

(c) *Exercice écrit (p. 438).*
(d) *Exercice écrit (p. 438).*

Il va **mentir.** [mɑ̃tiʀ]
Il a **menti.** [mɑ̃ti]
Il **mentira.** [mɑ̃tiʀa]

193 The Verb *sentir*

Je	**sens**	le froid.	[sɑ̃]
Tu	**sens**	la °fraîcheur de l'air.	[sɑ̃]
Il	**sent**	une °odeur °délectable.	[sɑ̃]
Nous	**sentons**	un °courant d'air.	[sɑ̃tɔ̃]
Vous	**sentez**	mon °parfum.	[sɑ̃te]
Ils	**sentent**	la °chaleur du soleil.	[sɑ̃t]

Il va	**sentir**	une grande °douleur.	[sɑ̃tiʀ]
Il a	**senti**	le froid.	[sɑ̃ti]
Il	**sentira**	votre °tabac.	[sɑ̃tiʀa]

The verb **sentir** means *to feel* or *to smell*, when it is used with a direct object, as shown in the foregoing examples. It means *to smell*, intransitively, as indicated in the examples that follow. Note that the adjective remains MASCULINE SINGULAR.

Ces fleurs	**sentent**	très bon.
Le café	**sent**	bon.
Ce parfum	**sentait**	mauvais.

Se sentir means *to feel*, referring to one's physical condition. It is usually followed by **bien**, **mal**, or an ADJECTIVE that agrees in gender and number with the subject.

Je	**me**	**sens**	assez bien.
Nous	**nous**	**sentons**	très fatigués.
Elle	**se**	**sent**	mal.
Ils	**se**	**sentent**	épuisés.

194 The Adjectives *tout, toute, tous, toutes*

Nous avons étudié	**tout le**	poème.
Nous avons °analysé	**tout ce**	problème.
Nous avons raconté	**toute l'**	histoire.
Nous avons regardé	**toute la**	maison.

Nous avons connu	**tous les**	hommes.
Nous avons puni	**tous les**	enfants.
Nous avons vu	**toutes les**	femmes.
Nous avons vendu	**toutes ces**	fleurs.

195. EXERCICES

(a) *Dans les phrases suivantes, remplacez chaque substantif par le pronom* **tout**:

Je sais la réponse. Ce devoir est facile. Ce chapitre est difficile.
Ce livre est cher. Vous apprenez la régle. Cet examen est trop long.
Vous oubliez la leçon. Je vois le film. J'apporterai les disques.

(b) *Changez les phrases suivantes d'après le modèle ci-dessous:*

Tous les facteurs apportent des lettres. **Ils apportent tous des lettres.**

Tous les hommes sont là.
Toutes les mères punissent leurs enfants.
Tous les clients demandent un bon service.
Tous les étudiants vont en classe.
Toutes les actrices sont belles.
Toutes les femmes arrivent en retard.

(c) *Répétez l'exercice précédent en mettant chaque phrase au passé composé en même temps, d'après le modèle ci-dessous:*

Tous les hommes sont ici. **Ils ont tous été ici.**

(d) *Exercice écrit (p. 438).*
(e) *Exercice écrit (p. 438).*

196. EXERCICES

(a) *Changez les phrases suivantes d'après le modèle ci-dessous:*

J'ai vu cette photo. **C'est moi qui ai vu cette photo.**

J'ai écrit cette lettre. Marie a vu ce film.
Nous avons parlé français. Vous êtes intelligent.
Jeanne est coupable. Roger apporte le cadeau.
Paul travaille dans ce magasin. Nous comprenons la leçon.
Tu achètes le billet. Ils arrivent en retard.
Vous avez fait le lit. Ils ont dit cela.

(b) *Exercice écrit (p. 438).*

STRUCTURAL STEPS AND ORAL EXERCISES 289

| Tout homme | cherche le °bonheur. |
| Toute femme | sait cette réponse. |

Tout or toute followed by the definite article means *the whole* or *the entire*. Tous or toutes followed by the definite article means *all the* or *every*. Tout or toute followed immediately by a noun means *every* or *each*.

195 The Pronouns *tout*, *tous* [tus], *toutes*

| La maison | est belle. |
| Tout | est beau. |

| Je sais | la réponse. |
| Je sais | tout. |

| Le livre | est rouge. |
| Tout | est rouge. |

| Je vends | ce que j'ai. |
| Je vends | tout. |

The singular **tout** means *everything* and grammatically it is masculine singular.

Ces étudiants	vont à la réunion.
Tous	vont à la réunion.
Ils	vont tous à la réunion.

Mes amis	sont	partis.
Tous	sont	partis.
Ils	sont tous	partis.

Les femmes	arriveront.
Toutes	arriveront.
Elles	arriveront toutes.

Les clientes	sont	venues.
Toutes	sont	venues.
Elles	sont toutes	venues.

As a pronoun, tous is pronounced [tus]. Tous and toutes can begin a sentence only when they are used as third person plural subjects. If they refer to the first or second person plural, the following construction is used.

Vous chantez.
Vous chantez tous (toutes).

Nous avons parlé.
Nous avons tous (toutes) parlé.

196 The Emphasis Construction: *c'est . . . qui*

C'est	moi qui	ai fait	cela.
C'est	toi qui	partiras	pour Chicago.
C'est	lui qui	a vu	cet accident.
C'est	elle qui	vient	à midi.
C'est	nous qui	faisons	ce devoir.
C'est	vous qui	savez	la vérité.
Ce sont	eux qui	viennent	me voir.
Ce sont	elles qui	sont	paresseuses.

The construction c'est . . . qui is used to emphasize the SUBJECT of a sentence. Note that the verb in the relative clause agrees with the antecedent that is in the stressed position.

197. EXERCICES

(a) *Changez les phrases suivantes d'après le modèle ci-dessous:*

        Il vient à midi.   **C'est à midi qu'il vient.**

Ils partent à dix heures.   Vous répondez à ma lettre.
Elle parle au professeur.   Ils obéissent à la maîtresse.
Nous parlons à Jacques.   Tu vas parler à Marie.
Je réponds à sa lettre.   Nous arrivons à minuit.

(b) *Changez les phrases suivantes d'après le modèle ci-dessous:*

    Nous lisons le livre de Jean.   **C'est le livre de Jean que nous lisons.**

Nous lisons le journal de Paul.   Je lis votre lettre.
Je regarde la maison du facteur.   Je finis mon devoir de français.
Il passe un examen de français.   Elle aime notre voiture.
Marie aime mon cousin.   J'achète cette cravate.

(c) *Exercice écrit (p. 438).*

197 The Emphasis Construction: *c'est ... que*

Paul donne-t-il **son argent** à Marie?
  Non, c'est **mon argent** qu'il donne à Marie.

Jean parle-t-il **de son** °expérience?
  Non, c'est **de mon expérience** qu'il parle.

Le professeur vient-il **à une heure**?
  Non, c'est **à midi** qu'il vient.

Est-ce que vous travaillez **pour mon père**?
  Non, c'est **pour le père de Jeanne** que je travaille.

The construction ⟨ *c'est ... que* ⟩ is used to emphasize any part of a sentence except the subject.

REVIEW LESSON XVI

Après une sortie à quatre

Pour célébrer la fin des examens (auxquels ils ont bien réussi), Bill, Jean-Pierre, Barbara et Suzanne (l'amie de Barbara) sont sortis ensemble. Ils ont dîné dans un restaurant et puis ils sont allés au cinéma. Vers minuit Bill et Jean-Pierre ont ramené les jeunes filles chez elles.

BILL	Je suis curieux de savoir ce que tu penses de ce double rendez-vous.
JEAN-PIERRE	Tu veux dire de cette sortie à quatre?
BILL	Oui. As-tu passé une aussi bonne soirée que moi?
JEAN-PIERRE	Sûrement. Mais je me demande[1] pourquoi vous avez un mot spécial, *double date*, pour désigner une chose si naturelle.
BILL	Tu penses évidemment qu'il est naturel de sortir avec des amis, n'est-ce pas?
JEAN-PIERRE	Oui.
BILL	Mais les coutumes sont différentes ici.
JEAN-PIERRE	Je le savais avant de venir ici. Tu n'as qu'à[2] lire les magazines et les journaux féminins en France. Ils parlent souvent du *dating*.
BILL	On emploie ce mot américain?
JEAN-PIERRE	Oui, beaucoup de magazines français adorent employer des mots américains. A tel point qu'[3]un professeur de la Sorbonne appelle *babélien*[4] ou *franglais*[5] cette langue nouvelle qui mélange un peu d'américain et de français. Il prépare un dictionnaire babélien-français.
BILL	Ce qui m'étonne toujours, c'est le sérieux[6] avec lequel les Français considèrent leur langue.

NOTES

[1] *I wonder.* [2] *All you have to do is.* [3] *so much that; to such an extent that.* [4] From **la tour de Babel**. [5] René Etiemble, *Parlez-vous franglais?* (Collection Idées, Gallimard, 1964). [6] *seriousness.*

	JEAN-PIERRE	Tu comprendras donc pourquoi je t'ai corrigé quand tu as dit *double rendez-vous*. Ce n'est qu'une traduction.
25	BILL	Oui, je le comprends très bien. Mais puisque tu connais le mot *dating* et la chose, dis-moi si tu en penses du bien ou du mal.[7]
	JEAN-PIERRE	J'en pense plus de bien que de mal. C'est un sport très sain et que j'aime beaucoup.
30	BILL	Tu n'es pas Français pour rien.
	JEAN-PIERRE	Mais je trouve qu'on le pratique sans inspiration.
	BILL	Sans inspiration?
	JEAN-PIERRE	J'ai l'impression qu'on fait trop attention aux règles du jeu. On n'ose pas inventer.
35	BILL	Que veux-tu dire?
	JEAN-PIERRE	Eh bien, il me semble que la spontanéité qui me frappe chez[8] les Américains en général disparaît[9] lorsqu'un garçon et une fille sont ensemble. Ils ne pensent plus qu'à ce qu'ils doivent (ou devraient) faire ou ne pas faire.
40	BILL	Voyons![10] J'ai beaucoup d'amis qui ne sont pas ainsi. Il ne faut pas généraliser trop vite.
	JEAN-PIERRE	Evidemment, c'est le charme de conversations comme celle-ci. On peut juger le monde entier sans crainte d'être contredit.

NOTES

[7] si tu en as une bonne ou mauvaise opinion.   [8] *with; among.*   [9] *du verbe* disparaître *(to disappear),* conjugué comme connaître.   [10] *Come now!*

Questions

1. *Répondez aux questions suivantes d'après le texte (lignes 1–9):*

    (a) Qu'est-ce que c'est qu'une sortie à quatre?
    (b) Qu'est-ce que les quatre étudiants ont voulu célébrer?
    (c) Qu'est-ce qu'ils ont fait?
    (d) Quand est-ce que Bill et Jean-Pierre ont ramené les jeunes filles chez elles?
    (e) Qu'est-ce que Bill est curieux de savoir?
    (f) Quelle sorte de soirée ont-ils passée?
    (g) Qu'est-ce que Jean-Pierre se demande?

2. *Faites de même (lignes 10–21):*

    (a) D'après Jean-Pierre, qu'est-ce qui est naturel?
    (b) Qu'est-ce qu'il savait avant de venir aux Etats-Unis?
    (c) Qui parle du *dating*?
    (d) Qui adore employer des mots américains?
    (e) Qu'est-ce que c'est que le babélien?
    (f) Qui prépare un dictionnaire babélien-français?

3. *Faites de même (lignes 22–30):*

    (a) Qu'est-ce qui étonne Bill?
    (b) Pourquoi Jean-Pierre a-t-il corrigé son ami?

(c) Qu'est-ce que Jean-Pierre pense du *dating*?
(d) Quelle sorte de sport cela °constitue-t-il?
(e) Pourquoi Bill dit-il: 《Tu n'es pas Français pour rien》?

4. *Faites de même (lignes 31–43):*

(a) A quoi fait-on trop attention, d'après Jean-Pierre?
(b) Qu'est-ce qui disparaît lorsqu'un garçon et une jeune fille sont ensemble?
(c) Pourquoi est-ce que cette spontanéité disparaît?
(d) Quelle est la réaction de Bill contre cette observation?
(e) Qu'est-ce qui constitue le charme de ces conversations?
(f) Qu'est-ce qu'on peut faire sans crainte d'être contredit?

Exercices de revision

1. *Conjuguez oralement les phrases suivantes:*

(a) J'ai ramené Hélène chez elle vers minuit.
(b) Je suis curieux de savoir ce que Jean en pense.
(c) Je me demande pourquoi elle est ici.
(d) Je n'ai qu'à lire un chapitre de ce livre.
(e) Je comprends pourquoi elle m'a corrigé.
(f) J'en pense plus de bien que de mal.
(g) Je ne mens jamais à mes parents.
(h) Je ne me sens pas très bien.

2. *Posez des questions sur les mots imprimés en caractères gras:*

(a) Je suis curieux de savoir **ce qui s'est passé.**
(b) Je me demande **pourquoi vous n'êtes pas parti.**
(c) **Les coutumes** sont différentes.
(d) Il a préparé un dictionnaire **français–anglais.**
(e) J'en pense **plus de mal que de bien.**
(f) **Cette spontanéité** disparaît aussitôt.
(g) Il ne faut pas **généraliser trop vite.**
(h) On peut juger **le monde entier.**

3. *Ecrivez des phrases en employant les mots et les expressions suivantes:*

(a) **féminin**   (f) **osez**   (j) **toutes**
(b) **désigner**   (g) **ramènera**   (k) **c'est moi qui**
(c) **il est naturel que** (h) **qu'à voir**   (l) **menti**
(d) **mélangent**   (i) **sentait**   (m) **unique**
(e) **attention**

4. *Répondez aux questions suivantes d'après votre propre expérience:*

(a) Connaissez-vous quelqu'un qui sache parler japonais?
(b) Avez-vous jamais menti à votre professeur?
(c) Comment vous sentez-vous aujourd'hui?
(d) Comment sentent les fleurs au printemps?

(e) Qu'est-ce que vous pensez du parfum de votre amie?
(f) Est-ce que vous connaissez tous les étudiants de la classe?
(g) Votre professeur connaît-il tout le monde à votre école?
(h) Sortez-vous souvent avec des amis?
(i) Que faites-vous quand vous sortez avec eux?
(j) Aimez-vous les sorties à quatre?
(k) Pourquoi aimez-vous ou n'aimez-vous pas les sorties à quatre?
(l) Quel âge aviez-vous quand vous êtes sorti(e) pour la première fois avec une jeune fille (un garçon)?
(m) Où êtes-vous allés?
(n) Avez-vous passé une excellente soirée?
(o) A quelle heure êtes-vous rentré(e) à la maison?
(p) Qu'est-ce que vous pensez maintenant de cette soirée-là?
(q) Est-ce que vous sortiez souvent avec elle (lui)?
(r) Qu'est-ce que vos parents ont pensé d'elle (lui)?
(s) Qu'est-ce qui lui est arrivé depuis?
(t) Que pensez-vous de l'°opinion de Jean-Pierre sur la sortie à quatre à l'américaine?

198. EXERCICES

(a) *Répondez aux questions suivantes d'après le modèle ci-dessous:*

    N'avez-vous rien de bon?   **Si, j'ai quelque chose de bon.**

N'avez-vous rien d' amusant?   N'avez-vous rien d' intéressant?
N'avez-vous rien de moderne?   N'avez-vous rien d' important?
N'avez-vous rien de meilleur?   N'avez-vous rien de moins cher?
N'avez-vous rien de nouveau?   N'avez-vous rien de beau?
N'avez-vous rien de bonne qualité?   N'avez-vous rien de meilleure qualité?

(b) *Répétez l'exercice précédent d'après le modèle ci-dessous:*

    N'avez-vous rien de bon?   **Non, je n'ai rien trouvé de bon.**

(c) *Exercice écrit (p. 439).*

199. EXERCICES

(a) *Répondez aux questions suivantes d'après le modèle ci-dessous:*

    Connaissez-vous quelqu'un d'intéressant?   **Non, je ne connais personne d'intéressant.**

Connaissez-vous quelqu'un de sérieux?
Connaissez-vous quelqu'un d'intelligent?
Amenez-vous quelqu'un de plus amusant?
Avez-vous trouvé quelqu'un de plus actif?
Obéissez-vous à quelqu'un de plus important?
Parlez-vous de quelqu'un de plus sportif?
Avez-vous connu quelqu'un de plus stupide?

(b) *Exercice écrit (p. 439).*

200. EXERCICES

(a) *Répondez affirmativement d'après le modèle ci-dessous:*

    Connaissez-vous des Français?   **Oui, je connais quelques Français.**

Connaissez-vous des Canadiens?   Avez-vous lu des journaux français?
Assistez-vous à des °concerts?   Avez-vous amené des amis?
Avez-vous acheté des journaux?   Avez-vous mangé des pommes?
Avez-vous vu des étudiants?   Regardez-vous des tableaux?
Posez-vous des questions?   Copiez-vous des phrases?

198 The Use of *quelque chose* and *rien*

Apprenez-vous | quelque chose? |
Apprenez-vous | quelque chose | de nouveau?
Apprenez-vous | quelque chose | d' intéressant?

Nous n'apprenons | rien. |
Nous n'apprenons | rien | de nouveau.
Nous n'apprenons | rien | d' intéressant.

Quelque chose is normally used in an AFFIRMATIVE sentence, whereas **rien** is used in a NEGATIVE sentence. Note that both words are modified by **de** + MASCULINE ADJECTIVE.

199 The Use of *quelqu'un* and *personne*

Est-ce que vous allez voir | quelqu'un? |
Est-ce que vous allez voir | quelqu'un | d' intelligent?
Est-ce que vous allez voir | quelqu'un | de sérieux?

Je n'ai vu | personne. |
Je n'ai vu | personne | d' intéressant.
Je n'ai vu | personne | de sérieux.

Quelqu'un is normally used in an AFFIRMATIVE sentence, whereas **personne** is used in a NEGATIVE sentence. Both are modified by **de** + MASCULINE ADJECTIVE.

200 The Use of *quelques* and *quelques-un(e)s*

As-tu acheté | des | livres?   Oui, j'ai acheté | quelques | livres.
As-tu vu | des | autos?   Oui, j'ai vu | quelques | autos.
As-tu amené | des | amis?   Oui, j'ai amené | quelques | amis.
As-tu trouvé | des | Français?   Oui, j'ai trouvé | quelques | Français.

(b) *Répondez aux questions suivantes d'après le modèle ci-dessous:*

Vos amis parlent-ils français?   **Quelques-uns de mes amis parlent français.**

Vos amis sont-ils Français?
Vos livres sont-ils sur la table?
Vos cousines sont-elles jolies?
Vos questions sont-elles difficiles?
Vos amis viendront-ils à midi?

Vos tantes sont-elles au Michigan?
Vos oncles sont-ils au Colorado?
Vos amis parlent-ils espagnol?
Vos cousins vont-ils en France?
Vos valises sont-elles ici?

(c) *Exercice écrit (p. 439).*

201. EXERCICES

(a) *Répétez l'exercice (b) de la leçon précédente d'après le modèle ci-dessous:*

Vos amis parlent-ils français?   **Oui, la plupart de mes amis parlent français.**

(b) *Répétez la phrase ci-dessous et puis remplacez café par les mots suivants, en faisant chaque fois le changement nécessaire:*

Nous avons déjà bu la plus grande partie du **café**.

| thé | jus d'orange | bière | eau |
| vin | lait | citronnade | cidre |

(c) *Répétez la phrase ci-dessous et puis remplacez de la leçon par les mots suivants, en faisant chaque fois le changement nécessaire:*

Avez-vous compris la plus grande partie **de la leçon**?

| des leçons | du chapitre | des réponses | de l'explication |
| de l'article | des problèmes | du discours | des questions |

(d) *Exercice écrit (p. 439).*

202. EXERCICES

(a) *Mettez le sujet de chaque phrase au singulier ou au pluriel, selon le cas:*

Nous ne rions jamais.
Tu ne te ris pas de Paul.
Ces enfants ne sourient pas.
La jeune fille vous sourit.

Je ne ris plus.
Cet enfant rit souvent.
Vous vous riez de moi.
Tu ne ris presque jamais.

(b) *Répétez l'exercice précédent en mettant chaque phrase au passé composé.*
(c) *Exercice écrit (p. 439).*

Whereas the partitive article ❚des❚ expresses INDEFINITE quantity, the adjective ❚quelques❚ implies a LIMITED and somewhat more DEFINITE quantity.

As-tu	des	amis français?	Oui, j'	en	ai	quelques-uns.
As-tu	des	amies françaises?	Oui, j'	en	ai	quelques-unes.
As-tu	des	journaux canadiens?	Oui, j'	en	ai	quelques-uns.

Quelques-uns	de mes professeurs	parlent	français.
Quelques-unes	de mes tantes	sont	en Floride.
Quelques-unes	de ces voitures	sont	européennes.

❚Quelques❚ is an ADJECTIVE, but ❚quelques-uns❚ and ❚quelques-unes❚ are PRONOUNS meaning *some* or *a few*.

201 The Use of *la plupart* and *la plus grande partie*

La plupart	des étudiants	sont intelligents.
La plupart	de mes réponses	sont correctes.
La plupart	de ces cahiers	sont à Marie.
La plupart	de vos amis	sont sympathiques.

Nous avons bu	la plus grande partie	du lait.
Nous avons lu	la plus grande partie	de notre livre.
Nous avons perdu	la plus grande partie	de ton argent.
Nous avons servi	la plus grande partie	de ce café.

❚La plupart❚ and ❚la plus grande partie❚ mean *most (of)*. The former is usually followed by ❚des❚ + PLURAL NOUN (❚des❚ may be replaced by ❚de❚ and the demonstrative or possessive adjective).[1] ❚La plus grande partie❚ is followed by ❚du❚ (❚de la❚, ❚de l'❚) + SINGULAR NOUN (the definite article may be replaced by its equivalent).

202 The Verb *rire (sourire)*

Je	ris	très souvent.	[Ri]
Tu ne	ris	jamais.	[Ri]
Il se	rit	de vous.	[Ri]
Nous	rions	ensemble.	[Rijɔ̃]
Vous	riez	rarement.	[Rije]
Ils	rient	trop souvent.	[Ri]

[1] There are some exceptions, among which the most important is ❚la plupart du temps❚.

203. EXERCICES

(a) *Mettez le sujet de chaque phrase au singulier ou au pluriel, selon le cas:*

    Je tiens ma promesse.
    Tu tiens la clef.
    Vous maintenez votre position.
    Ils ne tiennent jamais leur promesse.
    Nous tenons à partir.
    J'obtiens cette réponse.
    Ils maintiennent cette opinion.
    Tu obtiens des °renseignements.

(b) *Répétez l'exercice précédent en mettant chaque phrase au passé composé.*
(c) *Répétez l'exercice (a) en mettant chaque phrase au futur.*
(d) *Exercice écrit (p. 439).*

204. EXERCICES

(a) *Mettez le sujet de chaque phrase au singulier ou au pluriel, selon le cas:*

    Je meurs de faim.
    Ces enfants meurent de soif.
    Tu meurs d'ennui.
    Nous mourons de peur.
    Nous mourons de curiosité.
    Cet étudiant meurt de fatigue.
    Vous mourez de faim.
    Tu meurs de soif.

(b) *Répétez l'exercice précédent en mettant chaque phrase au futur.*
(c) *Exercice écrit (p. 440).*

Il va | rire. | | [RiR]
Il a | ri. | | [Ri]
Il | rira | de nouveau. | [RiRa]

Rire means *to laugh*, whereas se rire de means *to make fun of* or *to laugh at*. Sourire *(to smile)* is conjugated like rire.

203 The Verb *tenir (obtenir, maintenir)*

Je | tiens | à aller au cinéma. | [tjɛ̃]
Tu | tiens | ta promesse. | [tjɛ̃]
Il | tient | ce livre à la main. | [tjɛ̃]
Nous | tenons | notre promesse. | [tənɔ̃]
Vous | tenez | ce paquet à la main. | [təne]
Ils | tiennent | à venir. | [tjɛn]

Il va | tenir | cette °auberge. | [təniR]
Il a | tenu | sa promesse. | [təny]
Il | tiendra | la °clef de la maison. | [tjɛ̃dRa]

Note that tenir *(to keep, hold)* is conjugated like venir. Tenir à means *to be anxious (to do something)* or *to insist (on doing something)*. Obtenir *(to obtain)* and maintenir *(to maintain)* are conjugated exactly like tenir.

204 The Verb *mourir*

Je | meurs | de faim. | [mœR]
Tu | meurs | de curiosité. | [mœR]
Il | meurt | de °chagrin. | [mœR]
Nous | mourons | de soif. | [muRɔ̃]
Vous | mourez | de fatigue. | [muRe]
Ils | meurent. | | [mœR]

Il va | mourir | de faim. | [muRiR]
Il est | mort | hier. | [mɔR]
Il | mourra | de faim. | [muRRa]²

Note that mourir *(to die)* is conjugated with être. The future has two *r*'s in the stem.

² Note that the consonant [R] is pronounced twice as long in the future tense as in the present and other tenses.

205. EXERCICES

(a) *Mettez le sujet de chaque phrase au singulier ou au pluriel, selon le cas:*

    Je suis né à Chicago.   Vous êtes né à Miami.
    Elle est née à Paris.   Ils sont nés en Europe.
    Tu es né à New York.   Nous sommes nés à Saint-Louis.
    Elles sont nées à Londres.   Il est né il y a deux ans.

(b) *Exercice écrit (p. 440).*

206. EXERCICES

(a) *Répondez aux questions suivantes d'après le modèle ci-dessous:*

Est-ce que tous les étudiants parlent français?   **Oui, chaque étudiant parle français.**

    Est-ce que tous les professeurs sont ici?
    Est-ce que tous les étudiants savent la réponse?
    Est-ce que tous ces bâtiments sont neufs?
    Est-ce que toutes ces idées sont bonnes?
    Est-ce que toutes les suggestions sont acceptées?
    Est-ce que tous les élèves réussissent à l'examen?
    Est-ce que tous ces voyageurs partent ce soir?
    Est-ce que tous ces poèmes sont beaux?

(b) *Répétez l'exercice précédent d'après le modèle ci-dessous:*

Est-ce que tous les étudiants parlent français?   **Oui, chacun des étudiants parle français.**

(c) *Exercice écrit (p. 440).*

207. EXERCICES

(a) *Répondez aux questions suivantes d'après le modèle ci-dessous:*

Avez-vous compris les règles?   **Non, je n'ai compris aucune règle.**

    Avez-vous trouvé des réponses?   Avez-vous vu ces films?
    Avez-vous écrit des lettres?   Avez-vous posé des questions?
    Avez-vous choisi des candidats?   Avez-vous acheté une robe?
    Avez-vous senti une douleur?   Avez-vous lu ces articles?
    Avez-vous fait des erreurs?   Avez-vous copié les réponses?

(b) *Répondez aux questions suivantes d'après le modèle ci-dessous:*

Est-ce que tous les étudiants sont venus?   **Non, aucun des étudiants n'est venu.**

205 The Verb *naître*

Je	nais.	[nɛ]
Tu	nais.	[nɛ]
Il	naît.	[nɛ]
Nous	naissons.	[nɛsɔ̃]
Vous	naissez.	[nɛse]
Ils	naissent.	[nɛs]

Il va	naître.	[nɛtR]
Il est	né.	[ne]
Il	naîtra.	[nɛtRa]

Naître *(to be born)* is conjugated with **être**. It is rarely used in the present, except in the third person.

206 The Use of *chaque* and *chacun(e)*

Chaque	professeur	donne	des cours.
Chaque	étudiant	suit	des cours.
Chaque	auto	est	noire.
Chaque	femme	veut	être belle.

Chacun	de mes amis	comprend la leçon.
Chacun	des élèves	sait la réponse.
Chacune	des femmes	parle français.
Chacune	des autos	est en panne.

Distinguish the adjective **chaque** from the pronoun **chacun** or **chacune** (see Step 200, page 301).

207 The Use of *aucun(e)*

| Je n'ai | pas | de livre(s). | Elle ne regarde | pas | de tableau(x). |
| Je n'ai | aucun | livre. | Elle ne regarde | aucun | tableau. |

Est-ce que tous les professeurs sont arrivés?
Est-ce que tous les étudiants parlent chinois?
Est-ce que toutes les réponses sont bonnes?
Est-ce que tous les tableaux sont beaux?
Est-ce que toutes les tables sont réservées?
Est-ce que toutes les femmes sont belles?
Est-ce que tous les enfants partent à midi?

(c) *Exercice écrit (p. 440).*

| **Pas une** | de mes amies n'a su cette réponse. |
| **Aucune** | de mes amies n'a su cette réponse. |

| **Personne** | n'est venu vous voir. |
| **Aucun** | n'est venu vous voir. |

Aucun(e) may be used as an adjective or as a pronoun. It corresponds to **pas un(e)**, meaning *not one, not a single one*.

REVIEW LESSON XVII

Du haut de la Tour Eiffel

Bill a quitté New York trois jours après le départ de Jean-Pierre. Dès son arrivée[1] à Paris, il s'est installé chez les Bressac. Deux jours après, Jean-Pierre a voulu l'emmener au dernier étage de la Tour Eiffel pour marquer le début de son séjour à Paris.

JEAN-PIERRE	Alors?[2]	5
BILL	C'est beau.	
JEAN-PIERRE	C'est beau ... c'est tout ce que tu trouves à dire?	
BILL	C'est très beau.	
JEAN-PIERRE	Cette beauté ne t'inspire pas? Tu n'es pas très bavard.	
BILL	Pourquoi parler? Je suis heureux de regarder et je ne sais pas quoi dire. Tu sais que je suis toujours lent à formuler mes impressions.	10
JEAN-PIERRE	Dis-moi ce que tu reconnais dans ce panorama.	
BILL	Le Palais de Chaillot juste en face, que nous venons de visiter ... la Seine ... tiens, j'aperçois[3] Notre-Dame là-bas, à ma droite ... et quel est ce grand dôme tout vert à l'est de l'Arc de Triomphe? On dirait une gare.[4]	15
JEAN-PIERRE	C'est l'Opéra.	
BILL	Oh ... pardon.	
JEAN-PIERRE	Ne t'excuse pas. Vu de haut,[5] il n'est pas très reconnaissable. D'ailleurs, tu as raison pour la gare. C'est Debussy qui disait déjà que de l'extérieur, l'Opéra ressemblait à une gare et de l'intérieur, à une salle de bains turcs.[6]	20
BILL	Il a dit ça, vraiment? Tiens, je reconnais le Sacré-Cœur. Quel beau monument!	

NOTES

[1] *Dès qu'il est arrivé.* [2] *Eh bien?* [3] *Du verbe* apercevoir, *qui se conjugue comme le verbe* recevoir.
[4] *Il ressemble à une gare.* [5] *Quand on le voit de haut.* [6] *Turkish bath house.*

309

Le Sacré-Cœur
(French Government Tourist Office, New York)

La Tour Eiffel
(French Embassy Press and Information Division)

25	JEAN-PIERRE	Quel beau monument ... duquel parles-tu?
	BILL	Du Sacré-Cœur.
	JEAN-PIERRE	Il est impressionnant, mais il est très laid. Il y a même des Parisiens qui ne l'aiment pas du tout.
	BILL	Pourquoi?
30	JEAN-PIERRE	A cause de[7] son style oriental et sa blancheur impeccable. Il semble dominer tout Paris.
	BILL	Je ne crois pas que la fin du dix-neuvième siècle ait brillé par son architecture.
35	JEAN-PIERRE	Moi non plus.[8] Hélas, on n'a presque rien construit à Paris depuis la Tour Eiffel.
	BILL	J'ai entendu dire qu'un grand nombre de Parisiens s'opposaient à la construction de la Tour Eiffel.
	JEAN-PIERRE	C'est vrai. Mais ils avaient tort, puisque d'ici on a une si belle vue de Paris. Regarde ces quelques bâtiments modernes.
40	BILL	Lesquels?
	JEAN-PIERRE	Le Palais de Chaillot et surtout le CNIT[9] où ont lieu les expositions. Tu le vois là-bas, très loin, au-delà de[10] l'Arc de Triomphe. Il y a aussi le Palais de l'UNESCO, qui est derrière nous. C'est un bâtiment moderne mais qui s'intègre bien à l'ensemble du paysage.
45		
	BILL	Tu as bien fait de m'amener ici. Il me semble que je suis maintenant prêt à connaître Paris.

NOTES

[7] *Because of.* [8] *Neither do I (le contraire de moi aussi).* [9] **Centre National des Industries et Techniques.** *C'est un immense hall d'exposition, très audacieux dans sa conception architecturale.* [10] *beyond.*

Questions

1. *Répondez aux questions suivantes d'après le texte (lignes 1–11):*

    (a) Quand est-ce que Bill a quitté New York?
    (b) Chez qui habite-t-il maintenant?
    (c) Pourquoi son ami l'emmène-t-il à la Tour Eiffel?
    (d) Qu'est-ce que Bill pense de ce panorama de Paris?
    (e) De quoi est-il heureux?
    (f) Qu'est-ce qu'il est lent à faire?

2. *Faites de même (lignes 12–22):*

    (a) Qu'est-ce qu'ils viennent de visiter?
    (b) Qu'est-ce que c'est que Notre-Dame?
    (c) Qu'est-ce qui n'est pas reconnaissable?
    (d) D'après Debussy, à quoi ressemble l'intérieur de l'Opéra?
    (e) Qu'est-ce qu'il disait de l'extérieur de ce bâtiment?

3. *Faites de même (lignes 23–35):*

    (a) Qu'est-ce que Bill pense du Sacré-Cœur?
    (b) Qu'est-ce que Jean-Pierre en pense?
    (c) Pourquoi n'aime-t-on pas le Sacré-Cœur?
    (d) Qu'est-ce que Bill dit de la fin du XIXe siècle?

4. *Faites de même (lignes 36–47):*

    (a) Qui s'opposait à la construction de la Tour Eiffel?
    (b) Pourquoi ces gens avaient-ils tort?
    (c) Qu'est-ce que c'est que le CNIT?
    (d) Quelle sorte de bâtiment est le Palais de l'UNESCO?
    (e) Qu'est-ce que Bill pense de sa visite à la Tour Eiffel?
    (f) Qu'est-ce qu'il est prêt à faire?

Exercices de revision

1. *Conjuguez oralement les phrases suivantes:*

    (a) Je me suis installé à Paris.
    (b) Je suis lent à formuler mes impressions.
    (c) Je reconnais mes amis.
    (d) J'aperçois un dôme tout vert.
    (e) Je m'oppose à ce plan.
    (f) J'ai bien fait de parler au professeur.
    (g) Je ne rirai plus.
    (h) Je meurs de curiosité.
    (i) Ce n'est pas moi qui tiens la clef.

2. *Posez des questions sur les mots imprimés en caractères gras:*

    (a) Je vous verrai **dès mon arrivée**.
    (b) **Ce grand panorama** m'inspire.
    (c) Je reconnais **votre maison**.
    (d) Ce grand bâtiment est **l'Opéra**.
    (e) Je pense **qu'il est beau**.
    (f) Il ressemble à **une gare**.
    (g) Je parle **du Sacré-Cœur**.

3. *Ecrivez des phrases en employant les mots et les expressions suivants:*

    (a) **toutes**   (f) **à l'ouest du**
    (b) **tiendront**   (g) **feriez bien de**
    (c) **riez**   (h) **la plupart**
    (d) **juste en face**   (i) **rien de**
    (e) **à l'est de**   (j) **meurs**

4. *Répondez aux questions suivantes d'après votre propre expérience:*
   - (a) Où voulez-vous emmener votre ami(e) ce soir?
   - (b) De quoi êtes-vous heureux(se)?
   - (c) Qu'est-ce que vous êtes lent(e) à faire?
   - (d) Qu'est-ce qui vous impressionne le plus?
   - (e) Qu'est-ce que vous avez entendu dire hier soir?
   - (f) Connaissez-vous quelqu'un qui sache parler italien?
   - (g) Est-ce que vous ne riez jamais?
   - (h) En quelle année êtes-vous né(e)?
   - (i) Y a-t-il des bâtiments modernes dans votre ville?
   - (j) Qui était Eiffel?
   - (k) Quand a-t-on construit la Tour Eiffel?
   - (l) Que pensez-vous de la Tour Eiffel?
   - (m) Où se trouve-t-elle?
   - (n) Quels autres monuments fameux y a-t-il à Paris?
   - (o) Est-ce que vous mourez toujours de faim?
   - (p) Que font la plupart des étudiants?
   - (q) Avez-vous vu quelque chose d'intéressant hier soir?
   - (r) N'avez-vous aucun ami?
   - (s) Tenez-vous toujours vos promesses?
   - (t) Ne connaissez-vous personne d'intelligent?

208. EXERCICES

(a) *Répondez aux questions suivantes d'après le modèle ci-dessous:*

    Visitez-vous des musées?   **Oui, je visite bien des musées.**

Visitez-vous des monuments?   Avez-vous essayé des robes?
Avez-vous eu de la chance?   Discuterez-vous des problèmes?
Apporterez-vous des disques?   Répondez-vous à des questions?
Ecoutez-vous des discours?   Mentionnez-vous des noms?
Lisez-vous des journaux?   Avez-vous visité des châteaux?

(b) *Répétez l'exercice précédent d'après le modèle ci-dessous:*

    Visitez-vous des musées?   **Ah oui, je visite encore des musées.**

(c) *Exercice écrit (p. 440).*

209. EXERCICES

(a) *Répondez aux questions suivantes d'après le modèle ci-dessous:*

Avez-vous envoyé des cartes ou des lettres?   **Je n'ai envoyé ni cartes ni lettres.**

    Avez-vous acheté du lait ou du jus d'orange?
    Avez-vous bu du vin et de la bière?
    Avez-vous cherché des professeurs ou des étudiants?
    Avez-vous pris du café ou du thé?
    Avez-vous lu des poèmes et des romans?
    Avez-vous reçu de l'argent ou des promesses?
    Avez-vous apporté des disques ou des °diapositives?

(b) *Répétez l'exercice précédent d'après le modèle ci-dessous:*

    Avez-vous envoyé des cartes ou des lettres?   **Je n'ai pas envoyé de cartes ni de lettres.**

(c) *Exercice écrit (p. 441).*
(d) *Exercice écrit (p. 441).*

208 The Partitive Construction with *bien* and *encore*

J'ai visité **bien des** **musées** ces jours-ci.
J'ai acheté **bien des** **livres** ce matin.

Nous avons **bien de la** **peine** à trouver Paul.
Nous avons **bien de la** **chance.**

Avez-vous acheté **encore des** **cahiers?**
Avez-vous amené **encore des** **amis?**

Prenez **encore du** **lait.**
Prenez **encore de la** **bière.**

Bien followed by **de** + DEFINITE ARTICLE means *many* or *much*, and is an equivalent of **beaucoup de**. **Encore** followed by **de** + DEFINITE ARTICLE means *still more, some more*.

209 The Construction *ni . . . ni (pas de . . . ni de)*

Je ne bois **ni** café **ni** thé.
Je ne vends **ni** journaux **ni** papier.
Je ne cherche **ni** livres **ni** cahiers.
Je n' ai pris **ni** lait **ni** sucre.

Je ne bois **pas de** café **ni de** thé.
Je ne vends **pas de** journaux **ni de** papier.
Je ne cherche **pas de** livres **ni de** cahiers.
Je n' ai **pas pris de** lait **ni de** sucre.

Ni . . . ni (*neither . . . nor*), when used with a compound tense, is placed AFTER the past participle. Note that no partitive article is used after **ni . . . ni**. When the negative is expressed by **ne . . . pas**, then the negative partitive article **de** is used.

210. EXERCICES

(a) *Répondez affirmativement d'après le modèle ci-dessous:*

Connaissez-vous Robert et Charles?   **Je connais l'un et l'autre.**

Connaissez-vous Jacques et son frère?
Connaissez-vous Marie et Pauline?
Cherchez-vous ma voiture ou ma bicyclette?
Mentionnez-vous mes idées ou celles de Charles?
Avez-vous reçu mes lettres ou mes cartes?
Avez-vous obéi à mes parents ou à ceux de Marie?
Avez-vous répondu à ma lettre et à celle de Jean?

(b) *Répétez l'exercice précédent en répondant négativement à chaque question, d'après le modèle ci-dessous:*

Connaissez-vous Robert et Charles?   **Je ne connais ni l'un ni l'autre.**

(c) *Exercice écrit (p. 441).*

211. EXERCICES

(a) *Répétez la phrase ci-dessous et puis remplacez* **s'aiment** *par les verbes suivants, en faisant chaque fois le changement nécessaire:*

Paul et Marie **s'aiment** l'un l'autre.

| se comprennent | s'écrivent | ont peur | se plaisent |
| se parlent | se détestent | ont besoin | se regardent |

(b) *Répétez la phrase ci-dessous et puis remplacez* **nous nous aimons** *par les verbes suivants, en faisant chaque fois le changement nécessaire:*

Nous nous aimons les uns les autres.

nous nous comprenons	nous nous plaisons	nous avons peur
nous nous écrivons	nous nous répondons	nous vivons en paix
nous nous détestons	nous avons besoin	

(c) *Répétez la phrase ci-dessous et puis remplacez* **se sont aimées** *par les verbes suivants, en faisant chaque fois le changement nécessaire:*

Ces étudiantes **se sont aimées** les unes les autres.

| se sont vues | se sont détestées | se sont admirées | se sont plu |
| se sont écrit | se sont répondu | ont eu besoin | ont eu peur |

(d) *Exercice écrit (p. 441).*

210 The Construction *l'un et l'autre (les uns et les autres)*

Est-ce que vous connaissez Charles ou Robert?
　　Je connais **l'un et l'autre**.
　　Je ne connais **ni l'un ni l'autre**.

Est-ce que vous avez cherché Marie et Jeanne?
　　J'ai cherché **l'une et l'autre**.
　　Je n'ai cherché **ni l'une ni l'autre**.

Connaissez-vous mes parents et mes cousins?
　　Je connais **les uns et les autres**.
　　Je ne connais **ni les uns ni les autres**.

Avez-vous parlé à mes tantes ou à mes cousines?
　　J'ai parlé **aux unes et aux autres**.
　　Je n'ai parlé **ni aux unes ni aux autres**.

Study the use of ⟨l'un et l'autre⟩ (*both*) and ⟨ni l'un ni l'autre⟩ (*neither*). ⟨Les uns et les autres⟩ and its negative counterpart are used when the nouns replaced by them are in the PLURAL. ⟨L'une et l'autre⟩ and its plural as well as negative counterparts are used when the two nouns previously mentioned are BOTH feminine.

211 The Construction *l'un l'autre (les uns les autres)*

Marie et Paul	s'	aiment	l'un l'autre.
Mes amis et ceux de Jean	se	comprennent	les uns les autres.
Vos amis et mes frères	se	détestent	les uns les autres.

⟨L'un l'autre⟩ (⟨les uns les autres⟩) expresses the idea of reciprocity (*each other*). It is used IN ADDITION TO the reflexive pronoun, which is indispensable.

Ils	se	parlent	les uns aux autres.
Ils	s'	écrivent	les uns aux autres.
Ils	se	répondent	les uns aux autres.

Note in the foregoing examples that if the reflexive pronoun is an INDIRECT OBJECT, ⟨les uns aux autres⟩ (or ⟨l'un à l'autre⟩) must be used.

Elles	ont besoin	l'une	de	l'autre.
Ils	vivent en paix	les uns	avec	les autres.
Ils	dansent	les uns	avec	les autres.
Ils	se °vantent	l'un	à	l'autre.

212. EXERCICES

(a) *Mettez le sujet de chaque phrase au singulier ou au pluriel, selon le cas:*

Je crains cet examen.
Il peint des tableaux.
Ne crains-tu rien?
Vous peignez des portraits.

Nous éteignons la lumière.
Nous ne craignons personne.
Il craint ce chien.
Tu ne crains pas la mort.

(b) *Répétez l'exercice précédent en mettant chaque phrase au passé composé et puis au futur.*

(c) *Exercice écrit (p. 441).*

213. EXERCICES

(a) *Mettez le sujet de chaque phrase au singulier ou au pluriel, selon le cas:*

Je ne plains personne.
Il ne se plaint de rien.
Ne te plains-tu pas de cette punition?
Je me plains de vous.

Nous nous plaignons de lui.
Vous la plaignez.
Ils plaignent la victime.
Tu ne t'en plains plus.

(b) *Répétez l'exercice précédent en mettant chaque phrase au passé composé et puis au futur.*

(c) *Exercice écrit (p. 441).*

Sometimes the reflexive pronoun cannot be used in order to express a reciprocal action. In the foregoing examples, note the prepositions used between ⟦les uns⟧ and ⟦les autres⟧ (or ⟦l'un⟧ and ⟦l'autre⟧).

212 The Verb *craindre* (*éteindre, peindre*)

Je	crains	cet homme.	[kRɛ̃]
Tu	crains	ce chien.	[kRɛ̃]
Il	craint	l'opération.	[kRɛ̃]
Nous	craignons	la °punition.	[kRɛɲɔ̃]
Vous	craignez	ce professeur.	[kRɛɲe]
Ils	craignent	le feu.	[kRɛɲ]

Il va	craindre	cet homme.	[kRɛ̃dR]
Il a	craint	cet examen.	[kRɛ̃]
Il	craindra	l'°incendie.	[kRɛ̃dRa]

Note in the verb ⟦craindre⟧ (*to fear*) the appearance of the sound [ɲ] throughout the plural forms of the present indicative. This means that the sound occurs in ALL forms of the IMPERFECT and the PRESENT SUBJUNCTIVE. ⟦Eteindre⟧ (*to extinguish*) and ⟦peindre⟧ (*to paint*) are conjugated like ⟦craindre⟧.

213 The Verb *plaindre*

Je me	plains	de cet homme.	[plɛ̃]
Tu te	plains	de mon ami.	[plɛ̃]
Il se	plaint	de l'étudiant.	[plɛ̃]
Nous	plaignons	cette femme.	[plɛɲɔ̃]
Vous	plaignez	cet ouvrier.	[plɛɲe]
Ils	plaignent	le °mendiant.	[plɛɲ]

Il va	plaindre	notre ami.	[plɛ̃dR]
Il a	plaint	la °victime.	[plɛ̃]
Il	plaindra	ce malade.	[plɛ̃dRa]

⟦Plaindre⟧ (*to feel sorry for*) is conjugated like ⟦craindre⟧. ⟦Se plaindre de⟧ means *to complain (about someone, something)*.

214. EXERCICES

(a) *Mettez le sujet de chaque phrase au singulier ou au pluriel, selon le cas, en faisant chaque fois le changement nécessaire:*

Nous étudierons après nous être amusés.
Nous nous amuserons avant d'étudier.
Tu viendras me voir avant de te promener.
Tu te promèneras après être venu me voir.
Cet enfant se couchera après avoir joué.
Cet enfant jouera avant de se coucher.
Je me rase après m'être levé.
Je me lève avant de me raser.

(b) *Exercice écrit (p. 442).*

215. EXERCICES

(a) *Mettez le sujet de chaque phrase au singulier ou au pluriel, selon le cas:*

Je suis trop fatigué pour travailler.
Nous ne sommes pas assez °bêtes pour dire cela.
Il est trop opiniâtre pour reconnaître cette erreur.
Tu n'as pas assez d'argent pour aller en Europe.
Nous avons trop étudié pour ne pas réussir à cet examen.
Tu n'es pas trop fatiguée pour sortir ce soir.
Il n'a pas assez d'argent pour se marier.
Nous ne sommes pas assez âgés pour y aller.

(b) *Exercice écrit (p. 442).*

216. EXERCICES

(a) *Changez les phrases suivantes d'après le modèle ci-dessous:*

Il lit le journal et fume sa cigarette.　　**Il lit le journal en fumant sa cigarette.**

Il me regarde et fume sa cigarette.
Je vous parle et montre le tableau.
Il me regarde et remplit mon verre.
Vous me parlez et cherchez le stylo.

Je travaille et chante gaiement.
Il lit le livre et attend le train.
Vous chantez et faites vos devoirs.
Elle rentre et pleure.

(b) *Changez les phrases suivantes d'après le modèle ci-dessous:*

Il sait la vérité et veut vous voir.　　**Sachant la vérité, il veut vous voir.**

Il a trop faim et veut partir.
Tu es trop peureux et veux rester.
Elle a vu le film et elle est partie.
Il comprend cela et veut m'en parler.

Je suis très fatigué et je me couche.
Il a vu son père et il s'est caché.
Tu sais la vérité et veux revenir.
Il a fini sa leçon et il est sorti.

214 The Use of the Infinitive after *avant* and *après*

Je vous verrai	avant de	partir pour Chicago.
Je vous parlerai	avant de	voir mes parents.
Je vous ai vu	avant d'	arriver à l'école.

Je vous verrai	après	avoir fini	mes devoirs.
Je vous parlerai	après	m'être promené	dans le parc.
Je vous ai vu	après	être monté	dans le train.

Avant is followed by **de** before an infinitive. The past (compound) infinitive is used after **après**. A past infinitive consists of **avoir** (**être**) + PAST PARTICIPLE.

215 The Use of the Infinitive after *assez* and *trop*

Nous sommes	assez	courageux	pour	faire ce travail.
Nous sommes	assez	studieux	pour	comprendre cette leçon.
Nous avons	assez	dormi	pour	commencer la journée.

Nous sommes	trop	fatigués	pour	sortir ce soir.
Nous sommes	trop	°peureux	pour	rester seuls.
Nous avons	trop	étudié	pour	ne pas réussir à cet examen.

Both **assez** and **trop** are followed by **pour** + INFINITIVE.

216 The Use of the Present Participle

Charlotte lit le journal	en chantant.	
Charlotte chante gaiement	en faisant	la °vaisselle.
Charlotte court à sa mère	en pleurant.	
Charlotte me regarde	en souriant.	
Charlotte fait ses devoirs	en fumant.	

The present participle has the ending **-ant**. It is derived from the first person plural of the present indicative by dropping **-ons** and adding **-ant**. Exceptions are given in the following examples.

être	**Etant**	trop jeune, il ne pouvait pas sortir.
avoir	**Ayant**	trop peur, il n'a pas osé parler.
savoir	**Sachant**	la vérité, il n'a pas voulu se taire.

(c) *Exercice écrit (p. 442).*
(d) *Exercice écrit (p. 442).*

217. EXERCICES

(a) *Répétez les phrases suivantes et puis ajoutez des questions, d'après le modèle ci-dessous:*

        Voilà mon cahier.   **Voilà mon cahier; où est le tien?**

Voilà ma voiture.	Voilà mon stylo.	Voilà mes crayons.
Voilà mes livres.	Voilà ma lettre.	Voilà ma bicyclette.
Voilà mes parents.	Voilà ma montre.	Voilà mes réponses.

(b) *Remplacez chaque substantif précédé d'un adjectif possessif par le pronom possessif approprié:*

Voilà tes cahiers.
Mes cousins sont jeunes.
Je connais ton attitude.
J'ai oublié mon dictionnaire.
Où sont tes gants?

Ton auto est belle.
Mes amis ne sont pas ici.
Son auto est toute neuve.
Sa soeur est intelligente.
Je regarde ta maison.

(c) *Exercice écrit (p. 442).*

218. EXERCICES

(a) *Répétez les phrases suivantes et puis ajoutez des phrases d'après le modèle ci-dessous:*

        C'est mon cahier.   **C'est mon cahier; le vôtre est là.**

C'est ma voiture.	Ce sont mes chapeaux.	Ce sont mes lettres.
C'est mon stylo.	C'est ma table.	C'est ma bicyclette.
Ce sont mes crayons.	C'est mon dictionnaire.	Ce sont mes livres.

(b) *Remplacez chaque substantif précédé d'un adjectif possessif par le pronom possessif approprié:*

Elle connaît nos cousines.
J'ai trouvé votre montre.
Ce n'est pas notre faute.
J'ai perdu vos gants.
Notre avion part à midi et demi.

Voici leurs enfants.
Voilà leur auto.
J'ai regardé votre maison.
Notre voiture est belle.
Connaissez-vous nos parents?

(c) *Exercice écrit (p. 443).*

The present participle is used most frequently after en (sometimes tout en for emphasis), in order to indicate a SIMULTANEOUS ACTION performed by the subject of the sentence. Without en, it often implies a CAUSE for an action.

217 The Possessive Pronouns: Singular

Voici	mon livre.	C'est	le mien.	
Voici	ton livre.	C'est	le tien.	
Voici	son livre.	C'est	le sien.	
Voilà	ma maison.	C'est	la mienne.	
Voilà	ta maison.	C'est	la tienne.	
Voilà	sa maison.	C'est	la sienne.	
J'ai apporté	mes cahiers.	Voici	les miens.	
Tu as apporté	tes cahiers.	Voici	les tiens.	
Il a apporté	ses cahiers.	Voici	les siens.	
J'ai °emporté	mes fleurs.	Voilà	les miennes.	
Tu as emporté	tes fleurs.	Voilà	les tiennes.	
Il a emporté	ses fleurs.	Voilà	les siennes.	

The possessive pronoun agrees in gender and number with the noun that it has replaced. Note that it is preceded by the DEFINITE ARTICLE.

218 The Possessive Pronouns: Plural

Voici	notre journal.	[nɔtR]	Voici	le nôtre.	[notR]
Voici	votre journal.	[vɔtR]	Voici	le vôtre.	[votR]
Voici	leur journal.	[lœR]	Voici	le leur.	[lœR]
Voilà	notre maison.	[nɔtR]	Voilà	la nôtre.	[notR]
Voilà	votre maison.	[vɔtR]	Voilà	la vôtre.	[votR]
Voilà	leur maison.	[lœR]	Voilà	la leur.	[lœR]
Voici	nos stylos.	[no]	Voici	les nôtres.	[notR]
Voici	vos stylos.	[vo]	Voici	les vôtres.	[votR]
Voici	leurs stylos.	[lœR]	Voici	les leurs.	[lœR]
Voilà	nos voitures.	[no]	Voilà	les nôtres.	[notR]
Voilà	vos voitures.	[vo]	Voilà	les vôtres.	[votR]
Voilà	leurs voitures.	[lœR]	Voilà	les leurs.	[lœR]

Note the difference in pronunciation between notre, votre and nôtre, vôtre.

REVIEW LESSON XVIII

À la terrasse d'un café

Bill et Françoise — une amie de Jean-Pierre — se trouvent à la terrasse d'un café. Ils attendent tous deux l'arrivée de Jean-Pierre.

BILL	Je suis à Saint-Germain-des-Prés, à la terrasse des Deux Magots. C'est extraordinaire; je dois rêver.
FRANÇOISE	Mais pas du tout. Regardez autour de vous, il y a beaucoup de monde et sûrement plus d'étrangers, touristes et étudiants que de Français.
BILL	Oui, mais sachez que depuis que j'ai commencé à apprendre le français, je rêve de m'asseoir à cette terrasse.
FRANÇOISE	Pourquoi celle-ci?
BILL	Parce que j'ai entendu dire que c'était le centre de la vie intellectuelle et que mon professeur de français m'a donné une grande photo des Deux Magots. Je la regardais des heures entières[1]; j'étais fasciné.
FRANÇOISE	Mon pauvre Bill, comme vous serez déçu[2]! Saint-Germain-des-Prés n'est plus qu'un carrefour très ordinaire; la grande époque des caves existentialistes est passée.
BILL	Peut-être. Mais ce quartier doit bien avoir quelque chose de fascinant, une atmosphère très différente, puisqu'il attire toujours tant de monde.

Arrive Jean-Pierre.

JEAN-PIERRE	Bonjour. Je m'excuse d'être en retard. Depuis combien de temps êtes-vous ici?

NOTES

[1] **Pendant** is usually omitted when the time element follows the verb directly. [2] *Du verbe* **decevoir** (*to disappoint*), *conjugué comme le verbe* **recevoir**.

Aux Deux Magots
(Trans World Airlines)

Saint-Germain-des-Prés
(French Government Tourist Office, New York)

330 L'ÉCHELLE

	FRANÇOISE	Depuis un quart d'heure.
25	JEAN-PIERRE	Qu'avez-vous fait ce matin?
	BILL	Nous nous sommes promenés.
	FRANÇOISE	Pour que Bill ne croie pas que Paris n'est qu'une antique et vénérable cité historique, je l'ai emmené faire un tour au supermarché de la Belle Jardinière.
30	JEAN-PIERRE	Quelle drôle d'idée[3]! Pourquoi pas au Drugstore des Champs-Elysées!
	BILL	Mais non, je ne regrette pas du tout que Françoise m'y ait emmené. On ne connaît bien une ville que si on a visité ses magasins et observé les gens qui font leurs courses.
35	JEAN-PIERRE	Et qu'as-tu donc appris?
	BILL	Que la plupart des Parisiens ne sont pas encore habitués à ce genre de supermarché. Ils se promenaient tous avec des chariots vides et n'avaient pas l'air d'acheter, mais plutôt de s'amuser.
	FRANÇOISE	C'est vrai. Ce magasin est tout récent.
40	BILL	Ensuite nous sommes venus à pied,[4] jusqu'ici. Et pendant que nous nous promenions, que faisais-tu?
	JEAN-PIERRE	Je suis allé à la Sorbonne pour voir quand commenceront les cours ...
45	FRANÇOISE	Tais toi; ne parlons pas de travail! Nous sommes encore en vacances.
	BILL	Tu sais, Jean-Pierre ...
	JEAN-PIERRE	Non ...
	BILL	Je suis bien content que nous soyons tous les trois ici. Je ne regrette qu'une chose.
50	JEAN-PIERRE	Quoi?
	BILL	Que Barbara ne soit pas là.
	FRANÇOISE	Mon cher Bill, (*riant*) vous manquez vraiment de galanterie.

NOTES

[3] *What a funny idea!* [4] *on foot.*

Questions

1. *Répondez aux questions suivantes d'après le texte (lignes 1–10):*

    (a) Qui est-ce que Bill et Françoise attendent?
    (b) Où sont-ils?
    (c) Qu'est-ce que Bill trouve difficile de croire?
    (d) Quelle sorte de gens voient-ils autour d'eux?
    (e) De quoi Bill rêve-t-il depuis longtemps?

2. *Faites de même (lignes 11–20):*

    (a) Qu'est-ce qu'il a entendu dire?
    (b) Qu'est-ce que son professeur de français lui a donné?

(c) Qu'est-ce qu'il regardait des heures entières?
(d) Qu'est-ce qui est déjà passé?
(e) Qui est-ce que ce lieu attire toujours?
(f) Pourquoi est-ce que Saint-Germain-des-Prés attire toujours beaucoup de monde?

3. *Faites de même (lignes 21–31):*

   (a) Qui arrive en retard?
   (b) Depuis combien de temps l'attendent-ils?
   (c) Qu'est-ce qu'ils ont fait ce matin?
   (d) Où Françoise a-t-elle emmené Bill?

4. *Faites de même (lignes 32–41):*

   (a) Qu'est-ce que Bill ne regrette pas?
   (b) D'après lui, quelle est la meilleure façon de connaître une ville?
   (c) Qu'est-ce qu'on avait l'air de faire dans le supermarché, d'après Bill?
   (d) Quand est-ce qu'on a construit ce magasin?
   (e) Comment Françoise et Bill sont-ils venus à Saint-Germain-des-Prés?

5. *Faites de même (lignes 42–52):*

   (a) Où est-ce que Jean-Pierre est allé ce matin?
   (b) De quoi Françoise ne veut-elle pas parler?
   (c) De quoi Bill est-il content?
   (d) Qu'est-ce qu'il regrette?
   (e) Qui manque à Bill?

Exercices de revision

1. *Conjuguez oralement les phrases suivantes:*

   (a) J'en suis très déçu.
   (b) Je m'excuse d'être en retard.
   (c) Je suis venu à pied.
   (d) Je ne me plains de personne.
   (e) Je ne crains rien du tout.
   (f) Je me tairai.
   (g) J'éteins la lumière.

2. *Posez des questions sur les mots imprimés en caractères gras:*

   (a) **Saint-Germain-des-Prés** attire toujours des touristes.
   (b) Nous sommes venus **à pied**.
   (c) Vous manquez **de galanterie**.
   (d) Je regrette **que Barbara ne soit pas là**.
   (e) Mon professeur m'a donné **une photo de Paris**.
   (f) J'ai entendu dire **que c'était le centre de la vie intellectuelle**.
   (g) **La grande époque des caves existentialistes** est déjà passée.

(h) **Depuis que j'ai commencé à apprendre le français,** je rêve de m'asseoir à cette terrasse.

3. *Ecrivez des phrases en employant les mots et les expressions suivantes:*

    (a) **depuis que**   (e) **avait l'air**   (i) **après m'être**
    (b) **attireront**   (f) **aucune**   (j) **l'un avec l'autre**
    (c) **pour que**   (g) **encore du**   (k) **les vôtres**
    (d) **emmenée**   (h) **avant de**   (l) **mien**

4. *Répondez aux questions suivantes d'après votre propre expérience:*

    (a) De quoi avez-vous été déçu(e)?
    (b) Quand allez-vous au supermarché?
    (c) Quand faites-vous des courses?
    (d) Qu'est-ce qui vous tient °éveillé(e) la nuit?
    (e) De qui ne vous riez-vous jamais?
    (f) Qu'est-ce que vous craignez?
    (g) Qu'est-ce que vous tenez à faire le dimanche?
    (h) Où vous promenez-vous d'habitude?
    (i) Où se trouve le centre intellectuel de votre ville?
    (j) Que pensez-vous du quartier de la ville où vous habitez?
    (k) N'avez-vous aucune envie de sortir ce soir?
    (l) Que faites-vous avant de vous coucher?
    (m) Que faites-vous après vous être levé(e)?
    (n) De qui vous plaignez-vous toujours?
    (o) Qui plaignez-vous?
    (p) Est-ce que vous ne craignez absolument rien?
    (q) Etes-vous trop fatigué(e) pour faire vos devoirs?
    (r) Avez-vous bien dormi hier soir?
    (s) Comprenez-vous le russe ou le chinois?
    (t) Comment célébrez-vous votre anniversaire?

219. EXERCICES

(a) *Mettez les phrases suivantes à la forme passive d'après le modèle ci-dessous:*

Le garçon voit la jeune fille.   **La jeune fille est vue par le garçon.**

Les ouvriers démolissent la maison.   Les soldats détruisent le pont.
La voiture écrase le chien.   Le chat tue les °rats.
Nous discutons ce problème.   Le maître punit cet élève.
Les médecins examinent le cas.   Les délégués considèrent le problème.

(b) *Répétez l'exercice précédent en mettant chaque phrase au passé composé en même temps.*

(c) *Mettez les phrases suivantes à la forme passive d'après le modèle ci-dessous:*

Jacques déteste cette femme.   **Cette femme est détestée de Jacques.**

Jean aime cette jeune fille.   Les soldats haïssent le général.
Cet étudiant accompagne cette étudiante.   Ce petit chien suit l'enfant.
Les élèves admirent le maître.   Les femmes comprennent cet homme.
La mère accompagne cet enfant.   Tout le monde aime Marianne.

(d) *Répétez l'exercice précédent en mettant chaque phrase à l'imparfait en même temps.*

(e) *Exercice écrit (p. 443).*

220. EXERCICES

(a) *Changez les phrases suivantes d'après le modèle ci-dessous:*

On ne fait pas cela.   **Cela ne se fait pas.**

On ne dit pas cela.   On n'emploie plus ce mot.
On °accumule les problèmes.   On épuise les provisions.
On n'applique pas cette règle.   On ne pose pas cette question.
On répète les mêmes expressions.   On perd cette habitude.

(b) *Changez les phrases suivantes d'après le modèle ci-dessous:*

Ce problème s'explique facilement.   **On explique facilement ce problème.**

Les problèmes s'accumulent.   La question se pose de nouveau.
Ce mot ne s'emploie plus.   Cela ne se fait plus.
La porte s'ouvre facilement.   Cette situation s'améliore un peu.
Cette règle s'applique ici.   Les provisions s'épuisent.

(c) *Exercice écrit (p. 443).*

219 The Passive Construction (1)

Le père	**punit**	l'enfant.	L'enfant	**est puni**	par le père.
L'auto	**écrase**	le chien.	Le chien	**est écrasé**	par l'auto.
L' °horloger	**a réparé**	la montre.	La montre	**a été réparée**	par l'horloger.
Le soldat	**a °tué**	l'ennemi.	L'ennemi	**a été tué**	par le soldat.

Study the use of the passive voice. The passive construction of a verb is formed by combining a tense of **être** with the past participle of the verb to be used in the passive. Usually only TRANSITIVE verbs, that is, verbs that take a DIRECT object, can be used in this construction. The direct object of the active construction becomes the subject of the passive.

Le mari	**aime**	sa femme.	La femme	**est aimée**	de son mari.
Cette dame	**déteste**	le chat.	Le chat	**est détesté**	de cette dame.
L'élève	**°haïssait**[1]	le maître.	Le maître	**était haï**	de l'élève.
L'enfant	**admirait**	son père.	Le père	**était admiré**	de son enfant.

As shown in the foregoing examples, **de** rather than **par** is used whenever the verb describes a state of affairs rather than an action. Usually the imperfect (rather than the **passé composé**) is used to describe a state of affairs in the past. The verbs **accompagner** and **suivre** are generally used with **de** in the passive construction.

220 The Passive Construction (2)

On	ne fait	pas	cela.	Cela	ne	**se fait**	pas.
On	n' emploie	plus	ce mot.	Ce mot	ne	**s' emploie**	plus.
On	ne dit	pas	cela.	Cela	ne	**se dit**	pas.
On	perd		ces habitudes.	Ces habitudes		**se perdent.**	
On	répète		ces °scènes.	Ces scènes		**se répètent.**	

[1] **Haïr** begins with an aspirate *h*. The diaeresis (¨) occurs in all forms of all tenses except the present indicative singular forms.

221. EXERCICES

(a) *Répondez affirmativement aux questions suivantes d'après le modèle ci-dessous:*

        Faites-vous apprendre ces règles?   **Oui, je les fais apprendre.**

Faites-vous entrer ces enfants?   Faites-vous chanter Marie?
Faites-vous étudier cette leçon?   Faites-vous marcher ces élèves?
Faites-vous travailler mon frère?   Faites-vous examiner ce °rapport?
Faites-vous °observer ces règles?   Faites-vous lire ces journaux?

(b) *Répétez l'exercice précédent en répondant négativement à chaque question.*

(c) *Répondez aux questions suivantes en remplaçant tous les substantifs par les pronoms appropriés, d'après le modèle ci-dessous:*

        Faites-vous chanter la chanson à Marie?   **Oui, je la lui fais chanter.**

        Faites-vous apprendre ces règles à Jeanne?
        Faites-vous °arroser le jardin aux enfants?
        Faites-vous étudier la leçon à vos amis?
        Faites-vous lire cet article à Jacques?
        Me faites-vous lire ces poèmes?
        Me faites-vous savoir votre décision?
        Vous faites-vous couper les cheveux?
        Vous faites-vous faire cette robe?

(d) *Répétez l'exercice précédent en répondant négativement à chaque question.*

(e) *Exercice écrit (p. 443).*

As long as the AGENT (the person or thing by which the act is performed) is not important or is not mentioned, French often uses the construction with [on] (see Step 140, page 205) or a reflexive construction. Note that all of the foregoing sentences correspond in meaning to the English passive construction.

221 The Causative Construction: *faire* + *infinitive*

| **Henri** chante. | Je [le] fais chanter. |
| **Marie** étudie. | Je [la] fais étudier. |

| On chante [la chanson.] | Je [la] fais chanter. |
| On étudie [les leçons.] | Je [les] fais étudier. |

The causative construction implies that the subject does NOT perform the action himself; rather he has someone else do something or has something done by someone. Note that when [faire] is preceded by a direct object, this object may be the ACTOR or the thing ACTED upon.

| **Henri** chante [la chanson.] | Je fais chanter [la chanson : à Henri.] |
| **Marie** étudie [les leçons.] | Je fais étudier [les leçons : à Marie.] |

| | Je [la : lui] fais chanter. |
| | Je [les : lui] fais étudier. |

If the performer of an action and the action performed follow the infinitive governed by [faire], the performer (subject of the infinitive) is the INDIRECT OBJECT of [faire], whereas the action performed is the DIRECT OBJECT of the infinitive. When both objects are replaced by pronouns, both precede [faire].

Note in the sentence [Je fais chanter la chanson à Henri] (or [Je la lui fais chanter]), that there is some ambiguity whether Henri is the singer or the person to whom the song is sung. The context usually determines the meaning, but sometimes [par] rather than [à] is used to indicate that Henri is the singer: [Je fais chanter la chanson par Henri] (or [Je la fais chanter par lui]).

| On a coupé [les cheveux : à Paul.] | Jean [les lui] a fait couper. |
| On a coupé [les cheveux : à Henri.] | Henri [se les] est fait couper. |

If the action is performed TO or FOR the subject, the reflexive [se faire] + INFINITIVE must be used. In all compound tenses [se faire] is conjugated with [être], but the past participle [fait] never agrees with the preceding direct object pronoun because this pronoun is really the object of the infinitive that follows.

222. EXERCICES

(a) *Ajoutez j'ai peur que devant chaque phrase en faisant le changement nécessaire, d'après le modèle ci-dessous:*

>Il pleuvra demain.   **J'ai peur qu'il ne pleuve demain.**

Vous avez tort.   Marie fait une faute.
Nous sommes en retard.   Vous êtes °déçu.
Paul est très fâché.   Jeanne ne va pas mieux.
Vous n'arriverez pas à l'heure.   Tu te trompes.

(b) *Répétez l'exercice précédent en mettant je fais ceci de peur que devant chaque phrase, d'après le modèle ci-dessous:*

>Il pleuvra demain.   **Je fais ceci de peur qu'il ne pleuve demain.**

(c) *Changez les phrases suivantes d'après le modèle ci-dessous:*

Vous ne croyez pas que j'écrive bien.   **J'écris mieux que vous ne le croyez.**

>Vous ne croyez pas que je parle bien.
>Vous ne pensez pas que Marie soit jolie.
>Vous ne supposez pas que Paul travaille vite.
>On ne croit pas que je chante bien.
>On ne pense pas que nous soyons fâchés.
>On ne suppose pas que Robert soit bête.

(d) *Exercice écrit (p. 443).*

223. EXERCICES

(a) *Lisez les phrases suivantes et puis mettez au passé composé tous les verbes qui sont au passé simple:*

>Paul s'arrêta devant le bureau du professeur.
>Il frappa trois fois à la porte mais personne ne répondit.
>Il ouvrit la porte, regarda, et le professeur n'y était pas.
>Il décida d'entrer et alla droit vers la fenêtre.
>Il eut peur quand le téléphone sonna.
>Il attendit le professeur jusqu'à trois heures.
>Enfin le professeur arriva, s'excusant d'être en retard.

>J'entendis des voix derrière la porte.
>J'ouvris la porte et vis les étudiants.
>Ils me virent aussi et me saluèrent.
>Ils entrèrent et s'assirent près de la table.
>Nous nous mîmes tout de suite à travailler.
>A trois heures on nous apporta du café.
>Nous finîmes notre travail vers six heures et demie.

>La femme entra et s'assit sur une chaise.
>Elle regarda autour d'elle et ne reconnut personne.

222 The Use of the Expletive *ne*

J'ai peur que vous [---] soyez en retard.
J'ai peur que vous [ne] soyez en retard.

Both the foregoing sentences mean the same thing in spite of the [ne] in the second sentence. Written, standard French requires this [ne] after certain expressions, which are shown in the following examples. It is still used in spoken French by many Frenchmen.

[J'ai peur] que vous [n'] ayez tort.
[Je crains] que vous [ne] soyez fâché.

The expletive (sometimes called REDUNDANT or PLEONASTIC [ne]) is used after expressions of fear.

Je partirai maintenant [avant qu'] il [ne] pleuve tout à l'heure.
Je partirai maintenant [à moins qu'] il [ne] neige.
Je partirai maintenant [de peur qu'] il [ne] pleuve à verse.

[Ne] is also used after certain conjunctions, such as those just given.

Je suis [plus intelligent] que vous [ne] le pensez.²
Je suis [plus indulgent] que vous [ne] le °supposez.
Je suis [plus fort] que vous [ne] le paraissez.
Je suis [plus °expérimenté] que vous [ne] l' êtes.

[Ne] is used in the second part of a comparison if the comparison is AFFIRMATIVE and expresses INEQUALITY. Compare the foregoing examples with the following:

Je suis [aussi intelligent] que vous le supposez.
Je ne suis [pas plus intelligent] que vous le pensez.

223 The *passé simple* and Past Anterior

	chanter			punir			attendre	
je	chant	ai	je	pun	is	j'	attend	is
tu	chant	as	tu	pun	is	tu	attend	is
il	chant	a	il	pun	it	il	attend	it
nous	chant	âmes	nous	pun	îmes	nous	attend	îmes
vous	chant	âtes	vous	pun	îtes	vous	attend	îtes
ils	chant	èrent	ils	pun	irent	ils	attend	irent

² For the use of the invariable **le**, see Step 110, page 159.

On lui montra la lettre et lui posa des questions.
Elle comprit tout de suite de quoi il s'agissait.
La pauvre femme cria, pleura, et s'évanouit.
Quand elle se calma un peu, on l'interrogea de nouveau.
On la ramena chez elle dans un taxi.

(b) *Exercice écrit (p. 444).*
(c) *Exercice écrit (p. 444).*

224. EXERCICES

(a) *Lisez les phrases suivantes et puis remplacez les temps de la langue écrite par le temps de la langue parlée, d'après le modèle ci-dessous:*

On voulut qu'elle revînt.   **On a voulu qu'elle revienne.**

Il nia que vous eussiez dit la vérité.
Que vouliez-vous qu'il fît?
Craigniez-vous qu'on ne comprît rien?
Il fallait bien qu'on répondît à la question.
Le directeur voulut que nous nous tussions.

Personne n'eût voulu quitter la maison.
Qui l'eût cru? Qui l'eût dit?
J'eusse protesté au directeur.
Il m'eût dit qu'il fallait partir.
Nous eussions voulu sortir plus tard.

Doutiez-vous que ce fût un accident?
Fallait-il que je vous visse?
On exigea que je partisse avant midi.
Je voulais qu'elle revînt tout de suite.
Je fus étonné qu'il eût su la réponse.

(b) *Exercice écrit (p. 444).*

The **passé simple** is used in written, literary French where it replaces the **passé composé** as the tense denoting a simple past action. Note that the second and third conjugation verbs (-ir and -re) take the same endings, and that the singular forms of the second conjugation verbs are identical with those of the present indicative.

	vivre (vécu)		lire (lu)		devoir (dû)
je	vécus	je	lus	je	dus
tu	vécus	tu	lus	tu	dus
il	vécut	il	lut	il	dut
nous	vécûmes	nous	lûmes	nous	dûmes
vous	vécûtes	vous	lûtes	vous	dûtes
ils	vécurent	ils	lurent	ils	durent

Most irregular verbs with a past participle ending in -u have -u- in the endings of the **passé simple**. Etre and avoir (je fus , tu fus , etc.; j'eus , tu eus , etc.) take these endings. For other irregular verbs, consult the list of irregular verbs in Appendix B.

The **passé simple** of avoir (être) followed by a past participle constitutes the PAST ANTERIOR tense. This tense is usually used after quand , dès que , aussitôt que , à peine , and après que when the verb in the main clause is in the **passé simple**. Used in this way, the two tenses imply a quick succession of events.

Après que Napoléon **eut vaincu** ses ennemis, il **décida** de marcher sur Vienne.
A peine Robert **eut**-il **compris** la situation qu'il **voulut** exprimer son opinion.
Dès que les élèves **eurent aperçu** le maître, ils **se turent**.

224 The Imperfect and Pluperfect Subjunctive

	chanter		punir		attendre
que je	chantasse	que je	punisse	que j'	attendisse
tu	chantasses	tu	punisses	tu	attendisses
il	chantât	il	punît	il	attendît
nous	chantassions	nous	punissions	nous	attendissions
vous	chantassiez	vous	punissiez	vous	attendissiez
ils	chantassent	ils	punissent	ils	attendissent

The imperfect subjunctive derives regularly from the **passé simple**. The second and third conjugation verbs take the same set of endings. Many irregular verbs whose past participle ends in -u have the following endings:

NOTE AUX ÉTUDIANTS: *Tous les exercices qui font partie de la leçon 224 se trouvent à la page 340.*

	pouvoir		avoir		savoir
que je	pusse	que j'	eusse	que je	susse
tu	pusses	tu	eusses	tu	susses
il	pût	il	eût	il	sût
nous	pussions	nous	eussions	nous	sussions
vous	pussiez	vous	eussiez	vous	sussiez
ils	pussent	ils	eussent	ils	sussent

Note that the third person singular of the imperfect subjunctive is identical with the same person of the **passé simple**, except for the addition of a circumflex (^) over the vowel of the ending in all conjugations and the addition of a final -t in the first conjugation. The PLUPERFECT SUBJUNCTIVE consists of the auxiliary verb in the imperfect subjunctive and the past participle. Both tenses are used in formal literary style when the verb in the main clause is in the conditional or past indicative. They are never used in the spoken language.

COLLOQUIAL   Je voulais que vous fassiez vos devoirs.
FORMAL   Je voulais que vous fissiez vos devoirs.

COLLOQUIAL   Je voudrais qu'on ait assez de courage.
FORMAL   Je voudrais qu'on eût assez de courage.

COLLOQUIAL   Je doutais que Jacques soit parti.
FORMAL   Je doutais que Jacques fût parti.

The imperfect and pluperfect subjunctive forms are sometimes used in the written language instead of the conditional perfect tense. Study the following examples:

Je n'eusse pas voulu revoir cette personne.
  (= Je n'aurais pas voulu)
Qui l'eût cru? Qui l'eût dit?
  (= Qui l'aurait cru? Qui l'aurait dit?)
Tout le monde eût été content de cette réponse.
  (= Tout le monde aurait été)
Ô toi que **j'eusse aimée**, ô toit qui le savait!
  (= j'aurais aimée)

REVIEW LESSON XIX

Après une soirée au théâtre

FRANÇOISE   Alors Bill, que penses-tu du T.N.P.¹?
BILL   J'attendais ta question! Il est épuisant d'être obligé de traduire en mots ses impressions, au lieu de² rêver tranquillement.
JEAN-PIERRE Mon vieux,³ c'est bien ton tour. En Amérique tu me posais constamment des questions.
FRANÇOISE   (*ironique*) Allons vite; la vieille Europe attend le verdict de la jeune Amérique.
BILL   (*sarcastique*) Tu te moques de moi, Françoise. Je suis pour toi le naïf Américain bien tranquille; tu me fais parler pour distraire ton nihilisme décadent.
JEAN-PIERRE Bien envoyé⁴! Mais quand vous aurez fini de jouer au tennis tous les deux, on pourra peut-être discuter un peu ...
FRANÇOISE   Oui, maître.
BILL   Pour ne rien vous cacher, j'ai été très emballé par le spectacle.
JEAN-PIERRE Heureusement, le T.N.P. est le meilleur théâtre de Paris.
BILL   Je veux bien te croire. Mais ... la Comédie Française?
FRANÇOISE   Zéro! Disparue!
BILL   Impossible ... je l'aurais lu dans le journal⁵!
FRANÇOISE   Incroyable, mais vrai. On dit souvent que la Comédie Française n'existe plus. Il y a bien des acteurs qui continuent à jouer des pièces, mais ni ces acteurs ni ces pièces ne comptent plus dans le théâtre français d'aujourd'hui.
BILL   Ce n'est pas l'avis de tout le monde.
JEAN-PIERRE Tu as raison, Bill, mais c'est du moins⁶ l'avis de ceux qui aiment vraiment le théâtre.

NOTES

¹ **Théâtre National Populaire.** *C'est, avec la Comédie Française et le Théâtre de France, un des trois théâtres subventionnés par l'Etat.* ² instead of. ³ *Dear fellow.* ⁴ **Tu as bien envoyé la balle; tu as bien répondu.** ⁵ *C'est-à-dire*, si elle avait disparu comme tu le prétends. ⁶ au moins (du moins implies a concession).

Le Théâtre National de la Comédie Française
(French Embassy Press and Information Division)

Le Palais de Chaillot où se trouve le T. N. P.
(Air France)

348 L'ÉCHELLE

BILL	Il faudra tout de même que j'y aille avant de vous approuver.
FRANÇOISE	C'est une bonne idée, mais tu ne verras dans la salle que des touristes—étrangers ou provinciaux.
JEAN-PIERRE	Tu dois penser que nous parlons comme des fanatiques. Tu as raison. Si on n'est pas fanatique à vingt ans,[7] on ne le sera jamais.
BILL	Remarquez que je comprends très bien votre enthousiasme pour le T.N.P. Avant d'y aller je ne connaissais pas ce théâtre; après avoir vu leur spectacle je pense comme vous qu'il s'agit d'[8]une troupe merveilleuse.
FRANÇOISE	Ils jouent pour tout le monde. C'est au T.N.P. que les places sont les moins chères ...
BILL	En effet, «50 cents» une bonne place[9] ...
FRANÇOISE	Et ils vont jouer partout, en banlieue, en province, à l'étranger.[10]
JEAN-PIERRE	C'est vraiment un théâtre qui veut être populaire. Jouer Molière, Shakespeare, Brecht, Corneille, Sophocle devant des gens qui n'en ont jamais entendu parler, c'est du travail!
BILL	Vive l'éducation par le théâtre!

NOTES

[7] à l'âge de vingt ans; quand on a vingt ans. [8] il est question de. [9] pour obtenir une bonne place. [10] abroad.

Questions

1. *Répondez aux questions suivantes d'après le texte (lignes 1–10):*

    (a) Qu'est-ce qui est épuisant?
    (b) Pourquoi Jean-Pierre dit-il à Bill: «C'est ton tour»?
    (c) Qui est-ce qui attend «le verdict de la jeune Amérique»?
    (d) Qu'est Bill pour Françoise?
    (e) Pourquoi fait-elle parler Bill?

2. *Faites de même (lignes 11–18):*

    (a) Pourquoi Jean-Pierre parle-t-il de tennis?
    (b) Qu'est-ce que Bill a pensé du spectacle?
    (c) Quel est le meilleur théâtre de Paris, d'après Jean-Pierre?
    (d) Qui est-ce que Bill veut bien croire?
    (e) Qu'est-ce qu'il ne peut pas croire?

3. *Faites de même (lignes 19–28):*

    (a) Qu'est-ce qu'on dit souvent?
    (b) Qu'est-ce qui ne compte plus dans le théâtre français d'aujourd'hui?
    (c) Quel est l'avis de ceux qui aiment vraiment le théâtre?
    (d) Qu'est-ce que Bill veut faire?
    (e) Qui est-ce qu'il trouvera dans la salle de la Comédie Française?

4. *Faites de même (lignes 29–36):*

   (a) Qu'est-ce que Bill semble penser?
   (b) Qu'est-ce que Jean-Pierre pense des jeunes fanatiques intellectuels?
   (c) Qu'est-ce que Bill ne connaissait pas?
   (d) Que pense-t-il de la troupe du T.N.P.?
   (e) Pour qui le T.N.P. joue-t-il?

5. *Faites de même (lignes 37–42):*

   (a) Combien coûte une bonne place au T.N.P.?
   (b) Où est-ce que la troupe du T.N.P. va pour donner des spectacles?
   (c) Quelle sorte de théâtre le T.N.P. veut-il être?
   (d) Pour quelle sorte de public est-ce qu'il joue?

Exercices de revision

1. *Conjuguez oralement les phrases suivantes:*

   (a) Je ne me moque pas de Paul.
   (b) Je veux bien croire mon frère.
   (c) Je ne crains personne.
   (d) Je n'ai pas éteint la lumière.
   (e) Je ne me plains de personne.
   (f) Je me lave la figure avant de m'habiller.
   (g) Je suis sorti après m'être un peu reposé.
   (h) Je suis trop fâché pour me taire.

2. *Posez des questions sur les mots imprimés en caractères gras:*

   (a) J'attendais **ta question**.
   (b) C'est l'avis **de mon professeur**.
   (c) Il ne s'agit pas de **ce problème**.
   (d) Je me sens **trop fatigué**.
   (e) Je me suis plaint **du service**.
   (f) Je ne crains **personne**.

3. *Ecrivez des phrases en employant les mots et les expressions suivantes:*

   (a) **ni de pommes**   (e) **après être**   (i) **il s'agit**
   (b) **l'un avec l'autre**   (f) **miennes**   (j) **épuisant**
   (c) **les uns les autres**   (g) **ni femmes**   (k) **compte**
   (d) **craigne**   (h) **aux vôtres**

4. *Répondez aux questions suivantes d'après votre propre expérience:*

   (a) Connaissez-vous les pièces de Brecht ou celles de Sartre?
   (b) A quelle époque est-ce que Shakespeare vivait?
   (c) Quelle est la nationalité de Brecht?
   (d) Qui était Molière?

(e) Aimez-vous le théâtre français?
(f) A votre avis, quel est le meilleur °dramaturge américain?
(g) Quelles pièces a-t-il écrites?
(h) Quelle est la nationalité de Shakespeare?
(i) Quelle pièce de Shakespeare vous plaît le plus?
(j) Comment s'appelle l'héroïne de la pièce *Othello*?
(k) Comment traduiriez-vous la phrase: 《To be or not to be, that is the question》?
(l) Aimez-vous le théâtre autant que le cinéma?
(m) Est-ce qu'on représente des pièces régulièrement dans votre ville?
(n) Vous êtes-vous fait couper les cheveux la semaine dernière?
(o) Votre professeur vous fait-il travailler?
(p) Qui vous fait faire vos devoirs?
(q) De quoi vous plaignez-vous de temps en temps?
(r) Est-ce que vous ne plaignez personne?
(s) De qui votre père est-il admiré?
(t) Est-ce que vous n'avez jamais été grondé(e)?

REVIEW LESSON XX

Lettre de Bill à Barbara

Ma chère Barbara,

Que je suis heureux d'être à Paris! mais que je suis malheureux que tu ne sois pas là! Tu me manques[1] plus que je ne saurais dire. Je n'écris pas cela pour te faire plaisir. Je parle si souvent de toi devant Jean-Pierre et son amie Françoise que je risque d'être accusé de manquer de galanterie. Et il est vrai que je ne suis pas galant: aucune Française, si belle soit-elle,[2] ne trouve grâce à mes yeux. Tu es la seule qui me plaise. Te voilà, j'espère, rassurée sur ma fidélité parfaite.

Je t'ai déjà parlé dans ma carte postale de l'accueil sympathique des parents de Jean-Pierre. Ils sont très aimables pour moi et m'ont tout de suite considéré comme un cousin d'Amérique. Je me sens très à l'aise avec eux d'autant plus que[3] mon français n'a rien de choquant pour eux. Tu sais combien j'avais peur de ne rien comprendre et de m'exprimer trop mal. Eh bien, dès mon arrivée on m'a félicité de mon accent!

Paris est vraiment la plus belle ville qui soit.[4] Je passe des journées entières à marcher, explorant des quartiers inconnus, flânant le long des[5] quais, et me retrouvant toujours à la terrasse d'un café. Le spectacle de la rue est fascinant. Tous les visages ont quelque chose d'original. On dit toujours que la foule européenne est autre que la foule américaine. C'est certainement vrai de la foule parisienne où je ne trouve pas cette anonymité uniforme qu'il y a chez nous. Chaque passant est un individu, chacun a une manière bien à lui[6] de marcher, de regarder, de se dépêcher. Aucune femme n'est habillée tout à fait comme les autres; il me semble qu'on suit beaucoup moins la mode à Paris qu'à New York.

Je vais souvent au théâtre et au cinéma, car ces spectacles combinent agréablement l'enseignement audio-visuel et le divertissement. Je visite beaucoup

NOTES

[1] *I miss you.* Note the difference between **manquer** (*to miss* [*a train, an appointment, etc.*]), **manquer à** (*to be missed by* [*someone*]), and **manquer de** (*to lack*). [2] *however beautiful she may be.* [3] *all the more because.* [4] **qu'il y ait au monde.** [5] *along.* [6] *(certainly) his own.*

Les Halles
(French Government Tourist Office, New York)

La circulation aux Champs-Elysées
(French Government Tourist Office, New York)

356   L'ÉCHELLE

25 d'églises. Tout Paris est plein d'églises. Jean-Pierre prétend[7] que c'est pour permettre aux Parisiens d'entrer faire une courte prière avant de traverser la rue. Et, mon Dieu, la circulation est si intense qu'il est vrai qu'un piéton risque sa vie chaque fois qu'il traverse, même entre les clous.[8]

Les Parisiens n'aiment pas vraiment la musique, malgré l'Opéra et les cinq
30 orchestres de Paris. Je me dispute toujours à ce sujet avec Françoise qui prétend absolument que dans le domaine culturel la France est supérieure à tout le monde. C'est vrai de la littérature, peut-être de la peinture, mais sûrement pas de la musique, au moins dans le domaine de l'exécution, car je ne voudrais pas juger des compositeurs que je ne connais pas.

35   La plupart des amis de Jean-Pierre sont sympathiques (il en a beaucoup!). Je craignais que Jean-Pierre qui a tant d'amis ne me néglige un peu ... mais pas du tout, il est ici aussi l'ami parfait que nous avons connu aux Etats-Unis.

Je ne suis déçu ni par Paris, ni par les Parisiens. Je suis plus enthousiasmé que jamais.
40   J'attends de tes nouvelles avec impatience. Je t'embrasse.

             Bien affectueusement,
             Bill

NOTES

[7] Note that **prétendre** means *to claim*. To pretend is **faire semblant de**.   [8] *pedestrian crossing*.

Questions

1. *Répondez aux questions suivantes d'après le texte (lignes 1–7):*

   (a) De quoi Bill est-il heureux?
   (b) De quoi n'est-il pas heureux?
   (c) Pourquoi peut-on penser que Bill manque de galanterie?
   (d) Pourquoi n'est-il pas galant?

2. *Faites de même (lignes 8–13):*

   (a) Qu'est-ce qu'il a déjà envoyé à Barbara?
   (b) Quelle sorte de gens sont les parents de Jean-Pierre?
   (c) Comment ont-ils reçu Bill?
   (d) De quoi Bill avait-il peur?
   (e) Qu'est-ce qu'on a dit de son accent?

3. *Faites de même (lignes 14–22):*

   (a) Quelle sorte de ville est Paris?
   (b) Qu'est-ce que Bill explore?
   (c) Qu'est-ce qui est fascinant?
   (d) Que pense-t-il de la foule parisienne?
   (e) Comment est-ce que chaque femme est habillée?

4. *Faites de même (lignes 23–28):*

   (a) Où va-t-il souvent?
   (b) Pourquoi y va-t-il?
   (c) Qu'est-ce qu'il visite?
   (d) Qu'est-ce qu'il pense de la circulation à Paris?
   (e) Que prétend Jean-Pierre au sujet des églises de Paris?

5. *Faites de même (lignes 29–34):*

   (a) Combien d'orchestres y a-t-il à Paris?
   (b) De quelle sorte de musique s'agit-il ici?
   (c) Que prétend Françoise?
   (d) Qu'est-ce que Bill pense de la musique classique à Paris?
   (e) Pourquoi ne parle-t-il pas des compositeurs français contemporains?

6. *Faites de même (lignes 35–42):*

   (a) Quelle sorte d'amis Jean-Pierre a-t-il?
   (b) Qu'est-ce que Bill craignait d'abord?
   (c) Avait-il raison de le craindre?
   (d) Par qui ou par quoi n'est-il pas déçu?
   (e) Qu'est-ce qu'il attend avec impatience?

Exercices de revision

1. *Conjuguez oralement les phrases suivantes:*

   (a) Est-ce que je manque beaucoup à mes parents?
   (b) Je me sens très à l'aise avec mes amis.
   (c) Je ne me suis pas très bien exprimé.
   (d) Je ne me disputerai plus avec mon ami.
   (e) Je n'en suis pas déçu.
   (f) Je suis plus enthousiasmé que jamais.
   (g) J'attends de vos nouvelles.

2. *Posez des questions sur les mots imprimés en caractères gras:*

   (a) Barbara manque beaucoup à **Bill**.
   (b) Je t'ai déjà parlé **de l'accueil sympathique**.
   (c) J'avais peur **de ne rien comprendre**.
   (d) **Ce film** me plaît beaucoup.
   (e) La circulation est **trop intense**.
   (f) Je me dispute souvent **avec mon frère**.

3. *Ecrivez des phrases en employant les mots et les expressions suivantes:*

   (a) **combien**   (d) **chez nous**   (g) **prétends**
   (b) **devant**   (e) **tout à fait**   (h) **pas du tout**
   (c) **fascinante**   (f) **des journées entières** (i) **le long de**

(j) **choquant** (l) **manière** (m) **félicite**
(k) **aucune**

4. *Ecrivez la carte postale que Bill envoie à son amie, où:*

   (a) il lui annonce son arrivée à Paris;
   (b) il parle un peu de son voyage qui a été calme;
   (c) il parle de sa visite à la Tour Eiffel;
   (d) il lui promet d'écrire une longue lettre.

5. *Ecrivez une lettre de Barbara à Bill, dans laquelle elle dira:*

   (a) qu'elle est heureuse de recevoir sa carte postale;
   (b) qu'il lui manque beaucoup;
   (c) qu'elle pense toujours à lui;
   (d) qu'elle attend son retour avec impatience;
   (e) qu'elle a décidé de suivre un cours d'été;
   (f) que ce cours n'est pas difficile;
   (g) qu'elle étudie le matin;
   (h) qu'elle nage ou joue au tennis l'après-midi;
   (i) qu'elle s'ennuie un peu puisque beaucoup de ses amis sont partis en vacances;
   (j) qu'elle compte aller en Californie vers la fin d'été;
   (k) qu'elle voudrait certainement aller en France l'été prochain;
   (l) qu'elle veut qu'il lui écrive plus souvent, etc.

APPENDICES
WRITTEN EXERCISES
FRENCH–ENGLISH VOCABULARY
INDEX

Appendix A: FRENCH ORTHOGRAPHIC SYMBOLS

In French the correspondence between writing and sound is somewhat more predictable than in English. This does not mean that in French the sound–spelling relation is good. Most sounds can be represented by a variety of symbols (orthography), and at least a few symbols can correspond to different sounds. The following table is a brief summary of the French sounds and their most common possible orthographic equivalents.

French Sound and Orthography

Sound	Orthography	Example	Pronunciation
	CONSONANTS		
[p]	p	**p**ère	[pɛʀ]
	pp	a**pp**artement	[apaʀtəmã]
	b	o**b**tient	[ɔptjɛ̃]
[t]	t	**t**on	[tɔ̃]
	tt	a**tt**endre	[atãdʀ]
	d	mé**d**ecin	[metsɛ̃]
[k]	c	**c**ar	[kaʀ]
	k	**k**ilo	[kilo]
	q	cin**q**	[sɛ̃k]
	ch	**ch**rétien	[kʀetjɛ̃]
	qu	**qu**and	[kã]
	x	e**x**cuse	[ɛkskyz]
[b]	b	**b**eau	[bo]
	bb	a**bb**é	[abe]
[d]	d	**d**onner	[dɔne]
	dd	a**dd**ition	[adisjɔ̃]

361

French Sound and Orthography (CONTINUED)

Sound	Orthography	Example	Pronunciation
[g]	g	gant	[gã]
	gu	guerre	[gɛR]
	c	second	[səgɔ̃]
	x	examen	[ɛgzamɛ̃]
[f]	f	faim	[fɛ̃]
	ff	siffler	[sifle]
	ph	téléphone	[telefɔn]
[s]	s	sentir	[sãtiR]
	ss	assez	[ase]
	c	cent	[sã]
	ç	français	[fRãsɛ]
	t	attention	[atãsjɔ̃]
	x	dix	[dis]
	sc	scie	[si]
[ʃ]	ch	cher	[ʃɛR]
	sch	schéma	[ʃema]
[ʒ]	j	jeu	[ʒø]
	g	général	[ʒeneRal]
	ge	mangeais	[mãʒɛ]
[v]	v	vingt	[vɛ̃]
	w	wagon	[vagɔ̃]
[z]	s	rose	[Roz]
	x	deuxième	[døzjɛm]
	z	zéro	[zeRo]
[l]	l	alors	[alɔR]
	ll	aller	[ale]
[R]	r	rat	[Ra]
	rr	errer	[ɛRe]
	rh	rhume	[Rym]
[m]	m	main	[mɛ̃]
	mm	commencer	[kɔmãse]
[n]	n	non	[nɔ̃]
	nn	donner	[dɔne]
	mn	automne	[otɔn]
[ɲ]	gn	agneau	[aɲo]

SEMIVOWELS

[j]	i	vient	[vjɛ̃]
	il	travail	[tRavaj]
	ille	maille	[maj]

French Sound and Orthography (CONTINUED)

Sound	Orthography	Example	Pronunciation
	ï	païen	[pajɛ̃]
	y	yeux	[jø]
[w]	ou (+ i)	Louis	[lwi]
	o (+ i)	loi	[lwa]
[ɥ]	u (+ i)	lui	[lɥi]

VOWELS

Sound	Orthography	Example	Pronunciation
[i]	i	lit	[li]
	î	île	[il]
	y	style	[stil]
[e]	e	essai	[esɛ]
	é	parlé	[paʀle]
	er	parler	[paʀle]
	ez	parlez	[paʀle]
	ai	parlai	[paʀle]
[ɛ]	e	bette	[bɛt]
	è	élève	[elɛv]
	ê	bête	[bɛt]
	ë	Noël	[nɔɛl]
	ei	neige	[nɛʒ]
	ai	aime	[ɛm]
	aî	maître	[mɛtʀ]
[a]	a	parle	[paʀl]
	à	à	[a]
	e	femme	[fam]
[a] as in [wa]	oi	moi	[mwa]
[a] as in [wa]	oy	voyons	[vwajɔ̃]
[a] as in [wa]	oe	moelle	[mwal]
[ɑ]	â	âme	[ɑm]
	a	classe	[klɑs]
[ɑ] as in [wɑ]	oi	trois	[tʀwɑ]
[ɑ] as in [wɑ]	oe	poêle	[pwɑl]
[ɔ]	o	botte	[bɔt]
	au	Maurice	[mɔʀis]
[o]	o	dos	[do]
	ô	tôt	[to]
	au	fausse	[fos]
	eau	beau	[bo]
[u]	ou	doux	[du]
	où	coûte	[kut]

French Sound and Orthography (CONTINUED)

Sound	Orthography	Example	Pronunciation
[y]	u (û)	sur, sûr	[syʀ]
	eu	eu	[y]
[ø]	eu	feu	[fø]
	œu	œufs	[ø]
[œ]	eu	leur	[lœʀ]
	œu	œuf	[œf]
	œ	œil	[œj]
	ue	cueille	[kœj]
[ə]	e	leçon	[ləsɔ̃]
	ai	faisons	[fəzɔ̃]
	on	monsieur	[məsjø]
NASAL VOWELS			
[œ̃]	un	un	[œ̃]
	um	humble	[œ̃bl]
[ɛ̃]	im	impossible	[ɛ̃pɔsibl]
	in	vin	[vɛ̃]
	ain	vain	[vɛ̃]
	aim	faim	[fɛ̃]
	ein	sein	[sɛ̃]
	(i +) en	vient	[vjɛ̃]
	yn	synchronique	[sɛ̃kʀɔnik]
	ym	symphonie	[sɛ̃fɔni]
[ɔ̃]	om	comprendre	[kɔ̃pʀɑ̃dʀ]
	on	dont	[dɔ̃]
[ɑ̃]	an	an	[ɑ̃]
	am	chambre	[ʃɑ̃bʀ]
	en	en	[ɑ̃]
	em	ensemble	[ɑ̃sɑ̃bl]

Appendix B: VERB TABLES

Regular Verbs

The following tables present first all the SIMPLE tenses of regular verbs, and then all the COMPOUND tenses (which use **avoir** or **être** as the auxiliary verb) with **parler** and **arriver** as examples.

INFINITIF (infinitive)

parl|er| fin|ir| vend|re|

Temps simples (simple tenses)

1. INDICATIF (indicative)

(a) **présent** (present)

je parl	e		je fin	is		je vend	s	
tu parl	es		tu fin	is		tu vend	s	
il parl	e		il fin	it		il vend	
nous parl	ons		nous fin	issons		nous vend	ons	
vous parl	ez		vous fin	issez		vous vend	ez	
ils parl	ent		ils fin	issent		ils vend	ent	

(b) **futur** (future)

je parler	ai		je finir	ai		je vendr	ai	
tu parler	as		tu finir	as		tu vendr	as	
il parler	a		il finir	a		il vendr	a	
nous parler	ons		nous finir	ons		nous vendr	ons	
vous parler	ez		vous finir	ez		vous vendr	ez	
ils parler	ont		ils finir	ont		ils vendr	ont	

(c) **imparfait** (imperfect)

je parl	ais		je finiss	ais		je vend	ais	
tu parl	ais		tu finiss	ais		tu vend	ais	
il parl	ait		il finiss	ait		il vend	ait	

Temps simples (simple tenses) (CONTINUED)

```
nous  parl  | ions          nous  finiss | ions          nous  vend  | ions
vous  parl  | iez           vous  finiss | iez           vous  vend  | iez
ils   parl  | aient         ils   finiss | aient         ils   vend  | aient
```

(d) **passé simple** (past definite, simple past)

```
je    parl  | ai            je    fin    | is            je    vend  | is
tu    parl  | as            tu    fin    | is            tu    vend  | is
il    parl  | a             il    fin    | it            il    vend  | it
nous  parl  | âmes          nous  fin    | îmes          nous  vend  | îmes
vous  parl  | âtes          vous  fin    | îtes          vous  vend  | îtes
ils   parl  | èrent         ils   fin    | irent         ils   vend  | irent
```

2. CONDITIONNEL (conditional)

présent (present)

```
je    parler | ais          je    finir  | ais           je    vendr | ais
tu    parler | ais          tu    finir  | ais           tu    vendr | ais
il    parler | ait          il    finir  | ait           il    vendr | ait
nous  parler | ions         nous  finir  | ions          nous  vendr | ions
vous  parler | iez          vous  finir  | iez           vous  vendr | iez
ils   parler | aient        ils   finir  | aient         ils   vendr | aient
```

3. SUBJONCTIF (subjunctive)

(a) **présent** (present)

```
je    parl  | e             je    finiss | e             je    vend  | e
tu    parl  | es            tu    finiss | es            tu    vend  | es
il    parl  | e             il    finiss | e             il    vend  | e
nous  parl  | ions          nous  finiss | ions          nous  vend  | ions
vous  parl  | iez           vous  finiss | iez           vous  vend  | iez
ils   parl  | ent           ils   finiss | ent           ils   vend  | ent
```

(b) **imparfait** (imperfect)

```
je    parl  | asse          je    fin    | isse          je    vend  | isse
tu    parl  | asses         tu    fin    | isses         tu    vend  | isses
il    parl  | ât            il    fin    | ît            il    vend  | ît
nous  parl  | assions       nous  fin    | issions       nous  vend  | issions
vous  parl  | assiez        vous  fin    | issiez        vous  vend  | issiez
ils   parl  | assent        ils   fin    | issent        ils   vend  | issent
```

4. IMPÉRATIF (imperative)

```
(tu)    parl  | e            (tu)    fin  | is            (tu)    vend  | s
(nous)  parl  | ons          (nous)  fin  | issons        (nous)  vend  | ons
(vous)  parl  | ez           (vous)  fin  | issez         (vous)  vend  | ez
```

5. PARTICIPE (participle)

(a) **présent** (present)

```
parl | ant                   finiss | ant                 vend | ant
```

Temps simples (simple tenses) (CONTINUED)

(b) **passé** (past)

    parl [é]   fin [i]   vend [u]

Temps composés (compound tenses)

1. INDICATIF (indicative)

(a) **passé composé** (past indefinite, present perfect)

j'	ai	parlé	je	suis	arrivé(e)
tu	as	parlé	tu	es	arrivé(e)
il	a	parlé	il	est	arrivé
nous	avons	parlé	nous	sommes	arrivé(e)s
vous	avez	parlé	vous	êtes	arrivé(e)(s)
ils	ont	parlé	ils	sont	arrivés

(b) **futur antérieur** (future perfect, future anterior)

j'	aurai	parlé	je	serai	arrivé(e)
tu	auras	parlé	tu	seras	arrivé(e)
il	aura	parlé	il	sera	arrivé
nous	aurons	parlé	nous	serons	arrivé(e)s
vous	aurez	parlé	vous	serez	arrivé(e)(s)
ils	auront	parlé	ils	seront	arrivés

(c) **plus-que-parfait** (pluperfect, past perfect)

j'	avais	parlé	j'	étais	arrivé(e)
tu	avais	parlé	tu	étais	arrivé(e)
il	avait	parlé	il	était	arrivé
nous	avions	parlé	nous	étions	arrivé(e)s
vous	aviez	parlé	vous	étiez	arrivé(e)(s)
ils	avaient	parlé	ils	étaient	arrivés

(d) **passé antérieur** (past anterior)

j'	eus	parlé	je	fus	arrivé(e)
tu	eus	parlé	tu	fus	arrivé(e)
il	eut	parlé	il	fut	arrivé
nous	eûmes	parlé	nous	fûmes	arrivé(e)s
vous	eûtes	parlé	vous	fûtes	arrivé(e)(s)
ils	eurent	parlé	ils	furent	arrivés

2. CONDITIONNEL (conditional)

passé (past, present perfect)

j'	aurais	parlé	je	serais	arrivé(e)
tu	aurais	parlé	tu	serais	arrivé(e)
il	aurait	parlé	il	serait	arrivé
nous	aurions	parlé	nous	serions	arrivé(e)s
vous	auriez	parlé	vous	seriez	arrivé(e)(s)
ils	auraient	parlé	ils	seraient	arrivés

Temps composés (compound tenses) (CONTINUED)

3. SUBJONCTIF (subjunctive)

(a) **passé** (past, present perfect)

j'	aie	parlé		je	sois	arrivé(e)
tu	aies	parlé		tu	sois	arrivé(e)
il	ait	parlé		il	soit	arrivé
nous	ayons	parlé		nous	soyons	arrivé(e)s
vous	ayez	parlé		vous	soyez	arrivé(e)(s)
ils	aient	parlé		ils	soient	arrivés

(b) **plus-que-parfait** (pluperfect, past perfect)

j'	eusse	parlé		je	fusse	arrivé(e)
tu	eusses	parlé		tu	fusses	arrivé(e)
il	eût	parlé		il	fût	arrivé
nous	eussions	parlé		nous	fussions	arrivé(e)s
vous	eussiez	parlé		vous	fussiez	arrivé(e)(s)
ils	eussent	parlé		ils	fussent	arrivés

Orthographic Changes in First Conjugation Verbs (-er)

Orthographic changes occur in the stem of certain regular verbs of the first conjugation. These verbs are not listed, but principles of the orthographic changes are noted, as follows:

Verbs Ending in -cer , -ger , *and* -yer

1. *c* (pronounced [s]) changes to *ç* before *a* or *o*:

    commencer > commençais, commençât, commençons

2. *g* (pronounced [ʒ]) becomes *ge* before *a* or *o*:

    manger > mangeais, mangeons, mangeât

The changes just noted occur in:

(a) the PRESENT PARTICIPLE
(b) **nous** form of the PRESENT INDICATIVE
(c) **je, tu, il, ils** forms of the IMPERFECT INDICATIVE
(d) **je, tu, il, nous, vous** forms of the PASSÉ SIMPLE
(e) all forms of the IMPERFECT SUBJUNCTIVE

3. *y* in the verbs ending in -oyer and -uyer changes to *i* whenever it is followed by a mute *e*:

employer > emploie, emploierai, emploierions
appuyer > appuie, appuiera, appuieriez

y in the verbs ending in -ayer may be kept in all forms or changed to *i* whenever it is followed by a mute *e*:

essayer > essaie/essaye, essaiera/essayera

The changes just noted occur in:

(a) **je, tu, il, ils** forms of the PRESENT INDICATIVE and PRESENT SUBJUNCTIVE
(b) all forms of the FUTURE INDICATIVE and PRESENT CONDITIONAL

Verbs Having a Mute e in the Last Syllable of the Stem

1. In certain verbs, this *e* becomes *è*:

mener > mènerai, mènent, mènerons
acheter > achète, achèterai, achèterions

2. In other verbs, the consonant following the *e* is doubled:

jeter > jette, jetterai, jetterions
appeler > appellent, appellerai, appelleraient

The changes just noted occur in:

(a) **je, tu, il, ils** forms of the PRESENT INDICATIVE and PRESENT SUBJUNCTIVE
(b) all forms of the FUTURE INDICATIVE and PRESENT CONDITIONAL

Verbs Having an é in the Last Syllable of the Stem

This *é* changes to *è* in **je, tu, il, ils** forms of the PRESENT INDICATIVE and PRESENT SUBJUNCTIVE:

espérer > espère, espères, espèrent

Irregular Verbs

The following list presents the SIMPLE tenses of all major irregular verbs, most of which appear in the French-English vocabulary of the text. The first person singular (je) and plural (nous) forms are listed. However, note the following:

1. If the future and conditional tenses are regular (derived from the infinitive), they are not listed.

2. If the verb usually occurs only in the third person singular (il), such as **pleuvoir** and **falloir**, only the third person form of each tense is listed.

Under each verb, the different tenses appear in the following order:

INFINITIVE: Present Participle/Past Participle/Present Indicative
Imperfect/Passé Simple
Future Indicative/Present Conditional
Present Subjunctive/Imperfect Subjunctive

accourir:	*(same conjugational pattern as* **courir***)*
acquérir:	acquérant/ acquis/ acquiers, acquérons acquérais, acquérions/ acquis, acquîmes acquerrai, acquerrons/ acquerrais, acquerrions acquière, acquérions/ acquisse, acquissions
admettre:	*(same conjugational pattern as* **mettre***)*
aller:	allant/ allé *(with* être*)*/ vais, allons allais, allions/ allai, allâmes irai, irons/ irais, irions aille, allions/ allasse, allassions
appartenir:	*(same conjugational pattern as* **tenir***)*
apprendre:	*(same conjugational pattern as* **prendre***)*
s'asseoir:	asseyant/ assis/ assieds, asseyons asseyais, asseyions/ assis, assîmes assiérai, assiérons/ assiérais, assiérions asseye, asseyions/ assisse, assissions
avoir:	ayant/ eu/ ai, avons avais, avions/ eus, eûmes aurai, aurons/ aurais, aurions aie, ayons/ eusse, eussions
boire:	buvant/ bu/ bois, buvons buvais, buvions/ bus, bûmes *(regular)/ (regular)* boive, buvions/ busse, bussions
bouillir:	bouillant/ bouilli/ bous, bouillons bouillais, bouillions/ bouillis, bouillîmes *(regular)/ (regular)* bouille, bouillions/ bouillisse, bouillissions
comprendre:	*(same conjugational pattern as* **prendre***)*
conclure:	concluant/ conclu/ conclus, concluons concluais, concluions/ conclus, conclûmes *(regular)/ (regular)* conclue, concluions/ conclusse, conclussions
conduire:	conduisant/ conduit/ conduis, conduisons conduisais, conduisions/ conduisis, conduisîmes *(regular)/ (regular)* conduise, conduisions/ conduisisse, conduisissions
connaître:	connaissant/ connu/ connais, connaissons connaissais, connaissions/ connus, connûmes *(regular)/ (regular)* connaisse, connaissions/ connusse, connussions

1st person   **l'imparfait**   **Wed.**

INFINITIF	PRÉSENT	FUTUR	PASSÉ SIMPLE	PART. PASSÉ	PART. PRÉSENT	TRADUCTION
✗ aller	vais	irai	allais	allé	allant	to go
avoir	ai	aurai	eus	eu	ayant	to have
boire	bois	boirai	bus	bu	buvant	to drink
connaître	connais	connaîtrai	connus	connu	connaissant	to know
(re)connaître	(re)connais	(re)connaîtrai	(re)connus	(re)connu	(re)connaissant	to recognize
dire	dis	dirai	dis	dit	disant	to say
(pré)dire	(pré)dis	(pré)dirai	(pré)dis	(pré)dit	(pré)disant	to predict
écrire	écris	écrirai	écris	écrit	écrivant	to write
être	suis	serai	fus	été	étant	to be
faire	fais	ferai	fis	fait	faisant	to do
lire	lis	lirai	lis	lu	lisant	to read
mettre	mets	mettrai	mis	mis	mettant	to put
✗ mourir	meurs	mourrai	mourus	mort	mourant	to die
✗ naître	nais	naîtrai	nacquis	né	naissant	to bear
pouvoir	peux	pourrai	pus	pu	pouvant	can
prendre	prends	prendrai	pris	pris	prenant	to take
(ap)prendre	(ap)prends	(ap)prendrai	(ap)pris	(ap)pris	(ap)prenant	to learn
(com)prendre	(com)prends	(com)prendrai	(com)pris	(com)pris	(com)prenant	to understand
(sur)prendre	(sur)prends	(sur)prendrai	(sur)pris	(sur)pris	(sur)prenant	to surprise
✗ s'asseoir	assieds	assiérai	assis	assis	asseyant	to sit down
savoir	sais	saurai	sus	su	sachant	to know
servir	sers	servirai	servis	servi	servant	to serve
✗ venir	viens	viendrai	vins	venu	venant	to come
✗ (par)venir	(par)viens	(par)viendrai	(par)vins	(par)venu	(par)venant	to succeed
voir	vois	verrai	vis	vu	voyant	to see
vouloir	veux	voudrai	voulus	voulu	voulant	to want

VERB TABLES 371

conquérir: *(same conjugational pattern as* **acquérir***)*

convaincre: *(same conjugational pattern as* **vaincre***)*

coudre: cousant/ cousu/ couds, cousons
cousais, cousions/ cousis, cousîmes
(regular)/ (regular)
couse, cousions/ cousisse, cousissions

courir: courant/ couru/ cours, courons
courais, courions/ courus, courûmes
courrai, courrons/ courrais, courrions
coure, courions/ courusse, courussions

couvrir: *(same conjugational pattern as* **ouvrir***)*

craindre: craignant/ craint/ crains, craignons
craignais, craignions/ craignis, craignîmes
(regular)/ (regular)
craigne, craignions/ craignisse, craignissions

croire: croyant/ cru/ crois, croyons
croyais, croyions/ crus, crûmes
(regular)/ (regular)
croie, croyions/ crusse, crussions

croître: croissant/ crû/ croîs, croissons
croissais, croissions/ crûs, crûmes
(regular)/ (regular)
croisse, croissions/ crûsse, crûssions

cueillir: cueillant/ cueilli/ cueille, cueillons
cueillais, cueillions/ cueillis, cueillîmes
cueillerai, cueillerons/ cueillerais, cueillerions
cueille, cueillions/ cueillisse, cueillissions

découvrir: *(same conjugational pattern as* **ouvrir***)*

devenir: *(same conjugational pattern as* **venir***)*

devoir: devant/ dû (due, *fem.*)/ dois, devons
devais, devions/ dus, dûmes
devrai, devrons/ devrais, devrions
doive, devions/ dusse, dussions

dire: disant/ dit/ dis, disons
disais, disions/ dis, dîmes
(regular)/ (regular)
dise, disions/ disse, dissions

distraire: distrayant/ distrait/ distrais, distrayons
distrayais, distrayions/ *(none)*
(regular)/ (regular)
distraie, distrayions/ *(none)*

dormir:	dormant/ dormi/ dors, dormons dormais, dormions/ dormis, dormîmes *(regular)/ (regular)* dorme, dormions/ dormisse, dormissions
écrire:	écrivant/ écrit/ écris, écrivons écrivais, écrivions/ écrivis, écrivîmes *(regular)/ (regular)* écrive, écrivions/ écrivisse, écrivissions
émouvoir:	*(same conjugational pattern as* **mouvoir**)
s'endormir:	*(same conjugational pattern as* **dormir**)
envoyer:	envoyant/ envoyé/ envoie, envoyons envoyais, envoyions/ envoyai, envoyâmes enverrai, enverrons/ enverrais, enverrions envoie, envoyions/ envoyasse, envoyassions
éteindre:	*(same conjugational pattern as* **craindre**)
être:	étant/ été/ suis, sommes étais, étions/ fus, fûmes serai, serons/ serais, serions sois, soyons/ fusse, fussions
exclure:	*(same conjugational pattern as* **conclure**)
faire:	faisant/ fait/ fais, faisons faisais, faisions/ fis, fîmes ferai, ferons/ ferais, ferions fasse, fassions/ fisse, fissions
falloir:	*(none)*/ fallu/ il faut il fallait/ il fallut il faudra/ il faudrait il faille/ il fallût
fuir:	fuyant/ fui/ fuis, fuyons fuyais, fuyions/ fuis, fuîmes *(regular)/ (regular)* fuie, fuyions/ fuisse, fuissions
lire:	lisant/ lu/ lis, lisons lisais, lisions/ lus, lûmes *(regular)/ (regular)* lise, lisions/ lusse, lussions
maintenir:	*(same conjugational pattern as* **tenir**)
mentir:	*(same conjugational pattern as* **dormir**)
mettre:	mettant/ mis/ mets, mettons mettais, mettions/ mis, mîmes *(regular)/ (regular)* mette, mettions/ misse, missions

mourir:	mourant/ mort (*with* être)/ meurs, mourons mourais, mourions/ mourus, mourûmes mourrai, mourrons/ mourrais, mourrions meure, mourions/ mourusse, mourussions
mouvoir:	mouvant/ mû (mue, *fem.*)/ meus, mouvons mouvais, mouvions/ mus, mûmes mouvrai, mouvrons/ mouvrais, mouvrions meuve, mouvions/ musse, mussions
naître:	naissant/ né (*with* être)/ nais, naissons naissais, naissions/ naquis, naquîmes (*regular*)/ (*regular*) naisse, naissions/ naquisse, naquissions
nuire:	nuisant/ nui/ nuis, nuisons nuisais, nuisions/ nuisis, nuisîmes (*regular*)/ (*regular*) nuise, nuisions/ nuisisse, nuisissions
offrir:	(*same conjugational pattern as* **ouvrir**)
ouvrir:	ouvrant/ ouvert/ ouvre, ouvrons ouvrais, ouvrions/ ouvris, ouvrîmes (*regular*)/ (*regular*) ouvre, ouvrions/ ouvrisse, ouvrissions
partir:	(*same conjugational pattern as* **dormir**)
peindre:	(*same conjugational pattern as* **craindre**)
permettre:	(*same conjugational pattern as* **mettre**)
plaindre:	(*same conjugational pattern as* **craindre**)
plaire:	plaisant/ plu/ plais, plaisons plaisais, plaisions/ plus, plûmes (*regular*)/ (*regular*) plaise, plaisions/ plusse, plussions
pleuvoir:	pleuvant/ plu/ il pleut il pleuvait/ il plut il pleuvra/ il pleuvrait il pleuve/ il plût
pouvoir:	pouvant/ pu/ peux, pouvons pouvais, pouvions/ pus, pûmes pourrai, pourrons/ pourrais, pourrions puisse, puissions/ pusse, pussions
prendre:	prenant/ pris/ prends, prenons prenais, prenions/ pris, prîmes (*regular*)/ (*regular*) prenne, prenions/ prisse, prissions
promettre:	(*same conjugational pattern as* **mettre**)

recevoir:	recevant/ reçu/ reçois, recevons recevais, recevions/ reçus, reçûmes recevrai, recevrons/ recevrais, recevrions reçoive, recevions/ reçusse, reçussions
reconnaître:	*(same conjugational pattern as* **connaître**)
remettre:	*(same conjugational pattern as* **mettre**)
repartir:	*(same conjugational pattern as* **partir**)
résoudre:	résolvant/ résolu/ résous, résolvons résolvais, résolvions/ résolus, résolûmes *(regular)/ (regular)* résolve, résolvions/ résolusse, résolussions
retenir:	*(same conjugational pattern as* **tenir**)
revenir:	*(same conjugational pattern as* **venir**)
revoir:	*(same conjugational pattern as* **voir**)
rire:	riant/ ri/ ris, rions riais, riions/ ris, rîmes *(regular)/ (regular)* rie, riions/ risse, rissions
savoir:	sachant/ su/ sais, savons savais, savions/ sus, sûmes saurai, saurons/ saurais, saurions sache, sachions/ susse, sussions
sentir:	*(same conjugational pattern as* **dormir**)
servir:	*(same conjugational pattern as* **dormir**)
sortir:	*(same conjugational pattern as* **dormir**)
souffrir:	*(same conjugational pattern as* **ouvrir**)
sourire:	*(same conjugational pattern as* **rire**)
se souvenir:	*(same conjugational pattern as* **venir**)
suffire:	suffisant/ suffi/ suffis, suffisons suffisais, suffisions/ suffis, suffîmes *(regular)/ (regular)* suffise, suffisions/ suffisse, suffissions
suivre:	suivant/ suivi/ suis, suivons suivais, suivions/ suivis, suivîmes *(regular)/ (regular)* suive, suivions/ suivisse, suivissions
tenir:	tenant/ tenu/ tiens, tenons tenais, tenions/ tins, tînmes tiendrai, tiendrons/ tiendrais, tiendrions tienne, tenions/ tinsse, tinssions

vaincre:	vainquant/ vaincu/ vaincs, vainquons
	vainquais, vainquions/ vainquis, vainquîmes
	(regular)/ (regular)
	vainque, vainquions/ vainquisse, vainquissions
valoir:	valant/ valu/ vaux, valons
	valais, valions/ valus, valûmes
	vaudrai, vaudrons/ vaudrais, vaudrions
	vaille, valions/ valusse, valussions
venir:	venant/ venu (*with* être)/ viens, venons
	venais, venions/ vins, vînmes
	viendrai, viendrons/ viendrais, viendrions
	vienne, venions/ vinsse, vinssions
vêtir:	vêtant/ vêtu/ vêts, vêtons
	vêtais, vêtions/ vêtis, vêtîmes
	(regular)/ (regular)
	vête, vêtions/ vêtisse, vêtissions
vivre:	vivant/ vécu/ vis, vivons
	vivais, vivions/ vécus, vécûmes
	(regular)/ (regular)
	vive, vivions/ vécusse, vécussions
voir:	voyant/ vu/ vois, voyons
	voyais, voyions/ vis, vîmes
	verrai, verrons/ verrais, verrions
	voie, voyions/ visse, vissions
vouloir:	voulant/ voulu/ veux/ voulons
	voulais, voulions/ voulus, voulûmes
	voudrai, voudrons/ voudrais, voudrions
	veuille, voulions/ voulusse, voulussions

Appendix C: TRANSLATION OF THE DIALOGUES

The following is not a literal translation of the dialogues in the review lessons. It may be argued that another translation would be just as valid as this one. It should, however, be pointed out that a literal translation often fails to convey the true emotional or intellectual meaning of words and expressions, and may lead the student to believe that French and English are structurally very similar languages. This translation should, then, serve only as a prompter since the dialogues are to be memorized by the student.

REVIEW LESSON I

A Date

In the hall. Bill leaves his French class. He meets Jean-Pierre Bressac, a young French student who is studying American literature and who lives in the same dormitory of the students' residential area.

BILL	Hello, Jean-Pierre.
JEAN-PIERRE	Hello, Bill. How are you?
BILL	Very well, thanks. And you?
JEAN-PIERRE	Fine . . . Well! It's the first time you have spoken French with me.
BILL	That's true. But I have been studying French since September and now I want to practice my French.
JEAN-PIERRE	That's a very good idea, Bill. Do you have time to (go and) have a cup of coffee?
BILL	Un café?
JEAN-PIERRE	Yes. That means a cup of coffee.
BILL	I'm sorry, but I don't have the time. I have a class in five minutes. Besides, I don't like coffee. But will you have lunch at twelve-thirty? Today there is roast beef.

JEAN-PIERRE	That's fine. I'm going back to the dorm now.
BILL	Are you going to study?
JEAN-PIERRE	No, I'm going to write letters. By the way, Bill, are you free tonight?
BILL	Yes, but why?
JEAN-PIERRE	The Cinema Club is giving a very good film.
BILL	A French film?
JEAN-PIERRE	Yes, with Michèle Morgan and Gérard Philippe.
BILL	O. K. Let's go to the movies tonight.

REVIEW LESSON II

In the Room

Jean-Pierre is seated at his desk, in front of a sheet of blank paper. He is sucking his pencil, looking pensive. Bill enters.

BILL	Hello, Jean-Pierre.
JEAN-PIERRE	Hello, Bill.
BILL	Are you writing a letter?
JEAN-PIERRE	No, it's an assignment on a novel by Faulkner.
BILL	Am I disturbing you?
JEAN-PIERRE	Not at all. I lack inspiration right now. What can I do for you?
BILL	Will you have coffee with us?
JEAN-PIERRE	Us?
BILL	Yes, Barbara and me.
JEAN-PIERRE	Who is Barbara?
BILL	She's a little brunette girl with very blue eyes. She understands French very well.
JEAN-PIERRE	She is in your French class?
BILL	That's right. We study in the library together from time to time. We want to make progress.
JEAN-PIERRE	Fine. Is she a good student?
BILL	Yes, she is a very smart student. She tends to tease a bit, but (she is) always nice.
JEAN-PIERRE	And where are we going?
BILL	First to her house, then to a little restaurant near the library.
JEAN-PIERRE	Fine. Wait a second. I'm going to change my clothes.

REVIEW LESSON III

The Weather

Barbara leaves her house with Bill and Jean-Pierre. They walk together toward the little restaurant near the library.

BARBARA	It's beautiful weather this afternoon.
BILL	Yes, it is very beautiful, but the weather changes too often here.

JEAN-PIERRE	Don't you think it's too windy? I'm a little cool.
BARBARA	You still aren't used to our weather and our temperatures.
JEAN-PIERRE	I find that the fall doesn't last long here.
BILL	A few weeks, at the most.
JEAN-PIERRE	And it rains too often. Is it very cold in the winter?
BARBARA	Yes, I find the winters quite awful.
JEAN-PIERRE	I don't like winter.
BILL	But you can go skiing. It snows a lot here.
BARBARA	And we can go ice-skating. You like winter sports, don't you?
JEAN-PIERRE	Not really. I like summer sports. In winter I prefer to stay home near a good fire.
BILL	With good wine and good books, no doubt?
JEAN-PIERRE	That's right.
BARBARA	Why, you are talking like a sedentary old man!
JEAN-PIERRE	Well, will you teach me how to skate this winter?
BARBARA	Gladly. As a matter of fact, there is a small pond near my house, where I go skating every winter.

REVIEW LESSON IV

In a Restaurant

Barbara, Bill, and Jean-Pierre enter the little restaurant. It is crowded, but the three friends finally find a free table in a corner.

JEAN-PIERRE	There are lots of people here.
BARBARA	It's a very popular restaurant. Besides, the students don't want to study since Thanksgiving vacation is going to start in a few days. Are you going to stay here during the vacation?
JEAN-PIERRE	No, I plan to go to New York. I am going to visit my cousin Albert.
BILL	What does your cousin do?
JEAN-PIERRE	He is a doctor. He is married and has two daughters.
BARBARA	Is his wife American?
JEAN-PIERRE	Yes. She is a charming girl. Albert is lucky.
BARBARA	By the way, Bill, are you going to show us the picture of your family?
BILL	Yes, wait . . . here it is. My mother has just sent it to me. Here are my parents. My father is a lawyer, and my mother (is) the president of a garden club.
BARBARA	She has a very beautiful garden, indeed. This boy in front of your father, is he your brother Jimmy?
BILL	Yes. He is only thirteen, but he is very smart. He is active in many sports and he is proud of his arm and leg muscles.
BARBARA	He is good-looking and very muscular.
JEAN-PIERRE	And this charming girl is your sister, Saundra?
BILL	Yes, that's my sister Saundra. She is seventeen.

BARBARA	She is pretty.
BILL	She is a flirt and very popular.
JEAN-PIERRE	I think she is attractive.
BILL	Do you think so? But look closer. Her eyes are a bit too small, her nose is a bit too short, the skin on her cheeks is full of freckles, and her ears stick out (from her head) . . .
BARBARA	But don't speak about your sister like that. She doesn't look like you, maybe, but she is pretty, just the same.

REVIEW LESSON V

An Impression of New York

It is Sunday evening. Jean-Pierre and Bill have just returned from their Thanksgiving vacation. They are speaking about Jean-Pierre's trip.

BILL	Did you have a good vacation?
JEAN-PIERRE	Yes, I had an excellent vacation.
BILL	Thanks for the post card. I wanted to answer you, but you didn't write your address. When did you get to New York?
JEAN-PIERRE	I got to Kingston Wednesday afternoon. It is about sixty miles from New York. That's where my cousin and his family live.
BILL	It isn't a big town, is it? I passed through it last summer when I went to Quebec.
JEAN-PIERRE	It has a population of about 35,000. It looks very much like our charming college town.
BILL	And what did you do in New York?
JEAN-PIERRE	Lots of things. I went there twice in my cousin's car and Annette, his wife, showed me the city.
BILL	Did you visit interesting places?
JEAN-PIERRE	I visited several museums. I went to painting exhibits. I ate in French, German, and even Japanese restaurants. I took a lot of pictures, as tourists do.
BILL	And what did you think of New York?
JEAN-PIERRE	On the whole, it is a fascinating city, full of contrasts. Dazzling wealth is next to abject poverty, imposing skyscrapers tower over uninteresting pseudo-gothic churches . . .
BILL	You went to Times Square, didn't you?
JEAN-PIERRE	Of course. It's a peculiar place. In my opinion, Times Square represents a terrible commonplaceness that ends up by becoming grandiose, because it is so extraordinary.
BILL	Have your preconceived ideas of the city been confirmed by this trip?
JEAN-PIERRE	More or less. But I only have superficial impressions. New York still remains to be discovered, as far as I am concerned. I hope to go back there one of these days.

REVIEW LESSON VI

A Morning of Jean-Pierre's

Jean-Pierre meets Barbara, who has just left her French class. He is carrying a pile of books under his arm.

JEAN-PIERRE	Hello, Barbara. Where are you going?
BARBARA	Well, hello, Jean-Pierre. I am going to my history class.
JEAN-PIERRE	Good. I'll go that far with you, since I am going to the library.
BARBARA	What are you going to do with all those books?
JEAN-PIERRE	I am going to return them to the library. I have just finished an assignment on a play. I am worn out.
BARBARA	Didn't you sleep?
JEAN-PIERRE	Yes, but not enough. I went to bed very late.
BARBARA	Hmm . . . are you sure you didn't go out with a girl last night?
JEAN-PIERRE	Why, no. I worked from seven o'clock last night until four this morning. But why do you ask me that?
BARBARA	Who gave you this scratch on your chin?
JEAN-PIERRE	Oh, that! I cut myself this morning.
BARBARA	You must watch out.
JEAN-PIERRE	But I'm always in a hurry in the morning. I stay in bed as long as possible.
BARBARA	What time did you get up this morning?
JEAN-PIERRE	At 8:45.
BARBARA	And you hurried, naturally?
JEAN-PIERRE	Of course. I rushed into the bathroom, I brushed my teeth, I shaved—cut myself, I mean—I got dressed . . . and all that in five minutes.
BARBARA	Unbelievable! I bet you went to your class without having breakfast.
JEAN-PIERRE	Alas! I cut my ten o'clock class to go eat.
BARBARA	Does that happen to you quite often?
JEAN-PIERRE	Yes, every once in a while.
BARBARA	Don't you have an alarm clock?
JEAN-PIERRE	Yes, but it doesn't work. I broke it two days ago.

REVIEW LESSON VII

At the French Club

At Barbara's house. She is in the living room, busy doing her French homework. The phone rings. She picks up the receiver.

BARBARA	Hello?
JEAN-PIERRE	Hello, is it you, Barbara?
BARBARA	Yes. How are you, Jean-Pierre?
JEAN-PIERRE	Fine, thanks. Where were you this afternoon? I was hoping to see you in the library, as usual.

BARBARA	I went to the French Club meeting. These meetings take place every Thursday afternoon, at three.
JEAN-PIERRE	I didn't know (that). What happened at the meeting?
BARBARA	Nothing much. When I entered the meeting room, a girl was speaking about her vacation in France. She was speaking in too low a voice, her French wasn't very good, I was sitting in the last row—in short, I didn't understand (her) very well.
JEAN-PIERRE	Were you bored, then?
BARBARA	Well, it wasn't too bad, after all. After this talk, we broke up into groups to converse in French. There were coffee and cookies. I even met a Frenchman.
JEAN-PIERRE	Really? What's his name?
BARBARA	Frankly, I don't know. He was about medium height, he had dark hair like you. He was wearing glasses. He said he was a chemistry student. He was very talkative. He told me about a lot of things.
JEAN-PIERRE	It must be André Raymond.
BARBARA	Do you know him?
JEAN-PIERRE	So-so. I met him two months ago during a party given for French students.
BARBARA	Your friend seems very intelligent.
JEAN-PIERRE	He's a very likeable fellow. But . . . to change the subject, will there be a French Club meeting next Thursday?
BARBARA	Naturally.
JEAN-PIERRE	Then, I'll go there with you.
BARBARA	To protect me from Mr. Raymond?
JEAN-PIERRE	You are joking. I will attend the meeting to have the pleasure of your charming company.
BARBARA	And then you hope to eat cookies and drink coffee. You want to meet girls who will be enchanted with your French.
JEAN-PIERRE	How you misjudge my intentions, Barbara!

REVIEW LESSON VIII

A Case of Flu

BARBARA	Hello!
JEAN-PIERRE	Is it you, Barbara?
BARBARA	Yes, it's me. What happened to you? You didn't come to the French Club meeting. I waited for you for twenty minutes in front of the library.
JEAN-PIERRE	I tried to call you several times, but the line was busy.
BARBARA	What happened?
JEAN-PIERRE	I went to the hospital this afternoon. I have the flu and I can hardly breathe.
BARBARA	Oh, I didn't know . . . It's not serious, I hope. How long have you had this flu?
JEAN-PIERRE	Since yesterday morning. I had a terrible headache all day long, but I went to classes in the morning, anyway. When I came back to the dorm, I almost fainted. My friend Kovalski, who was with me, persuaded me to go see a doctor.

BARBARA	Kovalski? The star of our football team?
JEAN-PIERRE	That's right. We are very good friends, he and I. I help him every once in a while with his French homework.
BARBARA	Did he go to the hospital with you?
JEAN-PIERRE	Yes, you know he had an accident last month during the last game of the season.
BARBARA	And what did you do at the hospital?
JEAN-PIERRE	Kovalski introduced me to a young, blond doctor, who was very nice.
BARBARA	Was he wearing glasses?
JEAN-PIERRE	Yes.
BARBARA	It's Dr. Hardin, then.
JEAN-PIERRE	Well, do you know him?
BARBARA	Not really. I've heard that he is a very good doctor. My father knows his wife, Nancy, quite well. What did the doctor say about your flu?
JEAN-PIERRE	He told me to stay in bed for a few days. I am going to see him again tomorrow afternoon. He gave me some medicine.
BARBARA	I hope you are better now.
JEAN-PIERRE	I am already much better, Barbara, and I won't miss our date next Thursday.

REVIEW LESSON IX

Trip to California

Bill's parents have invited Jean-Pierre to spend the Christmas vacation at their home. Unfortunately, the two friends cannot make the trip together. Bill's last class ends on Tuesday morning, while Jean-Pierre's courses do not end until Friday afternoon. Bill leaves by car immediately after his class with two students who are also going to California. Jean-Pierre decides to make the trip by plane. He is lucky. At the last minute he manages to get the seat of a traveler who did not confirm his reservation.

The enormous jet plane lands at San Francisco's airport at about six-thirty. The passengers begin to get off as soon as the boarding ramp is attached to the plane. Jean-Pierre looks for Bill. He looks everywhere, but he does not see him. A grey-haired man comes up to him.

MR. HOWARD	Excuse me, are you Mr. Bressac, Bill Howard's friend? I am Bill's father.
JEAN-PIERRE	Mr. Howard! Very happy to meet you. You recognized me right away.
MR. HOWARD	It wasn't very hard. You look like your pictures and (then) you look quite French.
JEAN-PIERRE	You speak French very well, Mr. Howard.
MR. HOWARD	Thank you. I studied it in school. Besides, I spent almost two years in France right after the war.
JEAN-PIERRE	Is Bill with you?
MR. HOWARD	Unfortunately, he caught a cold during his trip by car. When he arrived here yesterday morning, he was coughing and he had a temperature. He will stay home for a few days. And did you have a good trip?

JEAN-PIERRE	Yes, the trip was very pleasant. I took a seat near a window, but it was getting dark and an hour after we left, I saw almost nothing. I did recognize a few cities by the clusters of lights.
MR. HOWARD	Did you meet any interesting people?
JEAN-PIERRE	No, I was sitting next to an old gentleman. I tried to start a conversation but couldn't get a word out of him.
MR. HOWARD	That's too bad. But you will have a chance to make this trip again by car at the end of your vacation. Bill and his friends will show you interesting places, and maybe you will learn something about the people and customs.

REVIEW LESSON X

A Family Christmas

Today is Christmas Day. In a corner of the living room there is a magnificent Christmas tree. Bill's brother and sister decorated it four days ago with little angels, little stars, etc. In spite of all these decorations, this beautiful tree seems somewhat bare, for only yesterday there was a pile of packages around it, whereas today they are gone. In the kitchen Saundra is helping her mother cook the Christmas dinner. Bill and Jean-Pierre are in the dining room. They are busy setting the table: the large white tablecloth, then the well-polished silverware, and the best china. In the center of the table is a large garland of fir-tree branches, pine cones, and red candles.

Bill and Jean-Pierre return to the living room. Bill has stopped coughing and he does not have to stay in bed. He offers Jean-Pierre a before-dinner drink.

BILL	Are there Christmas trees in France? I have heard that it was more of a German custom.
JEAN-PIERRE	That's possible. Anyway, they have them everywhere in France now, even in regions where this custom hardly existed before the war.
BILL	I remember a picture of a big Christmas tree before some monument in Paris.
JEAN-PIERRE	If you are in Paris during the Christmas vacation, you will see magnificent trees under the Eiffel Tower and on the square in front of Notre-Dame.
BILL	Do you celebrate Christmas like we Americans, with presents and a big dinner?
JEAN-PIERRE	We exchange presents, but we celebrate Christmas a little differently.
BILL	What do you do, then?
JEAN-PIERRE	We go to midnight mass. In the church there are a beautiful manger and *santons*.
BILL	What are *santons*?
JEAN-PIERRE	They are figurines, traditionally from Provence, which represent Mary, Joseph, the Child Jesus, the shepherds, the Three Wise Men — and then the donkey and the ox.
BILL	And what do you do after the midnight mass?
JEAN-PIERRE	We have the *réveillon*. We sometimes invite friends to it. That is our big Christmas dinner.

REVIEW LESSON XI

In the Cafeteria

Barbara, Bill, and Jean-Pierre decided to have lunch together. Barbara and Bill are waiting for Jean-Pierre's arrival. They are in the hall that leads to the cafeteria. Barbara looks at her watch.

BARBARA	Where is Jean-Pierre? He is late, as usual. We have been waiting for him for fifteen minutes.
BILL	He told me this morning that he had a class at eleven. Obviously, he is still in class.
BARBARA	I am going to die of hunger if he doesn't come soon.
BILL	Suppose we wait for him until 12:15.
BARBARA	There he is. He is out of breath.
JEAN-PIERRE	I apologize for arriving late. My philosophy professor never finishes his lectures before 12:10. Next time, don't wait for me if I don't come on time.
BARBARA	We understand (that) it isn't your fault. But let's hurry. The cafeteria is crowded.

The cafeteria is indeed crowded. The three friends stand in line for almost ten minutes. They glance at the menu on the wall. They decide to take the lunch special. Finally, it is their turn. Each of them takes a tray, then a knife, a fork, a spoon, and a napkin. The lunch includes tomato salad, green beans, roast beef, a slice of bread with a pat of butter, a glass of milk or a cup of coffee.

They go into the dining room and look for a table. There isn't one.

BARBARA	Don't you see any free tables? I have trouble balancing my tray.
BILL	Look at those two boys near the window. They are finishing their dessert.
JEAN-PIERRE	There are two more near the cashier who are going to leave. Let's go, quickly. Let's sit down over there.
BARBARA	Finally! I am starving, you know. I didn't eat this morning.
BILL	Why didn't you have any breakfast?
BARBARA	I got up too late. I hardly had time to drink a glass of orange juice.
JEAN-PIERRE	That's all right, Barbara. Now you will be able to eat a whole cow.
BARBARA	A whole cow! Just take a look at this miserable roast beef. I have never seen such a tiny piece of roast beef!

REVIEW LESSON XII

Exams

Bill and Jean-Pierre are busy preparing for their final examinations.

BILL	My exams are going to start in two days. I have to take four exams in five days. I try not to think of them, but I already have insomnia.

JEAN-PIERRE	But you have nothing to worry about. You have been getting along very well so far.
BILL	It's true that until now I have received rather good marks in all my courses. All the same, I'm afraid of exams.
JEAN-PIERRE	I am lucky. I have only two exams to study for.
BILL	Besides, you are an excellent student. You know American literature better than all my friends. In France you were certainly one of the best students in your class.
JEAN-PIERRE	On the contrary. At the *lycée* I was only average. In the university I did much better. But you know, French students work much more than you Americans in secondary school, that is, at the *lycée*. That's the essential difference.
BILL	And how is that possible?
JEAN-PIERRE	First, we spend much more time in class and we have less sports and we have practically no *social activities*, as you call them here.
BILL	How long did you work, then?
JEAN-PIERRE	When I was going to the *lycée*, I was in class seven or eight hours a day and I studied for more than four hours at home.
BILL	That's unbelievable. Couldn't you choose subjects?
JEAN-PIERRE	Yes, up to a certain degree. I had the choice between a classical language plus a modern language, or else no classical language and two modern languages. I studied English and German, as you know.
BILL	And in college, you were never afraid of exams?
JEAN-PIERRE	Why, sure. Every French student is afraid of the end-of-year exam. It's the exam that gives you a lot of work, about which we often talk with our friends. It's the real exam that always seems difficult, which we seldom pass ...
BILL	Poor French students!

REVIEW LESSON XIII

The *tutoiement*

Bill and Jean-Pierre have just entered a restaurant. They find a table near a window and sit down.

BILL	You told me yesterday that you would like to talk about philosophy. Well, tell me what you think of existentialism.
JEAN-PIERRE	Nothing.
BILL	You are joking.
JEAN-PIERRE	Yes and no. But this morning I can't say anything.
BILL	What is the matter?
JEAN-PIERRE	I think it is better to call each other *tu*.
BILL	Call each other *tu*!
JEAN-PIERRE	And why not? I have been here now for more than six months. We are the best of friends in the world, and we say *vous* to each other! We must change all that.

BILL	How right you are. I have been wanting to talk to you about it for a long time, but I didn't dare. We were told so often that we must not call Frenchmen *tu*.
JEAN-PIERRE	That can be sometimes delicate. But we are friends, (so) we call each other *tu*. That's normal.

Barbara arrives.

BARBARA	Well, the two inseparable ones, how are you this morning?
JEAN-PIERRE	Barbara, I greet you!
BARBARA	Why, how gallant you are this morning. You call me *tu*.
JEAN-PIERRE	Bill and I have decided to call each other *tu*, since we have known each other for a long time. Since it's about the same with you and Bill, I call Bill *tu*, so I also call Barbara *tu*.
BARBARA	If I understand (you) very well, you call me *tu* because you are Bill's friend.
JEAN-PIERRE	Right! You will have to say *tu* to me.
BILL	You are my friend, Jean-Pierre is my friend, he is your friend, we are friends . . . to put it short, let's call each other *tu*.
JEAN-PIERRE	You know, in France today all the students always call each other *tu*. It is a sign of close friendship and solidarity.
BILL	Let's (go) celebrate our *tutoiement*.
BARBARA	Agreed. Let's drink coffee for friendship!
JEAN-PIERRE	For want of champagne . . .

REVIEW LESSON XIV

Education

BILL	I think they work harder in the French *lycée* than in the American high school.
JEAN-PIERRE	That's quite possible. But as for the university system, the Americans have organized it far better than the French.
BILL	But the famous Sorbonne . . . isn't it the best university in Europe and the most famous in the world?
JEAN-PIERRE	Maybe. It is one of the oldest universities in Europe. But sometimes I have the impression that it hasn't progressed for centuries.
BILL	How's that?
JEAN-PIERRE	There isn't enough room for all the students any more. If every registered student really came to every class, it would be a catastrophe!
BILL	A catastrophe? And for whom?
JEAN-PIERRE	For the administration which would be forced to admit that it can't cope with the situation, for the students who, piled up like sardines in an amphitheatre, would not be able to listen, for the professors, finally, who would run the danger of dying of asphyxiation.
BILL	How horrible!
JEAN-PIERRE	Isn't it? You have to stand in line at the entrance of the amphitheatres. If you wish to go to the library to get a good place, you have to be there at eight and stand in line.

BILL	That's terrible.
JEAN-PIERRE	And what would you think if you had had to wait for hours to find out that the book you need isn't there any more?
BILL	I wouldn't like that at all! But if you don't pass your exams, you have a very nice excuse! Seriously, isn't the government doing anything to improve this situation?
JEAN-PIERRE	Yes, they are trying to remedy it. They have just created five new universities. But it isn't easy, since the increase in the number of students is faster than the construction of new universities.
BILL	You know that they are beginning to have the same problem here.
JEAN-PIERRE	Yes, I know. Let's hope that they find a solution for it in France as well as in the United States.
BILL	By the way, Jean-Pierre, I would like to spend this summer in France. I haven't talked to my parents about it yet, but I'm sure that they will consent to it.
JEAN-PIERRE	What a good idea, Bill. What do you want to do in France?
BILL	I don't know yet. I'll speak to you about it later, before writing to my parents.

REVIEW LESSON XV

Summer Plans

BILL	I've just received a letter from my parents.
JEAN-PIERRE	Oh, yes? What's new?
BILL	Two big news items. First of all, my parents will allow me to go to France this summer.
JEAN-PIERRE	Bravo! When are you going to leave?
BILL	I don't know yet. Toward the middle of June, I hope.
JEAN-PIERRE	And what else is new?
BILL	My family and I are going to visit my mother's parents who live in Miami. Would you be able to come with us?
JEAN-PIERRE	It would be a pleasure. It's really nice of your parents.
BILL	Then that's O.K. I am happy that you can make the trip with us. We will go through interesting places that you have undoubtedly heard about.
JEAN-PIERRE	What luck! You know, I have never traveled in the South.
BILL	How many days will you have for this trip?
JEAN-PIERRE	Let me see . . . I must be in New York around June 13. My cousin wants me to come to see him before I leave. Since I finish my exams on June 1, I will have about ten days left.
BILL	Fine. Maybe I'll be able to go to New York with you, if my father can get a seat on a plane before the 13th. It would be terrific if we could travel together all the way to Paris.
JEAN-PIERRE	Wouldn't it? Anyway, we will be able to get together in New York. By the way, what are you going to do in France?
BILL	I don't know . . . I need your advice. I could either go to summer school or travel around all over France.
JEAN-PIERRE	Don't you want to visit other countries?

BILL	Sure, but that will be for some other time. I am going to try to spend a whole year in France later and then I'll have time to travel.
JEAN-PIERRE	In that case, I advise you to take the civilization course at the Sorbonne.
BILL	What kind of course is that?
JEAN-PIERRE	It's a course organized for foreign students.
BILL	But I am not going to France to meet Germans, Swedes, or Australians . . .
JEAN-PIERRE	I know, but you are not going to spend all your time in that course. Besides, I hope that you will live at our home this summer. We don't live very far from the Sorbonne.
BILL	Thanks. That will be great. Do you want to tell me what they study in this civilization course?
JEAN-PIERRE	I think it's a program that combines a course in general culture—history, literature, philosophy, art, etc.—with a practical course in French, in which the students perfect themselves in the use of the language.
BILL	Very interesting. That will serve me as a guide and introduction for the year I hope to spend in France.
JEAN-PIERRE	Exactly. You will be more or less used to our system and you won't feel lost when you return to France for a whole year.

REVIEW LESSON XVI

After a Double Date

In order to celebrate the end of the exams (which they passed successfully), Bill, Jean-Pierre, Barbara, and Suzanne (Barbara's friend) went out together. They had dinner in a restaurant and then went to the movies. Toward midnight Bill and Jean-Pierre took the girls home.

BILL	I am curious to know what you think of this *double rendez-vous*.
JEAN-PIERRE	You mean of this *sortie à quatre*?
BILL	Yes. Did you have as good an evening as I did?
JEAN-PIERRE	Certainly. But I wonder why you have a special word, "double date," to designate such a natural thing.
BILL	You obviously think that it is natural to go out with friends, don't you.
JEAN-PIERRE	Yes.
BILL	But social customs are different here.
JEAN-PIERRE	I knew that before I came here. All you have to do is read the women's magazines and newspapers in France. They often speak of "dating."
BILL	They use the American word?
JEAN-PIERRE	Yes, many French magazines love to use American words. To such an extent that a professor at the Sorbonne calls this new language *babélien* or *franglais* which mixes a bit of American and French. He is preparing a Babélien-French dictionary.
BILL	What always astonishes me is how seriously the French take their language.
JEAN-PIERRE	Then you will understand why I corrected you when you said *double rendez-vous*. It's only a translation.
BILL	Yes, I understand it very well. But since you know the word "dating" and what we mean by it, tell me if you have a good or bad opinion of it.

JEAN-PIERRE	I think well rather than badly of it. It's a very healthful sport which I like very much.
BILL	You aren't a Frenchman for nothing.
JEAN-PIERRE	But I find that they practice it without inspiration.
BILL	Without inspiration?
JEAN-PIERRE	I have the impression that they pay too much attention to the rules of the game. They don't dare invent.
BILL	What do you mean?
JEAN-PIERRE	Well, it seems to me that the spontaneity of Americans in general which has impressed me so much disappears when a boy and a girl are together. They no longer think about anything but what they must or must not (or ought or ought not) do.
BILL	Come on! I have many friends who aren't like that. You shouldn't generalize too quickly.
JEAN-PIERRE	Obviously, that's the charm of conversations like this one. You can judge the world without fear of being contradicted.

REVIEW LESSON XVII

From the Top of the Eiffel Tower

Bill left New York three days after Jean-Pierre's departure. As soon as he had arrived in Paris, he settled down at the Bressac's home. Two days later, Jean-Pierre wanted to take him to the top floor of the Eiffel Tower in order to mark the beginning of his stay in Paris.

JEAN-PIERRE	Well?
BILL	It's beautiful.
JEAN-PIERRE	It's beautiful . . . that's all you can say?
BILL	It's very beautiful.
JEAN-PIERRE	Doesn't this beauty inspire you? You aren't very talkative.
BILL	Why talk? I am happy to look and I don't know what to say. You know I'm always slow in expressing my reactions.
JEAN-PIERRE	Tell me what you recognize in this panorama.
BILL	The Palais de Chaillot right opposite, which we have just visited . . . the Seine . . . well, I see Notre-Dame down there, to my right . . . and what is that big green dome to the east of the Arch of Triumph? It looks like a railroad station.
JEAN-PIERRE	It's the Opéra.
BILL	Oh . . . excuse me.
JEAN-PIERRE	Don't apologize. Seen from above, it isn't very recognizable. Besides, you are right in saying that it looks like a railroad station. Debussy already used to say that from the outside, the Opéra looks like a railroad station, and from the inside, like a Turkish bath.
BILL	He really said that? Wait, I recognize the Sacré-Cœur. What a beautiful monument!
JEAN-PIERRE	What a beautiful monument . . . which one are you talking about?
BILL	About the Sacré-Cœur.

JEAN-PIERRE	It is impressive, but it is very ugly. There are even Parisians who don't like it at all.
BILL	Why?
JEAN-PIERRE	Because of its Oriental style and its impeccable whiteness. It seems to dominate all of Paris.
BILL	I don't think that the end of the nineteenth century was very famous for its architecture.
JEAN-PIERRE	I don't think so, either. Alas, almost nothing has been built in Paris since the Eiffel Tower.
BILL	I hear that a great number of Parisians were opposed to the building of the Eiffel Tower.
JEAN-PIERRE	It's true. But they were wrong, since from here one has such a beautiful view of Paris. Look at those few modern buildings.
BILL	Which ones?
JEAN-PIERRE	The Palais de Chaillot and especially the CNIT where exhibitions are held. You see it over there, very far, beyond the Arch of Triumph. There is also the Palais de l'UNESCO, which is behind us. It is a modern building, but it harmonizes well with the general landscape.
BILL	Thanks for bringing me here. It seems to me that I'm ready now to get to know Paris.

REVIEW LESSON XVIII

On the Terrace of a Café

Bill and Françoise — a friend of Jean-Pierre's — are on the terrace of a café. Both of them are waiting for Jean-Pierre's arrival.

BILL	I am in Saint-Germain-des-Prés, on the terrace of the Deux Magots. It's extraordinary; I must be dreaming.
FRANÇOISE	But not at all. Look around you, there are many people and certainly more foreigners, tourists, and students than Frenchmen.
BILL	Yes, but do you realize that ever since I started studying French, I have been dreaming of sitting on this terrace.
FRANÇOISE	Why this one?
BILL	Because I heard that this was the center of intellectual life and my French teacher gave me a big picture of the Deux Magots. I used to look at it for hours; I was fascinated.
FRANÇOISE	My poor Bill, how disappointed you will be! Saint-Germain-des-Prés is no longer anything but a plain intersection; the great period of existentialist hangouts is over.
BILL	Perhaps. But this section of town must surely have something fascinating, a very different atmosphere, since it always attracts so many people.

Jean-Pierre arrives.

JEAN-PIERRE	Hi. I apologize for being late. How long have you been here?
FRANÇOISE	For a quarter of an hour.
JEAN-PIERRE	What did you do this morning?

BILL	We took a walk.
FRANÇOISE	So that Bill won't think that Paris is only an ancient and venerable historic city, I took him to look around the supermarket of the Belle Jardinière.
JEAN-PIERRE	What a funny idea! Why not the Drugstore of the Champs-Elysées?
BILL	No! I'm not sorry at all that Françoise took me there. You get to know a city well only if you have visited its stores and observed the people who do their errands.
JEAN-PIERRE	And what did you learn?
BILL	That most Parisians are not yet used to this sort of supermarket. They were all walking around with empty carts and didn't seem to buy, but rather to have fun.
FRANÇOISE	It's true. That store is very new.
BILL	Then we came all the way here on foot. And while we were taking a walk, what were you doing?
JEAN-PIERRE	I went to the Sorbonne to see when classes will begin . . .
FRANÇOISE	Be quiet; let's not talk about work! We are still on vacation.
BILL	You know what, Jean-Pierre?
JEAN-PIERRE	No . . .
BILL	I'm very happy that all three of us are here. I regret only one thing.
JEAN-PIERRE	What?
BILL	That Barbara isn't here.
FRANÇOISE	My dear Bill, (laughing) you're not very gallant!

REVIEW LESSON XIX

After an Evening at the Theatre

FRANÇOISE	Well, Bill, what do you think of the T.N.P.?
BILL	I was waiting for your question! It's exhausting to have to translate one's impressions into words, instead of dreaming quietly.
JEAN-PIERRE	My dear fellow, it's really your turn. In America you kept asking me questions all the time.
FRANÇOISE	(ironical) Come on, quickly. Old Europe awaits the verdict of Young America.
BILL	(sarcastic) You are making fun of me, Françoise. You take me for the naïve and very quiet American; you make me talk to distract you from decadent nihilism.
JEAN-PIERRE	Well said! But when both of you have finished playing tennis, we will perhaps be able to talk a little . . .
FRANÇOISE	Yes, teacher.
BILL	To be perfectly frank, I was very enthusiastic about the performance.
JEAN-PIERRE	Fortunately, the T.N.P. is the best theatre in Paris.
BILL	I'm willing to believe you. But . . . what about the Comédie Française?
JEAN-PIERRE	Finished! Gone!
BILL	Impossible . . . I'd have read about it in the paper!
FRANÇOISE	Unbelievable, but true. They often say that the Comédie Française doesn't exist any more. There are many actors who continue to perform in plays, but neither these actors nor these plays count any more in the French theatre of today.

BILL	That isn't everyone's opinion.
JEAN-PIERRE	You are right, Bill, but that is at least the opinion of those who really love the theatre.
BILL	I'll have to go there all the same before I agree with you.
FRANÇOISE	It's a good idea, but in the audience you will only see tourists — foreigners, or provincials.
JEAN-PIERRE	You must think that we are speaking like fanatics. You are right. If one isn't a fanatic at the age of twenty, one will never be a fanatic.
BILL	Notice that I understand your enthusiasm for the T.N.P. very well. Before going there I didn't know this theatre; after seeing the performance I think as you do that they really have a marvellous troupe.
FRANÇOISE	They perform for everyone. The T.N.P. has the lowest admission prices.
BILL	I should say so! A good seat for fifty cents . . .
FRANÇOISE	And they go and play everywhere, in the suburbs, provinces, abroad.
JEAN-PIERRE	It really tries to be a theatre for everybody. To perform Molière, Shakespeare, Brecht, Corneille, Sophocles before people who have never heard of them is quite a job!
BILL	Hurray for education through theatre!

Appendix D: CHARTS [*Tableaux I–IV*]

Four charts will be found on the next four pages. Legends for Charts I, II, and III appear separately on page 400 and must be memorized thoroughly by the student; Chart IV is self-explanatory and requires no separate legend. These charts are intended to aid the student in his study of French structures and concepts rather than in the specific study of vocabulary. Charts I, II, and III are designed to teach morphology and syntax whereas Chart IV is intended to teach the concepts of comparison. For instance, Chart I presents nouns that may be substituted in different structures and around which noun modifiers (articles, demonstrative and possessive adjectives, etc.) may be learned. Chart II provides a series of simple actions (many involving contrasts between English and French patterns) that form the basis for the presentation of the most important pattern drills. These basic patterns are used over and over again in French. Thus, through the use of these charts, the student can apply his growing knowledge of French structure to the familiar patterns and vocabulary.

TABLEAU I

TABLEAU II

TABLEAU III

TABLEAU IV

Legends for Charts (Tableaux I–III)

TABLEAU I

(1) une table; (2) une montre; (3) une maison; (4) une fenêtre; (5) une porte; (6) un livre; (7) un crayon; (8) un stylo; (9) un disque; (10) un cahier; (11) une fourchette; (12) un couteau; (13) une cuillère; (14) un verre; (15) une fleur; (16) un peigne; (17) une brosse; (18) une chaise; (19) un tableau; (20) un journal; (21) une auto; (22) une échelle; (23) un arbre; (24) un enfant; (25) un homme.

TABLEAU II

(1) Le facteur apporte les lettres; (2) La maîtresse cherche le crayon; (3) Le garçon écoute la radio; (4) La femme regarde la télévision; (5) Le médecin parle à l'infirmière; (6) La mère donne la poupée à l'enfant; (7) Le client demande l'addition à la serveuse; (8) L'étudiant paie le disque au vendeur; (9) La cliente entre dans le magasin; (10) L'élève arrive à l'école; (11) La jeune fille monte dans l'autobus; (12) Le touriste descend de l'avion; (13) Le voyageur attend le train; (14) Le professeur répond à la question; (15) La jeune fille perd le mouchoir; (16) Le vendeur vend les livres au client; (17) L'étudiant finit le repas; (18) Le garçon remplit le verre; (19) L'enfant obéit à la mère; (20) La dame choisit le chapeau.

TABLEAU III

(1) Il se réveille à six heures et demie; (2) Il se lève à sept heures moins le quart; (3) Il se brosse les dents; (4) Il se rase avec un rasoir électrique; (5) Il s'habille devant un miroir; (6) Il se promène dans un parc; (7) Il s'approche d'une statue; (8) Il s'arrête devant un banc public; (9) Il se repose pendant quelques minutes; (10) Il se met à lire un journal; (11) Il se couche sous un arbre; (12) Il s'endort à l'ombre d'un arbre.

WRITTEN EXERCISES

1. (c) *Répondez aux questions suivantes d'après le Tableau I*[1]:

    Qu'est-ce que c'est? (I.3)   Qu'est-ce que c'est? (I.22)
    Qu'est-ce que c'est? (I.10)   Qu'est-ce que c'est? (I.19)
    Qu'est-ce que c'est? (I.18)   Qu'est-ce que c'est? (I.11)
    Qu'est-ce que c'est? (I.23)   Qu'est-ce que c'est? (I.9)
    Qu'est-ce que c'est? (I.16)

2. (d) *Mettez les phrases suivantes au pluriel*[2]:

    C'est un couteau.   C'est un enfant.
    C'est une fleur.   C'est un verre.
    C'est un journal.   C'est un disque.
    C'est une fenêtre.   C'est une chaise.
    C'est un tableau.   C'est une auto.
    C'est une cuillère.   C'est un stylo.
    C'est un livre.   C'est un crayon.

3. (c) *Changez les phrases suivantes d'après le modèle ci-dessous*[3]:

    Voici un journal et une montre.   **Voici le journal et la montre.**

    Voici une table et une chaise.   Voici un homme et une femme.
    Voici une fourchette et un couteau.   Voici un cahier et un stylo.
    Voici un père et une mère.   Voici un arbre et une échelle.
    Voici une brosse et un peigne.   Voici un livre et un dictionnaire.
    Voici une auto et une maison.

---

[1] Answer the following questions according to Chart I.
[2] Put the following sentences into the plural.
[3] Change the following sentences according to the model below.

4. (c) *Ecrivez le pluriel de chaque mot*[4]:

    le facteur   l'étudiant   l'infirmière
    la maîtresse   le vendeur   la poupée
    le garçon   le magasin   la serveuse
    le médecin   la lettre   le disque
    la mère   le crayon   la cliente
    le client   la femme   l'élève

5. (c) *Répondez aux questions suivantes d'après le Tableau II*[5]:

    Que fait la maîtresse?   Que fait la cliente?
    Que fait le client?   Que fait la mère?
    Que fait l'élève?   Que fait le garçon?
    Que fait le médecin?   Que fait l'étudiant?
    Que fait le facteur?   Que fait la jeune fille?

6. (b) *Mettez le sujet de chaque phrase au pluriel*[6]:

    L'élève arrive à l'école.   La femme regarde les tableaux.
    Le facteur écoute la radio.   Le médecin parle à l'infirmière.
    L'étudiant entre dans la maison.   Le garçon cherche les journaux.
    Le professeur pose des questions.   La cliente paie les fleurs au vendeur.

7. (c) *Mettez le sujet de chaque phrase au pluriel d'après le modèle ci-dessous:*

    Le garçon écoute la radio.   **Ils écoutent la radio.**

    La femme parle à l'infirmière.   L'élève étudie la leçon.
    Le client entre dans le restaurant.   Le professeur parle français.
    La serveuse apporte les additions.   La maîtresse arrive à l'école.
    L'étudiant adore la jeune fille.   Le garçon chante la chanson.
    Le voyageur monte dans le train.

8. (c) *Mettez les phrases suivantes à l'interrogatif en employant la locution* **est-ce que ... ?**[7]:

    C'est une maison.   Il travaille aujourd'hui.
    Il aime les bonbons.   Marie cherche le journal.
    André monte dans l'autobus.   Adèle chante très bien.
    Ils arrivent à la gare.   Jeanne apporte des cadeaux.
    Henri parle français.

---

[4] Write the plural of each word.
[5] Answer the following questions according to Chart II.
[6] Put the subject of each sentence into the plural.
[7] Put the following sentences into the interrogative, using the construction **est-ce que ... ?**

9. (c) *Répondez négativement aux questions suivantes*[8]:

Est-ce que c'est un cahier?
Est-ce que le facteur parle français?
Est-ce que les ouvriers travaillent aujourd'hui?
Est-ce que l'enfant regarde la télévision?
Est-ce que le professeur cherche le stylo?
Est-ce que Marie danse bien?
Est-ce que la femme entre dans le magasin?
Est-ce que les étudiants écoutent le disque?
Est-ce que la jeune fille apporte la lettre?

10. (d) *Mettez le sujet de chaque phrase au pluriel d'après le modèle ci-dessous:*

> La maîtresse punit les enfants. **Elles punissent les enfants.**

Le général choisit le soldat.
Le médecin guérit les malades.
La serveuse remplit les verres.
L'ouvrier bâtit la maison.
L'enfant obéit à la maîtresse.
Le professeur finit le repas.
Le délégué choisit le candidat.
L'étudiant saisit le cahier.
L'élève finit la leçon.

11. (d) *Mettez le sujet de chaque phrase au pluriel d'après le modèle ci-dessous:*

> L'étudiant répond à la lettre. **Ils répondent à la lettre.**

Le touriste descend de l'avion.
La sœur vend la maison.
L'enfant correspond avec Marie.
La jeune fille perd l'argent.
La femme entend un bruit.
Le professeur rend le cahier à l'étudiant.
Le voyageur attend le taxi.
L'élève répond à la question.

12. (d) *Achevez les phrases suivantes d'après le modèle ci-dessous*[9]:

> Il parle français, **mais nous ne parlons pas français.**

Il écoute la radio,
Il finit la leçon,
Il choisit la table,
Il perd patience,
Il répond à la question,
Il aime la bière,
Il obéit à l'agent de police,
Il entre dans le magasin,
Il remplit les verres,

13. (d) *Achevez les phrases suivantes d'après le modèle ci-dessous:*

> Il ne remplit pas le verre, **mais vous remplissez le verre.**

Il ne finit pas le travail,
Il n'aime pas les pommes de terre,
Il ne paie[10] pas le café,
Il n'obéit pas au professeur,
Il ne voyage pas en Europe,
Il ne réussit pas à l'examen,
Il ne travaille pas demain,
Il ne déjeune pas à midi,

---

[8] Answer the following questions negatively.
[9] Complete the following sentences according to the model below.
[10] The forms for the first and second person plural are spelled **payons** and **payez**. For the alternation of *y* and *i* in the stem of this verb, see Step 82, page 121.

14. (d) *Répondez négativement en employant la forme je:*

Est-ce que vous parlez chinois?
Est-ce que vous déjeunez à deux heures?
Est-ce que vous arrivez en retard?
Est-ce que vous finissez le travail?
Est-ce que vous travaillez aujourd'hui?
Est-ce que vous attendez le professeur?
Est-ce que vous regardez le journal?
Est-ce que vous écoutez l'infirmière?
Est-ce que vous choisissez le dictionnaire?

15. (c) *Achevez les phrases suivantes d'après le modèle ci-dessous:*

Il n'aime pas les bonbons, **mais tu aimes les bonbons.**

Il ne finit pas le repas,
Il ne regarde pas la télévision,
Il n'écoute pas la radio,
Il ne remplit pas les verres,
Il ne punit pas l'enfant,
Il n'entend pas le bruit,
Il ne paie pas la bière,
Il ne choisit pas le candidat,
Il n'attend pas le taxi,

16. (c) *Répondez aux questions suivantes d'après le modèle ci-dessous:*

Est-ce que vous vendez la maison? **Oui, nous désirons vendre la maison.**

Est-ce que vous finissez le travail?
Est-ce que vous restez ici?
Est-ce que vous posez la question?
Est-ce que vous fermez la porte?
Est-ce que vous acceptez l'invitation?
Est-ce que vous obéissez à l'agent de police?
Est-ce que vous aidez l'étudiant?
Est-ce que vous choisissez le délégué?
Est-ce que vous attendez le facteur?

17. (d) *Répondez négativement en employant la forme je ou la forme vous, selon le cas*[11]:

Est-ce que vous répondez au professeur?
Est-ce que vous finissez les devoirs?
Est-ce que je copie la réponse?
Est-ce que vous travaillez demain?
Est-ce que vous étudiez la leçon?
Est-ce que je monte dans l'autobus?
Est-ce que je descends de l'autobus?
Est-ce que j'arrive en retard?
Est-ce que vous attendez Jeanne?

18. (e) *Mettez chaque phrase à l'impératif*[12]:

Nous parlons français.
Tu finis le travail avant midi.
Vous ne déjeunez pas à une heure.
Tu ne perds pas patience.
Vous apportez un sandwich.
Tu ne regardes pas la montre.
Nous n'écoutons pas la radio.
Vous n'entrez pas dans le bureau.
Vous n'oubliez pas la promesse.

19. (c) *Changez les phrases suivantes d'après le modèle ci-dessous:*

C'est la maison du facteur. (ouvrier) **Ce n'est pas la maison de l'ouvrier.**

C'est l'auto du professeur. (étudiant)
Ce sont les crayons de l'enfant. (maîtresse)
Elle rencontre la femme du facteur. (médecin)
Il trouve le livre de l'étudiant. (enfant)
C'est le frère du vendeur. (serveuse)
Ce sont les cahiers de l'étudiant. (femme)
Il gronde le fils du médecin. (avocat)
C'est la montre de la dame. (garçon)
Ce sont les disques de l'étudiant. (professeur)

[11] Answer negatively, using the **je** or **vous** form, as the case may be.
[12] Put each sentence into the imperative.

20. (b) *Changez les phrases suivantes d'après le modèle ci-dessous:*

    C'est le livre de l'enfant.   **Ce sont les livres des enfants.**

C'est l'auto du professeur.
C'est le manteau de la femme.
Ce n'est pas le stylo du facteur.
C'est le journal de l'infirmière.
Ce n'est pas la montre du professeur.

Ce n'est pas le cahier de l'élève.
C'est le disque de l'étudiant.
C'est la maison de l'ouvrier.
Ce n'est pas la photo de l'enfant.

21. (c) *Mettez le sujet de chaque phrase au pluriel ou au singulier, selon le cas:*

Nous allons parler français.
Il ne va pas parler italien.
Elles ne vont pas à la gare.
Je vais poser une question.
Tu vas répéter la phrase.

Vous allez étudier à la maison.
Je ne vais pas travailler demain.
Il va oublier la promesse.
Tu ne vas pas rester là-bas.

22. (c) *Achevez les phrases suivantes d'après le modèle ci-dessous:*

    Je ne vais pas à la gare, (école) **je vais à l'école.**

Nous ne parlons pas à l'infirmière, (médecin)
Vous n'allez pas parler au facteur, (ouvrier)
Ne répondez pas au professeur, (étudiant)
Ne parle pas à la femme, (garçon)
Je ne vais pas à l'école, (bureau de poste)

Ils n'obéissent pas à la mère, (père)
Je ne donne pas le dictionnaire à l'étudiant, (professeur)
Je ne réponds pas à la question, (lettre)
N'obéissez pas au passant, (agent de police)

23. (b) *Mettez les phrases suivantes au pluriel d'après le modèle ci-dessous:*

    Je donne le livre à l'enfant.   **Nous donnons les livres aux enfants.**

Il pose la question à l'étudiant.
Elle demande le cahier à la maîtresse.
Tu donnes le journal à la cliente.
J'explique le problème à l'ouvrier.
Tu montres la maison au client.

Je raconte l'histoire à l'enfant.
Il vend un livre à l'étudiant.
Tu cherches la cravate dans le tiroir.
J'apporte un cadeau pour l'enfant.

24. (b) *Répondez négativement aux questions suivantes:*

Est-ce que vous voulez apporter les disques?
Est-ce que vous voulez danser maintenant?
Est-ce que Marie veut aller au cinéma?
Est-ce que vous voulez voir le film?
Est-ce que vous voulez répondre à la question?

Est-ce que les enfants veulent parler français?
Est-ce que Charlotte veut rester ici?
Est-ce que vous voulez aller à New York?
Est-ce que nous voulons aller en Europe?

25. (c) *Répondez aux questions suivantes d'après le modèle ci-dessous:*

    Est-ce que vous mangez du pain? (salade)   **Non, je vais manger de la salade.**

Est-ce que vous mangez de la salade? (viande)
Est-ce que vous commandez du rosbif? (biftek)

Est-ce que vous apportez de la crème? (lait)
Est-ce que vous vendez du papier? (cahiers)

Est-ce que vous regardez des maisons? (autos)
Est-ce que vous allez acheter du fromage? (légumes)
Est-ce que vous mangez des pommes? (poires)
Est-ce que vous commandez de la glace? (fromage)
Est-ce que vous vendez de la bière? (vin)
Est-ce que vous montrez des lettres? (photos)

26. (c) *Répondez négativement aux questions suivantes:*

Est-ce que vous commandez de la glace?
Est-ce que vous allez acheter de la bière?
Est-ce que vous voulez de la viande?
Est-ce que vous vendez des journaux?
Est-ce que vous cherchez du vin?
Est-ce que vous posez des questions?
Est-ce que vous copiez des phrases?
Est-ce que vous regardez des tableaux?
Est-ce que vous expliquez des leçons?
Est-ce que vous réparez des autos?

27. (c) *Répondez affirmativement aux questions suivantes:*

Est-ce que vous n'avez pas d'eau?
Est-ce que vous n'avez pas de café?
Est-ce que je n'ai pas d'argent?
Est-ce que Jean n'a pas de livres?
Est-ce qu'il n'y a pas de vin?
Est-ce que vous n'avez pas de sucre?
Est-ce que nous n'avons pas de sel?
Est-ce qu'il n'y a pas de verres?

28. (b) *Répondez affirmativement aux questions suivantes:*

Est-ce que vous avez beaucoup d'amis?
Est-ce que vous mangez trop de bonbons?
Est-ce que vous perdez peu d'argent?
Est-ce que vous remplissez beaucoup de verres?
Est-ce que vous posez très peu de questions?
Est-ce que vous expliquez assez d'idées?
Est-ce que vous aidez beaucoup d'amis?
Est-ce que vous regardez beaucoup de tableaux?
Est-ce que vous visitez trop de musées?

29. (b) *Répondez aux questions suivantes:*

Combien de frères est-ce que vous avez?
Combien d'étudiants est-ce qu'il y a dans la classe?
Combien de cahiers est-ce que vous avez?
Combien de professeurs est-ce qu'il y a à l'école?
Combien d'autos est-ce qu'il y a devant la maison?
Combien de tasses de café est-ce que vous voulez?
Combien de pages est-ce qu'il y a dans le livre de français?
Combien d'amis est-ce que vous avez?
Combien de montres est-ce que vous avez?
Combien d'argent est-ce que vous avez?

30. (e) *Répondez négativement en employant le pronom en:*

Est-ce que vous voulez trop de café?
Est-ce que vous avez des chapeaux?
Est-ce que vous mangez trop de pain?
Est-ce que vous voulez de l'eau?
Est-ce que vous visitez des monuments?
Est-ce que vous demandez des explications au professeur?
Est-ce que vous avez trop de travail?
Est-ce que vous posez assez de questions?
Est-ce que vous montrez des diapositives?

31. (c) *Répondez négativement en employant le pronom en:*

Est-ce que vous buvez de la bière?
Est-ce que le professeur boit trop de vin?
Est-ce que vous buvez beaucoup d'eau?
Est-ce que nous buvons du cidre?
Est-ce que je bois trop de lait?
Est-ce que vous voulez boire du thé?

Est-ce que les enfants boivent du café?
Est-ce que vous buvez du jus d'orange?

Est-ce que vous buvez du jus de tomate?

32. (c) *Répondez négativement en employant le pronom en, si c'est possible:*

Est-ce que vous aimez le vin?
Est-ce que vous voulez de l'eau?
Est-ce que vous regardez des maisons?
Est-ce qu'il y a des journaux sur la table?
Est-ce que vous mangez des pommes de terre?

Est-ce que vous détestez la bière?
Est-ce que vous avez assez d'amis?
Est-ce que vous préférez le café?
Est-ce qu'il y a assez d'eau dans le verre?
Est-ce qu'il y a trop de vin dans la bouteille?

33. (c) *Mettez chaque phrase au négatif en remplaçant en même temps tous les articles définis par les adjectifs démonstratifs appropriés*[13]:

L'étudiant va entrer dans le magasin.
Le magasin est dans la rue.
L'enfant n'étudie pas la leçon.
L'ouvrier copie l'adresse.
Le touriste parle à la jeune fille.

Le facteur cherche la maison.
Le voyageur visite le musée.
La jeune fille regarde le monument.
La maîtresse punit l'élève.

34. (c) *Mettez chaque phrase à l'affirmatif en remplaçant en même temps tous les articles définis par les adjectifs démonstratifs appropriés:*

Les étudiants n'étudient pas la leçon.
Les enfants n'aiment pas les livres.
La jeune fille n'apporte pas le disque.
Le touriste ne visite pas les monuments.
Le professeur n'entre pas dans le musée.

Le client ne va pas payer l'addition.
Les élèves n'obéissent pas à la maîtresse.
Le professeur ne répond pas aux questions.
L'ouvrier ne va pas à la maison.

35. (b) *Répondez affirmativement, en employant le pronom en:*

Est-ce que vous écrivez des lettres aujourd'hui?
Est-ce que vous écrivez des poèmes?
Est-ce que le professeur écrit des articles?
Est-ce que vous écrivez des phrases dans le cahier?
Est-ce que le professeur écrit des mots au tableau noir?

Est-ce que nous écrivons des réponses dans le livre?
Est-ce que vous écrivez assez de phrases?
Est-ce que les étudiants écrivent beaucoup de lettres?
Est-ce que nous écrivons des compositions?

36. (d) *Mettez les phrases suivantes au négatif, en remplaçant en même temps tous les articles définis par les adjectifs démonstratifs appropriés, et tous les adjectifs démonstratifs par mon, ma ou mes, selon le cas:*

Ce frère aime la photo. **Mon frère n'aime pas cette photo.**

Je prête le livre à cet ami.
Ce professeur répond à la question.
L'étudiant écrit à cette personne.
Je ne veux pas prêter ces disques.
Le facteur oublie cette adresse.

Ces parents aiment l'enfant.
Les passants regardent cette maison.
Cette photo est sur la table.
Ces professeurs punissent l'étudiant.

---

[13] Put each sentence into the negative while replacing at the same time all definite articles with appropriate demonstrative adjectives.

37. (c) *Répondez affirmativement aux questions suivantes:*

Est-ce que vous regardez ma montre?
Est-ce que vos amis parlent à mes parents?
Est-ce que vous cherchez vos cahiers?
Est-ce que vous allez montrer vos diapositives?
Est-ce que Louise va accepter votre invitation?
Est-ce que mes amis ont vos disques?
Est-ce que mes parents attendent votre ami?
Est-ce que votre cousine aime mon frère?
Est-ce que vous écrivez à ma sœur?
Est-ce que vous copiez ma réponse?

38. (c) *Répondez négativement en employant la forme* **nous**:

Est-ce que vous attendez vos amis?
Est-ce que vous posez des questions à votre professeur?
Est-ce que vous finissez votre travail?
Est-ce que vous payez vos disques ici?
Est-ce que vous voulez écrire à vos cousins?
Est-ce que vous allez à votre classe de français?
Est-ce que vous répondez toujours à votre professeur?
Est-ce que vous écrivez souvent à vos parents?
Est-ce que vous allumez vos cigarettes?

39. (b) *Répondez négativement en employant* **leur** *ou* **leurs**, *selon le cas:*

Est-ce que vous cherchez les cahiers de vos amis?
Est-ce que nous regardons les autos de nos professeurs?
Est-ce que Marie a la lettre de mes parents?
Est-ce que la maîtresse punit les enfants de ces personnes?
Est-ce que je vais écouter les discours de ces candidats?
Est-ce que vous voulez avoir une photo de mes cousins?
Est-ce que les amis de vos parents sont ici?
Est-ce que vous parlez au professeur de ces étudiants?
Est-ce que vous attendez la maîtresse de ces enfants?

40. (c) *Répondez négativement en employant* **son**, **sa** *ou* **ses**, *selon le cas:*

Est-ce que vous copiez les devoirs de Jeanne?
Est-ce que vous voulez le journal de Jacques?
Est-ce que vous cherchez l'auto de votre ami?
Est-ce que vous aimez le frère de Pauline?
Est-ce que vous écrivez à l'ami de Marianne?
Est-ce que vous attendez la sœur de Robert?
Est-ce que vous perdez l'argent de votre frère?
Est-ce que vous obéissez aux parents de Paul?
Est-ce que vous mentionnez les idées de votre ami?

41. (c) *Répondez affirmativement en employant* **ton**, **ta** *ou* **tes**, *selon le cas:*

Est-ce que tu regardes ma maison?
Est-ce que j'attends mes parents ici?
Est-ce que tu vas perdre mon argent?
Est-ce que mes amis parlent à ta mère?
Est-ce que mon frère danse avec ton amie?
Est-ce que je vais écrire à ma cousine?
Est-ce que je pratique mon français?
Est-ce que tu aimes mes parents?
Est-ce qu'André cache ma cravate?

42. (c) *Répondez négativement en employant les adjectifs possessifs appropriés:*

    Est-ce que tu as mon livre?
    Est-ce que le professeur corrige nos fautes?
    Est-ce que Jean emprunte le cahier de mon ami?
    Est-ce que mes amis parlent à vos parents?
    Est-ce que vous écrivez aux parents de Jacques?
    Est-ce que vous répondez à mes questions?
    Est-ce que vous cherchez les amis de mes parents?
    Est-ce que vous allez écouter le discours du candidat?
    Est-ce que nous allons manger tes pommes?

43. (b) *Répondez affirmativement en employant le pronom* en:

Est-ce que vous lisez des journaux?
Est-ce que je lis trop de romans?
Est-ce que vos amis lisent des articles?
Est-ce que vous lisez assez de journaux?
Est-ce que votre professeur lit beaucoup d'articles?
Est-ce que votre ami lit des poèmes?
Est-ce que vous allez lire des contes?
Est-ce que vous lisez beaucoup de livres chaque semaine?

44. (c) *Posez des questions sur le sujet de chaque phrase:*

    Mon père n'aime pas le fromage.
    Ce bruit dans la rue dérange les étudiants.
    Cet examen est très facile.
    Mon ami arrive à l'heure.
    Votre livre tombe de la table.
    Le garage est derrière la maison.

    (d) *Répondez aux questions suivantes:*

        Qu'est-ce qui est dans le garage?
        Qui est le président des Etats-Unis?
        Qu'est-ce qui est sur votre bureau?
        Qui parle très bien français?
        Qu'est-ce qui est dans le tiroir?

45. (b) *Posez des questions qui exigent les réponses suivantes, en employant* qui est-ce que *ou* qu'est-ce que, *selon le cas:*

    Maurice n'aime pas le pain.
    Nous allons lire un poème.
    J'écoute une symphonie de Mozart.
    Je bois du thé.
    Je punis l'enfant de Robert.
    Je gronde le frère de Marie.
    Je finis mon devoir de français.

    (c) *Répondez aux questions suivantes:*

Qu'est-ce que vous écrivez maintenant?
Qui est-ce que vous cherchez?
Qu'est-ce que vous mangez?
Qui arrive en retard?
Qui est-ce que le professeur regarde?
Qu'est-ce que le professeur lit à la classe?
Qui vous attend ici?

46. (b) *Posez des questions sur les mots imprimés en caractères gras:*

    Nous pensons toujours à **Jeanne**.
    Vous répondez **à la lettre de Jacques**.
    Je parle **de mon professeur**.
    Charlotte obéit **à ses parents**.
    Nous allons **chez notre tante**.
    Roger veut danser **avec ma cousine**.
    Nous parlons **de notre voyage**.

(c) *Répondez aux questions suivantes:*

A qui est-ce que vous pensez souvent?
A qui est-ce que vous écrivez?
Chez qui est-ce que vous allez ce soir?
De quoi est-ce que vous parlez?

Pour qui est-ce que vous travaillez?
Avec quoi est-ce que vous écrivez les réponses?
A quoi est-ce que vous n'aimez pas penser?

47. (b) *Répondez aux questions suivantes:*

A qui est-ce que vous dites toujours la vérité?
Qu'est-ce que vous dites à votre professeur quand il entre dans la salle de classe?
Qu'est-ce que vous dites à votre professeur quand sa question est trop difficile?
Qu'est-ce que vous dites à votre professeur quand vous quittez sa classe?

Est-ce que nous disons parfois des sottises à nos amis?
Est-ce que vous dites parfois un mensonge?
Est-ce que vos amis disent des sottises?
Qu'est-ce que vous dites à vos parents quand vous n'avez pas d'argent?

48. (c) *Changez les phrases suivantes d'après le modèle ci-dessous:*

Mon père est content. (mère) **Mais ma mère n'est pas contente.**

Mon oncle est satisfait. (tante)
Mon frère est indiscret. (sœur)
Mon père est indulgent. (mère)
Votre cousin est petit. (cousine)
Son fils est grand. (fille)

Ce garçon est heureux. (jeune fille)
Ce vendeur est mécontent. (vendeuse)
Votre voisin est sérieux. (voisine)
Cet étudiant est intelligent. (étudiante)

49. (c) *Mettez le sujet de chaque phrase au pluriel:*

Cet homme n'est pas vieux.
Votre enfant n'est pas méchant.
Mon oncle est très riche.
Cet étudiant est sourd.
Cette maison n'est pas très grande.

Votre cousin n'est pas très sympathique.
Cette table n'est pas libre.
Ce n'est pas un problème social.
Mon ami n'est pas Français.

50. (b) *Mettez le sujet de chaque phrase au singulier ou au pluriel, selon le cas:*

Vous êtes des étudiants très intelligents.
Ces tables ne sont pas libres.
Mes oncles sont très riches et généreux.
Vos amis sont heureux et gais.
Les élèves sont dans la salle de classe.

Tu es très sympathique.
Je ne suis pas fatigué.
Les bicyclettes sont dans le garage.
Nous ne sommes pas très contents de votre réponse.

51. (b) *Changez les phrases suivantes d'après le modèle ci-dessous:*

Mon oncle n'est pas satisfait. (tante) **Mais ma tante est satisfaite.**

Paul n'est pas nouveau à l'école. (Pauline)
Charles n'est pas très beau. (Charlotte)
Cet homme n'est pas très jeune. (femme)
Ce vendeur n'est pas vieux. (vendeuse)
Ce garçon n'est pas fou. (jeune fille)

Jean n'est pas absent aujourd'hui. (Jeanne)
Cet acteur n'est pas vieux. (actrice)
Mon frère n'est pas grand. (soeur)
Ce tableau n'est pas beau. (photo)

52. (d) *Répondez affirmativement d'après le modèle ci-dessous:*

> Est-ce que cet élève est bon? **Oui, c'est un bon élève.**

Est-ce que cet enfant est beau?
Est-ce que cette maison est vieille?
Est-ce que ce professeur est jeune?
Est-ce que cet étudiant est paresseux?
Est-ce que cette jeune fille est belle?

Est-ce que cette dame est élégante?
Est-ce que ce cahier est bleu?
Est-ce que ce livre est mauvais?
Est-ce que ce facteur est gros?

53. (d) *Répondez affirmativement d'après le modèle ci-dessous:*

> Est-ce que ces élèves sont bons? **Oui, ce sont de bons élèves.**

Est-ce que ces professeurs sont jeunes?
Est-ce que ces examens sont difficiles?
Est-ce que ces enfants sont petits?
Est-ce que ces maisons sont belles?
Est-ce que ces étudiantes sont bonnes?

Est-ce que ces échelles sont hautes?
Est-ce que ces livres sont gros?
Est-ce que ces femmes sont jolies?
Est-ce que ces ingénieurs sont intelligents?

54. (b) *Mettez le sujet de chaque phrase au singulier ou au pluriel, selon le cas, et mettez chaque phrase au négatif en même temps:*

Ces garçons prennent des photos.
Est-ce que vous prenez du café?
Nous prenons du sucre.
Tu vas prendre de l'eau.
Les étudiants prennent des notes.

Je prends du vin rouge.
Est-ce que tu prends trop de lait?
Est-ce que vous prenez de la crème?
Je vais prendre de la bière.

55. (b) *Répondez négativement:*

Est-ce que vous comprenez la situation?
Est-ce que Marie apprend à chanter?
Est-ce que vous apprenez le russe?
Est-ce que vos parents apprennent à lire le français?
Est-ce que vos amis comprennent le chinois?

Est-ce que le professeur comprend vos difficultés?
Est-ce que j'apprends à nager?
Est-ce que vos amis apprennent à patiner?
Est-ce que vos parents comprennent vos problèmes?

56. (c) *Répondez aux questions suivantes:*

Quel livre est-ce que vous lisez?
Quel professeur est-ce que vous aimez?
Avec quelle étudiante est-ce que vous voulez étudier?
Quelle leçon est-ce que vous étudiez pour demain?

Quelle heure est-il?
Quelle sorte de maison est-ce que vous voulez acheter?
Quelle sorte d'auto est-ce que vous voulez avoir?
De quel ami est-ce que vous parlez souvent?

57. (b) *Posez des questions sur les phrases suivantes, en employant les adjectifs interrogatifs appropriés:*

Je suis Américain.
Je suis étudiante.
C'est 23, rue Voltaire.

Mon sport favori est la natation.
C'est VENdôme 78-86.

(c) *Répondez aux questions suivantes:*

Quelle est votre adresse?
Quelle est votre nationalité?
 (Dites: *Je suis ...*)
Quel âge est-ce que vous avez?
 (Dites: *J'ai ... ans.*)

Quel est votre programme de télévision favori?
Quel est votre sport d'hiver favori?
Quel est votre problème?

58. (c) *Répondez négativement en employant le, la ou les, selon le cas:*

Est-ce que vous apprenez le chinois?
Est-ce que vous comprenez mes problèmes?
Est-ce que votre père aime la musique de Schoenberg?
Est-ce que vous dites la vérité à vos parents?

Est-ce que vous aimez le nouveau chapeau de votre mère?
Est-ce que vous finissez votre lettre?
Est-ce que vous cachez votre argent?
Est-ce que vous rencontrez vos amis?
Est-ce que vous dérangez votre mère?

59. (c) *Répondez négativement en employant lui ou leur, selon le cas:*

Est-ce que vous parlez à vos amis?
Est-ce que vous répondez à votre professeur?
Est-ce que vous obéissez à l'agent de police?
Est-ce que vous montrez ces photos à vos parents?
Est-ce que vous envoyez des cartes à vos amis?

Est-ce que vous dites des sottises à votre amie?
Est-ce que vous écrivez des lettres à vos professeurs?
Est-ce que vous vendez votre montre à mon frère?
Est-ce que vous cachez votre argent à vos parents?

60. (b) *Répondez négativement en employant les pronoms appropriés:*

Est-ce que vous donnez votre pomme au professeur?
Est-ce que vous écrivez cette lettre à vos parents?
Est-ce que vous vendez votre voiture à mon frère?
Est-ce que vous lisez ce journal à vos amis?
Est-ce que vous demandez l'addition à la serveuse?

Est-ce que vous payez l'addition au garçon?
Est-ce que vous montrez vos diapositives à Marianne?
Est-ce que vous expliquez ces idées au professeur?
Est-ce que vous mentionnez vos problèmes à ces hommes?

61. (d) *Répondez négativement aux questions suivantes:*

Est-ce que vous m'aimez?
Est-ce que vous me détestez?
Est-ce que je vous gronde?
Est-ce que je vous punis?
Est-ce que vous me répondez?

Est-ce que vous m'attendez?
Est-ce que vous m'admirez?
Est-ce que je vous comprends bien?
Est-ce que je vous aide?

62. (b) *Répondez négativement en employant le, la ou les, selon le cas:*

Est-ce que vous me donnez cette montre?
Est-ce que vous me vendez votre auto?
Est-ce que vous me dites la vérité?
Est-ce que je vous envoie cette lettre?
Est-ce que je vous pose ces questions?
Est-ce que vous me demandez l'addition?
Est-ce que je vous paie l'addition?
Est-ce que je vous mentionne ce film français?
Est-ce que vous me lisez ces poèmes?

63. (d) *Répondez affirmativement aux questions suivantes:*

Est-ce que notre professeur ne nous comprend pas?
Est-ce que ces enfants ne nous obéissent pas?
Est-ce que ton ami m'attend?
Est-ce que tes amis nous cherchent?
Est-ce que tu ne m'écoutes pas?
Est-ce que l'agent de police ne nous gronde pas?
Est-ce que tes parents ne m'aident pas?
Est-ce que ta cousine m'aime beaucoup?
Est-ce que nos amis nous répondent?

64. (b) *Répondez affirmativement en employant le, la ou les, selon le cas:*

Est-ce que tu me donnes ce cahier?
Est-ce que tu me poses cette question?
Est-ce que cette dame nous donne ces fleurs?
Est-ce que Marie nous demande ses journaux?
Est-ce que Jacques me rend cet argent?
Est-ce que le professeur nous donne cet examen?
Est-ce que tu m'expliques ces idées?
Est-ce que Jeanne nous apporte ses disques?
Est-ce que tu me mentionnes cette idée?

65. (c) *Répondez aux questions suivantes:*

Quel temps est-ce qu'il fait aujourd'hui?
Est-ce que vous voulez faire une promenade?
Est-ce qu'il fait du soleil en ce moment?
Est-ce qu'il fait très mauvais ce soir?
Est-ce qu'il neige en été?
Est-ce que vous faites vos devoirs?
Est-ce que vous faites le lit chaque matin?
Est-ce que vos amis font leur devoir de français?
Qu'est-ce que vous allez faire ce soir?

66. (b) *Mettez les phrases suivantes à l'interrogatif en employant l'inversion:*

Vous me regardez.
Vous aimez les pommes de terre.
Nous allons au cinéma ce soir.
Tu ne veux pas rester ici.
Tu vas comprendre la vérité.
Vous ne me donnez pas cette photo.
Vous voulez faire des progrès.
Vous ne voulez pas pratiquer votre français.
Tu vas expliquer la leçon à tes amis.

67. (b) *Mettez les phrases suivantes à l'interrogatif en employant l'inversion:*

Ces élèves n'arrivent pas ensemble.
Mes amis ne vont pas chez Paul ce soir.
Vos parents parlent souvent de ce voyage.
Ces étudiants ne fument pas.
Mes frères regardent la télévision.
Ses parents demeurent à Chicago.
Ces jeunes gens veulent danser.
Les ouvriers ne travaillent pas ce matin.
Paul et sa sœur écoutent le disque.

68. (c) *Mettez les phrases suivantes à l'interrogatif en employant l'inversion:*

Le voyageur attend le train.
Il y a trop de lettres ici.
Il n'y a pas de lettres aujourd'hui.
Jean quitte la maison à neuf heures.
Le professeur va allumer sa cigarette.

Mon frère ressemble beaucoup à votre cousin.
Adèle chante très bien.
Cette jeune fille a beaucoup d'amis.
Jacques ne réussit pas à cet examen.

69. (b) *Répondez aux questions suivantes:*

A quelle heure venez-vous à votre première classe?
A quelle heure venez-vous à la classe de français?
Qui vient toujours en retard à la classe de français?
Qu'est-ce que vous venez de faire?

Qui vient de vous parler?
Vos amis viennent-ils regarder la télévision?
Venez-vous de faire une faute de grammaire?
Qu'est-ce que nous venons de faire?
A qui venez-vous de parler?

70. (d) *Posez des questions sur les mots imprimés en caractères gras en employant l'inversion:*

Le train arrive à **midi et demi**.
Alice pleure **parce qu'elle est malheureuse**.
Jeanne chante **très bien** ces chansons.
Elle cherche son cahier **bleu**.
Le professeur a besoin **de votre livre**.

Cet étudiant arrive à **la classe de français**.
Elle va danser **avec son ami**.
Françoise a peur **de cet examen**.
Maurice va téléphoner **à sa fiancée**.

71. (d) *Posez des questions sur les mots imprimés en caractères gras en employant l'inversion avec le substantif, si c'est possible. Autrement, employez la locution est-ce que ... ?*[14]:

L'étudiant fait **une promenade**.
Le professeur gronde **son fils**.
Le médecin répond **à la question**.
Marie vient **à midi**.
Jacques va **chez André** avec ses amis.

Les délégués parlent **ce matin**.
Robert est **en France**.
Les délégués parlent de ce problème **ce matin**.
Votre sœur chante **très bien**.

72. (c) *Répondez affirmativement en employant le passé composé, d'après le modèle ci-dessous:*

Allez-vous étudier la leçon? **Mais j'ai déjà étudié la leçon!**

Allez-vous effacer le tableau?
Allez-vous visiter le musée?
Allez-vous déjeuner avec Pierre?
Allez-vous expliquer cette théorie?

Allez-vous copier cette composition?
Allez-vous poser cette question?
Allez-vous montrer vos diapositives?
Allez-vous aider la sœur d'André?

[14] Ask questions for the words in bold-face type, using the inversion with the noun, if it is possible. Otherwise, use the construction **est-ce que ... ?**

73. (c) *Répondez aux questions suivantes en employant le passé composé, d'après le modèle ci-dessous:*

        Voulez-vous finir le travail?   **Mais j'ai déjà fini le travail!**

Voulez-vous réussir à cet examen?   Voulez-vous punir cet enfant?
Voulez-vous remplir ces verres?   Voulez-vous finir le devoir de chimie?
Voulez-vous choisir les délégués?   Voulez-vous choisir cette cravate?
Voulez-vous réunir les enfants?   Voulez-vous remplir ces fiches?
Voulez-vous obéir à l'agent de police?

74. (c) *Répondez affirmativement en employant le passé composé, d'après le modèle ci-dessous:*

        Avez-vous répondu à cette lettre?   **Oui, j'ai déjà répondu à cette lettre.**

Avez-vous entendu cette nouvelle?   Avez-vous battu votre petit frère?
Avez-vous perdu votre argent?   Avez-vous vendu votre montre à Michel?
Avez-vous répondu au professeur?   Avez-vous défendu votre petit frère?
Avez-vous vendu votre auto?   Avez-vous répondu à vos parents?
Avez-vous rendu le livre à Marianne?

75. (c) *Mettez les phrases suivantes au passé composé et au négatif en même temps:*

        Je touche ce chèque.   Robert écoute la radio.
        Vous finissez vos devoirs. Nous répondons à cette question.
        Tu oublies ta promesse.   Il trouve sa cravate.
        Je pense à ces choses.   Paul trompe ses amis.
        Je mange du fromage.

76. (b) *Mettez les phrases suivantes à l'interrogatif en employant l'inversion:*

Vous n'avez pas mangé ce matin.   Mes parents ont écouté ce programme.
Le garçon a déjà apporté l'addition.   Vous n'avez pas pensé à cette question.
Nous n'avons pas commandé de salade. Roger n'a pas réussi à l'examen final.
Tu as déjeuné chez Henri.   Le touriste n'a pas traversé la rue.
Pierre a déjà visité ces châteaux.

77. (b) *Répondez affirmativement en employant le passé composé, d'après le modèle ci-dessous:*

        Allez-vous écrire à Adèle?   **J'ai déjà écrit à Adèle.**

Allez-vous faire une promenade?   Allez-vous écrire à vos parents?
Allez-vous dire la vérité?   Allez-vous prendre du thé?
Allez-vous apprendre ces règles?   Allez-vous comprendre ses intentions?
Allez-vous boire du café?   Allez-vous faire vos devoirs?
Allez-vous lire ce journal?

416 WRITTEN EXERCISES

78. (c) *Mettez les phrases suivantes au passé composé:*

Le train part à six heures et demie.
Le train arrive à l'heure.
Paul ne descend pas du train.
Jacques monte dans ma voiture.
Mon frère reste trois jours à Dijon.

J'entre dans le bureau de mon professeur.
Mon oncle vient ce soir.
L'ouvrier ne tombe pas de l'échelle.
Daniel ne revient pas cet après-midi.

79. (d) *Mettez les phrases suivantes au passé composé:*

Nous arrivons à l'heure.
Jacques et sa fiancée viennent au bal.
Marie et sa mère vont en ville.
Les étudiants entrent dans la classe.
Votre amie sort à sept heures du soir.

Restez-vous à la maison ce matin, Marie?
Les étudiants vont-ils au cinéma ce soir?
Les voyageurs montent-ils dans le train?
Les touristes descendent-ils de l'avion?

80. (c) *Répondez aux questions suivantes:*

Qu'est-ce que vous jetez par la fenêtre?
Qu'est-ce que vous achetez au bureau de poste? (des timbres, des cartes postales, etc.)
Qui est-ce que vous amenez chez le dentiste?
Que faites-vous pour attirer l'attention de votre professeur?

Quelle idée est-ce que vous rejetez?
Qu'est-ce que vous achevez en ce moment?
Qui amenez-vous au bal?
Quel mot est-ce que vous épelez?
Qui est-ce que vous appelez?

81. (c) *Répondez négativement aux questions suivantes:*

Préférez-vous le thé?
Qu'est-ce que vous répétez?
Est-ce que vous espérez aller en France cet été?
Considérez-vous la question du professeur?
Qu'est-ce que vous préférez comme dessert?

Est-ce que vous complétez ces phrases?
Espérez-vous aller en Europe l'année prochaine?
Quel sport d'été préférez-vous?
Quel sport d'hiver est-ce que vous préférez?

82. (c) *Répondez aux questions suivantes:*

A qui envoyez-vous des cartes de Noël?
Quel livre employez-vous dans la classe de français?
Qui nettoie votre chambre?
Combien de fois par semaine nettoyez-vous la chambre?
Avez-vous payé le disque au vendeur?

Quelle robe est-ce que vous essayez?
Qu'est-ce que vous employez pour écrire?
Combien avez-vous payé votre livre de français?
Qui nettoie le tableau noir avant l'arrivée du professeur?

83. (b) *Répondez aux questions suivantes:*

Est-ce que vous dormez assez bien?
Est-ce que votre ami ne dort pas très bien?
Combien de temps dormez-vous chaque jour?
Combien de temps avez-vous dormi hier soir?

Où est-ce que vous dormez?
Jusqu'à quelle heure dormez-vous?
Est-ce que vous dormez assez pendant le week-end?
Est-ce que vous voulez dormir maintenant?
Est-ce que vous avez bien dormi hier soir?

84. (d) *Répondez négativement aux questions suivantes:*

Est-ce que cet enfant se réveille à midi?
Est-ce que ces enfants se rasent?
Est-ce que vos amis s'habillent lentement?
Est-ce que les ouvriers s'endorment?
Est-ce que le professeur s'endort en classe?
Est-ce que les étudiants se reposent en classe?
Est-ce que le facteur s'approche du chien?
Est-ce que les bébés s'habillent devant un miroir?
Est-ce que le professeur se met à pleurer?

85. (c) *Répondez aux questions suivantes en employant la forme vous:*

Est-ce que nous nous endormons dans la classe de français?
A quelle heure est-ce que nous nous couchons?
Est-ce que nous nous brossons toujours les dents?
Avec quoi est-ce que nous nous rasons?
Où est-ce que nous nous arrêtons?
A quelle heure est-ce que nous nous levons?
De quoi est-ce que nous ne nous approchons pas?
Où est-ce que nous allons nous promener?
Où est-ce que nous nous habillons?

86. (d) *Répondez aux questions suivantes en employant la première personne du singulier:*

A quelle heure est-ce que vous vous levez?
Quand est-ce que vous vous couchez d'habitude?
Où est-ce que vous vous brossez les dents? (dans la salle de bain)
Où est-ce que vous vous promenez?
De qui est-ce que vous ne vous approchez pas?
Combien de temps est-ce que vous voulez vous reposer?
Devant quelle maison est-ce que vous ne vous arrêtez pas?
Où est-ce que vous vous habillez?
Où est-ce que vous ne vous endormez pas?

87. (c) *Mettez le sujet de chaque phrase au singulier ou au pluriel, et remplacez chaque complément direct par le pronom approprié:*

Ils mettent le livre dans le tiroir.
Je mets du sucre dans mon café.
Elle met la chaise derrière la table.
Nous avons mis le stylo sur votre bureau.
Il met le magnétophone sous la table.
Nous mettons les phrases à la forme négative.
Tu mets la lettre à la poste.
Nous mettons les souliers sous le lit.
Tu a mis de la crème dans mon café.

88. (b) *Mettez les phrases suivantes au passé composé:*

Est-ce que vous vous reposez bien, Marie?
Mes parents se couchent de bonne heure.
Est-ce que vous vous promenez ensemble?
Les étudiants ne s'endorment pas en classe.
Marie et sa sœur se mettent à danser.
Nous nous réveillons avant sept heures.
Est-ce que vous vous couchez de bonne heure, Robert?
Est-ce que vous vous dépêchez ce matin?

89. (c) *Répondez négativement en remplaçant chaque complément direct (où il se trouve) par le pronom approprié:*

Est-ce que je me brosse les cheveux chaque matin?
Est-ce que vous vous lavez les mains avant le dîner?
Est-ce que vous vous êtes coupé le doigt?
Est-ce que vos amis se sont promenés dans le parc?
Est-ce que Jean s'est cassé la jambe?
Est-ce que vous vous êtes déjà lavé les mains?
Est-ce que vous vous êtes déjà brossé les dents?

90. (b) *Remplacez la locution est-ce que ... par l'inversion:*

A quelle heure est-ce que vous vous levez?
A quelle heure est-ce que vous vous êtes couché hier soir?
Pourquoi est-ce que tu ne t'es pas dépêchée?
Comment est-ce que tu t'es cassé le bras?
Où est-ce que vous vous êtes arrêtés?
De quoi est-ce qu'ils se sont approchés?
Où est-ce que tu te reposes?
Quand est-ce qu'il s'est mis à travailler?

91. (c) *Répondez aux questions suivantes:*

Savez-vous le numéro de téléphone de votre professeur?
Est-ce que vos amis savent votre nationalité?
Est-ce que vos parents savent que vous parlez français?
Est-ce que votre professeur sait jouer du piano?
Savez-vous que le français n'est pas difficile?
Qu'est-ce que vous savez?
Qu'est-ce que vos amis ne savent pas?

92. (c) *Répondez aux questions suivantes en remplaçant chaque complément direct (où il se trouve) par le pronom approprié:*

Votre professeur vous connaît-il bien?
Connaissez-vous bien votre professeur?
Quel journal français connaissez-vous?
Connaissez-vous le président des Etats-Unis?
Vos amis connaissent-ils vos parents?
Connaissez-vous l'histoire de la Révolution française?
Qui est-ce que vous voulez connaître?
Qui connaissez-vous très bien dans votre classe de français?

93. (d) *Mettez les phrases suivantes à l'imparfait et au négatif en même temps:*

Je lis des journaux français.
Marie et Jean connaissent mon frère.
Vous faites trop d'erreurs.
Tu comprends pourquoi j'ai froid.
Il fait très beau ce matin.
Je veux savoir si vous lisez mon journal.
Il sait que je déjeune chez Marianne.
Je bois du vin français.
Je peux vous dire que Paul écrit des lettres.

94. (b) *Mettez les phrases suivantes à l'imparfait:*

Je ne sais pas si Paul est malade.
Il est évident que vous êtes épuisé.
Nous sommes sûrs qu'elle est heureuse.
Nous savons qu'ils sont mariés.
Mes enfants sont sages pendant que je suis absent.
Je comprends que Lucile écrit ces notes.
Je vais dire que Pierre est chez André.
Elle veut dire qu'elle connaît ma sœur.
Je suis certain que vous vous trompez.

95. (b) *Répondez aux questions suivantes:*

Quel temps faisait-il ce matin?
Qu'est-ce que vous faisiez cet après-midi?
Où demeuriez-vous quand vous aviez dix ans?
A quelle école alliez-vous quand vous aviez sept ans? (à l'école primaire)
Quel était votre sport favori quand vous étiez enfant?

Quelle langue parliez-vous quand vous aviez dix ans?
Quelle sorte d'enfant étiez-vous?
Qu'est-ce que vous ne compreniez pas quand vous étiez petit(e)?
A quelle heure vous leviez-vous l'année dernière?
Faisiez-vous une promenade chaque jour l'été dernier?

96. (c) *Répondez aux questions suivantes:*

Que faisiez-vous ce matin à cinq heures?
Où étiez-vous ce matin vers[15] six heures?
Quel temps faisait-il ce matin quand vous vous êtes levé(e)?
Quel temps faisait-il quand vous êtes rentré(e) hier soir?

Lisiez-vous quelque chose hier soir vers huit heures?
Que vouliez-vous faire ce matin?
Où étiez-vous hier après-midi?
Aviez-vous faim ce matin quand vous vous êtes réveillé(e)?
Que faisiez-vous quand votre professeur est entré dans la salle?

97. (b) *Racontez le passage suivant au passé, à la première personne du singulier, en y ajoutant quelques détails. Commencez par Hier ... :*

Henri se réveille de très bonne heure. Il regarde son réveille-matin. Il est seulement six heures et demie. Il fait beau. Il regarde par la fenêtre. Le ciel est très bleu. Il décide de faire une promenade avant le petit déjeuner. Il s'habille rapidement. Il quitte la maison et marche vers la rivière. Il fait un peu frais. Il a faim quand il rentre à la maison. Le petit déjeuner est prêt.

98. (b) *Répondez aux questions suivantes:*

Vos amis peuvent-ils aller au cinéma ce soir?
Votre professeur peut-il gronder ses étudiants?
Pouvez-vous me dire la vérité?
Avez-vous pu faire vos devoirs hier soir?
Qu'est-ce que vous ne pouvez pas faire?

Qui ne peut pas comprendre cette leçon?
Pouvez-vous dormir quand vous êtes épuisé(e)?
Pouvons-nous toujours dire la vérité?
Qu'est-ce que vous n'avez pas pu faire hier?

99. (c) *Répondez affirmativement en employant le futur et les pronoms appropriés:*

Quand allez-vous répondre à Marie?
A quelle heure allez-vous finir ce devoir de français?
Combien de temps allez-vous attendre vos amis?
Le marchand va-t-il vendre des légumes?
Allez-vous perdre l'argent de vos parents?

Les ouvriers vont-ils bâtir la maison?
Denise vend-elle sa bicyclette à votre sœur?
Est-ce que le doyen punit les mauvais étudiants?
Est-ce que vous battez ce petit garçon?

---

[15] **Vers** means *about* or *at about* and is used when referring to time of the day.

100. (c) *Répondez négativement en employant le futur et les pronoms appropriés:*

Est-ce que vous allez montrer des photos à vos amis?
Votre professeur va-t-il trouver beaucoup de fautes dans votre devoir de français?
Est-ce que vous allez gagner beaucoup d'argent cet été?
Vos amis vont-ils poser des questions au professeur?
Où allez-vous emmener vos amis?
A qui allez-vous donner ce livre?
Avec qui allez-vous discuter vos problèmes?
Qu'est-ce que vous allez acheter demain?
A quelle heure allez-vous vous lever demain?

101. (c) *Répondez négativement en employant le futur et les pronoms appropriés:*

Est-ce que vous allez préparer le dîner?
Est-ce que vous allez répéter cette phrase?
Allez-vous céder cette place à Marie?
Allez-vous chercher vos amis?
Ce livre va-t-il intéresser votre père?
Est-ce que vous allez «sécher» votre classe de français?
Est-ce que vous allez jeter ce livre par la fenêtre?
Est-ce que vous allez considérer les problèmes de vos amis?
Est-ce que vous allez étudier ce soir?

102. (b) *Répondez aux questions suivantes en employant le futur:*

Quand est-ce que vous pouvez terminer vos études?
Est-ce que vous saurez votre leçon de demain?
Quand est-ce que vous allez être content(e)?
Quand est-ce que vous allez avoir assez d'argent?
En quelle saison allez-vous en Europe?
A qui allez-vous écrire ce soir?
Quel journal américain allez-vous lire ce soir?
Où allez-vous dormir ce soir?
A quelle heure allez-vous venir à la classe de français?

103. (b) *Répondez négativement en employant les pronoms personnels toniques:*

Est-ce que vous allez étudier chez votre ami?
Ne voulez-vous pas danser avec Jeanne?
Viendrez-vous sans les parents de Jacques?
Parlez-vous toujours de votre ami?
Est-ce que vous allez chez votre tante ce soir?
Est-ce que vous sortez avec vos amis ce soir?
Est-ce que vous jouez avec ces étudiantes?
Allez-vous au cinéma avec vos parents?
Est-ce que vous travaillez pour votre oncle?

104. (c) *Répondez négativement aux questions suivantes:*

Ecrivez-vous des lettres chez moi?
Ferez-vous une promenade avec votre amie?
Serez-vous chez vous dimanche prochain?
Est-ce que vous étiez devant moi?
Est-ce que vous vouliez marcher derrière nous?
Est-ce que je me suis endormi chez toi?
Est-ce que tu vas étudier ce soir chez moi?
Ne veux-tu pas rester avec moi?
Tes amis sont-ils venus chez toi hier soir?

105. (c) *Répondez négativement en employant les pronoms appropriés:*

Avez-vous peur de l'examen de français?
Votre professeur boit-il trop de café?
Avez-vous parlé de votre professeur ce matin?
Est-ce que vous avez peu d'amis?
Est-ce que vous avez peur de vos parents?
Avez-vous parlé de vos vacances à vos amis?
Avez-vous besoin du dictionnaire du professeur?
Etes-vous mécontent(e) de votre classe de français?
Etes-vous fatigué(e) de votre travail?

106. (c) *Répondez négativement en employant les pronoms appropriés:*

Est-ce que vous étiez dans le corridor?
Est-ce que vos amis sont en classe?
Est-ce que vous répondrez à la question du professeur?
Est-ce que vous pensez à votre avenir?
Obéissez-vous toujours à vos parents?
Etes-vous allé(e) en Europe l'été passé?
Etes-vous resté(e) à la maison ce matin?
Est-ce que vous répondrez à vos amis?
Etes-vous entré(e) dans cette chambre?

107. (c) *Répondez négativement en employant les pronoms appropriés:*

Est-ce que vous envoyez ces paquets à Londres?
Est-ce que vous pensez à moi de temps en temps?
Est-ce que vous êtes allé(e) au concert hier soir?
Est-ce que vous obéissez toujours aux lois?
Est-ce que vous pensez toujours à votre avenir?
Est-ce que ces livres sont au professeur?
Est-ce que cette montre est à vous?
Pensez-vous toujours à vos parents?
Pensez-vous souvent à vos projets d'été?

108. (d) *Répondez aux questions suivantes:*

Entre qui est-ce que vous êtes assis(e) dans la classe de français?
Votre professeur s'assied-il quand il fait la classe?
Qui est assis au premier rang dans la classe?
Est-ce que vous êtes assis(e) au dernier rang?
Vous assiérez-vous près de moi?
Vous asseyez-vous quand le professeur vous dit: «Asseyez-vous»?
Quand vous entrez dans un restaurant, où voulez-vous vous asseoir?
Est-ce que vous êtes debout maintenant?
Quand est-ce que vous vous levez en classe?

109. (c) *Répondez aux questions suivantes:*

Qu'est-ce que vous voyez par la fenêtre?
Qui avez-vous vu ce matin?
Qui est-ce que vous voyez très souvent?
Qu'est-ce que vous voulez voir si vous allez en France?
Qui est-ce que vous verrez ce soir?
Le professeur vous voit-il très bien?
Vos parents vous voient-ils chaque jour?
Est-ce que vous me voyez maintenant?
Qu'est-ce que vous avez vu hier soir?

110. (d) *Répondez affirmativement en employant* **le, la ou les,** *selon le cas:*

Avez-vous compris que votre professeur n'est pas malade?
Voyez-vous que je ne suis pas fâché contre vous?
Savez-vous que je parle français?
Comprenez-vous la leçon d'aujourd'hui?
Est-ce que vous êtes étudiant(e)?

M'avez-vous dit que vous étiez très fatigué(e)?
Envoyez-vous ces lettres à New York?
Savez-vous que je ne dis pas toujours la vérité?
Faites-vous toujours vos devoirs?

111. (c) *Répondez négativement en employant les pronoms appropriés:*

Est-ce que vous m'envoyez à Paris?
Avez-vous donné vos cahiers au professeur?
Est-ce que vous m'amènerez au cinéma ce soir?
Est-ce que vous cachez votre ami derrière le bureau?
Est-ce que vous mettrez ces lettres dans ce tiroir?
Est-ce que vous payez l'addition à la serveuse?
Est-ce que vous donnerez votre montre à cet enfant?
Est-ce que vous apportez vos disques à la classe?
Est-ce que vous vous êtes caché(e) dans la salle de bain?

112. (c) *Posez des questions sur les phrases suivantes, en remplaçant les pronoms par des noms:*

Oui, je vous en donnerai.
Oui, il m'en parlera.
Non, il ne l'y cachait pas.
Oui, elle m'en a apporté.
Mais si, elle me le dira ce soir.
C'est vrai, nous ne vous en avons pas encore parlé.
Je le lui dirai demain dans un parc.
Si, elle s'y est assise.
Je vous l'écrirai.
Oui, vous me les avez déjà montrées.
Non, je n'en ai pas beaucoup.

113. (c) *Répondez négativement en employant les pronoms appropriés:*

Donnez-vous de l'argent aux pauvres?
Ecrivez-vous des lettres à votre professeur?
Daniel vous présentera-t-il à Rose?
Est-ce que Louise vous adresse à ce professeur?
Est-ce que nous cachons nos livres sous le lit?
Est-ce que vous stationnez la voiture derrière le bâtiment?
Est-ce que vous faites vos devoirs à la bibliothèque?
Avez-vous mis mon livre sur ce bureau?
Avez-vous parlé de vos intentions à vos parents?

114. (c) *Répondez négativement aux questions suivantes:*

Voyez-vous quelque chose?
Voyez-vous quelqu'un dans la salle?
Est-ce que vous êtes encore enfant?
Avez-vous jamais tué un homme?
Serez-vous encore en classe à une heure du matin?
Avez-vous caché quelque chose à votre père?
Qu'est-ce que vous ne ferez jamais?
Qui est-ce que vous ne voyez plus?

115. (b) *Répondez négativement aux questions suivantes:*

Qui a frappé à la porte?
Qui va arriver en retard?
Qu'est-ce qui vous est arrivé?
Qu'est-ce qui coûte cher ici?
Qui peut expliquer cette idée?
Qui vous a téléphoné?
Qu'est-ce qui se passe?
Qu'est-ce qui peut expliquer cette action?

116. (b) *Répondez aux questions suivantes d'après le modèle ci-dessous:*

Pourquoi ne me parlez-vous pas? **Mon frère m'a dit de ne pas vous parler.**

Pourquoi ne lui parlez-vous pas?
Pourquoi ne travaillez-vous pas?
Pourquoi ne parlez-vous à personne?
Pourquoi ne dites-vous rien?
Pourquoi ne dites-vous jamais la vérité?
Pourquoi ne vous couchez-vous pas?
Pourquoi est-ce que vous ne me répondez pas?
Pourquoi est-ce que vous ne dansez pas avec moi?

117. (b) *Répondez par jamais, rien, personne, à personne, etc., selon le cas:*

Qui a téléphoné?
Qu'est-ce qui se passe?
Veut-il se marier?
Qui sait la réponse?
Allez-vous au cinéma avec lui?
Pensez-vous à quelque chose?
De qui parlez-vous?
A qui obéit-elle?
Comprendra-t-il la vérité?
Pour qui travaillez-vous?
Allez-vous faire quelque chose?
De quoi avez-vous besoin?

118. (d) *Répondez en disant moi, bien sûr; à moi, bien sûr; de moi, bien sûr; etc.; selon le cas:*

Qui est très intelligent?
A qui veut-elle parler?
Près de qui s'assied-il?
Chez qui va-t-elle?
Pour qui travaillera-t-il?
A qui obéit-il?
Devant qui était-il assis?
De qui a-t-il besoin?
De qui a-t-il parlé?
Contre qui est-elle fâchée?
Avec qui danse-t-elle?
En qui a-t-il confiance?
De qui a-t-elle peur?
Qui va lui téléphoner?

119. (c) *Répondez aux questions suivantes:*

Avec qui sortirez-vous le week-end prochain?
D'où partez-vous pour aller en France?
Quand êtes vous sorti(e) de la maison ce matin?
Avec qui êtes-vous sorti(e) le week-end passé?
Quand est-ce que le professeur sort de la classe?
A quelle heure quittez-vous la maison?
Qui va partir pour Paris?
Voulez-vous sortir quand il fait très froid?

120. (c) *Répondez aux questions suivantes:*

A quoi sert le crayon?
De quoi vous servez-vous pour manger?
Que servez-vous comme boisson?
A quoi sert un dictionnaire?
De quoi ne vous êtes-vous jamais servi?
Qui vous a servi de guide?
Qu'est-ce que Marianne vous sert?

121. (c) *Mettez les phrases suivantes au négatif de l'impératif en remplaçant tous les compléments par les pronoms appropriés:*

Vous regardez la télévision.
Nous envoyons des cadeaux au frère de Jacques.
Vous m'expliquez cette situation.
Tu te brosses les dents chaque matin.
Nous lisons cet article à votre ami.
Vous allez à la classe de chimie.
Tu sers ce café au professeur.
Vous ne me parlez pas de ce voyage.

122. (b) *Mettez les phrases suivantes à l'impératif en remplaçant chaque complément par le pronom approprié:*

    Vous me payez le disque.
    Vous m'expliquez vos actions.
    Vous nous envoyez les cartes.
    Nous écrivons les lettres.
    Vous vous lavez le visage.
    Tu te laves les mains.
    Vous me servez du café.
    Nous nous brossons les dents.

123. (c) *Mettez les phrases suivantes à l'affirmatif en remplaçant tous les compléments par les pronoms appropriés:*

Ne lui écrivons pas de lettres.
N'envoyons pas de cadeau à notre cousin.
Ne vous mariez pas tout de suite.
Ne lui racontez pas cette histoire.
Ne donnons pas d'argent à cet homme.
Ne dites jamais la vérité à vos parents.
Ne servez pas de vin à cet étudiant.

124. (c) *Posez des questions sur les réponses suivantes:*

    Je ne savais pas cela.
    C'est très bon.
    Non, je vais prendre ceci.
    Je n'aime pas ça.
    Mais vous savez bien que ce n'est pas vrai.
    Je ne dis pas cela.
    Je ne comprends pas cela.
    C'est facile.
    Cela arrive de temps en temps.

125. (c) *Répondez aux questions suivantes en employant ne ... que:*

Combien de frères avez-vous?
Combien de temps avez-vous étudié hier soir?
Combien de temps avez-vous dormi hier soir?
Avez-vous un billet de vingt dollars?
Combien de classes aurez-vous demain?
Qui est-ce que vous avez vu?
Est-ce que le professeur a servi du vin?
Lisez-vous des journaux anglais?
Avez-vous acheté trois livres?

126. (b) *Répondez aux questions suivantes d'après le modèle ci-dessous:*

    Avez-vous besoin de moi? **Oui, je n'ai besoin que de vous.**

    Avez-vous peur de moi?
    Est-ce que vous me regardez?
    Est-ce que vous me comprenez?
    Est-ce que vous me voyez?
    Est-ce que vous m'obéissez?
    Est-ce que vous allez me punir?
    Est-ce que vous me connaissez?
    Me parlez-vous?
    Est-ce que vous m'écrivez?

127. (c) *Répondez aux questions suivantes:*

    Qu'est-ce que vous devez faire?
    Qu'est-ce que vous avez dû faire ce matin?
    A quoi l'Allemagne doit-elle sa prospérité?
    Devez-vous de l'argent à votre ami?
    Quelle leçon devez-vous étudier aujourd'hui?
    Devez-vous quelque chose à vos parents?
    Est-ce que quelqu'un vous doit de l'argent?
    Qu'est-ce que vous devrez faire l'été prochain?
    Qu'est-ce que vous deviez faire hier soir?

128. (b) *Répondez aux questions suivantes:*

Qu'est-ce que vous avez reçu hier?
De qui recevez-vous des cadeaux?
Recevrez-vous de l'argent demain soir?
Qui va recevoir des fleurs?
Qu'est-ce que vous avez reçu le jour de votre anniversaire?
Qu'est-ce que vous recevez de vos parents?
Avez-vous jamais reçu un câblogramme?
Qu'est-ce que vous aimez recevoir de votre oncle?
Avez-vous reçu des lettres hier après-midi?

129. (c) *Répondez négativement aux questions suivantes en remplaçant chaque complément direct par le pronom approprié:*

Avez-vous reçu mes lettres?
Avez-vous compris cette leçon?
Avez-vous envoyé les cartes de Noël?
Est-ce que vous vous êtes lavé les cheveux ce matin?
Avez-vous bu mon café?
Avez-vous écrit cette lettre?
Avez-vous dit la vérité à vos parents?
Avez-vous servi du café à votre ami?
Avez-vous appris ces règles?

130. (c) *Répondez aux questions suivantes:*

Avec qui voulez-vous vous marier?
Qu'est-ce que vous savez faire?
Qu'est-ce que vous devez savoir?
Qu'est-ce que vous espérez faire l'été prochain?
Qu'est-ce que vous allez manger?
Qui préférez-vous voir?
Qu'est-ce que vous n'osez pas faire en classe?
Qu'est-ce que vous aimez faire avec vos amis?
A qui désirez-vous parler?

131. (d) *Répondez aux questions suivantes:*

Qu'est-ce que vous avez appris à faire?
Qui est-ce que vous continuez à voir?
Qu'est-ce que vous réussissez à faire?
Qu'est-ce que vous commencez à dire?
Quelle chanson vous mettez-vous à chanter?
Qu'est-ce que vous hésitez à dire à vos parents?
Qu'est-ce que vous avez commencé à faire dans la classe de français?
Qu'est-ce que vous hésitez à faire en classe?
Qu'est-ce que vous avez réussi à faire?

132. (b) *Répondez aux questions suivantes:*

Qui vous a encouragé(e) à parler français?
Qui vous invite à aller au bal?
Qui vous aide à faire vos devoirs?
Qui invitez-vous à aller au cinéma?
Qui encouragez-vous à aller en France?
Qui voulez-vous inviter à faire une promenade?
Qu'est-ce que vous m'aidez à faire?
Qu'est-ce qui vous encourage à faire vos devoirs?
Qui voulez-vous encourager à dire la vérité?

133. (d) *Répondez aux questions suivantes:*

Qu'est-ce que vous avez accepté de faire?
Qu'est-ce que vous essayez de faire dans la classe de français?
Qui avez-vous décidé de ne plus voir?
Qu'est-ce que vous avez oublié de dire à votre professeur?
Qui est-ce que vous avez tort de gronder?
Qu'est-ce que vous avez envie de faire cet après-midi?
Qu'est-ce que vous refusez de dire?
Qu'est-ce que vous avez besoin de faire ce week-end?

A qui aviez-vous peur de parler quand
   vous étiez petit(e)?
Qu'est-ce que vous avez l'intention de
   faire ce soir?

Avec qui avez-vous cessé de sortir?
Où avez-vous oublié d'aller ce matin?

134. (b) *Répondez aux questions suivantes:*

Qu'est-ce que le professeur vous
   dit de faire?
Qu'est-ce qu'il vous dit de ne pas
   faire?
Qu'est-ce que le médecin vous a
   ordonné?
Que suggérez-vous à vos amis?
Qu'est-ce que vous conseillez à vos
   amis?
Qu'est-ce que vous me dites de faire?

Qu'est-ce que vous me défendez de
   faire?
A qui suggérez-vous de faire une
   longue promenade?
A qui demanderez-vous d'expliquer
   la leçon?
A qui avez-vous conseillé de rester
   au lit?
A qui avez-vous suggéré d'aller voir
   un psychiatre?

135. (c) *Posez des questions correspondant aux réponses suivantes, en vous servant du Tableau II et d'après le modèle ci-dessous:*

C'est le facteur. **Qui est l'homme qui apporte les lettres?**

C'est le médecin.   C'est le touriste.   C'est le professeur.
C'est le client.   C'est le vendeur.   C'est le voyageur.

(d) *Complétez les phrases suivantes:*

Où est le livre qui   Voilà l'ouvrier qui   Je regarde la jeune fille qui
Voici le journal qui   Je ne connais pas cet homme qui   Ce n'est pas l'infirmière qui

136. (c) *Reliez les deux phrases par le pronom relatif approprié, d'après les modèles ci-dessous:*

Voilà la lettre; j'ai lu cette lettre.   **Voilà la lettre que j'ai lue.**
Je connais cet homme; il est ici.   **Je connais cet homme qui est ici.**

Voici la montre; j'ai acheté cette montre
   hier matin.
Voilà l'homme; il est venu vous voir.
Ce n'est pas le journal; j'ai acheté un
   journal ce soir.
Où est la revue? J'ai trouvé une revue
   sous la table.
Voici les étudiants; vous aimez ces
   étudiants.
Voici la voiture; Robert vient d'acheter
   cette voiture.

Je vois les ouvriers; ils sont très paresseux.
Voilà la jeune fille; vous l'avez invitée à la
   soirée.
Voici les enfants; vous les avez punis hier.
Voici le professeur; il fait des cours de
   français.
J'ai apporté le magazine; vous le connaissez
   bien.
Voici les élèves; ils adorent leur maîtresse.

137. (c) *Reliez les deux phrases en utilisant le pronom relatif* **dont** *ou* **de qui, de laquelle,** *etc., selon le cas:*

Voilà le professeur; j'ai peur de lui.
Voici le médecin; je connais son frère.

Je connais cet homme; vous m'avez
   parlé de lui ce matin.

Voici le livre; vous discutiez les idées de ce livre.
Voilà le magasin; vous regardiez la devanture de ce magasin.
Voici un train; la locomotive de ce train est électrique.
Voilà Marie; vous étiez assis à côté de Marie.
C'est la salle; j'ai trouvé ce manteau au milieu de cette salle.

Voilà l'étudiant; vous avez donné de l'argent à son frère.
Voici la dame; vous réparez sa voiture.
Ce sont les livres; les pages de ces livres sont déchirées.
Voilà le professeur; nous avons parlé à son ami.

138. (c) *Reliez les deux phrases en utilisant le pronom relatif approprié:*

Voici les ordres; nous allons obéir à ces ordres.
Voilà Marguerite; vous allez chez elle.
Ce n'est pas la lettre; j'ai répondu à une lettre.
Voilà Charlotte; il est sorti avec elle hier soir.
Je vous donne ce stylo; j'ai écrit la lettre avec ce stylo.
C'est la table; tu as mis la lettre sur cette table.

Voici ma réponse; vous pourrez compter sur ma réponse.
Voici le tiroir; j'ai mis mes chemises dans ce tiroir.
C'est l'examen; je pensais à cet examen.
Voici l'étudiant; je vais chez lui.
Je ne connais pas cet homme; vous pensez à lui.

139. (d) *Reliez les deux phrases en utilisant le pronom relatif approprié:*

Voici l'homme; je pense souvent à lui.
C'est le cahier; je le cherchais ce matin.
Je connais la jeune fille; vous avez parlé d'elle.
Où est la lettre? J'y ai répondu ce soir.
Voilà M. Bernard; son frère est médecin.
Où est la revue; je viens de l'acheter.

Voici l'examen; j'en ai peur.
Voilà le roman; je l'ai lu hier.
C'est mon oncle; j'ai travaillé pour lui l'été passé.
Où est le cadeau? Paul me l'a donné.
Voici le sujet; vous écrirez sur ce sujet.

140. (c) *Récrivez les phrases suivantes en employant on:*

Comment écrivez-vous ce mot?
Pourquoi dites-vous **si** au lieu de **oui**?
Quand est-ce que nous allons partir?
Quelle langue les habitants des Etats-Unis parlent-ils?

Nous y allons tout de suite?
Pouvez-vous employer ce mot comme ça?
Nous sommes prêts?
Comment dites-vous cela en français?
Nous ne disons pas toujours la vérité?

141. (c) *Répondez aux questions suivantes:*

Avez-vous couru ce matin?
Est-ce que vous courez très vite?
Est-ce que vous courez pour aller à l'école?
Qui a couru vers vous ce matin?
Pourquoi ne courez-vous pas jusqu'à l'école?

Qui ne court jamais?
Pouvez-vous courir très vite?
Avez-vous couru pour aller au réfectoire à midi?
Courez-vous quand vous êtes en retard?

142. (b) *Répondez aux questions suivantes:*

    Qui vous croit toujours?
    Qui ne croira jamais à la magie?
    Qu'est-ce que vous croyez?
    A quoi est-ce que vous croyez?
    Croyez-vous votre professeur?
    Croyez-vous au diable?
    Croyez-vous à la sorcellerie?
    A quoi croyiez-vous quand vous étiez enfant?
    Qu'est-ce que vous ne croirez jamais?

143. (c) *Regardez le Tableau II et écrivez des phrases d'après le modèle ci-dessous:*

    Voici deux facteurs. **Lequel apporte les lettres?**

Voici deux maîtresses. (2)   Voilà plusieurs magasins. (9)   Voilà deux voyageurs. (13)
Voici deux infirmières. (5)   Voilà deux questions. (14)   Voilà deux mères. (19)
Voici deux poupées. (6)   Voici deux trains. (13)   Voilà trois chapeaux. (20)

144. (b) *Répondez aux questions suivantes:*

Etes-vous plus intelligent(e) que votre ami?
Etes-vous moins riche que votre père?
Votre amie est-elle aussi heureuse que vous?
Etes-vous moins grand(e) que votre père?
Qui est plus petit que vous?
Qui est plus gai que vous?
Etes-vous plus bavard(e) que votre ami?
Etes-vous plus riche que M. Rockefeller?
Etes-vous plus intelligent(e) que votre amie?

145. (b) *Répondez aux questions suivantes:*

Qui est l'étudiant le plus grand de votre classe?
Qui est l'étudiant le plus intelligent de votre classe?
Etes-vous l'étudiant(e) le plus paresseux (la plus paresseuse) de la classe?
Qui est la plus belle étudiante de la classe?
Qui est l'étudiant le plus jeune de la classe?
Qui est le plus riche de votre famille?
Qui est le plus heureux de votre famille?
Qui est l'homme le plus riche des Etats-Unis?
Qui est l'actrice la plus belle d'Hollywood?

146. (b) *Répondez aux questions suivantes:*

    Qui est le meilleur étudiant de la classe?
    Qui est meilleur étudiant que vous?
    Recevez-vous les plus mauvaises notes?
    Connaissez-vous une situation pire que cela?
    Quel est le meilleur dictionnaire?
    Qui est le pire acteur d'Hollywood, à votre avis?
    Qui est le meilleur, alors?
    Recevez-vous les meilleures notes de la classe?
    Qui a toujours la meilleure idée?

147. (c) *Répondez aux questions suivantes en employant les adverbes formés à partir des adjectifs entre parenthèses:*

    Votre professeur est-il intelligent? (naturel)
    Ce roman est-il intéressant? (vrai)
    Votre ami est-il malade? (heureux)
    Est-ce que vous étudiez le français? (constant)
    Avez-vous reçu des nouvelles de vos parents? (récent)
    Comment parlez-vous à vos amis? (franc)
    Est-ce que vous me comprenez? (facile)
    Comment Marie a-t-elle chanté? (gai)
    Avez-vous parlé à votre professeur? (bref)

148. (c) *Répondez aux questions suivantes:*

Votre professeur parle-t-il français plus lentement que vous?
Etudiez-vous aussi bien que votre amie?
Qui parle anglais plus vite que vous?
Votre auto va-t-elle aussi vite qu'un avion à réaction?
Allez-vous au cinéma aussi souvent que votre professeur?
Ecoutez-vous le professeur aussi attentivement que votre voisin(e)?
Qui danse plus gracieusement que vous?
Faites-vous vos devoirs aussi diligemment que votre ami?
Parlez-vous moins franchement à votre professeur qu'à vos parents?

149. (c) *Répondez aux questions suivantes:*

Qui parle français le plus lentement?
Que voulez-vous faire le moins souvent?
Qui étudie le français le plus sérieusement?
Qui sait danser le plus gracieusement?
Qui répond le plus brièvement à la question du professeur?
Qui parle le plus confusément de l'avenir?
Qui parle moins franchement que vous?
Parlez-vous le plus vite?
Parlez-vous le plus prudemment des crises internationales?

150. (b) *Répondez aux questions suivantes:*

Parlez-vous français mieux que vos amis?
Etudiez-vous mieux que votre ami?
Qui parle français plus mal que vous?
Allez-vous mieux aujourd'hui qu'hier?
Qui chante le plus mal dans votre famille?
Marchez-vous plus vite que votre mère?
Qui travaille le mieux dans cette classe?
Me comprenez-vous aussi mal que votre ami?
Travaillez-vous mieux que vos amis?

151. (b) *Répondez aux questions suivantes:*

Travaillez-vous autant que votre professeur?
Est-ce que vous lisez plus que votre père?
Est-ce que vous dormez moins que votre mère?
Est-ce que vous mangez autant qu'un lion?
Parlez-vous plus que vos amis?
Mangez-vous moins que votre mère?
Qui parle beaucoup plus que vous?
Etudiez-vous autant que votre amie?
Qui étudie moins que vous?

152. (c) *Répondez aux questions suivantes:*

Avez-vous autant d'argent que votre père?
Avez-vous autant de soucis que le président des Etats-Unis?
Avez-vous plus de problèmes que le secrétaire général de l'O.N.U. (l'Organisation des Nations Unies)?
Lisez-vous autant de livres que votre mère?
Les Russes ont-ils moins de liberté que les Américains?
Les Américains boivent-ils plus de vin que les Français?
Qui travaille avec autant d'enthousiasme que vous?
Un enfant de six ans a-t-il plus d'intelligence que vous?
Lesquels boivent moins de bière, les Allemands ou les Chinois?
Avez-vous plus de cinq dollars sur vous?

153. (d) *Répondez aux questions suivantes:*

 Qu'est-ce que vous ouvrez quand la classe commence?
 Qu'est-ce que vous ouvrez quand il fait chaud dans la salle?
 Que faites-vous pour entrer dans la maison?
 Qu'est-ce que vous avez ouvert hier soir?
 Qui a découvert l'Amérique? (Christophe Colomb)
 De quoi la campagne est-elle couverte après qu'il a neigé?
 Savez-vous découvrir la vérité?
 Qu'est-ce que vous avez découvert?
 Avec quoi couvrez-vous la table?

154. (d) *Répondez aux questions suivantes:*

Qu'est-ce que vous voulez offrir à votre professeur?
Qu'est-ce qu'il vous a offert hier?
Est-ce que vous souffrez de quelque chose?
Qui veut souffrir de l'injustice?
Qui vous a offert de l'argent?
Qu'est-ce qu'un vieil oncle offre à son jeune neveu? (des conseils)
N'avez-vous jamais souffert de rien?
Avez-vous offert quelque chose à votre ami?
Qu'est-ce que vous offrez à votre mère?

155. (c) *Répondez aux questions suivantes au passé composé, en employant les adverbes entre parenthèses et en remplaçant chaque complément par le pronom approprié:*

Avez-vous dit la vérité? (certainement)
Avez-vous parlé de votre professeur à vos amis? (souvent)
Avez-vous étudié le français pour demain? (assez)
Parlez-vous encore de votre examen? (déjà)
Avez-vous compris ce problème? (à peine)
Avez-vous bien dormi? (trop)
Vous êtes-vous levé(e) à cinq heures? (vraiment)
Quelle note le professeur a-t-il donnée à votre ami? (peut-être)
Votre ami a-t-il fini ses devoirs? (probablement)

156. (c) *Répondez affirmativement en employant les adverbs entre parenthèses:*

Est-ce que vous avez parlé à votre cousine? (rarement)
Avez-vous répondu à votre père? (franchement)
Avez-vous écrit à votre mère? (déjà)
Avez-vous compris cette leçon? (très bien)
Avez-vous cherché votre cahier? (partout)
Avez-vous lu cet article? (quelque part)
Vous êtes-vous promené(e) ici? (vraiment)
Avez-vous appris la règle? (enfin)
Avez-vous compris la question? (à peine)
Vous a-t-il parlé de cela? (vaguement)

157. (d) *Chaque phrase suivante exprime une condition réelle; changez-la de sorte qu'elle exprime une condition irréelle, d'après le modèle ci-dessous:*

 Elle viendra s'il fait beau. **Elle viendrait s'il faisait beau.**

J'irai en Europe s'il me donne de l'argent.
Si Marie est là, vous serez content.
Si tu sais la vérité, tu me la diras.
Je ne viendrai pas ici si je suis malade.
S'il vient à midi, nous le verrons.
Si tu manges assez, tu n'auras pas faim.
S'il fait beau, nous irons nous promener.
Si tu laisses la lettre ici, elle la lira.
Si le livre est mauvais, il le jettera par la fenêtre.

(e) *Répondez aux questions suivantes:*

Qu'est-ce que vous feriez si vous étiez malade?

Qu'est-ce que vous feriez si vous étiez riche?

Que feriez-vous s'il n'y avait pas de classe demain?

Que ferez-vous si on vous invite à la soirée?

Que feriez-vous si vous n'aviez pas d'argent?

Qu'est-ce que vous ferez s'il fait beau demain?

158. (b) *Mettez les verbes imprimés en caractères gras au temps du passé approprié (c'est-à-dire, au passé composé, à l'imparfait, ou au plus-que-parfait, selon le cas):*

C'**est** vendredi. Charles **décide** d'inviter son amie Charlotte à aller au cinéma. On **donne** un film en ville qu'il n'**a** pas encore vu. Il **téléphone** à Charlotte pour lui demander si elle **est** libre ce soir. Elle **dit** que oui. A vrai dire, elle **a** déjà **vu** ce film pendant les vacances de Noël. Charles **va** chercher son amie à six heures et demie. Charlotte n'**est** pas encore prête. Il **se fait** tard.[16] Les deux amis **se dépêchent**. Quand ils **arrivent** enfin au cinéma, il y **a** une foule de gens devant le guichet.

159. (b) *Continuez la chaîne des phrases suivantes en employant les expressions indiquées ci-dessous:*

Si j'avais su la réponse, j'aurais reçu une bonne note. Si j'avais reçu une bonne note, mon père m'aurait donné deux dollars.

(aller au cinéma)
(ne pas rencontrer mon ami)
(ne pas faire la connaissance de Jeanne)
(ne pas tomber amoureux d'elle)

(continuer mes études)
(se faire[17] médecin)
(gagner beaucoup d'argent)
(être très content)

160. (b) *Répondez aux questions suivantes d'après le modèle ci-dessous:*

Que fait votre oncle? **Je ne sais pas ce qu'il fait.**

Que dit votre père?
Qu'est-ce que je fais?
Qu'est-ce qui est sur le bureau?
De quoi est-ce que j'ai besoin?
Avec quoi est-ce que j'écris?
A quoi est-ce que je pense?

Sur quoi est-ce que je compte?
Qu'est-ce qui s'est passé?
Qu'est-ce que je vois?
Qu'est-ce qu'il veut?
Qu'est-ce que je lis?
Qu'est-ce que je dis?

161. (c) *Ecrivez des phrases d'après le modèle ci-dessous:*

Comparez ces deux autos. (beau). **Cette auto-ci est plus belle que cette auto-là.**

Comparez ces deux maisons. (joli)
Comparez ces deux tables. (ancien)
Comparez ces deux livres. (cher)
Comparez ces deux disques. (intéressant)
Comparez ces deux cravates. (beau)

Comparez ces deux dictionnaires. (bon)
Comparez ces deux garçons. (grand)
Comparez ces deux jeunes filles. (petit)
Comparez ces deux lignes. (court)

---

[16] It is getting late.
[17] **Se faire** means *to become* when some intention is implied. Contrast **il s'est fait avocat** and **il est devenu pâle**.

162. (b) *Répondez aux questions suivantes en employant le pronom démonstratif approprié:*

Quelle robe achetez-vous?
Quels journaux sont canadiens?
Quels étudiants connaissez-vous?
Quel dictionnaire voulez-vous?
Quelle poupée allez-vous donner à Jeanne?
Quelle cravate venez-vous d'acheter?
Quelle lettre avez-vous écrite?
Quel professeur aimez-vous?
Quelle voiture est à Pierre?

163. (c) *Répondez aux questions suivantes d'après le modèle ci-dessous:*

Cherchez-vous le livre du professeur? **Non, je cherche celui de Charles.**

Remplissez-vous le verre de François?
Avez-vous la cravate de Jacques?
Aimez-vous la voiture du professeur?
Connaissez-vous le frère de Jacques?
Connaissez-vous les parents de Marie?
Avez-vous trouvé la montre de Jeanne?
Préférez-vous la composition de Marianne?
Lisez-vous les journaux de Robert?
Choisissez-vous la table de Daniel?

164. (c) *Répondez aux questions suivantes:*

A quelle vitesse conduisez-vous?
   (... kilomètres à l'heure)
Qu'est-ce que vous détruisez?
Qu'est-ce que vous construisez?
Qui a détruit cette maison?
Quelle phrase traduisez-vous?
Où produit-on la plupart des autos américaines?
Traduisez-vous des phrases en bon français?
A quelle vitesse conduit votre professeur?
Savez-vous conduire un camion?

165. (b) *Répondez aux questions suivantes:*

Qu'est-ce que vous sortez de la bibliothèque?
Où est-ce que vous avez monté vos bagages?
Quand êtes-vous sorti(e) de la maison?
Qu'est-ce que nous avons sorti de la maison?
Qu'est-ce que vous avez descendu dans le jardin?
Qui a monté mes valises?
Qui est monté dans votre chambre?
Qu'est-ce que vous avez monté dans le train?
Où est-ce que vous êtes monté(e)?

166. (b) *Achevez les phrases suivantes (ne répétez pas les mêmes expressions):*

Il est pénible	Il est facile	Il est nécessaire
Il est difficile	Il est bon	Il est très agréable
Il n'est pas impossible	Il n'est pas simple	Il est important

167. (c) *Répondez négativement d'après le modèle ci-dessous:*

Est-il facile de parler russe? **Non, ce n'est pas facile.**

Est-il difficile de conduire un camion?
Est-il simple de dire la vérité?
Est-il agréable de marcher sous la pluie?
Est-il pénible de faire les devoirs?
Est-il important d'aller à cette réunion?
Est-il bon de faire une promenade quand il neige?
Est-il nécessaire de lire cet article avant demain?
Est-il difficile de faire des fautes?
Est-il dangereux de conduire cette auto?

168. (d) *Répondez aux questions suivantes:*

Combien de temps vous faut-il pour finir ce devoir de français?
Combien de temps faut-il pour aller à l'université?
Quel journal vaut-il mieux ne pas lire?
Peut-on parler à ses voisins en classe?
Peut-on échanger des notes avec ses voisins en classe?
N'est-il pas nécessaire de pratiquer le français?
Qu'est-ce qu'il vaut mieux faire maintenant?
Qu'est-ce qu'il faut faire demain matin?
Que vaut-il mieux faire si on est fatigué?
Que faut-il faire si on est malade?
Qu'est-ce qu'il ne faut jamais faire en classe?

169. (b) *Achevez les phrases suivantes d'après le modèle ci-dessous:*

Le professeur est fatigué ...   **Le professeur est fatigué de répéter la même question.**

Le professeur est curieux ...
Je suis content ...
Marie est heureuse ...
Nous ne sommes pas contents ...
Jacques n'est pas sûr ...
Nous sommes fatigués ...
Je suis heureux ...
Elle est certaine ...
Je suis sûr ...

170. (c) *Achevez les phrases suivantes:*

Je suis prêt ...
Nous ne sommes pas lents ...
Vous êtes déjà habitué ...
Mon père est très content ...
Ma sœur est curieuse ...
Nous ne sommes pas les premiers ...
Vous êtes le seul ...
Vous n'êtes pas contente ...
Je ne suis pas encore habitué ...
Je serai la dernière ...

171. (c) *Achevez les phrases suivantes:*

Il te téléphonera quand ...
Je lui écrirai aussitôt que ...
Faites vos devoirs dès que ...
Sortez après que ...
Nous punirons Paul s'il ...
Lisez ma lettre quand ...
Elle voudra partir si vous ...
Il parlait à Marie quand ...
Téléphone-lui dès que ...
Ecrivez-moi si ...

172. (c) *Répondez aux questions suivantes:*

Depuis quand étudiez-vous le français?
Depuis combien de temps connaissez-vous votre professeur?
Depuis quand êtes-vous ici?
Depuis combien de temps savez-vous nager?
Depuis quand employez-vous ce livre?
Depuis quand parlez-vous anglais?
Depuis quand savez-vous danser?
Depuis combien de temps connaissiez-vous votre ami quand il vous a invité(e) à la soirée?
Depuis quand fait-il froid?

173. (c) *Répondez aux questions suivantes:*

Qui vous suit partout?
Quel cours suivez-vous à une heure?
Quels cours suivez-vous ce semestre?
Quels cours avez-vous suivis le semestre passé?
Quel conseil suivez-vous?
Quel exemple voulez-vous suivre?
Quels cours suivrez-vous le semestre prochain?
Suivez-vous toujours les conseils de vos parents?
Avez-vous toujours suivi les conseils de vos professeurs?

174. (c) *Répondez aux questions suivantes:*

Avez-vous jamais vécu en Europe?
Voulez-vous vivre en Russie?
Vivez-vous en paix avec tout le monde?
De quoi vivez-vous?
Savez-vous qui a dit: 《L'homme ne vivra pas de pain seulement》?
A quelle époque auriez-vous voulu vivre?
Est-ce que vous vivrez longtemps?
Combien de temps Mathusalem a-t-il vécu?
Vivez-vous aux Etats-Unis?

175. (c) *Répondez aux questions suivantes:*

Vous tairez-vous si je vous le demande?
Vous taisez-vous toujours?
Quand est-ce que vous vous taisez?
Vous tairiez-vous si je vous le demandais?
Vous seriez-vous tu(e) si je vous l'avais demandé?
Demandez à ce petit enfant de se taire.
Demandez à ce monsieur de se taire.
Quand est-ce qu'il ne faut jamais se taire?
Quand est-ce que tout le monde se tait?

176. (c) *Changez les phrases suivantes d'après le modèle ci-dessous:*

J'aime cette robe. **Cette robe me plaît.**

J'aime cette voiture.
Nous n'aimons pas vos amis.
Je vous aime beaucoup.
Jeanne n'aime pas ce morceau de musique.
Personne n'aime ce livre.
Ma sœur aimera ce chapeau.
Mon frère n'aime rien.
Ma tante n'aime personne.
Tout le monde a aimé cette chanson.

177. (c) *Répondez aux questions suivantes:*

Que devriez-vous faire ce soir?
Qu'est-ce que vous auriez pu faire hier soir?
Qu'est-ce que vous auriez voulu faire l'été dernier?
Quand devriez-vous vous taire?
Auriez-vous voulu vivre en Europe pendant la guerre?
Voudriez-vous aller au bal?
N'auriez-vous pas dû étudier jusqu'à minuit hier soir?
Que pourriez-vous faire dans la classe de français?
Devrions-nous faire beaucoup de sport en hiver?

178. (b) *Mettez les phrases suivantes à l'impératif:*

Vous n'êtes pas indulgent.
Vous n'avez plus confiance en eux.
Nous savons vivre heureux.
Tu n'es pas si mécontente.
Nous sommes patients.
Vous savez la leçon.
Tu as plus de patience que lui.
Vous avez la bonté de me dire la vérité.
Nous sommes amis.

179. (c) *Répondez aux questions suivantes:*

Que faut-il que je dise?
A quelle vitesse faut-il que vous conduisiez cette voiture?
Quel crayon faut-il que vous preniez?
Où faut-il que vous vous promeniez cet après-midi?
A quelle heure faut-il que vous vous leviez?

Quelle leçon faut-il que vous étudiiez?
A quelle heure faut-il que vous veniez chez moi?
Que faut-il que vous écriviez?
Quel train faut-il que vous attendiez?

A quelle heure faut-il que je me couche?
A quel examen faut-il que vous réussissiez?
Quel cours faut-il que vous suiviez le semestre prochain?

180. (c) *Répondez affirmativement aux questions suivantes:*

N'est-il pas certain que je parle français?
Est-il juste que vous marchiez si vite?
N'est-il pas clair que je comprends cette situation?
Est-il douteux que vous travailliez longtemps?

Est-il évident que je parle français?
Est-il temps que je regarde la télévision?
Est-il nécessaire que je me lève si tôt?

(d) *Répondez aux questions suivantes d'après le modèle ci-dessous:*

Est-il important de dire la vérité? **Oui, il est important qu'on la dise.**

Est-il essentiel d'écrire cette note?
Est-il possible de lire ces journaux?
Est-il impossible de réussir à cet examen?
Est-il bon d'arriver à l'heure?

Est-il nécessaire d'attendre le professeur?
Est-il naturel de commettre cette faute?
Est-il possible de copier cette phrase?

181. (b) *Répondez aux questions suivantes d'après le modèle ci-dessous:*

Faut-il être à la maison? **Oui, il faut bien que vous y soyez.**

Faut-il avoir toujours raison?
Faut-il savoir la vérité?
Faut-il être à l'heure?
Faut-il être en classe?
Faut-il avoir plus d'enthousiasme?

Faut-il savoir cette réponse?
Faut-il être patient?
Faut-il savoir son numéro de téléphone?
Faut-il avoir moins d'impatience?

182. (b) *Répondez négativement aux questions suivantes:*

Est-il essentiel que j'aille là-bas?
Est-il juste que je fasse cela?
Est-il nécessaire que vous alliez à l'école?
Est-il bon que je puisse vous répondre?
Est-il important que je fasse ce travail?

Est-il inévitable que je fasse des erreurs?
Est-il impossible que vous alliez en Europe cet été?
Est-il temps que vous puissiez voir le médecin?
Est-il possible que vous fassiez une promenade?

183. (b) *Répondez négativement aux questions suivantes:*

Est-il possible que Marie veuille se marier?
Est-il bon que je veuille travailler ce soir?
Est-il impossible qu'il pleuve demain?
Est-il naturel que cet étudiant veuille sortir?
Semble-t-il qu'il faille partir?

Semble-t-il qu'il vaille mieux rester ici?
Est-il juste que tout le monde veuille s'amuser?
Est-il bon que nous voulions regarder la télévision?
Est-il possible qu'il faille travailler davantage?

184. (b) *Reliez les deux phrases d'après le modèle ci-dessous:*

        Il a plu. C'est possible. **Il est possible qu'il ait plu.**

Tu as puni Jean. C'est juste.
Je me suis levé tard. C'est naturel.
Marie est restée debout. Ce n'est pas bon.
Vous avez parlé à Henri. C'est probable.
Jean est arrivé. C'est impossible.

On a appris cette règle. C'est étonnant.
J'ai fait cette faute. C'est regrettable.
Il a dit cela. C'est vrai.
Il a fait ses devoirs. C'est douteux.
Vous avez compris mon problème. C'est bon.

185. (c) *Répondez négativement aux questions suivantes:*

Permettrez-vous que je fume ici?
Voulez-vous que je copie ce mot?
Demandez-vous qu'on sorte de la salle?
Exigez-vous que j'apporte la lettre?
Défendez-vous que je boive ce vin?

Veut-il que vous preniez des notes?
Exige-t-on que vous fassiez cela?
Le professeur exige-t-il que vous compreniez tout ce qu'il dit?
Est-ce qu'on défend que vous fassiez des erreurs?

186. (c) *Mettez le verbe dans la proposition principale au négatif, en faisant le changement nécessaire:*

Je crois que vous savez cela.
Je dis que Marie est fâchée contre vous.
Je pense qu'il a neigé pendant la nuit.
Je doute que vous ayez su la réponse.
Je suis sûr que vous pouvez partir.
Je crois qu'il viendra demain matin.

Je nie que vous ayez fait cela.
Vous doutez que Jacques se soit levé.
Vous espérez que Rose réussira.
Nous croyons que Maurice est mécontent.
On doute que Paul soit arrivé à l'heure.
Je suis certain que c'est ce qu'il veut.

187. (b) *Reliez les deux phrases d'après le modèle ci-dessous:*

        Paul est malade. J'en suis malheureux. **Je suis malheureux que Paul soit malade.**

Tu pourras venir. J'en suis content.
Vous savez son adresse. J'en suis heureux.
Le train était en retard. Je le regrette.
Vous vous trompez. J'en ai peur.
Jean a échoué à cet examen. Nous en sommes honteux.
Marie est malheureuse. Nous en sommes surpris.

Il est venu en retard. Vous en êtes étonné.
Henri comprend la leçon. J'en suis certain.
Il s'est trompé. J'en suis désolé.
Tu n'es pas malade. J'en suis sûr.
Vous avez appris la mauvaise leçon. J'en suis fâché.
Il savait la réponse. Tout le monde s'en est étonné.

188. (c) *Reliez les deux phrases en employant la conjonction donnée entre parenthèses:*

Je vais rester ici. Jean ne le saura pas. (sans que)
Il pleut à verse. Mais je fais une promenade. (bien que)
Je vous dirai la vérité. Ecoutez-moi. (à condition que)
Il se repose ici. Il fera beau temps. (jusqu'à ce que)
Nous faisons ceci. Vos parents seront contents. (pour que)

Je veux vous aider. Vous ne le voulez pas. (à moins que)
Il finira son devoir. Vous ne l'aiderez pas. (sans que)
Elle viendra me voir. Je pars pour Londres. (avant que)
Je vous écrirai. Donnez-moi votre adresse. (pourvu que)

189. (b) *Récrivez les phrases suivantes en employant les conjonctions données entre parenthèses, d'après le modèle ci-dessous:*

J'ai échoué malgré votre aide. (bien que) **J'ai échoué bien que vous m'ayez aidé.**

Je vais partir avant son arrivée. (avant que)
Je resterai ici jusqu'à son départ. (jusqu'à ce que)
Je suis fâché à cause de votre paresse. (parce que)
Ma sœur est heureuse depuis votre arrivée. (depuis que)
Jacques est parti sans ma permission. (sans que)

Jeanne est partie malgré la pluie. (bien que)
J'ai bien travaillé pendant votre absence. (pendant que)
Il vous écrira après votre arrivée à Paris. (après que)
Marianne vous téléphonera dès son arrivée. (dès que)

190. (b) *Achevez les phrases suivantes:*

Voici le meilleur livre que
C'est le seul cahier que
C'est l'homme le plus intelligent à qui
C'est le troisième étudiant que

C'est le livre de Jacques qui
Dans notre cours, c'est le premier livre que
Marie est la pire actrice que
C'est l'étudiant le plus paresseux que

191. (c) *Mettez les propositions principales au négatif en faisant le changement nécessaire:*

Il y a quelqu'un qui sait parler chinois.
Je connais un homme qui peut le faire.
Elle a quelque chose qui plaira à Jean.

Il y a des femmes qui vont à l'école.
C'est l'enfant qui connaît mon frère.
J'ai perdu ce disque qui plaît à Marie.

(d) *Mettez les phrases suivantes à l'interrogatif en faisant le changement nécessaire:*

Tu connais un enfant qui vient toujours à l'heure.
Il connaît quelqu'un qui peut m'aider.

Il y a un homme qui comprend ce problème.
Vous avez un livre qui intéressera mon père.
Il y a quelqu'un qui sait la réponse.

192. (c) *Répondez aux questions suivantes:*

A qui ne mentez-vous jamais?
Qui vous ment toujours?
Avez-vous jamais menti à vos parents?
Pourquoi mentez-vous parfois?
Que fait-on quand on ne dit pas la vérité?

A qui ne mentiriez-vous jamais?
Qui vous a menti hier soir?
Votre professeur vous ment-il de temps en temps?
Aimez-vous les gens qui mentent toujours?

193. (d) *Répondez aux questions suivantes:*

Comment vous sentez-vous?
Le parfum de votre amie sent-il bon?
Comment se sent votre père?
Est-ce que cette viande sent mauvais?
Que sentez-vous quand vous nagez en été?
Qu'est-ce qui sent très bon?

Comment vous sentez-vous après tant de travail?
Que sentirez-vous si vous marchez sous la pluie?
Que sentirez-vous si vous marchez dans la neige?

194. (c) *Répondez aux questions suivantes d'après le modèle ci-dessous:*

    Que pensez-vous de mes idées? **Toutes vos idées sont bonnes.**

Que pensez-vous de mes plans?
Que pensez-vous de leurs chansons?
Que pensez-vous de ces résultats?
Que pensez-vous de ces leçons?
Que pensez-vous de mes réponses?
Que pensez-vous de ses compositions?
Que pensez-vous de ces bicyclettes?
Que pensez-vous de mes amis?

(d) *Changez les phrases suivantes d'après le modèle ci-dessous:*

    Tous les hommes sont nés libres. **Tout homme est né libre.**

Tous les Américains aiment la liberté.
Toutes ces femmes sont belles.
Toutes les leçons sont longues.
Toutes les tables sont occupées.
Tous les hommes mentent de temps en temps.
Tous les étudiants se sont tus.
Tous les professeurs comprennent cette règle.
Tous les enfants aiment jouer.

195. (d) *Répondez négativement en employant tous:*

Est-ce que vous êtes ici?
Est-ce que nous avons étudié ce rapport?
Est-ce que les étudiants sont venus?
Est-ce que nous comprenons la situation?
Est-ce que les jeunes filles sont belles?
Est-ce que nous sommes ici?
Est-ce que les élèves ont acheté cela?
Sont-ils très intelligents?

(e) *Répondez affirmativement en employant le pronom tout:*

Avez-vous oublié la règle?
Est-ce que j'ai vendu ce que j'avais?
Est-ce que nous avons vu ce film?
Ce chapitre est-il facile?
Ce chapeau est-il cher?
Savez-vous la réponse?
Est-ce que le professeur a lu ce roman?
Est-ce que vous avez changé la règle?

196. (b) *Répondez affirmativement d'après le modèle ci-dessous:*

    Est-ce que Paul vend cette auto? **Oui, c'est lui qui la vend.**

Est-ce que Jacques étudie cette leçon?
Est-ce que vous vendez des billets?
Est-ce que vous répondez à la lettre?
Est-ce que j'obéis à cet agent de police?
Est-ce que vos amis parlent de mon cousin?
Est-ce que vous avez fait cela?
Est-ce que Marie a dit cela?
Est-ce que je vous envoie ce paquet?
Est-ce que vos parents vous donnent de l'argent?

197. (c) *Répondez affirmativement d'après le modèle ci-dessous:*

    Parlez-vous à Jeanne? **Oui, c'est à elle que je parle.**

Obéissez-vous à vos parents?
Parlez-vous de vos vacances?
Regardez-vous ce journal?
Lui donnez-vous cet argent?
Avez-vous besoin de mon cahier?
Vos parents parlent-ils à cet homme?
Répondez-vous toujours à votre professeur?
Avez-vous peur de cet examen?
Parlez-vous de moi?

198. (c) *Répondez négativement aux questions qui sont à l'affirmatif et affirmativement à celles qui sont au négatif:*

Avez-vous vu quelque chose d'intéressant?
Avez-vous quelque chose de meilleure qualité?
Ne trouverez-vous rien de mauvais?
Y a-t-il quelque chose de plus amusant?

Avez-vous quelque chose de bon?
Ne voulez-vous rien de meilleur?
Faites-vous quelque chose de stupide?
Lisez-vous quelque chose de difficile?
Y a-t-il quelque chose de plus moderne?

199. (b) *Répondez affirmativement aux questions qui sont au négatif et négativement à celles qui sont à l'affirmatif:*

Connaissez-vous quelqu'un de plus intelligent?
Est-ce que quelqu'un d'important a parlé?
N'y a-t-il personne d'indulgent?
Parlez-vous de quelqu'un de paresseux?
Y avait-il quelqu'un de sympathique?

Répondez-vous à quelqu'un de très sérieux?
Ne trouvez-vous personne de meilleur?
Est-ce que personne d'important n'est venu vous voir?
Ecrivez-vous à quelqu'un d'intéressant?

200. (c) *Répondez aux questions suivantes en employant* **quelques, quelques-uns** *ou* **quelques-unes,** *selon le cas:*

Où sont vos amis?
Avez-vous acheté des disques?
Vos amis comprennent-ils tous le français?
Voulez-vous acheter des crayons?
Avez-vous des amis à Londres?

Comprenez-vous tous ces poèmes?
Vos amis sont-ils tous intelligents?
Voulez-vous lire ces romans?
Ecrivez-vous à vos cousins?
Allez-vous visiter tous ces musées?

201. (d) *Répondez aux questions suivantes en employant* **la plupart** *ou* **la plus grande partie** *dans vos réponses:*

Connaissez-vous tous ces professeurs?
Avez-vous bu tout ce café?
Comprenez-vous tous mes problèmes?
Est-ce que tous vos disques sont ici?
Est-ce vous qui avez caché tous mes livres?

Où avez-vous mis mes crayons?
Est-ce que toutes les bouteilles sont vides?
Est-ce que la lettre est écrite en français?
Est-ce que tous mes amis sont partis?

202. (c) *Répondez aux questions suivantes:*

Qui s'est ri de vos idées?
De quoi vous riez-vous?
A qui souriez-vous toujours?
Quand avez-vous envie de rire?
De qui ne vous riez-vous jamais?

A qui avez-vous souri ce matin?
Votre voisin(e) de gauche vous sourit-il (elle) toujours?
Quand ne souriez-vous jamais?
Y a-t-il quelqu'un qui se rie de vous?

203. (d) *Répondez aux questions suivantes:*

Tenez-vous toujours vos promesses?
Qu'est-ce que vous tenez à faire cet été?
Qui tient le plus grand magasin de votre ville?
Allez-vous obtenir une bourse?
Qu'est-ce que vous voulez obtenir?

Qui maintient que vous avez tort?
Qu'est-ce qui vous tient éveillé(e) la nuit?
Qu'est-ce que vous tenez à faire dimanche prochain?
Qu'est-ce que vos parents tiennent à faire l'année prochaine?

440 WRITTEN EXERCISES

204. (c) *Répondez aux questions suivantes:*

Quand Louis XIV est-il mort?
Qui mourra de faim?
En quelle année Marie-Antoinette est-elle morte?
Mourez-vous toujours de curiosité?
Peut-on vraiment mourir d'ennui?
Est-il possible qu'un jour vous mouriez d'une maladie?
Est-il vrai que tout le monde meurt un jour?
En quelle année le président Roosevelt est-il mort?
Quand meurt-on de soif?

205. (b) *Répondez aux questions suivantes:*

En quelle année êtes-vous né(e)?
Savez-vous quand est né votre professeur?
Où votre père est-il né?
Quand est-ce que votre mère est née?
Où auriez-vous voulu naître?
De quoi est-ce que les révolutions naissent?
Savez-vous en quelle année je suis né(e)?
En quelle année votre ami est-il né?
Où est-ce que vous êtes né(e)?

206. (c) *Répondez aux questions suivantes d'après les modèles ci-dessous:*

Est-ce que tous les étudiants sont ici? **Oui, chaque étudiant est ici.**
Est-ce que tous vos amis sont ici? **Oui, chacun de mes amis est ici.**

Est-ce que tous les professeurs sont à l'école?
Est-ce que tous vos amis vous aiment?
Est-ce que tous vos disques sont noirs?
Est-ce que toutes vos suggestions sont bonnes?
Est-ce que tous les plans sont réalisables?
Est-ce que toutes les tables sont libres?
Est-ce que tous les examens sont difficiles?
Est-ce que toutes vos fleurs sont jolies?
Est-ce que tous vos professeurs sont intelligents?

207. (c) *Répondez négativement en employant* aucun *ou* aucune, *selon le cas:*

Est-ce que vous avez amené vos amis?
Avez-vous vu des films chinois?
Avez-vous lu des romans japonais?
Avez-vous parlé à quelques-uns de vos professeurs?
Est-ce que ces maisons sont vendues?
Avez-vous visité des pays d'Europe?
Connaissez-vous des Russes?
Est-ce que ces leçons sont faciles?
Est-ce que vos amis vous ont aidé(e) à faire les devoirs?

208. (c) *Répondez aux questions suivantes d'après les modèles ci-dessous:*

Où vont la plupart des enfants? **Bien des enfants vont à l'école.**
Est-ce qu'il n'y a plus de café? **Si, il y a encore du café.**

Que font la plupart des gens en haut de la Tour Eiffel?
Est-ce qu'il n'y a plus de gâteaux?
Où avez-vous acheté la plupart de vos robes?
Est-ce qu'il n'y a plus d'encre?
N'avez-vous plus de journaux?
Paul ne veut-il plus de vin?
Que font les étudiants le soir?
Que veulent faire la plupart des parents?
Ne voulez-vous plus de viande?
Où se trouvent les monuments?

209. (c) *Répondez aux questions suivantes en employant ni ... ni:*

Achèterez-vous de la viande et des légumes?
Cherchez-vous des ciseaux et du papier?
Ecrivez-vous des poèmes ou des contes?
Voulez-vous des cartes ou des timbres?

Me donnerez-vous une cravate ou une chemise?
Avez-vous acheté de l'essence et de l'huile?
Avez-vous trouvé des lettres ou des cahiers?

(d) *Répondez aux questions suivantes en employant pas de ... ni de ... :*

Prenez-vous du vin ou de la bière?
Demandez-vous de l'argent ou des promesses?
Apporterez-vous des disques ou des photos?
Voulez-vous des ciseaux ou du papier?

Avez-vous cassé une assiette ou une tasse?
Cherchez-vous un homme ou une femme?
Connaissez-vous des médecins ou des infirmières?

210. (c) *Répondez affirmativement aux questions qui sont au négatif et négativement à celles qui sont à l'affirmatif:*

Ne connaissez-vous ni Robert ni Marie?
Lisez-vous mon livre et celui de Jean?
Ecrivez-vous à vos parents et à vos amis?
Ne pensez-vous ni à vos parents ni à vos amis?
N'aimez-vous ni les Français ni les Allemands?
Avez-vous cherché mon frère ou ma sœur?

Paul et son amie sont-ils venus vous voir?
Est-ce que ma cravate et celle de Daniel vous plaisent?
Verrez-vous la Tour Eiffel et le Palais de Chaillot?
Penserez-vous à l'examen de français ou à celui d'anglais?
Ne comprenez-vous ni ces chapitres-ci ni ceux-là?
Visiterez-vous l'Angleterre et la Hollande?

211. (d) *Mettez les phrases suivantes au passé composé:*

Marie et Jeanne s'écrivent.
Les étudiants s'aident les uns les autres.
Nous nous parlons en français.
Vous avez besoin l'un de l'autre.
Ils vivent en paix les uns avec les autres.
Vous vous aimez l'un l'autre.

Nous nous répondons toujours.
Ils dansent les uns avec les autres.
Ils se cachent les uns aux autres.
Ces enfants se battent.
Vous vous moquez l'un de l'autre.

212. (c) *Répondez aux questions suivantes:*

Qu'est-ce que vous craignez?
Qu'est-ce que vous ne craindrez jamais?
Quand craignez-vous votre professeur?
Qu'est-ce que vous voulez peindre?
Quand éteignez-vous la lumière?
Qui craignez-vous?

Qu'est-ce que vous craignez le plus à la fin de chaque semestre?
Que craigniez-vous quand étiez petit(e)?
Comment s'appelle celui qui peint des tableaux? (peintre)

213. (c) *Répondez aux questions suivantes:*

De qui vous plaignez-vous?
Qui plaignez-vous?
De quoi vous êtes-vous plaint(e)?
De quoi ne faut-il pas se plaindre?
Qui s'est plaint de vous?

De quel examen voulez-vous vous plaindre?
De qui ne vous plaindriez-vous jamais?
Qui vous plaint?
Ne vous plaignez-vous de rien?

214. (b) *Récrivez les phrases suivantes en employant les prépositions données entre parenthèses:*

Je me brosse les dents et puis je m'habille. (avant)
Je lève la main et puis je réponds à la question. (après)
J'arrive à la gare, puis j'achète le billet. (après)
Nous nous reposerons et après, nous travaillerons. (avant)
Il prend son imperméable et puis il sort. (avant)

Vous ferez vos devoirs, puis vous irez au cinéma. (après)
Je m'assiérai et puis vous répondrai. (avant)
D'abord elle est descendue du train et puis elle m'a aperçu. (après)
Nous nous laverons les mains avant de déjeuner. (après)
Je déjeunerai avant de sortir. (après)

215. (b) *Récrivez les phrases suivantes d'après le modèle ci-dessous:*

Je ne sortirai pas, je suis trop fatigué. **Je suis trop fatigué pour sortir.**

Vous allez en Europe, vous avez assez d'argent.
Il ne le dira pas, il est assez intelligent.
Il n'admettra pas sa faute, il est trop opiniâtre.
Nous recommençons le travail, nous nous sommes assez reposés.

Elle ne se mariera pas avec lui, elle est trop jeune.
Il ne finira pas ses devoirs, il a trop sommeil.
Vous n'irez pas au bal, vous êtes trop occupée.
Il n'échouera pas à cet examen, il a assez étudié.

216. (c) *Récrivez les phrases suivantes en employant des participes présents:*

Elle mange et chante en même temps.
Il rend mon salut et me sourit.
Il me parle et cherche son chapeau à la fois.
Recopiez ces phrases et faites les changements nécessaires.

Répondez et remplacez les substantifs par des pronoms.
Il rêve de cela et fume sa pipe.
Il s'est assis et m'a dit bonjour.

(d) *Récrivez les phrases suivantes en employant des participes présents (commencez chaque phrase par le participe présent):*

Ils ont décidé de rester à la maison parce qu'ils n'avaient pas assez d'argent.
Il n'a pas voulu se taire parce qu'il savait la vérité.
Elle n'a pas pu m'attendre plus longtemps parce qu'elle avait faim et soif.

Il a réussi à cet examen difficile parce qu'il avait assez étudié.
Il m'a demandé de répéter la question parce qu'il n'a pas bien compris ce que je disais.
Je suis resté au lit parce que je me sentais trop faible.

217. (c) *Répondez aux questions suivantes en employant des pronoms possessifs:*

Où a-t-il mis tes gants?
Ses fautes étaient-elles graves?
Où as-tu mis la montre de ta mère?
Où as-tu trouvé mes cahiers?

Mes fautes ne sont pas sérieuses; et les tiennes?
Où est ma carte d'identité?
Où as-tu mis mon billet?
Aimes-tu la nouvelle bicyclette de ton ami?

218. (c) *Répondez aux questions suivantes en employant des pronoms possessifs:*

Avez-vous vu la maison de ses parents?
Où avez-vous mis nos livres?
Avez-vous tous passé votre examen?
Voici nos cahiers; où sont les vôtres?
Voilà nos crayons; où sont ceux de vos amis?

Ont-ils bien réussi à leurs examens?
Voici l'auto de mes parents; où est celle des vôtres?
De quelle couleur est l'auto de vos parents?

219. (e) *Mettez les phrases suivantes à la forme passive:*

Cet enfant me dérange constamment.
L'agent de police arrêtera le voleur.
Mon cousin a composé ce morceau de musique.
Les Alliés ont libéré cette nation.
Mon professeur va corriger mes fautes de grammaire.

Ce chien a déchiré mes vêtements.
Mon père comprend ma mère.
Un pronom peut remplacer un substantif.
Il vous aurait reprimandé sévèrement.
Le chat a tué la pauvre souris.

220. (c) *Changez les phrases suivantes d'après un des modèles ci-dessous:*

Jean gronde l'enfant. **L'enfant est grondé par Jean.**
On vole l'argent. **L'argent est volé.**
On répète le mot. **Le mot se répète.**

Le maître punit le garçon.
On améliore la situation.
On va réparer ma montre.
On choisira un délégué.
On n'appliquera pas cette règle.

Tout le monde aimait mon père.
On examine ce cas intéressant.
On emploie souvent cette expression.
Le loup a dévoré le mouton.
On a tué le méchant loup.

221. (e) *Répondez aux questions suivantes en remplaçant tous les substantifs par les pronoms appropriés:*

Quand vous ferez-vous couper les cheveux?
Chez qui vous êtes-vous fait arracher la dent? (chez le dentiste)
Qu'est-ce que votre professeur vous fait faire?
Quand faites-vous venir le médecin?
Qu'est-ce que vous faites savoir à votre professeur?

Qu'est-ce que vos parents vous font dire?
Qui vous fait corriger vos fautes de grammaire?
Est-ce que je vous fais étudier?
Est-ce que je vous fais copier beaucoup de phrases?

222. (d) *Répondez aux questions suivantes en employant le ne explétif dans vos réponses:*

Votre ami est-il intelligent?
Quand est-ce que vous partez?
Pourquoi sortez-vous maintenant?
Qu'est-ce que vous craignez?
De quoi votre soeur a-t-elle peur?

Votre mère est-elle belle?
Pensez-vous que cet enfant soit si intelligent?
Quand ferez-vous une promenade?
Est-ce que vous êtes expérimenté(e)?

223. (b) *Mettez les phrases suivantes au passé composé en remplaçant tous les substantifs par les pronoms appropriés:*

Il étudia la leçon.
Elle nous interrompit de nouveau.
Ils choisirent un délégué.
Ils se levèrent, posèrent la question, puis sortirent.
Elle se leva, répondit à la question, puis s'assit de nouveau.

Il fit tout son possible mais il n'y réussit pas.
Le dîner fut excellent.
Elle eut peur mais resta seule dans la chambre.
Je l'écoutai mais je ne compris rien.
Il vendit la maison et quitta le pays.

(c) *Mettez au passé composé les verbes imprimés en caractères gras dans le passage suivant:*

Il **rencontra** en marchant un ermite, dont la barbe blanche et vénérable lui descendait jusqu'à la ceinture. Il tenait en main un livre qu'il lisait attentivement. Zadig **s'arrêta**, et lui **fit** une profonde inclination. L'ermite le **salua** d'un air si noble et si doux, que Zadig **eut** la curiosité de l'entretenir. Il lui **demanda** quel livre il lisait. «C'est le livre des destinées», lui **dit** l'ermite; «voulez-vous en lire quelque chose?» Il **mit** le livre dans les mains de Zadig, qui, tout instruit qu'il était dans plusieurs langues, **ne put**[18] déchiffrer un seul caractère du livre. Cela **redoubla** encore sa curiosité.

224. (b) *Récrivez les phrases suivantes en mettant tous les temps des verbes de la langue écrite à ceux de la langue parlée, d'après le modèle ci-dessous:*

Il partit avant qu'elle n'arrivât. **Il est parti avant qu'elle (n') arrive.**

Il fallut que je comprisse la vérité.
Il voulut rester jusqu'à ce qu'on eût fini le devoir.
Elle souhaitait que vous lui dissiez un mot d'amour.
Elle arriva avant qu'il ne commençât à neiger.
Ce fut le meilleur cadeau que nous eussions reçu.
Il fit tout son possible pour qu'elle fût heureuse.

Il nia que nous nous fussions dépêchés.
Elle ne comprit pas qu'il eût dit de telles choses.
Elle exigea qu'on fît venir le coupable.
J'eus peur que ce ne fût mon père.
Elle ne crut pas que je pusse lui répondre.
On fut surpris que l'ouvrage eût été terminé.

---

[18] In literary style **pas** is often omitted after **pouvoir** (as well as after **savoir** and **oser**).

FRENCH–ENGLISH VOCABULARY

1. The three parentheses after each entry are to be marked by a diagonal line whenever the word or expression is looked up:

oublier   (×)(/)( )   to forget

This indicates that the English equivalent of **oublier** has been looked up three times.

2. Gender is indicated by the article. In a few words, it is indicated by *f.* or *m.* after the noun.

3. Irregular feminine adjectives and plural nouns are indicated in parentheses after the entry:

heureux (heureuse)   le cheval (les chevaux)

This indicates that the masculine form is **heureux** and the feminine **heureuse**, and that the singular form is **le cheval** and the plural **les chevaux**.

4. Idiomatic and prepositional phrases involving a noun are usually listed under the noun. If there is no noun, they are listed under the MAIN part of the phrase:

bien sûr (look up under sûr)

5. Verbs listed in the table of irregular verbs (Appendix B, page 369) and compounds thereof are marked with an asterisk (*).

6. Numbers in parentheses refer to the relevant grammar steps.

7. An aspirate *h* at the beginning of a word is underlined, as in:

<u>h</u>aut

8. This vocabulary includes all words that occur in the book, including the Review Lessons, with exception of the following:

  (a) Obvious and recognizable cognates, unless some special meaning is involved.

(b) Certain words that appear in the dialogues of the Review Lessons, and whose meanings are explained in the *Notes*.
(c) Adverbs that are derived regularly (see Step 147, page 217).
(d) Numerals higher than 10 (see *Pronunciation and Spelling*, page 15).
(e) Structures and syntactically related forms that are explained in the grammar, such as: *articles; possessive, demonstrative,* and *interrogative adjectives; personal* and *relative pronouns; determinatives; interrogative, demonstrative,* and *possessive pronouns*; etc.

9. Abbreviations used in this vocabulary are:

    adj. adjective   *f.* feminine   *inf.* infinitive   *m.* masculine   *pl.* plural

Vocabulary

	French	( )( )( )	English
	abord	( )( )( )	d'abord first (of all)
	absent	( )( )( )	absent
	absolument	( )( )( )	absolutely
un	accent	( )( )( )	accent
	accepter (de + *inf.*)	( )( )( )	to accept
un	accident	( )( )( )	accident
	accompagner	( )( )( )	to accompany
	accoutumé (à)	( )( )( )	accustomed (to)
	accrocher	( )( )( )	to hang (up), hook
un	accueil	( )( )( )	welcome, reception
	accumuler	( )( )( )	to accumulate
	accuser	( )( )( )	to accuse
	acheter	( )( )( )	to buy (*Step* 80)
	achever	( )( )( )	to finish (*Step* 80)
un	acteur	( )( )( )	actor
	actif (active)	( )( )( )	active
une	activité	( )( )( )	activity
une	actrice	( )( )( )	actress
une	addition	( )( )( )	bill, check
un	adjectif	( )( )( )	adjective
*	admettre	( )( )( )	to admit
	admirer	( )( )( )	to admire
une	adresse	( )( )( )	address
un	adverbe	( )( )( )	adverb
un	aéroport	( )( )( )	airport
	affectueux (affectueuse)	( )( )( )	affectionate
une	affiche	( )( )( )	poster, billboard
	affreux (affreuse)	( )( )( )	frightful, terrible
	afin que	( )( )( )	in order that, so that
un	âge	( )( )( )	age; **Quel âge avez-vous?** How old are you?
un	agent	( )( )( )	**un agent de police** policeman
s'	agir (de)	( )( )( )	**il s'agit de** it is a question of (*always used impersonally*)
	agréable	( )( )( )	pleasant, likeable
	aider (à + *inf.*)	( )( )( )	to help, aid

FRENCH—ENGLISH VOCABULARY

	ailleurs	( )( )( )	elsewhere; **d'ailleurs** besides, moreover
	aimable	( )( )( )	kind, obliging
	aimer	( )( )( )	to like; to love
	ainsi	( )( )( )	so, thus
un	air	( )( )( )	air; looks; **avoir l'air de** to seem, look
une	aise	( )( )( )	**à l'aise** at ease
	ajouter	( )( )( )	to add
un	album	( )( )( )	album
l'	Allemagne (*f.*)	( )( )( )	Germany
	allemand	( )( )( )	German
*	aller	( )( )( )	to go (*Step* 21)
	allô	( )( )( )	hello (*on the telephone*)
	allumer	( )( )( )	to light; to turn on (*an appliance*)
	alors	( )( )( )	then
	améliorer	( )( )( )	to improve
	amener	( )( )( )	to bring (*usually referring to people*) (*Step* 80)
	américain	( )( )( )	American
un	ami (une amie)	( )( )( )	friend
une	amitié	( )( )( )	friendship
un	amour	( )( )( )	love
	amoureux (amoureuse)	( )( )( )	in love
	amusant	( )( )( )	amusing
	amuser	( )( )( )	to amuse; **s'amuser** to enjoy oneself, have fun
un	an	( )( )( )	year; **J'ai vingt ans** I am twenty (years old)
	analyser	( )( )( )	to analyze
	ancien (ancienne)	( )( )( )	old; former (*Step* 52)
un	âne	( )( )( )	donkey
un	ange	( )( )( )	angel
	anglais	( )( )( )	English
un	animal (les animaux)	( )( )( )	animal
l'	Angleterre (*f.*)	( )( )( )	England
une	année	( )( )( )	year (*usually before indefinite numbers, as in* **plusieurs années**)
un	anniversaire	( )( )( )	birthday
	annoncer	( )( )( )	to announce
une	anonymité	( )( )( )	anonymity
	antique	( )( )( )	ancient, antique
	août (*m.*)	( )( )( )	August
*	apercevoir	( )( )( )	to notice, perceive (*conjugated like* **recevoir**)
un	apéritif	( )( )( )	before dinner drink
un	appartement	( )( )( )	apartment
	appeler	( )( )( )	to call; **s'appeler** to be called (*Step* 80)
	appliquer	( )( )( )	to apply
	apporter	( )( )( )	to bring (*usually referring to things*)
*	apprendre (à + *inf.*)	( )( )( )	to learn (*Step* 55)
s'	approcher (de)	( )( )( )	to approach
	approprié	( )( )( )	appropriate, suitable, proper
	approuver	( )( )( )	to approve
	après	( )( )( )	after; **après que** after (*Step* 171); **d'après** according to
	après-demain	( )( )( )	day after tomorrow

FRENCH—ENGLISH VOCABULARY

un	après-midi	( )( )( )	afternoon	
un	arbre	( )( )( )	tree	
une	architecture	( )( )( )	architecture	
l'	argent (*m.*)	( )( )( )	money; silver	
une	argenterie	( )( )( )	silverware	
une	armoire	( )( )( )	wardrobe closet; cupboard	
	arracher	( )( )( )	to snatch away, pull out	
un	arrêt	( )( )( )	stop; arrest	
	arrêter	( )( )( )	to arrest; to stop; **s'arrêter** (**de** + *inf.*) to stop	
une	arrivée	( )( )( )	arrival	
	arriver	( )( )( )	to arrive; to happen	
	arroser	( )( )( )	to water (*a plant*)	
un	article	( )( )( )	article	
un	aspect	( )( )( )	aspect	
	asphyxié	( )( )( )	asphyxiated	
* s'	asseoir	( )( )( )	to sit down (*Step* 108)	
	assez	( )( )( )	enough (*Step* 28)	
une	assiette	( )( )( )	plate	
	assis	( )( )( )	seated	
	assister (à)	( )( )( )	to attend	
une	atmosphère	( )( )( )	atmosphere	
	attendre	( )( )( )	to wait (for)	
une	attention	( )( )( )	attention; **faire attention** (**à**) to pay attention	
	atterrir	( )( )( )	to land	
une	attitude	( )( )( )	attitude	
	attirer	( )( )( )	to attract	
	attraper	( )( )( )	to catch	
une	auberge	( )( )( )	inn	
	aucun (aucune)	( )( )( )	(*Step* 207)	
	au-dessous (de)	( )( )( )	below	
	au-dessus (de)	( )( )( )	above	
une	augmentation	( )( )( )	increase	
	augmenter	( )( )( )	to increase, augment	
	aujourd'hui	( )( )( )	today	
	auprès (de)	( )( )( )	near	
	aussi	( )( )( )	also; (*Steps* 144, 148)	
	aussitôt	( )( )( )	immediately; **aussitôt que** as soon as	
	autant	( )( )( )	as much; as many, (*Step* 151)	
un	auteur	( )( )( )	author	
une	auto	( )( )( )	automobile	
un	autobus	( )( )( )	bus	
un	automne	( )( )( )	fall, autumn	
	autour (de)	( )( )( )	around	
	autre	( )( )( )	other	
	avancer	( )( )( )	to advance	
	avant (**de** + *inf.*)	( )( )( )	before; **avant que** (*Step* 222)	
	avant-hier	( )( )( )	day before yesterday	
	avec	( )( )( )	with	
un	avenir	( )( )( )	future	
	aveugle	( )( )( )	blind	
un	avion	( )( )( )	airplane	
un	avis	( )( )( )	opinion; **à mon avis** in my opinion	

FRENCH—ENGLISH VOCABULARY 449

un	avocat	( )( )( )	lawyer		
*	avoir	( )( )( )	to have (*Steps* 27, 178)		
	avouer	( )( )( )	to admit, confess		
le	bain	( )( )( )	bath; **la salle de bain** bathroom		
le	bal	( )( )( )	ball, dance		
	banal	( )( )( )	trite, commonplace		
la	banane	( )( )( )	banana		
le	banc	( )( )( )	bench		
la	banlieue	( )( )( )	suburb		
la	banque	( )( )( )	bank		
la	barbe	( )( )( )	beard		
	bas (basse)	( )( )( )	low, base; **au (en) bas de** at the bottom of		
le	bateau (les bateaux)	( )( )( )	boat, ship		
le	bâtiment	( )( )( )	building		
	bâtir	( )( )( )	to build		
	battre	( )( )( )	to beat, hit		
	bavard	( )( )( )	talkative		
	beau (bel, belle)	( )( )( )	beautiful, handsome (*Step* 51)		
	beaucoup	( )( )( )	much, many (*Step* 28)		
la	beauté	( )( )( )	beauty		
le	bébé	( )( )( )	baby		
	belge	( )( )( )	Belgian		
la	Belgique	( )( )( )	Belgium		
le	berger	( )( )( )	shepherd		
le	besoin	( )( )( )	need; **avoir besoin de** to need		
la	bête	( )( )( )	beast, animal		
	bête	( )( )( )	stupid, dumb		
la	bêtise	( )( )( )	stupidity, silly thing, silliness		
le	beurre	( )( )( )	butter		
le	bibliothécaire	( )( )( )	librarian		
la	bibliothèque	( )( )( )	library		
la	bicyclette	( )( )( )	bicycle		
	bien	( )( )( )	well (*Step* 115); **bien des** many (*Step* 208); **bien que** although		
	bientôt	( )( )( )	soon		
la	bière	( )( )( )	beer		
le	biftek	( )( )( )	(beef) steak		
le	bijou (les bijoux)	( )( )( )	jewel		
le	billet	( )( )( )	ticket		
	blanc (blanche)	( )( )( )	white		
la	blancheur	( )( )( )	whiteness		
	blesser	( )( )( )	to wound		
	bleu	( )( )( )	blue		
	blond	( )( )( )	blond		
le	bœuf	( )( )( )	ox; beef		
*	boire	( )( )( )	to drink (*Step* 31)		
la	boisson	( )( )( )	drink		
la	boîte	( )( )( )	box		
	bon (bonne)	( )( )( )	good (*Step* 146)		
le	bonbon	( )( )( )	candy, sweet		
	bondé	( )( )( )	crowded		

le	bonheur	( )( )( )	happiness
le	bonjour	( )( )( )	good morning, good afternoon, hello
la	bonne	( )( )( )	maid
la	bonté	( )( )( )	goodness, kindness
le	bord	( )( )( )	shore; edge, side
la	botanique	( )( )( )	botany
la	bouche	( )( )( )	mouth
la	bougie	( )( )( )	candle
le	boulanger	( )( )( )	baker
la	bourse	( )( )( )	purse; scholarship
la	bouteille	( )( )( )	bottle
la	boutique	( )( )( )	shop
le	bras	( )( )( )	arm
	brave	( )( )( )	good, worthy; brave (*after noun*)
	bref (brève)	( )( )( )	short
le	Brésil	( )( )( )	Brazil
	brièvement	( )( )( )	briefly
	briller	( )( )( )	to shine
la	brosse	( )( )( )	brush
	brosser	( )( )( )	to brush
le	brouillard	( )( )( )	fog, mist
le	bruit	( )( )( )	noise
	brun	( )( )( )	brown
le	bureau (les bureaux)	( )( )( )	office; desk; **le bureau de poste** post office
	cacher	( )( )( )	to hide
le	cadeau (les cadeaux)	( )( )( )	gift
le	café	( )( )( )	coffee; café
le	cahier	( )( )( )	notebook
la	caissière	( )( )( )	cashier
	calculer	( )( )( )	to calculate
la	camaraderie	( )( )( )	comradeship, friendship, good fellowship
le	camion	( )( )( )	truck
la	campagne	( )( )( )	country; **à la campagne** in the country
le	Canada	( )( )( )	Canada
	canadien (canadienne)	( )( )( )	Canadian
le	canard	( )( )( )	duck
le	candidat	( )( )( )	candidate
	car	( )( )( )	because
le	caractère	( )( )( )	character
le	carrefour	( )( )( )	crossroads
la	carte	( )( )( )	card; menu; **la carte postale** post card
le	cas	( )( )( )	case; **en tout cas** anyway
	casser	( )( )( )	to break
la	cause	( )( )( )	cause; **à cause de** because of
la	cave	( )( )( )	cellar
	ceci	( )( )( )	this
	céder	( )( )( )	to yield, give in (*Step* 81)
la	ceinture	( )( )( )	belt
	cela	( )( )( )	that
	célèbre	( )( )( )	famous
	célébrer	( )( )( )	to celebrate (*Step* 81)

le	cendrier	( )( )( )	ashtray
le	centre	( )( )( )	center
le	cercle	( )( )( )	circle; club
	certain	( )( )( )	certain
	cesser (**de** + *inf.*)	( )( )( )	to stop, discontinue
	chacun (chacune)	( )( )( )	each, each one, everyone (*Step* 206)
le	chagrin	( )( )( )	sorrow, grief
la	chaise	( )( )( )	chair
la	chaleur	( )( )( )	warmth, heat
la	chambre	( )( )( )	(bed) room
le	champagne	( )( )( )	champagne
la	chance	( )( )( )	luck; **avoir de la chance** to be lucky
la	chandelle	( )( )( )	candle
le	changement	( )( )( )	change
	changer	( )( )( )	to change
la	chanson	( )( )( )	song
	chanter	( )( )( )	to sing
le	chapeau (les **chapeaux**)	( )( )( )	hat
le	chapitre	( )( )( )	chapter
	chaque	( )( )( )	each, every (*Step* 206)
le	chariot	( )( )( )	cart
	charmant	( )( )( )	charming
	charmer	( )( )( )	to charm
le	chat	( )( )( )	cat
le	château (les **châteaux**)	( )( )( )	castle
	chaud	( )( )( )	warm
la	chaussée	( )( )( )	street, road
le	chef	( )( )( )	chief
la	chemise	( )( )( )	shirt
le	chèque	( )( )( )	check; **toucher un chèque** to cash a check
	cher (**chère**)	( )( )( )	dear; expensive
	chercher	( )( )( )	to look for
le	cheval (les **chevaux**)	( )( )( )	horse
les	cheveux (*m. pl.*)	( )( )( )	hair (*pl.*)
	chez	( )( )( )	at (to) the home (shop) of
le	chien	( )( )( )	dog
la	chimie	( )( )( )	chemistry
le	chimiste	( )( )( )	chemist
la	Chine	( )( )( )	China
	chinois	( )( )( )	Chinese
le	chocolat	( )( )( )	chocolate
	choisir	( )( )( )	to choose
le	choix	( )( )( )	choice
	choquant	( )( )( )	shocking
la	chose	( )( )( )	thing, matter; **quelque chose** something
le	cidre	( )( )( )	cider
le	ciel (les **cieux**)	( )( )( )	sky; heaven
la	cigarette	( )( )( )	cigarette
le	cinéma	( )( )( )	motion picture theatre, movies
	cinq	( )( )( )	five
la	circulation	( )( )( )	traffic
les	ciseaux (*m. pl.*)	( )( )( )	scissors

la	cité	( )( )( )	**la cité universitaire** students' residential quarters (dormitories)
la	citronnade	( )( )( )	lemonade
	clair	( )( )( )	clear, light
la	classe	( )( )( )	class
la	clef (clé)	( )( )( )	key
le	client (la cliente)	( )( )( )	customer
le	clou	( )( )( )	nail; **les clous** pedestrian crossing
le	cœur	( )( )( )	heart
le	coin	( )( )( )	corner
la	colline	( )( )( )	hill
	colonial	( )( )( )	colonial
	combien	( )( )( )	how much, how many (*Step* 29)
	commander	( )( )( )	to order
	comme	( )( )( )	as; how
	commencer	( )( )( )	to begin
	comment	( )( )( )	how
le	commerçant	( )( )( )	merchant, tradesman
la	compagnie	( )( )( )	company
	compléter	( )( )( )	to complete (*Step* 81)
	compliqué	( )( )( )	complicated
	composer	( )( )( )	to compose
le	compositeur	( )( )( )	composer
la	composition	( )( )( )	composition
*	comprendre	( )( )( )	to understand (*Step* 55); to consist of, include
	compter	( )( )( )	to count; **compter sur** to count on
le	concert	( )( )( )	concert
*	conclure	( )( )( )	to conclude
la	condition	( )( )( )	condition; **à condition que** provided that
*	conduire	( )( )( )	to drive; to lead (*Step* 164)
la	conférence	( )( )( )	lecture
la	confiance	( )( )( )	confidence
	confirmer	( )( )( )	to confirm
	confus	( )( )( )	confused, sorry; embarrassed
	conjuguer	( )( )( )	to conjugate
la	connaissance	( )( )( )	**faire la connaissance de** to meet, make the acquaintance of
*	connaître	( )( )( )	to know (*Step* 92)
*	conquérir	( )( )( )	to conquer
le	conseil	( )( )( )	advice
	conseiller	( )( )( )	to advise
	consentir	( )( )( )	to consent
	considérer	( )( )( )	to consider
	constamment	( )( )( )	constantly
	constant	( )( )( )	constant
	constater	( )( )( )	to witness, ascertain
	constituer	( )( )( )	to constitute, form
*	construire	( )( )( )	to build (*conjugated like* **conduire**, *Step* 164)
	consulter	( )( )( )	to consult
le	conte	( )( )( )	story, tale
	content	( )( )( )	content, glad
	continuer	( )( )( )	to continue

FRENCH—ENGLISH VOCABULARY

le	contraire	( )( )( )	contrary; **au contraire** on the contrary
le	contraste	( )( )( )	contrast
	contre	( )( )( )	against
*	contredire	( )( )( )	to contradict *(conjugated like* **dire**, *Step 147)*
*	convaincre	( )( )( )	to convince
	convenable	( )( )( )	suitable
	converser	( )( )( )	to converse
	copier	( )( )( )	to copy
	coquet (coquette)	( )( )( )	coquettish, stylish; flirt, coquette
la	Corée	( )( )( )	Korea
	coréen (coréenne)	( )( )( )	Korean
	correspondre	( )( )( )	to correspond
le	corridor	( )( )( )	corridor, hall
	corriger	( )( )( )	to correct
la	côte	( )( )( )	coast
le	côté	( )( )( )	side; **à côté (de)** beside; **du côté de** in the direction of
	côtoyer	( )( )( )	to be next to *(Step 82)*
le	cou	( )( )( )	neck
se	coucher	( )( )( )	to go to bed
la	couleur	( )( )( )	color
le	couloir	( )( )( )	corridor, hall
le	coup	( )( )( )	blow; **donner un coup de téléphone** to call (on the telephone); **jeter un coup d'œil (sur)** to glance (at)
	coupable	( )( )( )	guilty
	couper	( )( )( )	to cut
	courageux (courageuse)	( )( )( )	courageous
le	courant	( )( )( )	current; **le courant d'air** draft
*	courir	( )( )( )	to run *(Step 141)*
le	cours	( )( )( )	course; **au cours de** in the course of; **suivre un cours** to take a course
la	course	( )( )( )	errand; running; **faire des courses** to go shopping
	court	( )( )( )	short
le	cousin (la cousine)	( )( )( )	cousin
le	couteau (les couteaux)	( )( )( )	knife
	coûteux (coûteuse)	( )( )( )	costly, expensive
la	coutume	( )( )( )	custom
*	couvrir	( )( )( )	to cover *(Step 153)*
*	craindre	( )( )( )	to fear *(Step 212)*
la	crainte	( )( )( )	fear
la	cravate	( )( )( )	necktie
le	crayon	( )( )( )	pencil
la	crèche	( )( )( )	manger
	créer	( )( )( )	to create
la	crème	( )( )( )	cream
le	criminel	( )( )( )	criminal
*	croire	( )( )( )	to believe, think *(Step 142)*
*	croître	( )( )( )	to grow
*	cueillir	( )( )( )	to cut; to gather
la	cuillère (cuiller)	( )( )( )	spoon

la	cuisine	( )( )( )	kitchen; cooking; **faire la cuisine** to cook
	culturel (culturelle)	( )( )( )	cultural
	curieux (curieuse)	( )( )( )	curious
la	curiosité	( )( )( )	curiosity
la	dame	( )( )( )	lady
	dangereux (dangereuse)	( )( )( )	dangerous
	danois	( )( )( )	Danish
	dans	( )( )( )	in, inside
	danser	( )( )( )	to dance
	davantage	( )( )( )	more
	debout	( )( )( )	standing (*Step* 108)
le	début	( )( )( )	beginning
	décadent	( )( )( )	decadent
*	décevoir	( )( )( )	to disappoint *(conjugated like* **recevoir***)*
	déchiffrer	( )( )( )	to decipher
	déchirer	( )( )( )	to rip, tear
	décider (de + *inf.*)	( )( )( )	to decide
	décoller	( )( )( )	to unstick; to stick out
	décorer	( )( )( )	to decorate
	décourager	( )( )( )	to discourage
*	découvrir	( )( )( )	to discover (*Step* 153)
le	défaut	( )( )( )	defect, shortcoming; **à défaut de** for want of
	défendre	( )( )( )	to defend; to prohibit, prevent
	dehors	( )( )( )	outside, outdoors
	déjà	( )( )( )	already
le	déjeuner	( )( )( )	lunch; **le petit déjeuner** breakfast
	déjeuner	( )( )( )	to have lunch
	délectable	( )( )( )	delectable, delicious
le	délégué	( )( )( )	delegate
	délicat	( )( )( )	delicate, fine
	demain	( )( )( )	tomorrow
	demander	( )( )( )	to ask (for)
	démarrer	( )( )( )	to start (a motor)
	demeurer	( )( )( )	to live (reside)
	demi	( )( )( )	half
	démolir	( )( )( )	to demolish, tear down
la	dent	( )( )( )	tooth
le	dentiste	( )( )( )	dentist
le	départ	( )( )( )	departure
	dépasser	( )( )( )	to surpass
se	dépêcher	( )( )( )	to hurry
la	dépense	( )( )( )	expenditure
	dépenser	( )( )( )	to spend *(money, energy, etc.)*
	dépouillé	( )( )( )	naked, bare
	déprimant	( )( )( )	depressing
	depuis	( )( )( )	since (*Step* 172); **depuis que** ever since
	déranger	( )( )( )	to disturb
	dernier (dernière)	( )( )( )	last
	derrière	( )( )( )	behind
	dès	( )( )( )	from; **dès que** as soon as (*Step* 171)
	descendre	( )( )( )	to come (go, get) down; to take down (*Step* 165)

	désigner	( )	( )	( )	to designate
	désirer	( )	( )	( )	to desire, wish
	désolé	( )	( )	( )	very sorry, grieved
le	dessert	( )	( )	( )	dessert
	dessiner	( )	( )	( )	to draw, design
la	destinée	( )	( )	( )	destiny
	détester	( )	( )	( )	to detest, dislike
*	détruire	( )	( )	( )	to destroy (*conjugated like* **conduire**, *Step* 164)
	deux	( )	( )	( )	two
	devant	( )	( )	( )	before, in front of
la	devanture	( )	( )	( )	shopwindow
*	devenir	( )	( )	( )	to become
le	devoir	( )	( )	( )	duty; **les devoirs** homework
*	devoir	( )	( )	( )	to owe; to have to, (*Steps* 127, 177)
	dévorer	( )	( )	( )	to devour, eat up
le	diable	( )	( )	( )	devil
la	diapositive	( )	( )	( )	slide (film)
le	dictionnaire	( )	( )	( )	dictionary
le	dieu	( )	( )	( )	god
	difficile	( )	( )	( )	difficult
la	difficulté	( )	( )	( )	difficulty
	diligent	( )	( )	( )	diligent
le	dimanche	( )	( )	( )	Sunday
le	dîner	( )	( )	( )	dinner
	dîner	( )	( )	( )	to have dinner
*	dire	( )	( )	( )	to say, tell (*Step* 47); **ça veut dire** that means; **c'est-à-dire** that is to say
le	discours	( )	( )	( )	speech, talk
	discuter	( )	( )	( )	to discuss
	discret (discrète)	( )	( )	( )	discreet
*	disparaître	( )	( )	( )	to disappear (*conjugated like* **connaître**)
le	disque	( )	( )	( )	record; disk
la	distance	( )	( )	( )	distance; **à quelle distance?** how far?
*	distraire	( )	( )	( )	to distract; to amuse
	distribuer	( )	( )	( )	to distribute
le	divan	( )	( )	( )	sofa, couch
le	divertissement	( )	( )	( )	entertainment
	diviser	( )	( )	( )	to divide
	dix	( )	( )	( )	ten
le	docteur	( )	( )	( )	doctor
le	doigt	( )	( )	( )	finger
le	domaine	( )	( )	( )	estate, property; realm
le	dôme	( )	( )	( )	dome
	dominer	( )	( )	( )	to rule, dominate
le	dommage	( )	( )	( )	**c'est dommage** it's too bad; **quel dommage** what a pity
	donc	( )	( )	( )	therefore, so
	donner	( )	( )	( )	to give
*	dormir	( )	( )	( )	to sleep (*Step* 83)
le	dortoir	( )	( )	( )	dormitory
la	douleur	( )	( )	( )	pain; sorrow
le	doute	( )	( )	( )	doubt

	douter	( )( )( )	to doubt
	douteux (douteuse)	( )( )( )	doubtful
	doux (douce)	( )( )( )	gentle, sweet, soft
le	doyen	( )( )( )	dean
le	dramaturge	( )( )( )	dramatist, playwright
le	droit	( )( )( )	right, law
	droit	( )( )( )	straight; right (hand); **tout droit** straight ahead
la	droite	( )( )( )	right (side, hand); **à droite** to the right
	drôle	( )( )( )	funny
	dur	( )( )( )	hard, harsh
	durer	( )( )( )	to last
une	eau	( )( )( )	water
	éblouissant	( )( )( )	dazzling
	échanger	( )( )( )	to exchange
un	échantillon	( )( )( )	sample
une	écharpe	( )( )( )	scarf
une	échelle	( )( )( )	ladder
	échouer (à)	( )( )( )	to fail
une	école	( )( )( )	school
	écouter	( )( )( )	to listen (to)
	écraser	( )( )( )	to crush; to run over
*	écrire	( )( )( )	to write (*Step* 35)
un	écrivain	( )( )( )	writer, author
	effacer	( )( )( )	to erase
un	effet	( )( )( )	effect; **en effet** indeed
s'	égarer	( )( )( )	to lose one's way
une	église	( )( )( )	church
un(e)	élève	( )( )( )	pupil
	emballé	( )( )( )	enthused
	électrique	( )( )( )	electric
	élégant	( )( )( )	elegant, graceful
	embrasser	( )( )( )	to kiss; to embrace
	emmener	( )( )( )	to take (away) (*Step* 80)
un	employé	( )( )( )	employee
	employer	( )( )( )	to employ, use (*Step* 82)
	emporter	( )( )( )	to take away or along
	emprunter	( )( )( )	to borrow
	encore	( )( )( )	still; again; **encore de la (du, des)** (*Step* 208)
	encourager	( )( )( )	to encourage
une	encre	( )( )( )	ink
*s'	endormir	( )( )( )	to fall asleep, go to sleep
un	endroit	( )( )( )	place, spot
un(e)	enfant	( )( )( )	child
	enfin	( )( )( )	finally; in short
	engager	( )( )( )	to engage; to enlist, hire; **engage une conversation** to start (out) a conversation
un	ennemi	( )( )( )	enemy
un	ennui	( )( )( )	boredom; nuisance, trouble
s'	ennuyer	( )( )( )	to be bored (*Step* 82)
	ennuyeux (ennuyeuse)	( )( )( )	boring, tiresome
	énorme	( )( )( )	enormous, huge

un	enseignement	( )( )( )	teaching, instruction
	enseigner	( )( )( )	to teach
	ensemble	( )( )( )	together
un	ensemble	( )( )( )	whole, general effect
	ensuite	( )( )( )	then, next
	entasser	( )( )( )	to pile up
	entendre	( )( )( )	to hear; **bien entendu** of course; **c'est entendu** agreed, O.K.
un	enthousiasme	( )( )( )	enthusiasm
	entier (entière)	( )( )( )	entire, whole
	entre	( )( )( )	between
une	entrée	( )( )( )	entry, admission; entrance
	entrer	( )( )( )	to enter, go in
(s')	entretenir	( )( )( )	to converse, talk (with)
	envahir	( )( )( )	to invade
une	envie	( )( )( )	**avoir envie de** to feel like
	environ	( )( )( )	about, approximately
	envisager	( )( )( )	to consider, view, envisage; to face
*	envoyer	( )( )( )	to send (*Step* 82)
	épatant	( )( )( )	wonderful, terrific
	épeler	( )( )( )	to spell (*Step* 80)
une	époque	( )( )( )	period, time
	épouser	( )( )( )	to marry, wed
	épuisant	( )( )( )	exhausting
	épuiser	( )( )( )	to exhaust
un	équilibre	( )( )( )	equilibrium, balance
	équilibrer	( )( )( )	to balance
une	équipe	( )( )( )	team
un	ermite	( )( )( )	hermit
une	erreur	( )( )( )	error, mistake
un	escalier	( )( )( )	stairs
l'	Espagne (*f.*)	( )( )( )	Spain
	espagnol	( )( )( )	Spanish
	espérer	( )( )( )	to hope (*Step* 82)
un	espoir	( )( )( )	hope
	essayer (de + *inf.*)	( )( )( )	to try (to) (*Step* 82)
l'	est (*m.*)	( )( )( )	east
	et	( )( )( )	and
un	étage	( )( )( )	floor, story; **le premier étage** second floor
un	étang	( )( )( )	pond
un	état	( )( )( )	state
les	Etats-Unis (*m. pl.*)	( )( )( )	United States
un	été	( )( )( )	summer
*	éteindre	( )( )( )	to extinguish, turn off (*Step* 212)
une	étoile	( )( )( )	star
	étonner	( )( )( )	to astonish
un	étranger (une étrangère)	( )( )( )	foreigner
	étranger (étrangère)	( )( )( )	foreign; **à l'étranger** abroad
*	être	( )( )( )	to be (*Steps* 50, 178)
une	étude	( )( )( )	study
un	étudiant (une étudiante)	( )( )( )	student
	étudier	( )( )( )	to study

l'	**Europe** (*m.*)	( )	( )	( )	Europe
	européen (européenne)	( )	( )	( )	European
s'	**évanouir**	( )	( )	( )	to faint
	éveiller	( )	( )	( )	to awaken
un	**événement**	( )	( )	( )	event
une	**évidence**	( )	( )	( )	evidence
	évident	( )	( )	( )	evident
	éviter	( )	( )	( )	to avoid
	évoluer	( )	( )	( )	to evolve
	exact	( )	( )	( )	exact
un	**examen**	( )	( )	( )	test, examination
	excellent	( )	( )	( )	excellent
s'	**excuser**	( )	( )	( )	to apologize
une	**exécution**	( )	( )	( )	interpretation (music)
un	**exemple**	( )	( )	( )	example; **par exemple** for example
	exiger	( )	( )	( )	to demand, require
	existentialiste	( )	( )	( )	existentialist
	exister	( )	( )	( )	to exist
une	**expérience**	( )	( )	( )	experience
	expérimenté	( )	( )	( )	experienced
une	**explication**	( )	( )	( )	explanation
	expliquer	( )	( )	( )	to explain
une	**exposition**	( )	( )	( )	exhibition, exhibit
	exprimer	( )	( )	( )	to express
un	**extérieur**	( )	( )	( )	exterior, outside
	extraordinaire	( )	( )	( )	extraordinary
la	**façade**	( )	( )	( )	front (of a building)
la	**face**	( )	( )	( )	face; front; **en face (de)** opposite
	fâché	( )	( )	( )	angry; sorry
	facile	( )	( )	( )	easy
la	**façon**	( )	( )	( )	way, manner; **de toute façon** anyway
le	**facteur**	( )	( )	( )	mailman
la	**faim**	( )	( )	( )	hunger; **avoir faim** to be hungry
*	**faire**	( )	( )	( )	to do; to make; to be (weather) (*Step* 65)
le	**fait**	( )	( )	( )	**tout à fait** completely, quite
*	**falloir**	( )	( )	( )	**il faut** it is necessary (*Step* 168)
	fameux (fameuse)	( )	( )	( )	famous
la	**famille**	( )	( )	( )	family
le	**fanatique**	( )	( )	( )	fanatic
	fascinant	( )	( )	( )	fascinating
	fasciné	( )	( )	( )	fascinated
	fatigué	( )	( )	( )	tired
la	**faute**	( )	( )	( )	fault, mistake
le	**fauteuil**	( )	( )	( )	armchair
	faux (fausse)	( )	( )	( )	false, wrong
	favori (favorite)	( )	( )	( )	favorite
la	**félicitation**	( )	( )	( )	congratulation
	féliciter	( )	( )	( )	to congratulate
	féminin	( )	( )	( )	feminine
la	**femme**	( )	( )	( )	woman; wife
la	**fenêtre**	( )	( )	( )	window

	French	( )( )( )	English
	fermer	( )( )( )	to close
la	fête	( )( )( )	feast; festival; holiday
	fêter	( )( )( )	to celebrate
le	feu (les feux)	( )( )( )	fire; light (as in **le feu rouge, le feu vert**)
la	feuille	( )( )( )	leaf; sheet
la	fidélité	( )( )( )	fidelity, faithfulness
	fier (fière)	( )( )( )	proud
la	fièvre	( )( )( )	fever; **avoir de la fièvre** to have a temperature
la	figure	( )( )( )	face; figure
la	figurine	( )( )( )	figurine, statuette
la	fille	( )( )( )	daughter; girl; **la jeune fille** girl, young lady
le	film	( )( )( )	film, motion picture
le	fils	( )( )( )	son
la	fin	( )( )( )	end
	fin	( )( )( )	fine
	finir	( )( )( )	to finish, end
	fixe	( )( )( )	fixed, firm; **le prix fixe** set price
	flamand	( )( )( )	Flemish
	flâner	( )( )( )	to loaf
la	fleur	( )( )( )	flower
la	flûte	( )( )( )	flute
la	fois	( )( )( )	time
	formidable	( )( )( )	formidable; terrific
	formuler	( )( )( )	to formulate
	fort	( )( )( )	strong
la	fortune	( )( )( )	fortune
	fou (fol, folle)	( )( )( )	crazy, mad
la	foule	( )( )( )	crowd
la	fourchette	( )( )( )	fork
la	fraîcheur	( )( )( )	coolness; freshness
	frais (fraîche)	( )( )( )	cool; fresh
le	franc	( )( )( )	franc *(French monetary unit)*
	franc (franche)	( )( )( )	frank
le	français	( )( )( )	Frenchman; French language
	français	( )( )( )	French
la	France	( )( )( )	France
	frapper	( )( )( )	to hit, knock
	fréquent	( )( )( )	frequent
	fréquenté	( )( )( )	popular
le	frère	( )( )( )	brother
	froid	( )( )( )	cold; **avoir froid** to be cold (person); **faire froid** to be cold (weather)
le	fromage	( )( )( )	cheese
le	front	( )( )( )	forehead
le	fruit	( )( )( )	fruit
*	fuir	( )( )( )	to flee
	fumer	( )( )( )	to smoke
	gagner	( )( )( )	to earn; to win; to reach
	gai	( )( )( )	gay, merry
la	galanterie	( )( )( )	gallantry; compliment
le	gant	( )( )( )	glove

FRENCH—ENGLISH VOCABULARY

le	garage	( )( )( )	garage
le	garçon	( )( )( )	boy; waiter
	garder	( )( )( )	to keep
la	gare	( )( )( )	railroad station
le	gâteau (les gâteaux)	( )( )( )	cake; **les petits gâteaux** cookies
	gauche	( )( )( )	left (hand, side); **à gauche** to the left
le	général (les généraux)	( )( )( )	general
	généreux (généreuse)	( )( )( )	generous, liberal
le	genou (les genoux)	( )( )( )	knee
le	genre	( )( )( )	gender; kind
les	gens (*m. pl.*)	( )( )( )	people, folk
	gentil (gentille)	( )( )( )	nice, kind
la	géographie	( )( )( )	geography
le	geste	( )( )( )	gesture
	glissant	( )( )( )	slippery
	glisser	( )( )( )	to slide, slip; to glide
	goûter	( )( )( )	to taste
le	gouvernement	( )( )( )	government
la	grâce	( )( )( )	grace; **trouver grâce (devant)** to find grace (with)
	gracieux (gracieuse)	( )( )( )	gracious
	grand	( )( )( )	tall; great (*Step* 52)
	grandiose	( )( )( )	grandiose
le	gratte-ciel	( )( )( )	skyscraper
	grave	( )( )( )	grave, serious
	graver	( )( )( )	to engrave; to carve
la	griffe	( )( )( )	claw
la	grippe	( )( )( )	flu
	gris	( )( )( )	grey
	gronder	( )( )( )	to scold
	gros (grosse)	( )( )( )	big; fat
le	groupe	( )( )( )	group
	guère	( )( )( )	(*with negative*) seldom, hardly, scarcely
	guérir	( )( )( )	to cure
la	guerre	( )( )( )	war
le	guide	( )( )( )	guide
la	guirlande	( )( )( )	wreath, garland
s'	habiller	( )( )( )	to dress, get dressed
un	habitant	( )( )( )	inhabitant
	habiter	( )( )( )	to inhabit, live
une	habitude	( )( )( )	habit; **comme d'habitude** as usual; **d'habitude** usually
	habitué (à)	( )( )( )	accustomed (to)
*	haïr	( )( )( )	to hate (*irregular in singular forms of present indicative:* je hais, tu hais, il hait; *and imperative:* hais)
une	haleine	( )( )( )	breath; **hors d'haleine** out of breath
un	haricot	( )( )( )	bean
un	hasard	( )( )( )	chance; **au hasard** at random; **par hasard** by chance
	haut	( )( )( )	high; **du haut de** from the top of; **en haut de** at (on) top of

	hebdomadaire	(	)(	)( )	weekly
	hélas	(	)(	)( )	alas
une	héroïne	(	)(	)( )	heroine
un	héros	(	)(	)( )	hero
	hésiter	(	)(	)( )	to hesitate
une	heure	(	)(	)( )	hour; **à l'heure** on time; **de bonne heure** early
	heureux (heureuse)	(	)(	)( )	happy
	hier	(	)(	)( )	yesterday; **avant-hier** day before yesterday
une	histoire	(	)(	)( )	story; history
	historique	(	)(	)( )	historical
un	hiver	(	)(	)( )	winter
un	homme	(	)(	)( )	man
	honnête	(	)(	)( )	honest
	honteux (honteuse)	(	)(	)( )	ashamed; shameful
un	hôpital (les hôpitaux)	(	)(	)( )	hospital
un	horloger	(	)(	)( )	jeweler, watchmaker
	horrible	(	)(	)( )	horrible
	hors	(	)(	)( )	out of, outside
un	hublot	(	)(	)( )	porthole
une	huile	(	)(	)( )	oil
	huit	(	)(	)( )	eight
	ici	(	)(	)( )	here
une	idée	(	)(	)( )	idea
	ignorer	(	)(	)( )	to be ignorant (unaware) of
une	image	(	)(	)( )	image; picture
	imiter	(	)(	)( )	to imitate
	immédiat	(	)(	)( )	immediate
une	impatience	(	)(	)( )	impatience
	impeccable	(	)(	)( )	impeccable, faultless
un	imperméable	(	)(	)( )	raincoat
	important	(	)(	)( )	important
	imposant	(	)(	)( )	imposing, striking
une	impression	(	)(	)( )	impression
	impressionant	(	)(	)( )	impressive
	impressionner	(	)(	)( )	to impress, make an impression on
un	incendie	(	)(	)( )	fire
	incertain	(	)(	)( )	uncertain
	inconnu	(	)(	)( )	unknown
	incroyable	(	)(	)( )	unbelievable
un	individu	(	)(	)( )	individual
	indulgent	(	)(	)( )	lenient
une	infirmière	(	)(	)( )	nurse
un	ingénieur	(	)(	)( )	engineer
s'	inquiéter (de)	(	)(	)( )	to worry (about) (*Step* 81)
une	inscription	(	)(	)( )	inscription, sign
*s'	inscrire (à)	(	)(	)( )	to register (for a course) (*conjugated like* écrire)
	inséparable	(	)(	)( )	inseparable
une	insomnie	(	)(	)( )	insomnia
une	inspiration	(	)(	)( )	inspiration
s'	installer	(	)(	)( )	to settle down
un	instituteur	(	)(	)( )	teacher

	instruire	( )( )( )	to instruct, teach
s'	intégrer (à)	( )( )( )	to integrate
	intellectuel	( )( )( )	intellectual
	intelligent	( )( )( )	intelligent
une	intention	( )( )( )	intention; **avoir l'intention de** to intend to
	intéressant	( )( )( )	interesting
un	intérieur	( )( )( )	inside, interior
un(e)	interprète	( )( )( )	interpreter
	interpréter	( )( )( )	to interpret (*Step* 81)
	interrompre	( )( )( )	to interrupt
	inutile	( )( )( )	useless
	inventer	( )( )( )	to invent
une	invitation	( )( )( )	invitation
un	invité	( )( )( )	guest
	inviter	( )( )( )	to invite
l'	Italie (*f.*)	( )( )( )	Italy
	italien (italienne)	( )( )( )	Italian
	jamais	( )( )( )	ever; *(with negative)* never
la	jambe	( )( )( )	leg
le	jambon	( )( )( )	ham
le	Japon	( )( )( )	Japan
	japonais	( )( )( )	Japanese
le	jardin	( )( )( )	garden
le	jardinage	( )( )( )	gardening
	jeter	( )( )( )	to throw out, throw away (*Step* 80)
le	jeu (les jeux)	( )( )( )	game
le	jeudi	( )( )( )	Thursday
	jeune	( )( )( )	young; **la jeune fille** girl, young lady
la	joie	( )( )( )	joy, delight
*	joindre	( )( )( )	to join, put together (*conjugated like* **craindre**)
	joli	( )( )( )	pretty
la	joue	( )( )( )	cheek
	jouer	( )( )( )	to play
le	jouet	( )( )( )	toy
le	jour	( )( )( )	day; daylight
la	journée	( )( )( )	day
le	journal (les journaux)	( )( )( )	newspaper; diary
	juger	( )( )( )	to judge, try
le	juillet	( )( )( )	July
le	juin	( )( )( )	June
le	jus	( )( )( )	juice
	jusqu'à	( )( )( )	until, up to; **jusqu'à ce que** until
	juste	( )( )( )	just, right
	justement	( )( )( )	as a matter of fact; exactly
	là	( )( )( )	there; **là-bas** over there
le	laboratoire	( )( )( )	laboratory
le	lac	( )( )( )	lake
	laid	( )( )( )	ugly
	laisser	( )( )( )	to leave
le	lait	( )( )( )	milk

FRENCH—ENGLISH VOCABULARY 463

la	lampe	( )( )( )	lamp
la	langue	( )( )( )	language, tongue
	large	( )( )( )	wide, broad
	laver	( )( )( )	to wash; **se laver** to wash (oneself)
la	leçon	( )( )( )	lesson
la	lecture	( )( )( )	reading
	léger (légère)	( )( )( )	light
le	légume	( )( )( )	vegetable
le	lendemain	( )( )( )	next day
	lent	( )( )( )	slow
	lever	( )( )( )	to raise (*Step* 80); **se lever** to get up
	libérer	( )( )( )	to liberate, free
la	librairie	( )( )( )	bookstore
	libre	( )( )( )	free
le	lieu (les lieux)	( )( )( )	place; **au lieu (de)** instead (of); **avoir lieu** to take place
la	ligne	( )( )( )	line
le	lion	( )( )( )	lion
*	lire	( )( )( )	to read (*Step* 43)
le	lit	( )( )( )	bed
la	littérature	( )( )( )	literature
le	livre	( )( )( )	book
la	locomotive	( )( )( )	locomotive
la	loi	( )( )( )	law
	loin (de)	( )( )( )	far (from)
	long (longue)	( )( )( )	long
	longtemps	( )( )( )	(for) a long time
	lorsque	( )( )( )	when (*Step* 171)
le	loup	( )( )( )	wolf
la	lumière	( )( )( )	light
le	lundi	( )( )( )	Monday
la	lune	( )( )( )	moon
les	lunettes (*f. pl.*)	( )( )( )	glasses
le	lycée	( )( )( )	high school (in France)
la	machine	( )( )( )	machine
le	magasin	( )( )( )	store
le	magazine	( )( )( )	magazine
la	magie	( )( )( )	magic
le	magnétophone	( )( )( )	tape recorder
	magnifique	( )( )( )	magnificent, splendid
	maigre	( )( )( )	lean, thin; meager
la	main	( )( )( )	hand
	maintenant	( )( )( )	now
*	maintenir	( )( )( )	to maintain, keep (*Step* 203)
	mais	( )( )( )	but
la	maison	( )( )( )	house
le	maître (la maîtresse)	( )( )( )	school teacher
le	mal	( )( )( )	evil; **le mal de tête** headache; **se donner du mal** to try, take pains
	mal	( )( )( )	badly (*Step* 150); **pas mal de** many
	malade	( )( )( )	sick, ill; **le (la) malade** sick person

la	maladie	( )( )( )	sickness
	malgré	( )( )( )	despite
	malheureux (malheureuse)	( )( )( )	unfortunate; unhappy
le	malheur	( )( )( )	unhappiness; misfortune
	manger	( )( )( )	to eat
la	manière	( )( )( )	manner
	manquer	( )( )( )	to miss; **manquer à** to be lacking (to); **manquer de** to lack
le	manteau (les manteaux)	( )( )( )	coat
	marcher	( )( )( )	to walk; to go, work (mechanical)
le	mardi	( )( )( )	Tuesday
le	mari	( )( )( )	husband
se	marier (avec)	( )( )( )	to get married
le	marin	( )( )( )	sailor
	marquer	( )( )( )	to mark
le	mars	( )( )( )	March
la	maternité	( )( )( )	lying-in hospital
le	matin	( )( )( )	morning
	mauvais	( )( )( )	bad (*Step* 146)
le	mécanicien	( )( )( )	mechanic
	méchant	( )( )( )	bad, naughty; wicked
	mécontent	( )( )( )	unhappy, malcontent
	médical	( )( )( )	medical
le	médicament	( )( )( )	medicine
le	médecin	( )( )( )	doctor
	médiocre	( )( )( )	mediocre
se	méfier (de)	( )( )( )	to distrust, mistrust
	meilleur	( )( )( )	(*comparative of* **bon**, *Step* 146)
	mélanger	( )( )( )	to mix
	même	( )( )( )	same; very (*after noun*); even; **de même** likewise; **quand même** anyway; **tout de même** anyway
le	mendiant	( )( )( )	beggar
	mener	( )( )( )	to take (*referring to people*); to lead
le	mensonge	( )( )( )	lie
	mentionner	( )( )( )	to mention
*	mentir	( )( )( )	to lie (*Step* 192)
le	menton	( )( )( )	chin
le	menu	( )( )( )	menu
la	mer	( )( )( )	sea
	merci	( )( )( )	thank you
le	mercredi	( )( )( )	Wednesday
la	mère	( )( )( )	mother
	merveilleux	( )( )( )	marvellous
la	messe	( )( )( )	mass (religious)
le	métal	( )( )( )	metal
*	mettre	( )( )( )	to put, place (*Step* 87); **se mettre à** + *inf.* to begin to; **mettre la table** to set the table
le	meuble	( )( )( )	piece of furniture; (*pl.*) furniture
le	midi	( )( )( )	noon; **à midi** at noon

	mieux	(comparative of **bien**, Step 150)
	mil(le)	thousand
le	militaire	military man, soldier
le	mille	mile
le	minuit	midnight
	minuscule	minute, tiny
la	minute	minute
le	miroir	mirror
	moderne	modern
les	mœurs (*f. pl.*)	manners, habits
	moi-même	myself
	moins	less (Steps 144, 148, 151); **à moins que** unless (Step 222); **au (du) moins** at least
le	mois	month
la	moitié	half
le	moment	moment, time
le	monde	world; **tout le monde** everyone
la	monnaie	change (money)
	monter	to go (come) up; to get on (in); to take up (Step 165)
la	montre	watch
	montrer	to show
le	monument	monument
se	moquer (de)	to make fun (of)
le	morceau (les morceaux)	piece, bit
la	mort	death
le	mot	word
	mou (mol, molle)	soft
le	mouchoir	handkerchief
	mouillé	wet
*	mourir	to die (Step 204)
le	mouton	sheep
	moyen (moyenne)	average; medium
le	mur	wall
le	muscle	muscle
	musclé	muscular
le	musée	museum
	musical	musical
la	musique	music
	nager	to swim
	naïf (naïve)	naïve
*	naître	to be born (Step 205)
la	nappe	tablecloth
la	natation	swimming
	national	national
la	nationalité	nationality
	naturel (naturelle)	natural
	nécessaire	necessary
	négatif (négative)	negative
	négliger	to neglect
la	neige	snow

FRENCH—ENGLISH VOCABULARY

	French	( )( )( )	English
	neiger	( )( )( )	to snow
	nettoyer	( )( )( )	to clean (*Step* 82)
	neuf	( )( )( )	nine
	neuf (neuve)	( )( )( )	new, brand-new
le	neveu (les **neveux**)	( )( )( )	nephew
le	nez	( )( )( )	nose
	nier	( )( )( )	to deny
le	Noël	( )( )( )	Christmas
	noir	( )( )( )	black
le	nom	( )( )( )	name; **le nom de famille** last name
le	nombre	( )( )( )	number
	non	( )( )( )	no
le	nord	( )( )( )	north
la	note	( )( )( )	note; grade (school)
	nouveau (nouvel, nouvelle; nouveaux)	( )( )( )	new; **de nouveau** again
la	nouvelle	( )( )( )	news
la	nuit	( )( )( )	night
	nulle part	( )( )( )	nowhere
le	numéro	( )( )( )	number
	obéir (à)	( )( )( )	to obey
un	objet	( )( )( )	object
	obliger	( )( )( )	to oblige, compel
	obscur	( )( )( )	obscure
*	obtenir	( )( )( )	to get, obtain (*conjugated like* tenir, *Step* 203)
une	occasion	( )( )( )	occasion
	occupé	( )( )( )	busy; occupied
une	odeur	( )( )( )	odor, smell
un	œil (les **yeux**)	( )( )( )	eye
un	œuf	( )( )( )	egg
un	officier	( )( )( )	officer
*	offrir	( )( )( )	to offer (*Step* 154)
un	oiseau (les **oiseaux**)	( )( )( )	bird
une	ombre	( )( )( )	shadow, shade; **à l'ombre de** in the shade of
un	oncle	( )( )( )	uncle
	opiniâtre	( )( )( )	stubborn, obstinate
s'	opposer (à)	( )( )( )	to oppose, be opposed to
l'	or (*m.*)	( )( )( )	gold
	oral	( )( )( )	oral
	ordinaire	( )( )( )	ordinary; **d'ordinaire** ordinarily
	ordonner	( )( )( )	to order, command
un	ordre	( )( )( )	order
une	oreille	( )( )( )	ear
	organiser	( )( )( )	to organize
une	origine	( )( )( )	origin
	oser	( )( )( )	to dare
	ou	( )( )( )	or
	où	( )( )( )	where
	oublier (de + *inf.*)	( )( )( )	to forget
l'	ouest (*m.*)	( )( )( )	west
	oui	( )( )( )	yes

un	ouvrage	( )( )( )	work, piece of work
un	ouvrier	( )( )( )	worker, laborer
*	ouvrir	( )( )( )	to open (*Step* 153)
le	pain	( )( )( )	bread
la	paix	( )( )( )	peace
le	panier	( )( )( )	basket
la	panne	( )( )( )	breakdown
le	panorama	( )( )( )	sight, panorama
le	papier	( )( )( )	paper
le	paquet	( )( )( )	package; pack
	par	( )( )( )	by, per, through
*	paraître	( )( )( )	to appear, seem (*conjugated like* **connaître**)
le	parc	( )( )( )	park
	parce que	( )( )( )	because
*	parcourir	( )( )( )	to run through (*conjugated like* **courir**)
le	pardessus	( )( )( )	man's topcoat
le	pardon	( )( )( )	pardon; **pardon!** excuse me
	pareil (pareille)	( )( )( )	like, similar
les	parents (*m. pl.*)	( )( )( )	parents
	paresseux (paresseuse)	( )( )( )	lazy
	parfait	( )( )( )	perfect
	parfois	( )( )( )	sometimes
le	parfum	( )( )( )	perfume
	parier	( )( )( )	to bet
	parisien (parisienne)	( )( )( )	Parisian
	parler	( )( )( )	to speak, talk
	parmi	( )( )( )	among
la	parole	( )( )( )	word (spoken)
	participer	( )( )( )	to participate
la	partie	( )( )( )	portion (*Step* 210)
*	partir	( )( )( )	to leave
	partout	( )( )( )	everywhere
le	parvis	( )( )( )	parvis, square (in front of a church)
le	pas	( )( )( )	step
le	passager	( )( )( )	passenger
le	passant	( )( )( )	passerby
	passer	( )( )( )	to spend (time); to pass (by); **se passer** to happen
la	passerelle	( )( )( )	ramp
le	passe-temps	( )( )( )	pastime, hobby, diversion
la	patience	( )( )( )	patience
	patient	( )( )( )	patient
le	patinage	( )( )( )	skating
	patiner	( )( )( )	to skate
la	patrie	( )( )( )	native land, fatherland
le	patron	( )( )( )	owner; employer, boss
	pauvre	( )( )( )	poor; unfortunate (*before noun*)
la	pauvreté	( )( )( )	poverty
le	pavillon	( )( )( )	house, dormitory
	payer	( )( )( )	to pay (*Step* 82)
le	pays	( )( )( )	country

468 FRENCH—ENGLISH VOCABULARY

le	paysage	( )( )( )	landscape, scenery
la	peau (les peaux)	( )( )( )	skin
la	pêche	( )( )( )	fishing; **aller à la pêche** to go fishing
le	peigne	( )( )( )	comb
la	peine	( )( )( )	pain; difficulty; **à peine** hardly
*	peindre	( )( )( )	to paint (*Step* 212)
le	peintre	( )( )( )	painter
la	peinture	( )( )( )	painting
	pendant	( )( )( )	during; **pendant que** while
	pénible	( )( )( )	painful
	penser	( )( )( )	to think; **penser à** to think of
	perdre	( )( )( )	to lose
le	père	( )( )( )	father
	perfectionner	( )( )( )	to perfect
	périr	( )( )( )	to perish
la	personne	( )( )( )	person; (*with negative*) nobody, no one (*Steps* 114, 115)
	persuader	( )( )( )	to persuade, convince
	petit	( )( )( )	small, little
	peu	( )( )( )	little, few (*Step* 28)
la	peur	( )( )( )	fear; **avoir peur (de)** to be afraid (of)
	peureux (peureuse)	( )( )( )	fearful
	peut-être	( )( )( )	perhaps
le	pharmacien	( )( )( )	pharmacist, druggist
la	philosophie	( )( )( )	philosophy
la	photo	( )( )( )	photograph
la	phrase	( )( )( )	sentence
la	pièce	( )( )( )	piece; play (*theatrical*)
le	pied	( )( )( )	foot; **à pied** on foot
la	pierre	( )( )( )	stone
le	piéton	( )( )( )	pedestrian
le	pin	( )( )( )	pine tree
	pire	( )( )( )	(*comparative of* **mauvais**, *Step* 146)
	pis	( )( )( )	(*comparative of* **mal**, *Step* 150)
la	place	( )( )( )	place, seat; square (of a town)
*	plaindre	( )( )( )	to pity (*Step* 213); **se plaindre de** to complain of
*	plaire (à)	( )( )( )	to please (*Step* 176)
	plaisanter	( )( )( )	to joke, kid
le	plaisir	( )( )( )	pleasure
le	plat	( )( )( )	dish
le	plateau (les plateaux)	( )( )( )	tray
	plein	( )( )( )	full; crowded
	pleurer	( )( )( )	to cry, weep (*Step* 114)
*	pleuvoir	( )( )( )	to rain
la	pluie	( )( )( )	rain
la	plume	( )( )( )	pen
la	plupart	( )( )( )	most (*Step* 201)
le	pluriel	( )( )( )	plural
	plus	( )( )( )	(*Steps* 144, 148, 151, 152); no more, no longer
	plusieurs	( )( )( )	several
	plutôt	( )( )( )	rather

FRENCH—ENGLISH VOCABULARY

la	**poche**	( )( )( )	pocket
le	**poème**	( )( )( )	poem
le	**poète**	( )( )( )	poet
la	**poire**	( )( )( )	pear
	poli	( )( )( )	polished; polite
la	**Pologne**	( )( )( )	Poland
	polonais	( )( )( )	Polish
la	**pomme**	( )( )( )	apple; **la pomme de terre** potato
le	**pont**	( )( )( )	bridge
	populaire	( )( )( )	popular
la	**population**	( )( )( )	population
la	**porcelaine**	( )( )( )	china
la	**porte**	( )( )( )	door
	porter	( )( )( )	to carry; to wear
le	**portrait**	( )( )( )	portrait
	portugais	( )( )( )	Portuguese
	poser	( )( )( )	to put; **poser une question** to ask a question
	possible	( )( )( )	possible
le	**poste**	( )( )( )	position; employment
la	**poste**	( )( )( )	post office, mail
la	**poupée**	( )( )( )	doll
	pour	( )( )( )	for; in order to; **pour que** in order that, so that
	pourquoi	( )( )( )	why
	pourtant	( )( )( )	however
	pourvu que	( )( )( )	provided that
	pousser	( )( )( )	to push; **pousser un cri** to emit a cry
*	**pouvoir**	( )( )( )	to be able, can (*Steps* 98, 177)
la	**pratique**	( )( )( )	practice
	pratique	( )( )( )	practical
	pratiquer	( )( )( )	to practice
	précieux (précieuse)	( )( )( )	precious
se	**précipiter**	( )( )( )	to rush
	précis	( )( )( )	precise, exact
	préconçu	( )( )( )	preconceived
	préférer	( )( )( )	to prefer (*Step* 81)
	premier (première)	( )( )( )	first
*	**prendre**	( )( )( )	to take (*Step* 54); **prendre un café** to have a cup of coffee
le	**prénom**	( )( )( )	first name
	préparer	( )( )( )	to prepare
	près (de)	( )( )( )	near; **de près** closely; **à peu près** approximately
	présenter	( )( )( )	to present, introduce
le	**président (la présidente)**	( )( )( )	president
	presque	( )( )( )	almost
	pressé	( )( )( )	**être pressé** to be in a hurry
la	**pression**	( )( )( )	pressure
	prêt	( )( )( )	ready
	prétendre	( )( )( )	to claim, pretend to
	prêter	( )( )( )	to lend
la	**prière**	( )( )( )	prayer
	primaire	( )( )( )	primary; **l'école primaire** elementary school

470 FRENCH—ENGLISH VOCABULARY

le	printemps	( )( )( )	spring (time)
le	prix	( )( )( )	price; prize
	probablement	( )( )( )	probably
le	problème	( )( )( )	problem
	prochain	( )( )( )	next
*	produire	( )( )( )	to produce (*Step* 164)
le	professeur	( )( )( )	professor
la	profession	( )( )( )	profession
	profond	( )( )( )	deep
la	profusion	( )( )( )	profusion
le	programme	( )( )( )	program; schedule
le	progrès	( )( )( )	progress; **faire des progrès** to progress
le	projet	( )( )( )	project, plan
la	promenade	( )( )( )	walk; **faire une promenade** to take a walk
se	promener	( )( )( )	to take a walk (*Step* 80)
la	promesse	( )( )( )	promise
*	promettre (de + *inf.*)	( )( )( )	to promise
le	propos	( )( )( )	subject; remark; à **propos** by the way
	propre	( )( )( )	own (*before noun*); clean (*after noun*)
la	prospérité	( )( )( )	prosperity
	protéger	( )( )( )	to protect (*Step* 81)
	provençal	( )( )( )	from (of) Provence
la	province	( )( )( )	province
	provincial	( )( )( )	provincial
les	provisions (*f. pl.*)	( )( )( )	victuals, provisions
le	psychiatre	( )( )( )	psychiatrist
	public (**publique**)	( )( )( )	public
	puis	( )( )( )	then, next
	puisque	( )( )( )	since, because
	punir	( )( )( )	to punish
la	punition	( )( )( )	punishment
le	quai	( )( )( )	street (along river); pier
la	qualité	( )( )( )	quality
	quand	( )( )( )	when
	quant à	( )( )( )	as for
le	quart	( )( )( )	quarter
le	quartier	( )( )( )	district, quarter
	quatre	( )( )( )	four
	quelque	( )( )( )	some; **quelque chose** something; **quelque part** somewhere
	quelquefois	( )( )( )	sometimes
	quelqu'un	( )( )( )	someone
la	queue	( )( )( )	tail; line; **faire la queue** to stand in line
	quitter	( )( )( )	to leave (*Step* 119)
	quoi	( )( )( )	(*Steps* 46, 160)
	quoique	( )( )( )	although (*Step* 188)
	raccrocher	( )( )( )	to hang up (telephone)
	raconter	( )( )( )	to tell (a story)
la	radio	( )( )( )	radio

la	raison	( )( )( )	reason; **avoir raison** to be right
	ramasser	( )( )( )	to pick up, gather
	ramener	( )( )( )	to bring (take) back
le	rang	( )( )( )	rank, row
	rapide	( )( )( )	rapid
	rappeler	( )( )( )	to remind (*Step* 80); **se rappeler** to remember
le	rapport	( )( )( )	report, relation
se	raser	( )( )( )	to shave
le	rasoir	( )( )( )	razor, shaver
	rassurer	( )( )( )	to reassure
le	rat	( )( )( )	rat
	réalisable	( )( )( )	realizable
	récent	( )( )( )	recent
le	récepteur	( )( )( )	receiver (of a telephone)
*	recevoir	( )( )( )	to receive (*Step* 128)
	réciter	( )( )( )	to recite
	reconnaissable	( )( )( )	recognizable
*	reconnaître	( )( )( )	to recognize
*	récrire	( )( )( )	to rewrite, write again (*conjugated like* **écrire**)
	redoubler	( )( )( )	to increase, redouble
*	refaire	( )( )( )	to do again (*conjugated like* **faire**)
le	réfectoire	( )( )( )	refectory, dining hall
	refuser (de + *inf.*)	( )( )( )	to refuse
	regarder	( )( )( )	to look at
la	région	( )( )( )	region
la	règle	( )( )( )	rule
	regretter	( )( )( )	to regret, be sorry for
	rejeter	( )( )( )	to reject, throw back (*Step* 80)
	relier	( )( )( )	to put together, link
	remédier (à)	( )( )( )	to remedy
	remplacer	( )( )( )	to replace, substitute
	remplir	( )( )( )	to fill, fill out (a form)
	rencontrer	( )( )( )	to meet, encounter
le	rendez-vous	( )( )( )	appointment, date
	rendre	( )( )( )	to return (things); **rendre** + *adj.* to make + adj.; **rendre visite à** to visit (people)
le	renseignement	( )( )( )	information
	rentrer	( )( )( )	to get (go, come) home
	réparer	( )( )( )	to repair
	répartir	( )( )( )	to split, divide
le	repas	( )( )( )	meal
	répéter	( )( )( )	to repeat (*Step* 81)
	répondre (à)	( )( )( )	to answer
la	réponse	( )( )( )	answer
se	reposer	( )( )( )	to rest
	représenter	( )( )( )	to represent
	réprimander	( )( )( )	to reprimand
	respirer	( )( )( )	to breathe
	ressembler (à)	( )( )( )	to look like
	rester	( )( )( )	to stay, remain
le	retard	( )( )( )	delay; **en retard** late

FRENCH—ENGLISH VOCABULARY

	retourner	(	)(	)( )	to go back
	retrouver	(	)(	)( )	to find again; to meet again
la	réunion	(	)(	)( )	meeting
	réunir	(	)(	)( )	to gather, reunite; **se réunir** to meet
	réussir (à + *inf.*)	(	)(	)( )	to succeed (in); **réussir à un examen** to pass an exam
le	réveille-matin	(	)(	)( )	alarm clock
se	réveiller	(	)(	)( )	to get up, wake up
le	réveillon	(	)(	)( )	midnight supper on Christmas or New Year's Eve
*	revenir	(	)(	)( )	to come back
	rêver (de)	(	)(	)( )	to dream (about)
*	revoir	(	)(	)( )	to see again; **au revoir** good-bye
la	revue	(	)(	)( )	magazine, journal
le	rhume	(	)(	)( )	cold
	riche	(	)(	)( )	rich, wealthy
la	richesse	(	)(	)( )	wealth
	rien	(	)(	)( )	nothing (*Step* 114), (*Step* 115)
*	rire	(	)(	)( )	to laugh (*Step* 202)
	risquer (de)	(	)(	)( )	to risk, run the risk
la	rivière	(	)(	)( )	river
la	robe	(	)(	)( )	dress
le	roi	(	)(	)( )	king; **les rois mages** the Wise Men
le	roman	(	)(	)( )	novel
le	rosbif	(	)(	)( )	roast beef
	rouge	(	)(	)( )	red
la	rougeur	(	)(	)( )	redness; blush
la	route	(	)(	)( )	route, road
la	rue	(	)(	)( )	street
	russe	(	)(	)( )	Russian
la	Russie	(	)(	)( )	Russia
	sage	(	)(	)( )	wise, sensible; good, well-behaved
	sain	(	)(	)( )	sane; healthy; healthful
	saisir	(	)(	)( )	to grab, grasp, seize
la	saison	(	)(	)( )	season
la	salade	(	)(	)( )	salad
	sale	(	)(	)( )	dirty, filthy
la	salle	(	)(	)( )	room, hall; **la salle à manger** dining room; **la salle de bain** bathroom
le	salon	(	)(	)( )	living room
	saluer	(	)(	)( )	to greet
le	salut	(	)(	)( )	greeting, salutation
le	samedi	(	)(	)( )	Saturday
	sans	(	)(	)( )	without; **sans que** without
les	santons (*m. pl.*)	(	)(	)( )	small figurines around Christmas crib
le	sapin	(	)(	)( )	fir tree
	sarcastique	(	)(	)( )	sarcastic
	satisfait	(	)(	)( )	satisfied
	sauf	(	)(	)( )	except
*	savoir	(	)(	)( )	to know (*Steps* 91, 178)
le	scandale	(	)(	)( )	scandal

la	scène	( )( )( )	scene
	sécher	( )( )( )	to dry; **sécher une classe** to "cut" a class
	secondaire	( )( )( )	secondary
le	secret	( )( )( )	secret
	sédentaire	( )( )( )	sedentary
	séduisant	( )( )( )	attractive
le	séjour	( )( )( )	stay, sojourn
le	sel	( )( )( )	salt
	selon	( )( )( )	according to
la	semaine	( )( )( )	week
	sembler	( )( )( )	to seem
la	sensation	( )( )( )	sensation
*	sentir	( )( )( )	(*Step* 193)
	sept	( )( )( )	seven
le	septembre	( )( )( )	September
	sérieux (sérieuse)	( )( )( )	serious
la	serveuse	( )( )( )	waitress
le	service	( )( )( )	service
la	serviette	( )( )( )	napkin; briefcase
*	servir	( )( )( )	(*Step* 120)
	seul	( )( )( )	alone; lonely
	seulement	( )( )( )	only
le	siècle	( )( )( )	century
	signifier	( )( )( )	to mean
la	situation	( )( )( )	situation
le	ski	( )( )( )	ski; skiing
	social	( )( )( )	social
la	sœur	( )( )( )	sister
la	soif	( )( )( )	thirst; **avoir soif** to be thirsty
	soigneux (soigneuse)	( )( )( )	careful
le	soir	( )( )( )	evening
la	soirée	( )( )( )	evening; party
le	soldat	( )( )( )	soldier
le	soleil	( )( )( )	sun
la	solidarité	( )( )( )	solidarity
	sommaire	( )( )( )	superficial, sketchy
la	somme	( )( )( )	sum; amount; **en somme** in short
le	sommeil	( )( )( )	sleep; **avoir sommeil** to be sleepy
le	sommet	( )( )( )	top, summit
	sonner	( )( )( )	to ring
la	sorcellerie	( )( )( )	sorcery, witchcraft
la	sorte	( )( )( )	sort, kind; **de la sorte que** so that
la	sortie	( )( )( )	exit; going out; date
	sortir	( )( )( )	to go (come) out (*Step* 119); to take out (*Step* 165)
	sot (sotte)	( )( )( )	stupid
la	sottise	( )( )( )	stupidity
le	souci	( )( )( )	care, worry
*	souffrir (de)	( )( )( )	to suffer (*Step* 154)
	souhaiter	( )( )( )	to wish
le	soulier	( )( )( )	shoe
	souligner	( )( )( )	to underline

la	**soupe**	( )( )( )	soup
le	**souper**	( )( )( )	supper
	souper	( )( )( )	to have supper
	sourd	( )( )( )	deaf
le	**sourire**	( )( )( )	smile
*	**sourire**	( )( )( )	to smile (*Step* 202)
la	**souris**	( )( )( )	mouse
	sous	( )( )( )	under
	souvent	( )( )( )	often
*se	**souvenir (de)**	( )( )( )	to remember
	spécial	( )( )( )	special
le	**spectacle**	( )( )( )	spectacle; show
la	**spontanéité**	( )( )( )	spontaneity
le	**sport**	( )( )( )	sport; **faire du sport** to be active in sports, play games
	sportif	( )( )( )	athletic
la	**statue**	( )( )( )	statue
	stupide	( )( )( )	stupid
	studieux (studieuse)	( )( )( )	studious
le	**style**	( )( )( )	style
le	**stylo**	( )( )( )	fountain pen
le	**substantif**	( )( )( )	substantive
la	**substitution**	( )( )( )	substitution
	subventionner	( )( )( )	to subsidize
le	**succès**	( )( )( )	success
	sucer	( )( )( )	to suck
le	**sucre**	( )( )( )	sugar
le	**sud**	( )( )( )	south
la	**Suède**	( )( )( )	Sweden
	suédois	( )( )( )	Swedish
	suffire	( )( )( )	to suffice, be enough
	suggérer	( )( )( )	to suggest (*Step* 81)
la	**suite**	( )( )( )	succession; continuation; **tout de suite** right away
	suivant	( )( )( )	following
*	**suivre**	( )( )( )	to follow (*Step* 173)
le	**sujet**	( )( )( )	subject
le	**supermarché**	( )( )( )	supermarket
	supposer	( )( )( )	to suppose
	sur	( )( )( )	on
	sûr	( )( )( )	sure; **bien sûr** of course
le	**surnom**	( )( )( )	nickname
	surpris	( )( )( )	surprised
	surtout	( )( )( )	above all, especially
	sympathique	( )( )( )	likeable, nice
le	**système**	( )( )( )	system

le	**tabac**	( )( )( )	tobacco
la	**table**	( )( )( )	table; **mettre la table** to set the table
le	**tableau** (les **tableaux**)	( )( )( )	picture; **le tableau (noir)** blackboard
la	**tache**	( )( )( )	stain; **la tache de rousseur** freckle
la	**taille**	( )( )( )	size; height

*se	taire	( )( )( )	to be silent; to become silent (*Step* 175)		
	tandis que	( )( )( )	while, whereas		
	tant	( )( )( )	so much (*Step* 28); **tant mieux (pis)** so much the better (worse)		
la	tante	( )( )( )	aunt		
	taper (à la machine)	( )( )( )	to type		
le	tapis	( )( )( )	rug		
	taquin	( )( )( )	teasing, of a teasing disposition		
	tard	( )( )( )	late		
le	tas	( )( )( )	pile		
la	tasse	( )( )( )	cup		
	tel (telle)	( )( )( )	such		
le	télégramme	( )( )( )	telegram, wire		
le	téléphone	( )( )( )	telephone		
la	télévision	( )( )( )	television		
	tellement	( )( )( )	to such a degree, so (much); **pas tellement** not really		
la	température	( )( )( )	temperature		
le	temps	( )( )( )	time; weather; **de temps en temps** from time to time		
*	tenir	( )( )( )	to hold; to keep (*Step* 203)		
le	tennis	( )( )( )	tennis		
	terminer	( )( )( )	to finish		
la	terrasse	( )( )( )	terrace		
la	terre	( )( )( )	earth, land, ground		
	terrible	( )( )( )	terrible		
la	tête	( )( )( )	head; **le mal de tête** headache		
le	thé	( )( )( )	tea		
le	théâtre	( )( )( )	theater		
la	théorie	( )( )( )	theory		
la	thèse	( )( )( )	thesis		
le	tiers	( )( )( )	third		
	tirer	( )( )( )	to pull; to draw		
le	tiroir	( )( )( )	drawer		
le	toit	( )( )( )	roof		
	tomber	( )( )( )	to fall		
le	tort	( )( )( )	wrong; **avoir tort** to be wrong		
	tôt	( )( )( )	soon; early; **tôt ou tard** sooner or later		
	toucher	( )( )( )	to touch; **toucher un chèque** to cash a check		
	toujours	( )( )( )	always; still		
le	tour	( )( )( )	turn; trick		
la	tour	( )( )( )	tower		
le	touriste	( )( )( )	tourist		
	tousser	( )( )( )	to cough		
	tout	( )( )( )	(*Steps* 194, 195); **pas du tout** not at all; **tout à fait** quite, entirely; **tout de suite** right away		
	traditionnel	( )( )( )	traditional		
la	traduction	( )( )( )	translation		
*	traduire	( )( )( )	to translate (*Step* 164)		
le	train	( )( )( )	train; **être en train de** + *inf.* to be in the midst of, be in the act of		
la	tranche	( )( )( )	slice		

le	travail (les travaux)	( )( )( )	work
	travailler	( )( )( )	to work
	traverser	( )( )( )	to cross, go across
	très	( )( )( )	very
	triste	( )( )( )	sad
	trois	( )( )( )	three
	tromper	( )( )( )	to deceive; **se tromper (de)** to be mistaken
	trop	( )( )( )	too much, too many (*Step* 28)
le	trottoir	( )( )( )	pavement, sidewalk
la	troupe	( )( )( )	troop; company (of actors)
	trouver	( )( )( )	to find; **se trouver** to be found, be located
	tuer	( )( )( )	to kill
	turc (turque)	( )( )( )	Turkish
	tutoyer	( )( )( )	to use the familiar (**tu** instead of **vous**)
le	tutoiement	( )( )( )	use of the familiar form of address (**tu** instead of **vous**)
le	type	( )( )( )	type; fellow
un	uniforme	( )( )( )	uniform
	unique	( )( )( )	only (*adj.*)
	universitaire	( )( )( )	university (*adj.*)
	user	( )( )( )	to wear out
une	usine	( )( )( )	factory
un	ustensile	( )( )( )	utensil
	utile	( )( )( )	useful
	utiliser	( )( )( )	to use
les	vacances (*f. pl.*)	( )( )( )	vacation
❋	vaincre	( )( )( )	to defeat
la	vaisselle	( )( )( )	dishes
la	valise	( )( )( )	suitcase
❋	valoir	( )( )( )	to be worth; **il vaut mieux** it is better (*Step* 168)
se	vanter	( )( )( )	to boast, brag
la	vedette	( )( )( )	star (of motion pictures, sports)
le	vendeur (la vendeuse)	( )( )( )	seller, salesman
	vendre	( )( )( )	to sell
le	vendredi	( )( )( )	Friday
	vénérable	( )( )( )	venerable
❋	venir	( )( )( )	to come (*Step* 69); **venir de** to have just
le	vent	( )( )( )	wind
la	véracité	( )( )( )	veracity, truthfulness
	véritable	( )( )( )	true, real
la	vérité	( )( )( )	truth
le	verre	( )( )( )	glass
	vers	( )( )( )	toward; at about (time)
	verse	( )( )( )	**pleuvoir à verse** to pour (*rain*)
	vert (verte)	( )( )( )	green
les	vêtements (*m. pl.*)	( )( )( )	clothes
la	viande	( )( )( )	meat
	vicieux (vicieuse)	( )( )( )	vicious
la	victime	( )( )( )	victim

FRENCH—ENGLISH VOCABULARY

	vide	( )( )( )	empty
la	vie	( )( )( )	life
le	vieillard	( )( )( )	old man
	vieux (vieil, vieille)	( )( )( )	old
la	ville	( )( )( )	city, town
le	vin	( )( )( )	wine
le	violon	( )( )( )	violin
le	violoncelle	( )( )( )	violoncello, 'cello
le	visage	( )( )( )	face
la	visite	( )( )( )	visit; **rendre visite à** to visit (people)
	visiter	( )( )( )	to visit (monuments, places, etc.)
	vital (vitaux)	( )( )( )	vital
	vite	( )( )( )	quickly, fast
la	vitesse	( )( )( )	speed; **à quelle vitesse ... ?** how fast ... ?; **à toute vitesse** at full speed
*	vivre	( )( )( )	to live (*Step* 174)
	voici	( )( )( )	here, here is (are)
	voilà	( )( )( )	there, there is (are)
*	voir	( )( )( )	to see (*Step* 109)
le	voisin (la **voisine**)	( )( )( )	neighbor
la	voiture	( )( )( )	vehicle, car
la	voix	( )( )( )	voice; **à haute voix** loudly; **à voix basse** in a whisper
	voler	( )( )( )	to fly; to steal
le	voleur	( )( )( )	thief
*	vouloir	( )( )( )	to want, wish (*Steps* 24, 177); **vouloir bien** to be willing; **Voulez-vous bien ... ?** Will you (please) ... ?; **vouloir dire** to mean (*Step* 47)
le	voyage	( )( )( )	trip
	voyager	( )( )( )	to travel
le	voyageur	( )( )( )	traveler
	vrai	( )( )( )	true
	vraiment	( )( )( )	truly
la	vue	( )( )( )	view
la	vulgarité	( )( )( )	vulgarity, commonplaceness
les	yeux (*m. pl.*)	( )( )( )	eyes (see **un œil**)
le	zèbre	( )( )( )	zebra
le	zèle	( )( )( )	zeal, ardor
la	zone	( )( )( )	zone

INDEX

The numbers refer to grammar steps, unless the page number is specified.

Adjectives, comparison of, 144, 146
    demonstrative, 33–34, 161
    followed by **à** or **de** + inf., 169–170
    gender, 48
    interrogative, 56–57
    meanings according to position, 52
    plural, 49, 51
    position of, 52
    possessive, 36–42
    superlative, 145–146
Adverbs, comparison of, 148, 150
    formation of, 147
    position of, 155–156
    superlative, 149
Alphabet, see Supplementary Reading Exercise 2, page 14
Article, definite, 3, 4
    in generalized statements, 43
    with **à**, 22–23
    with **de**, 19–20
    with parts of the body, 89
Article, indefinite, 1
Article, partitive (*see* Partitive)

Causative **faire**, 221
Cela, ça, ceci, 124
Comparison (*see* Adjectives, Adverbs)
Conditional, past, 159, 177
    present, 157, 177
Conjunctions, followed by indicative, 189
    followed by subjunctive, 188

Definite article (*see* Article)
Demonstrative adjectives, 33–34, 161
Demonstrative pronouns, 162–163

Direct object (*see* Object pronoun)
Disjunctive pronouns, 103–104

Emphasis construction, 196–197

Future indicative, 99–102, 171
Future perfect, 171

Gerund, equivalents of, 216

Il est (ils sont) vs. **c'est (ce sont)**, 53
Il est (impersonal) vs. **c'est**, 167
Imperative, forms of verb in, 18, 178
    object pronouns with affirmative, 122–123
    object pronouns with negative, 121
Imperfect indicative, 93–97, 172
Impersonal expressions, 166–168, 180
Indirect objects (*see* Object pronoun)
Infinitive, 16
    after prepositions, 131–134, 169–170
    directly after verb, 130
    negative constructions, 116
    past, 214
Interrogative adjectives, 56–57
Interrogative constructions, by intonation, 8
    in compound tenses, 76
    inversion, 66–68, 70–71, 76
    lequel, etc., 143
    with **est-ce que** ... ?, 8
Interrogative pronouns, after prepositions, 46, 143
    direct object, 45
    subject, 44, 143
Invariable **le**, 110
Inversion (*see* Interrogative constructions)

L'un, l'autre, 210–211

Moods (for indicative tenses *see* Present, Future, Imperfect, Past definite, Past indefinite, Future perfect, Pluperfect, Past anterior; *see also* Subjunctive, Conditional, Imperative, Infinitive, Past and Present participles)

Negative constructions, expletitive **ne**, 222
   in compound tenses, 75
   ne ... pas, 9
   ne ... que, 125
   ni ... ni, 209
   rien, personne, jamais, plus, 114–115
   single-word answers, 117
   with the infinitive, 116
Nouns, denoting profession, nationality, etc., 53
   plural formation of, 2
Numerals (cardinal, ordinal), *see* Supplementary Reading Exercises 3 and 4, pages 15–16

Object pronouns, direct and indirect, 58–64
   personal, 58–64
   sequence of, 111–113, 121–123
   use of **en**, 30, 105, 112
   use of the disjunctive (stressed) pronoun, 103–105, 107, 118, 126
On, 140

Participle (*see* Past participle, Present participle)
Partitive article, pronoun **en**, 30, 105, 112
   use of, 25–26
   with adverbs of quantity, 28–29, 152
   with negation, 26
Passé composé, 72–79, 88–89
Passé simple, 223
Passive voice, 219–220
Past anterior, 223
Past definite (*see* **Passé simple**)
Past indefinite (*see* **Passé composé**)
Past infinite (*see* Infinitive)
Past participle, agreement of, 79, 88–89, 129
   formation of, 72–74

Pleonastic negative (*see* Negative constructions, explitetive **ne**)
Pluperfect indicative, 158
Plural, of adjectives, 49, 51
   of nouns, 2
Possessive adjectives, 36–42
Possessive pronouns, 217–218
Prepositions, with adjectives, 169–170
   with verbs, 130–134
Present indicative, 6, 10–15, 17, 172
Present participle, 216
Pronominal adverb **y**, 106
   sequence of pronouns, 111

Questions (*see* Interrogative constructions)

Reciprocal actions, 211
Reflexive pronouns (*see* Reflexive verbs)
Reflexive verbs, 84–86, 88–90
Relative pronouns, after prepositions, 137–138
   comparison with interrogative pronouns, 139
   direct object, 136
   subject, 135
   without the antecedent, 160

Savoir vs. **connaître**, 91–92
Stem changes in **-er** verbs, 80–82
Stressed pronouns (*see* Object pronouns)
Subject pronouns, 5, 7, 12–15
Subjunctive, after impersonal expressions, 180
   in relative clauses, 190–191
   with certain types of verbs, 185–187
   with conjunctions, 188
Subjunctive, formation of, imperfect, 224
   pluperfect, 224
   present, 179, 181–183
   present perfect (past), 184
Superlative (*see* Adjectives, Adverbs)
Supposition (*see* Conditional)

Verbs of motion, 78–79

Weather expressions, 65

ABOUT THE AUTHORS

ROBERT L. POLITZER is presently a professor at Stanford University, where he is responsible for the education and training of foreign-language teachers. He received both his B.A. and M.A. degrees from Washington University and his Ph.D. in French and Romance Philology from Columbia University. In 1950 he was granted the degree of Doctor of Social Science from the New School of Social Research. Dr. Politzer has held a Guggenheim fellowship for the study of Italian Linguistics and has published many educational works in the Romance Languages field.

MICHIO P. HAGIWARA received his B.A. in French from the University of Missouri, his M.A. in Romance Languages from Washington University, and his Ph.D. in French Literature from the University of Michigan. Dr. Hagiwara is currently an assistant professor at the University of Michigan and director of the Elementary French program. He has taught French and Applied Linguistics there as well as at several NDEA summer institutes. With Robert L. Politzer, he co-authored *Active Review of French* (Ginn, 1963) and *Continuons à Parler* (Ginn, 1966).

JEAN R. CARDUNER was born and educated in France and received his *Licence ès Lettres* from the Sorbonne. Subsequently, he came to the United States to teach at the University of Wisconsin and the University of Minnesota, where he also earned his Ph.D. He is currently an associate professor of French at the University of Michigan; he supervises third-year French courses and teaches French Civilization and Twentieth-Century French Literature. Dr. Carduner is the co-author of *Le Moulin à paroles* (Ginn, 1963), an advanced French textbook.